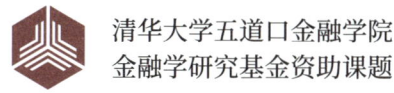

清华大学五道口金融学院
金融学研究基金资助课题

# 行思录：资本市场制度理论与实践
## Applying Knowledge: Theory and Practice of Capital Market System

安青松 著

中国财经出版传媒集团
中国财政经济出版社

图书在版编目（CIP）数据

行思录：资本市场制度理论与实践 / 安青松著. ——北京：中国财政经济出版社，2022.11

ISBN 978 – 7 – 5223 – 0040 – 5

Ⅰ. ①行⋯ Ⅱ. ①安⋯ Ⅲ. ①资本市场 – 体制改革 – 研究 – 中国 Ⅳ. ①F832.5

中国版本图书馆 CIP 数据核字（2022）第 189170 号

责任编辑：孙 琛 贺靖轩　　　　责任校对：胡永立
封面设计：王 颖　　　　　　　　责任印制：党 辉

中国财政经济出版社 出版

URL：http://www.cfeph.cn

E – mail：cfeph@cfeph.cn

（版权所有　翻印必究）

社址：北京市海淀区阜成路甲 28 号　邮政编码：100142
营销中心电话：010 – 88191522　责任编辑电话：010 – 88190653
天猫网店：中国财政经济出版社旗舰店
网址：https://zgczjjcbs.tmall.com
北京时捷印刷有限公司印刷　各地新华书店经销
成品尺寸：170mm×240mm　16 开　29.5 印张　411 000 字
2022 年 11 月第 1 版　2022 年 11 月北京第 1 次印刷
定价：98.00 元
ISBN 978 – 7 – 5223 – 0040 – 5
（图书出现印装问题，本社负责调换，电话：010 – 88190548）
本社质量投诉电话：010 – 88190744
打击盗版举报热线：010 – 88191661　QQ：2242791300

大道行思,取则行远。
——《左传》

# 【水龙吟·代序】

　　三千局变尘烟起，四海风云环顾。金融兴废，国之本立，如筏喻渡。权利分担，抉择分散，衡平统目。以宁静致远，事当思敬，明思理、人思故。

　　须信人间真谛，是非分、自我执处。千江月照，峰青如聚，天高如穆。一念滔滔，悬帆冲浪，壮心何付。但天随水去，清风明月，古今同路。

安青松

壬寅年九月八日

# 前　言

　　发展资本市场是中国的改革方向。30年来，资本市场一直走在中国改革开放实践的最前沿，建设中国特色社会主义市场经济、使市场在资源配置中起决定性作用，资本市场必将勇立潮头继续发挥排头兵作用。新制度经济学的奠基人罗纳德·哈里·科斯在其著作《变革中国》中认为，"1978年以来中国的改革开放是二战以后人类历史上最成功的经济改革运动。"从更宏大的历史叙事来看，在3000多年中国经济社会发展的历史长河中，40年改革开放的伟大实践也是最耀眼的盛世辉煌。改革开放最成功之处是史无前例地解放和发展生产力，最成功的经验也是史无前例地释放和激发了亿万民众创业创造的活力。国有企业改革与民营企业兴起是改革开放的两大重头戏，也是支撑改革开放成就的两大擎天柱。在国有企业改革和民营企业兴起的历史进程中，资本市场发挥了至关重要的推动作用，体现在三个方面。一是有效促进资本形成社会化。20世纪80年代国营企业改革在"拨改贷"之后陷入资本金紧缺的困境，股份制改造试点踏上破冰之途，并在1990年催生了沪深证券交易所的开业，使得股份公司资本形成社会化得以实践确立，民营企业也打破"身份风险"的束缚，获得公平的金融权利。二是有效促进公司治理规范化。20世纪90年代初国有企业改革在"放权让利""承包制"之后经营普遍陷入无效率无效益的困境，国有企业建立现代企业制度首先要突破"政企分开"这一关；企业通过改制上市促使所有权与经营权真实分离，现代公司治理机制才得以依法实施，政企不分的弊端逐渐式微；同时民营企业也跳出"身份依附"的怪圈，获得公平的发展机会。三是有效促进资源配置市场化。21世纪初，国有股减持试点及大讨论引起市场持续下跌，通过股权分置改革最终确立以市场价格作为国有资本的定价依据，价格机制真正成为引导资源配置的中枢，同时民营资本也摆脱"身份不仁"的限制，获得公平的增长激励。截至2021年年底，A股上市公司共4615家，总市值91.6万亿元；实体上市公司实现利润占规模以上工业企业利润的比重由2012年的23%增长到50%；民营上市公司数量占比由2012年的50%上升到67%，市值占比由24%上升到47%。30年来，在资本市场的推动下国有企业和民营企业同步奔向市场经济的星辰大海。

从资本市场在国有企业改革和民营企业兴起的作用来看，资本市场不仅是一种配置资源的经济手段，更是一套市场导向的制度安排。资本市场制度建设伴随着中国经济体制转轨的推进，30年来形成了三座里程碑。一是1990年沪深证券交易所的成立及开业，形成规范化的证券交易制度，各类资产通过证券化在资本市场获得标准化的价格机制和流动性机制，为国有企业实现政企分开、规范公司治理奠定了制度基础。在20世纪90年代，资本市场为国有企业实现三年脱困目标，实施"鼓励兼并、规范破产、下岗分流、减员增效"的国有企业战略性重组发挥了积极的推动作用。二是2005年启动的股权分置改革，形成市场化的资本价格机制，各类资本在资本市场获得公平的价格发现和股权激励。上市公司国有股以市场价格交易、计价、考核、运营，为国有企业管理体制从"管企业"转变为"以管资本为主"形成了制度基础。同时资本市场基础制度出现转折性变化，上市公司并购重组以股份作为支付对价、私募股权基金形成市场化增值和退出机制、在全流通市场上股票成为期货及衍生品的基础资产、上市公司治理形成股东共同的利益基础、股权激励成为风险管理的重要手段。三是2019

年上交所科创板试点注册制，形成金融化的产业估值体系，新兴产业在资本市场实现跨期的价值发现和风险管理，为实施创新驱动发展战略形成制度基础。注册制试点构建起多元包容的发行上市标准，强化了市场导向的价格形成机制，更加有效发挥价格引导资源配置的作用，进一步健全以信息披露为核心的监管体系，促进资本市场对转型升级风险、创新创业风险、动能转换风险具有更强的包容性，对推动转变发展方式、优化经济结构、转换增长动能具有更好的适应性。截至2022年6月末，A股战略性新兴产业上市公司超过2200家，新一代信息技术、生物医药等高科技行业市值占比由2017年年初的约20%增长至约37%，上市公司研发投入占全国企业研发支出的一半以上。

资本市场制度理论与实践是建设有效市场和有为政府的先行示范区，是建设中国特色社会主义市场经济的重要"试验田"。"资本市场的市场属性极强，规范要求极高，必须以规则为基础，减少行政干预，充分发挥市场在资源配置中的决定性作用。"这一重要论断表明，资本市场是在经济体制转轨进程中最先具备现代金融特征和市场经济属性的制度体系。股票发行注册制是资本市场的核心制度，在资本市场基础制度体系中具有牵一发而动全身的作用。党的十八届三中全会通过的《关于全面深化改革若干重大问题的决定》提出推进股票发行注册制改革，同时明确以管资本为主加强国有资产监管。两项重大改革措施基于一个共同的逻辑起点——使市场在资源配置中起决定性作用和更好发挥政府作用，形成在关键领域推动有效市场和有为政府实践的创新突破。

本书上篇从理论和实践、历史和现实、国际和国情多维度实证分析股票发行制度和注册制的形成逻辑和发展规律，围绕构成股票发行制度的三根支柱——发行审核制度、信息披露制度、发行定价与承销制度进行深度比较分析，深刻揭示注册制改革是涉及的资本市场监管理念、监管体制、监管生态的深刻变革，开创性地提出实行注册制需要构建的发行审核机制、价格形成机制、市场约束机制"三位一体"有机系统的形成方案，以及构建发行人、投资者、中介机构、监管部门分工负责、分权制衡结构生态的实现路径；通过深度剖析注册制与核准制的差异，明确界定注册制的市场化特征，即多元包容的发行上市标准、权责清晰的分散决策机制、均衡博弈的市场化定价机制、更高水平的信息披露体系；提出全面实行注册制需要健全完善的制度安排及其建议：一是明确责任体系促进中介机构归位尽责，二是构建高质量的信息披露体系，三是推动监管转型提升监管效能，四是推动中国特色投资者保护体系建设。进而指出注册制改革将深度改变资本市场制度运行的基础，在微观层面市场参与各方需要适应新的市场发展生态，即发行人质量评价标准的多元化、发行定价波动的非线性化、发行节奏速率的非均匀性、退市与IPO频率的非对称性、投资人利益格局调整的非一致性。在宏观层面资本市场制度体系将更加突出市场化导向，以信息披露为核心的注册制下，IPO发行节奏常态化、IPO发行定价市场化、中介机构发挥"看门人"作用、发行失败及发行价格修正回归形成市场约束、上市公司预期估值与优胜劣汰形成市场激励成为应有之义和基本特征，促进资本市场进一步健全市场决定资源配置的制度体系，推动有效市场和有为政府的治理实践取得更大突破。

本书中篇以资本市场法律制度、监管制度、运行制度的基础理论、历史沿革、国际实践、中国实际为经纬展开系统论述，通过深度剖析上市公司治理结构、股权分置改革、上市公司退市制度、并购重组制度、证券发行制度、投资者保护制度、资本市场制度型开放等七个方面的制度形成实践和发展逻辑，表明构建现代资本市场制度：首先要反映现代金融制度的本质和特征，体现跨时间、跨空间交换价值的金融属性，以及信用和资本运行的基本规律；其次要反映市场经济的核心理念和规律，遵循公开、公平、公正原则，体现保护投资人利益、发行人权力及法人财产独立等权利主张，以及有效竞争、有限责任、分散决策、自由交换等市场经济基本法则；最后要充分体现创新、开放、绿色、协调、共享的新发展理念和以人民为中心的发展思想。通过深刻辨析上市公司、证券公司两大市场主体的功能作用和发展规律，表明：上市公司质量是资本市场晴雨表功能发挥的基础，上市公司结构体现国民经济发展的质量和国家战略实施的成效，上市公司发展反映宏观经济政策导向和国家核心竞争力水平；证券公司是资本市场最重要的中介机构，是促进资本形成和交易的组织者和执行者，是连接投资端与融资端的核心中介，是资本市场发挥枢纽功能的制度基础和逻辑主体，没有高质量发展的证券行业就没有成熟发达的资本市场。资本是社会主义市场经济的重要生产要素，资本市场是促进资本形成和实施创新驱动发展战略的核心制度。在转轨经济和大陆法系下，构建现代资本市场制度体系具有特殊的规律性；在中国特色社会主义市场经济中，构建现代资本市场制度体系是建设有效市场和有为政府理论和实践的重大创新。

本书下篇围绕资本市场制度生态的形成，收录了作者自2020年以来公开发表的17篇文章，涉及注册制改革、投资者保护、行业文化建设、行业社会责任、行业高质量发展、证券科技运用、人才队伍建设、自律组织作用等方面制度建设的实践与思考。人的自由而全面发展是社会发展与个人发展的和谐统一，建设有效市场与有为政府是实现社会目标与个人目标和谐统一的有效途径。资本市场制度关系千万重，涉及政府、市场、企业、个人的利害关切，但是归根结底是要激发人的创新创造创业创富活力，并为人的自强奋斗提供公平的机会、规则和权利。没有无义务的权利，也没有无权利的义务。注册制在健全发行人权利保障机制的基础上，对信息披露质量、投资者保护、中介机构责任提出了更高的标准和要求。在以信息披露为核心的注册制下，既突出强调投资者维权，加强投资者合法权益的制度保护、行政保护、司法保护，也突出强调投资者教育，提高投资者对合法权益的自我认知、自我主张、自我维护。中介机构特别是证券经营机构归位尽责是实行注册制的关键环节，也是资本市场在新发展格局中发挥枢纽功能的中枢要件。形成文化引领、专业为本、责任至重、声誉至上的发展生态，是证券行业行稳致远、高质量发展的必由之路。

特别说明，本书的主体内容是清华大学五道口金融学院2021年度金融学研究课题《注册制改革与资本市场基础制度建设》的研究报告，及从2013年11月起在清华大学五道口金融学院讲授《资本市场制度理论与实践》课程的讲义共同整理而成。讲义为金融学硕士研究生、MBA、EMBA以及创业领袖、文创金融等培训项目授课百数课时，在经年累月的打磨中逐渐形成理论体系，自成一家之言。书中所述不代表作者供职单位的立场和观点。

# 目 录

## 上篇 "思明篇"

**注册制改革与资本市场基础制度建设** ············· 3

注册制改革在我国资本市场基础制度建设进程中具有里程碑意义,是涉及资本市场监管理念、监管体制、监管生态的深刻变革,需要构建由发行审核机制、价格形成机制、市场约束机制"三位一体"形成的有机系统,构建由发行人、投资者、中介机构、监管部门分工负责、分权制衡形成的结构生态,促进资本市场基础制度和发展生态的全新塑造和转型升级。在以信息披露为核心的注册制下,IPO发行节奏常态化、IPO发行定价市场化、中介机构发挥"看门人"作用、投资者权益得到更有效保护、发行失败与发行价格修正回归形成市场约束、上市公司预期估值和优胜劣汰形成市场激励成为应有之义和基本特征。实行注册制将进一步健全市场决定资源配置的资本市场制度体系,推动建设完善有效市场和有为政府治理体系的创新实践。

一、股票发行注册制理念与特征探讨 ············· 3
二、股票发行制度的国际经验与实践 ············· 13
　（一）发行审核制度的国际比较 ············· 13
　（二）IPO信息披露制度的国际比较 ············· 22
　（三）发行定价与承销制度的国际比较 ············· 41
三、股票发行制度与管理的中国实践 ············· 49
　（一）发行审核制度 ············· 49
　（二）信息披露制度 ············· 60

（三）发行定价与承销制度 ················································ 65
　（四）新股发行定价市场化改革的探索 ································· 72
　（五）注册制试点评估与制度完善建议 ································· 87
　（六）注册制改革的效用及其实践意义分析 ······················· 134

# 中篇　"思远篇"

**资本市场制度理论与实践** ················································ 153

　　资本市场是中国特色社会主义市场经济的最前沿，资本市场制度是在经济体制转轨过程中最先具备现代金融特征和市场经济属性的领域。在转轨经济和大陆法系下，构建现代资本市场制度体系具有特殊的规律性；在中国特色社会主义市场经济中，构建现代资本市场制度体系更是史无前例的理论和实践创新。本篇以资本市场法律制度、监管制度、运行制度的基础理论、历史沿革、国际实践、中国实际为经纬展开系统阐述，深度剖析上市公司治理结构、股权分置改革、上市公司退市制度、并购重组制度、证券发行制度、投资者保护制度、资本市场制度型开放等七个方面制度的形成实践和发展逻辑，深刻辨析上市公司、证券公司两大市场主体的功能作用和发展规律，深入探讨资本市场制度建设在丰富政府与市场关系经济学理论体系的实践意义。

　一、金融制度国际比较与中国实践 ······································ 154
　　（一）金融制度的内涵探讨 ············································· 154
　　（二）金融制度的发展演变 ············································· 157
　　（三）金融制度的国际比较 ············································· 163
　　（四）金融制度的中国实践 ············································· 171
　　（五）资本市场的探索与实践 ········································· 176
　二、资本市场法律制度构架与金融风险挑战 ······················· 186
　　（一）我国资本市场法律制度的历史沿革 ······················· 186
　　（二）资本市场法律制度的国际经验借鉴 ······················· 192
　　（三）金融危机的挑战和金融风险的防范 ······················· 198

三、资本市场基本制度探索与实践 …………………… 211
　（一）上市公司治理的国际借鉴与中国实践 ………… 211
　（二）股权分置改革的机制设计与分散决策 ………… 220
　（三）上市公司退市制度渐进性目标与执行 ………… 226
　（四）上市公司并购重组制度的市场化进程 ………… 237
　（五）证券发行制度改革的探索创新与突破 ………… 243
　（六）投资者保护制度体系不断健全和完善 ………… 261
　（七）资本市场双向开放的路线途径与成效 ………… 271

四、建设中国特色资本市场的探索实践 ……………… 279
　（一）上市公司是资本市场健康发展的基石 ………… 279
　（二）证券公司是资本市场功能发挥的枢纽 ………… 292
　（三）建设有效市场与有为政府的实践探讨 ………… 308

## 下篇 "思敬篇"

　　人的自由而全面发展是社会发展与个人发展的和谐统一，建设有效市场与有为政府是实现社会目标与个人目标和谐统一的有效途径。注册制遵循市场规律和金融属性构建以信息披露为核心的制度体系，更好发挥价格信号引导资源配置的作用，形成激发人的创新创造创业活力的动力机制，是在完善中国特色社会主义市场经济体系中，建设有效市场和有为政府的重要实践。中介机构特别证券经营机构归位尽责是实行注册制的关键环节，也是资本市场在新发展格局中发挥枢纽功能的中枢要件；形成文化引领、专业致胜、声誉至上、责任至重的发展生态，是证券行业高质量发展的必由之路。

### 做专做强做优做精　坚守服务实体初心
——资本市场三十周年《金融时报》专访 ……………… 321

### 砥砺耕耘三十载　笃行致远开新局
——中国证券业协会三十周年《第一财经》专访 ……… 329

## 优化业务结构　提升服务质量
### ——《经济日报》建党百年特刊专访 ········· 340

## 实行注册制促进形成高质量发展新动能 ········· 345
### 一、资本市场对促进形成新动能发挥枢纽作用 ········· 345
### 二、实行注册制对促进形成新动能具有更好的适应性 ········· 348
### 三、建设中国特色注册制促进形成高质量发展新动能 ········· 352

## 资本市场制度建设的经验探讨 ········· 355
### 一、上市公司治理的中国实践 ········· 355
### 二、股权分置改革的市场化经验 ········· 356
### 三、退市制度的中国特色 ········· 357
### 四、并购重组制度的适应性实践 ········· 358
### 五、注册制改革的创新与突破 ········· 359

## 以注册制改革为牵引推动中国特色投资者保护新实践 ········· 361
### 一、加强投资者保护是实行注册制的前提和基础 ········· 361
### 二、注册制背景下加强投资者保护的制度建设 ········· 363
### 三、充分认识注册制下加强投资者保护的新挑战 ········· 365
### 四、持续推动中国特色投资者保护的创新实践 ········· 368

## 建设中国特色证券行业文化 ········· 371
### 一、践行新发展理念成为行业文化建设的主题内容 ········· 371
### 二、防范金融风险成为行业文化建设的重要使命 ········· 373
### 三、防止资本负面性形成行业文化建设的中国特色 ········· 374
### 四、促进人的全面发展成为行业文化建设的实践方向 ········· 375

## 金融科技为证券业高质量发展注入新活力 ········· 377
### 一、金融科技在证券市场的运用场景广泛 ········· 377
### 二、金融科技深刻改变证券行业发展生态 ········· 379
### 三、证券行业数字化转型升级方兴未艾 ········· 382
### 四、金融科技为行业文化带来新的挑战及应对 ········· 384

## 注册制是探索完善有效市场和有为政府的重要实践 …… 389

## 推动证券业高质量发展的共识与实践 …… 393

## 金融开放与证券业高质量发展 …… 396
  一、金融开放促进提升资本市场的枢纽作用 …… 396
  二、金融开放开拓证券业高质量发展新空间 …… 397
  三、金融开放带来证券业高质量发展新机遇 …… 399

## 践行新的发展理念推动证券业高质量发展 …… 401
  一、证券业践行新的发展理念取得积极成效 …… 401
  二、证券业助力实现碳达峰、碳中和目标在积极行动 …… 403

## 建设适应高质量发展的证券人才队伍 …… 406
  一、证券行业人才队伍专业化建设初见成效 …… 406
  二、适应高质量发展的人才队伍建设亟待加强 …… 407
  三、打造适应高质量发展的证券人才队伍 …… 409

## 履行社会责任　促进协调发展、共享发展 …… 411
  一、履行社会责任是证券行业高质量发展的重要内容 …… 411
  二、深入贯彻新发展理念，探索证券行业履行社会责任的生动实践 …… 414
  三、积极践行社会责任，以高质量发展提升服务国家战略能力 …… 418

## 发挥第三方自律作用的国际实践与借鉴 …… 422
  一、自律监管的基本概念 …… 422
  二、交易所的自律监管和利益冲突的产生 …… 424
  三、第三方自律的国际探索与实践 …… 427
  四、第三方自律在注册制改革中的借鉴与建议 …… 431

## 推动证券行业高质量发展新实践 …… 433
  一、加强行业文化建设，推动形成合规、诚信、专业、稳健的价值理念 …… 433

二、加强责任体系建设，督促证券公司发挥好资本市场"看门人"作用 ·············· 435

　　三、加强行业声誉建设，引导行业形成诚实守信、勤勉尽责的发展生态 ·············· 436

　　四、加强专业能力建设，推动行业打造"忠专实"的专业人才队伍 ·············· 438

**打造高水平风险监测基础设施　健全债券市场风险预防预警机制** ·········· 440
　　一、我国债券市场发展概况与特征 ·················· 440
　　二、健全债券市场风险预防预警机制的必要性 ············ 442
　　三、打造高水平债券市场风险监测基础设施 ············· 445

**参考文献** ·················································· 449
**后　　记** ·················································· 454

# 上篇 思明篇

> 心持半偈独来注，欲辨真如已忘机

注册制改革在我国资本市场基础制度建设进程中具有里程碑意义，是涉及资本市场监管理念、监管体制、监管生态的深刻变革，需要构建由发行审核机制、价格形成机制、市场约束机制"三位一体"形成的有机系统，构建由发行人、投资者、中介机构、监管部门分工负责、分权制衡形成的结构生态，促进资本市场基础制度和发展生态的全新塑造和转型升级。在以信息披露为核心的注册制下，IPO发行节奏常态化、IPO发行定价市场化、中介机构发挥"看门人"作用、投资者权益得到更有效保护、发行失败与发行价格修正回归形成市场约束、上市公司预期估值和优胜劣汰形成市场激励成为应有之义和基本特征。实行注册制将进一步健全市场决定资源配置的资本市场制度体系，推动建设完善有效市场和有为政府治理体系的创新实践。

# 注册制改革与资本市场基础制度建设

　　注册制改革在我国资本市场基础制度建设进程中具有里程碑意义。本篇通过证券发行制度的国际经验比较和中国实践回溯，揭示在经济体制转轨过程中，我国证券发行制度从审核制、核准制到注册制的逻辑联系和发展规律，揭示注册制改革不同于历史上的发行管理体制改革，是涉及资本市场监管理念、监管体制、监管生态的深刻变革，需要构建由发行审核机制、价格形成机制、市场约束机制"三位一体"形成的有机系统，构建由发行人、投资者、中介机构、监管部门分工负责、分权制衡形成的结构生态。在注册制下，监管理念更加市场化、法治化，监管体制更加突出分工负责、分权制衡的特点，监管生态更加强调发行人、投资者、中介机构、审核部门、自律组织、监管部门权责明确、归位尽责、各司其职、各负其责，促进资本市场基础制度和发展生态的全新塑造和转型升级。在以信息披露为核心的注册制下，IPO 发行节奏常态化、IPO 发行定价市场化、中介机构发挥"看门人"作用、投资者权益得到更有效保护、发行失败及发行价格修正回归形成市场约束、上市公司预期估值和优胜劣汰形成市场激励成为应有之义和基本特征。实行注册制将进一步健全市场决定资源配置的资本市场制度体系，推动建设完善有效市场和有为政府治理体系的创新实践。

　　本篇是清华大学五道口金融学院 2021 年度金融学研究课题《注册制改革与资本市场基础制度建设》的研究报告。

## 一、股票发行注册制理念与特征探讨

　　资本市场实行注册制是以放管服改革驱动的构建政府与市场新型关系的

基础性制度变革，是在中国特色社会主义市场经济中建设有效市场和有为政府的创新实践。从2013年11月，党的十八届三中全会审议通过的《关于全面深化改革若干重大问题的决定》提出"推进股票发行注册制改革"，到2018年11月习近平总书记在中国国际进口博览会上宣布，在上交所设立科创板并试点注册制，至2022年7月中央全面深化改革委员会审议通过全面实行股票发行注册制方案，注册制改革十年磨一剑，终于迎来了柳暗花明的曙光。本章从理论和实践、历史和现实、国际和国情多维度分析股票发行制度和注册制形成的历史沿革、法制基础、运行逻辑和发展规律，深度揭示注册制的核心理念和运行特征，提出建设中国特色注册制需要全方位塑造与注册制相适应的监管体制和市场生态。

## （一）股票发行制度与注册制

发行是资本市场运作的基础，股票发行制度是资本市场的核心制度，在资本市场基础制度体系中具有牵一发而动全身的作用。从国际实践看，股票发行制度经历了从商事安排到行政许可、从分散规制到统一监管、从价值判断到信息披露的演变过程。股票发行是指符合发行条件的公司，以筹集资金为直接目的，依照有关法律、法规和规则，按照一定的程序、方式和要求，通过中介机构向投资人要约出售代表一定股东权益的股票的行为。股票发行通常以股票的首次公开发行（Initial Public Offering，IPO）为探讨主体，特指股份有限公司第一次向众多非特定的投资人出售新股或配售原老股东持有的股票的行为。

股票发行活动，尤其是公开发行，因其涉及公众利益，必须有健全的内在机制和必要的外部管制予以规范。发行制度由规范股票发行活动的内在机制与外部管制的系统集成。其内在机制主要通过股票发行价格及其股权收益变化和资金供求之间的公平竞争，调节股票市场的运行，引导资金流向，实现社会资源的优化配置，满足股票发行人和投资者的不同需要。其外部管制则由政府或其授权机构实施。一方面，国家立法机关、政府或其通过颁布股票发行、上市的法律、法规和规则，规定股票发行的具体条件、程序、方式，要求发行人在股票发行过程中有法可依，有章可循，并接受政府或有关部门的检查与监督；另一方面，通过股票发行审查、批准，对股票进行具体监督与控制，如发行人主体资格的确认与限制，中介机构资格认定及行为监管等。这些与股票发行有关的管制的具体形式和各种法律、规则的总和，构成股票发行制度。

发行制度的形成和变化不仅是一个国家和地区资本市场发展内在要求的体现，而且是其政治、经济、法律制度的延伸。由于各个国家和地区股票市场发展阶段、股票市场结构和监管模式不同，各个国家和地区的股票发行制度亦不相同。即使同一个国家和地区，股票发行制度在股票市场的不同发展阶段也不完全一样。发行机制的设计，客观上是在法律约束和市场效率选择、行政监督和市场自律、中央集中和地方管理等诸多关系中的一个合理的平衡。我国资本市场是在20世纪90年代中国经济体制由计划经济向市场经济转轨过程中建立发展起来的，其制度安排不可避免地烙有计划经济痕迹，在股票发行制度上体现为发行额度行政配置和发行定价方式行政化，尽管这种制度安排有其客观必然性并在实践中发挥了积极的作用，但随着中国经济市场化改革的持续演进和市场经济的不断深化，其弊端日益显现。2013年11月，党的十八届三中全会审议通过《中共中央关于全面深化改革若干重大问题的决定》，明确提出推进股票发行注册制改革，开启了我国资本市场探索实行股票发行注册制的新征程。

注册制是国际上较为普遍采用的股票发行制度，但并没有给出统一的定义和模式，而是根据各自的法律制度、历史沿革、市场基础，形成了各具特色的注册制。注册制的理念发源于美国《1933年证券法》，该法案诞生于1929年大危机之后，政府介入华尔街治理的大背景之下，针对完全自由发行、损害投资者利益的一种纠偏举措，是加强发行监管的制度安排，毋庸置疑注册制是强监管的产物。美国IPO历史悠久，可以追溯到建国。1783年北美银行最早公开发行了1000股，每股定价400美元。当时正值独立战争，它帮助了乔治·华盛顿军队筹集资金，也保护了这个新兴国家的经济。在1929年大危机以前，美国的公开发行制度建立在各州的"蓝天法"（Blue Sky Laws）基础上,通过实质性审核的方式保护公众投资者不受欺诈。但"蓝天法"对公开发行进行规范的实际效果较为有限,因为各州各自为政,证券经纪商只需通过邮件或电话在各州之间推销股票,就可以规避"蓝天法"。从19世纪中叶华尔街兴起到20世纪初,美国一直没有形成一个较为完整的、并能对市场参与者给予有效约束的证券法律体系。资料显示,在20世纪20年代,大约有2000万投资者在华尔街股市"淘金",在此期间新发行的约500亿美元证券中,事后证明有一半一钱不值。1929年10月,纽约股市爆发震撼世界的世纪性股灾,紧接着美国经济进入严重的大危机时期。在之后的几年中,股市长期低迷,投资者对市场失去信心。《1933年证券法》《1934年证券交易法》的出台,正是为了维护市场秩序,规范市场各方行为,重新恢复投资者的信心。

1929年美国股市大崩盘后,联邦政府制定统一的证券法来加强证券市场的监管迫在眉睫。此时面临两种抉择:一是继续沿用"蓝天法"的"优劣哲学"和实质管理原则,即政府必须判断某一证券的"好"与"坏",批准后的证券才能出售给投资者;二是采纳英国公司法的披露哲学和纽约州证券法的欺诈理论,以注册公开为原则。在1932年的总统选举中,罗斯福主张:发行国内外股票和债券时,发行人应将红利、佣金、本金和利息的真实信息呈交政府备案并刊发于发行广告之上,以此来保护投资大众。罗斯福就任总统后,指派前联邦贸易委员汤普森(Huston Thompson)负责起草证券法,作为"新政"改革的一部分,但该草案贯穿"优劣管理"的哲学,罗斯福随后成立了新的小组重新起草,大量吸收了1929年英国公司法的强制披露原则。罗斯福倡导的主要观点是:①虽然州法层面有进行实质审核的规范,但投资大众仍因出售证券的不诚信行为遭受重大损失;②联邦政府不能且不应采取任何可能被误解为统一或保证有价证券价值的行为;③联邦政府的责任是促使和证券相关的信息得到充分披露;④为促进公平交易及提高投资信心,在传统投资人自负投资风险的观念之上,也规定证券卖方有充分披露信息的义务和责任。最终,国会经过激烈辩论,采纳了披露哲学和欺诈理论,由此形成了《1933年证券法》与《1934年证券交易法》。美国注册制的法律实质是,发行人依法注册并承担相应的后果和责任,是证券公开发行的必要条件;注册信息必须真实、准确、完整、没有误导性,否则发行人和相关当事人必须依法承担责任。与此相适应,根据《1934年证券交易法》设立的美国证券交易委员会(U.S. Securities and Exchange Commission,简称"SEC"),作为美国监管证券市场的法定机构,被赋予准立法权、准司法权、独立执法权,形成了以美国证券交易委员会、州证券监管机构和各交易所为审核主体,以信息披露形式审核为主、实质性审核为辅的股票发行注册制。

美国的股票发行注册制力图在法律约束与市场选择、行政监督与市场自律、中央集权与地方管理之间形成平衡。其基本精神是在保护投资者权益的基本前提下,充分实行公平竞争的原则,以最大限度地发挥市场的功能。其运行机制具有以下五个方面特征。一是 SEC 与交易所分别独立负责发行审核和上市审核。SEC 和州监管机构负责证券发行审核,各交易所负责上市审核,各自独立操作,双方不会就审核中的问题交换意见或进行协商。二是 SEC 对新股发行审核,基本要求是真实、可靠、相关、及时,突出特征是不对发行人进行价值判断,重点审核是否符合信息披露规则,其他如定价、配售等事项由市场自行决定。美国各交易所侧重于实质审核,审核重心包括发行人是否满足交易所上市标准中规定的各项财务指标和存在的可能影响普通投资者投资决定的"实质性"要素,如股权结构、财务数据、公司治理等。三是审核过程公开透明,SEC 收到注册文件即在网站上公开,SEC 的审核意见函和发行人的回复函也会在注册文件生效 45 天后公布。同时也为新兴成长企业设置秘密递交程序和保密处理。四是审核节奏稳定高效可预期,如无重大问题,平均 90 天的时间出具新股发行注册函。五是设置申诉环节,如果发行人不同意 SEC 审核人员结论可以进行申诉。在注册制下,证券的质量由市场选择,而承销商发挥市场"看门人"作用,处于自身经济利益考虑,对证券的质量进行尽职调查,对承销的收益和风险做出评估。证券的质量不同引致承销风险、佣金水平和发行价格不同,质量差的证券可能因为成本高、风险高而被迫退出发行。法律保证每个发行人具有接受市场选择的机会,同时也奠定了实施这一选择的公正基础。SEC作为监管机构是直接执行和实施证券法的管理人，而证券交易所则作为自律机构代表市场设立选择的标准。这两个不同的机构在法律与效率、监督与选择中各司其职、各尽其责，形成协调运转的治理体系。

在美国股票发行注册制中，行业自律组织发挥了重要的监管补位、关系平衡、自律传导作用。从"梧桐树协议"到纽约证券交易所的成立，行业自律是美国资本市场早期发展的运行轨迹和基本特征。早期证券交易所是由会员发起设立，并由会员共同制定和督促执行规则，会员之间的纠纷由证券交易所调解。随着时间的推移，证券交易所自律的范围超出了会员本身，除了会员资格监管、会员执业监管及会员交易监管外，还承担了上市监管职责，即规定上市条件并对上市公司进行持续监管，此时的"自律"已经超出了"会员自治"的范畴，特别是在全球化背景下证券交易所之间国际竞争日趋激烈，证券交易所改制为股份公司并上市融资成为趋势，作为上市公司的证券交易所与其他会员之间、与公共政策之间形成利益冲突。为此证券交易所将其自律监管职责的一部分或者全部转移到第三方自律组织来履行如证券业协会等，以保证可以更中立、公正、全面地履行自律监管职责。2000年美国证券业协会（SIA）发表《重塑自律的白皮书》、2004年SEC发布《关于自律的声明》，两份文件客观分析了美国证券市场自律监管的现状以及面临的挑战，一致提出发挥第三方自律作用的建议。2007年在SEC的主导下，美国NASD、NASDAQ、NYSE等几家证券交易所将会员监管、检查、处罚和仲裁业务剥离合并，在美国证券交易商协会（NASD）基础上成立独立的自律监管机构——美国金融业监管局（FINRA），承接各证券交易所的会员监管职责和部分交易监管职责，证券交易所则保留上市有关的监管职责和交易监管职责。FINRA主要宗旨是确保会员的行为规范符合法规要求，促进证券市场的长期健康发展。在证券发行过程中，FINRA也参与对注册申请的审阅，审查对象是参与发行的会员券商，审查范围主要是承销合同，内容是承销行为是否规范、发行价格和佣金水平是否合理。只有在确认承销合同符合协会从业道德行为规范之后，才会将其认可通知SEC。没有FINRA的认可，注册登记则不能生效，SEC 将要求重新修订承销合同。

（二）注册制基本内涵与特征

从注册制产生的历史渊源来看，注册制具有两个方面典型特征：一是以信息披露为核心；二是市场决定资源配置。以信息披露为核心的注册制，其理论基础是理性经济人假设和有效市场假说，即投资人有能力在获得信息的基础上做出投资判断，发行人将充分顾虑欺诈发行的法律责任和后果，市场价格可以有效反映可得信息。理性经济人假设和有效市场假说体现了对投融资双方自主决策能力以及市场机制有效性的信任，也是发展直接融资和资本市场的理论基础。然而，在不同国家和地区的资本市场上，理性经济人假设和有效市场假说的实现程度是不同的。一是投资者结构不同，在信息接收能力、信息理解能力、价格发现能力和风险承受能力上，以机构投资者及长期资金为主的投资者结构，比以散户及短期资金为主的投资者结构，更能满足理性经济假设，更能促进市场有效。二是责任约束机制不同，对虚假披露、欺诈发行等的处罚力度和概率，必须具有足够的震慑效应，责任承担足够到位，发行人和中介机构才能在"理性"的驱动下进行真实、高质量的信息披露，奠定市场有效的基础。三是市场约束机制不同，只有在买卖双方均衡博弈的条件下，市场才能对发行人质量、对中介机构定价形成约束。在投资者结构、责任约束机制、市场约束机制还不到位、理性经济人假设和有效市场假说基础尚未完全形成的情况下，理论和实践都无法一步到位实施"理想"中的注册制。

信息披露是资本市场信用体系的基石，是落实"卖者有责、买者自负"理念的基础。以信息披露为核心的注册制，要求发行人充分披露投资者做出价值判断和投资决策所必需的信息，促进投资者围绕价值判断合理形成价格，有效发挥价格信号引导资源配置的作用。注册制以信息披露为核心，不以否认发行申请为目的，保障处于不同发展阶段和水平的企业可以依法进行股权融资。因此，注册审核过程是一个提出问题、回答问题，不断丰富和完善信息披露内容的互动过程，目标是要求发行人必须完整、准确披露涉及证券投资价值与投资者投资判断的所有实质性信息。这些实质性信息的界定,是复杂且有争议的问题。美国式注册制主要依靠 SEC 的 IPO 审核与美国法院的司法审查,经年积累的诸多规则和判例,包括审核人员依据经验形成的自由裁量意见。综上,以信息披露为核心的注册制,应当建立在以下三个基础之上:一是卖者有责,买者自负的市场生态;二是精准审核,全程问责的市场监管;三是市场约束有力,司法追责到位的市场环境。

市场决定资源配置是注册制的另一重要特征。从核准制向注册制转变,最大区别是市场在资源配置中的作用强弱不同。在注册制下市场在资源配置中决定作用更加显著,而决定作用能否有效发挥取决于上述三个基础的形成和健全。从发挥市场在资源配置中决定作用看,注册制是由发行审核机制、价格形成机制、市场约束机制三位一体构成的有机系统,是由发行人、投资者、中介机构、监管部门分工负责、分权制衡形成的结构生态。从核准制向注册制转变,不仅是审核重点、方式、分工的优化,也不仅是审核把关一个"点"的改革,需要构建一套把控发行人质量、发行定价与节奏的市场化约束机制,即把原来由监管部门统管的发行人质量、发行定价与节奏,通过压实中介机构责任,逐步交给市场机制去实现分散决策。因此,全面实行注册制不是一个时点事件,而是一个时期事件,是渐进式、系统性的改革,需要全过程全节点全链条完善流程、健全标准,推动市场各方逐步适应、逐步到位,实现发行人质量从集中一点把关向分散层层把关转变,发行价格确定从集中决策向分散决策转变,中介机构归位尽责是实现这两个转变的关键环节。

毫无疑问,中美两国的注册制与各自的社会法治环境和资本市场发展阶段密切相关,美国建国与亚当·斯密的《国富论》同期诞生,美国注册制延续了自由市场经济的理念,信奉"看不见的手"的自我调节功能,通过《1933 年证券法》《1934 年证券交易法》赋予 SEC 准立法权、准调查权、准司法权,以健全的民事诉讼机制落实发行人及相关当事人信息披露责任,以高效的司法救济措施维护投资者合法权益,这是现代政府功能拓展与美国自由主义经济传统冲突下现实选择。中国特色的注册制,必将坚持金融为实体经济服务的宗旨和天职，在充分发挥市场在资源配置中决定作用的同时，更加注重发挥有为政府的作用，"无形的手"优化配置资源，"有形的手"维护市场秩序，形成共同促进提高市场效率、提高上市公司质量的合力；按照遵循注册制基本内涵、借鉴国际优秀实践案例，尊重中国特色资本市场发展阶段的原则，在我国资本市场投资者结构不成熟、市场约束机制不健全、司法救济机制不完善的情况下，处理好有效的市场与有为的政府的关系，注重发挥"强政府"的治理作用，加强预防性监管和全过程监管，压实中介机构"看门人"专业责任，全面树立市场观念，客观把握市场规律，从以下方面全方位塑造与注册制相适应的监管体制和市场生态。

1. 包容普惠的监管理念

在注册制下，对创新创业风险、预期收益风险具有很强包容性，轻资产、高估值、非盈利的新经济企业上市将成为常态，新经济企业风险高、业绩波动大的特点，将改变以往成本分析、盈亏评价、重资产估值的发行人质量标准，以往以"一年盈利二年持平三年亏损"作为上市公司质量差的标识，在注册制下将发生颠覆性改变。特斯拉创立17年、上市10年持续亏损，到2020年才首次实现年度盈利，市值从IPO时的200亿美元，升值到如今的1万多亿美元，成为资本市场孵化新经济的典型案例。因此，应当有针对性地研究构建适应新经济发行人特点的治理要求和披露指引，在指数样本设置、媒体舆论引导、社会评价体系等方面，主动塑造多元化、市场化的评价理念；适应以信息披露为核心的注册制，推动以全方位、全过程维护投资者合法权益为重点的监管转型。

2. 权责明确的责任体系

注册制改革是一项系统性工程，涉及一级市场发行承销、二级市场交易机制等一系列制度安排的紧密结合。在核准制下审核责任、中介责任、发行人责任，三者前重后轻配置，在注册制下三者前轻后重配置。需要重新界定发行人、中介机构、监管部门、投资者的权责关系，重新设计发行人、投资者和中介机构的责任关联，把发行节奏的"阀门"交给中介机构同时，把平衡发行人质量把关和市场承受程度的责任真正落实给中介机构，重新审视、调整、完善中介机构职业标准，推动投行业务的工作重心从服务"可批性"向服务"可投性"转变，促进形成激励"质量竞争"、约束"数量竞争"的市场生态。注册制下需要强化事中事后监管，注重发挥自律的预防性监管作用，健全自律管理、行政监管、司法惩戒三位一体的明责、问责、追责体系。自律首先是发行人、中介机构自我规范、自觉行动，发行人落实主体责任是构建注册制下责任体系的第一步，中介机构归位尽责是形成市场约束机制、选择机制的关键环节。

### 3. 以专业投资者为主体的定价机制

注册制下新股发行实施以专业投资者为主导的询价机制，发挥专业投资者的信息优势和投研定价能力在询价过程中的理性力量，并通过高价剔除、有效报价区间等制度安排，遏制出于利益诉求和制度漏洞的非理性报价，形成有效的买方约束、卖买方均衡博弈的定价机制；加强网下投资人报价、申购行为规范，减少非理性价格扰动，构建市场化价格形成机制；引入长期机构投资者制度，完善分析师路演、管理层路演、簿记建档、定价配售等业务规范，全面放开战略配售、提高网下配售比例和"绿鞋机制"门槛等制度创新，促进实现投资者、发行人与保荐机构等利益相关者之间的长期博弈均衡，推动IPO市场化定价机制形成。

### 4. 以投资者需求为中心的信息披露

有效的信息披露是促进投资者围绕价值判断合理形成价格，发挥价格信号引导资源配置作用的信用基础。注册制以信息披露为中心，必须加大防止欺诈发行、虚假陈述的法治供给，以严刑峻法遏制发行人及相关中介机构欺诈发行的动机和行为，强化信息披露当事人的刑事、民事、行政责任。在注册制下必须建立以投资者价值判断为导向的信息披露内容体系，将可以由投资者判断的事项转化为更加严格信息披露要求，在规则导向上突出以投资者价值判断的信息披露，减少免责式、机械化的尽职调查和审核问询，有效落实"卖者有责，买者自负"理念，明确界定审核部门与市场主体责任边界的信息披露制度。

## 二、股票发行制度的国际经验与实践

股票发行制度是资本市场基础制度体系的核心系统，其制度安排要受到资本市场基础制度体系形成和发展的影响。世界各国的资本市场基础制度体系大致可以分为三类：集中型、自律型和中间型。集中型的特点是政府部门制定专门的资本市场法规，并在资本市场的管理中居于主要地位，交易所、行业协会等自律机构只起辅助作用，这种类型的典型代表是美国。自律型的特点是政府只负责立法，对资本市场管理主要通过交易所、行业协会等组织进行自律管理，英国是这种类型的代表。而德国是中间型的代表国家，既强调政府管理，又赋予交易所等自律组织一定的权力。股票发行制度通常包括发行审核制度、IPO信息披露制度、发行定价与承销制度。本节主要归纳概述并比较分析境外主要证券市场发行审核制度、IPO信息披露制度、发行定价与承销制度。

### （一）发行审核制度的国际比较

发行审核制度的国际比较，主要涉及发行审核的体制构建、发行审核的职能界定和发行审核的历史沿革。

#### 1. 发行审核体制的比较分析

美国、日本、英国、德国、中国香港及中国台湾等国家或地区（以下简称"境外主要资本市场"）均实施国家/地区的政府机构（一般为联邦或中央证券监管机构）和证券交易所双层管理的体系，依据政府机构相应监管部门和证券交易所（或其他自律组织）在IPO审核中的具体定位与分工，境外主要证券市场的发行审核体系可分为以下三类。

政府机构主导型：以美国和德国为代表，美国证监会（Federal Financial Supervisory Authority）及德国联邦金融监管局（BaFin）掌握对证券市场日常监管审核权力，在新股发行审核中，政府机构发挥主导作用，通过一轮或多轮深入问询，关注拟上市主体是否满足特定条件、招股书信息披露是否充分、一致，以提高拟上市主体信息披露质量。政府机构的注册决定是，是证券交易所上市审核的前置条件。

交易所主导型①：以日本及中国台湾为代表，日本金融厅（Financial Service Agency，FSA）及中国台湾金融监督管理委员会均为对市场履行监管审查职责的独立行政机关，但在 IPO 审核中，日本证券交易所自律机构（系日本交易所集团下属独立法人）及台湾证券交易所具体负责审核发行上市条件，甚至需要对拟上市主体进行现场勘察；相比之下，FSA 及台湾证期局一般不再进行问询。

合作双主导型：以英国及中国香港为代表，英国金融市场行为监管局（Financial Conduct Authority，FCA）下属的上市管理部门（UK Listing Authority，UKLA）及伦敦证券交易所（简称"伦交所"）②，中国香港证券及期货事务监察委员会（简称"香港证监会"）及香港联合交易所（简称"联交所"）均同时对 IPO 申请进行审核；相比之下，UKLA 的审核参与度较香港证监会更深，UKLA 会重点围绕招股说明文件展开一轮或多轮问询，一般其审核时限也较交易所更长。

我国资本市场发行审核体制产生于计划经济体制向市场经济体制转轨的过程，第一阶段主要依据 1989 年 1 月 1 日生效的《中国人民银行深圳经济特区分行关于企业股票发行的审批管理原则》等区域性规章，各地分散发展、分散监管，缺乏全国统一的监管机构和监管法律法规。第二阶段自 1992 年 10 月 12 日起，国务院办公厅发出《关于成立国务院证券委会的通知》，决定成立国务院证券委员会、中国证监会，国务院证券委指导、监督检查和归口管理中国证监会，主管全国证券市场，在这一阶段（1993—2000 年）股票发行实行审批制。第三阶段是依据《中华人民共和国证券法》，设立中国证监会对

---

① 在台湾地区，上市基本属于增资发行，须证期局批准；在日本，依法交易所须设立独立的自律机构，或者自律管理委员会负责审核。日本和台湾地区的证券监管基本上沿袭美国证券法的监管思路。

② 一般情况下，2000 年金融改革后，伦敦证券交易所的发行审核权收归 FCA，但保留上市核。其 AIM 板主要是为中小企业提供服务，AIM 市场交易的股票为非上市股票，申请至 AIM 挂牌交易的公司无须报经 UKLA 核准，仅须经伦敦证券交易所同意即可。

证券期货市场进行集中统一管理，这一阶段股票发行开始实行核准制。2018年2月，全国人大常委会审议通过将授权国务院进行A股发行注册制改革改革延长至2020年2月29日。2019年1月30日，中国证监会发布《关于在上海证券交易所设立科创板并试点注册制的实施意见》，标志着我国资本市场开始从科创板入手，稳步试点注册制，逐步探索符合我国国情的股票发行注册制。上交所科创板、深交所创业板陆续试点注册制，实行"交易所审核+证监会注册"制度，具体而言，交易所负责股票发行上市审核，审核判断企业是否符合发行条件、上市条件和信息披露要求。证监会负责股票发行注册，重点关注交易所发行审核内容有无遗漏，审核程序是否符合规定，以及发行人在发行条件和信息披露要求的重大方面是否符合规定。从目前实际运行效果来看，A股注册制试点中的审核体系更接近于"合作双主导型"。

2. 发行审核职能的比较分析

一般情况下，公司申请发行上市的条件可分为形式条件与实质条件，形式条件通常包括股本数量、盈利水平、发行规模、预计市值、合规情况、信息披露等，实质条件通常包括业务发展潜力、（持续）盈利能力、风险控制水平等，不同国家/地区在相关形式条件及实质条件的规则设定或审核把握存在较大差异，总体可分为以下两类。

**（1）审核机构以对形式条件审核为主**。以美国、德国为代表，监管审核机构一般从投资者角度出发，以信息披露是否充分、是否一致、是否便于投资者理解并做出投资决定、是否满足发行上市形式条件为核心开展审核工作，其监管审核理念更加强调发行主体是信息披露第一责任人及中介机构在专业范围内各负其责。美国《1933年证券法》规定，在SEC的注册申请20天无异议自动生效制度，同时在制度上，SEC可以通过中止令和拒绝令来阻止注册说明书申生效。实务中，SEC更加偏好与依赖意见信、延迟修正等非正式实践（Less Informal Practice），特别是SEC工作人员与发行人律师之间的书面反馈与电话沟通，直到发行人纠正SEC识别出来的所有缺陷。

**（2）审核机构实施一定程度的实质性判断**。以英国、日本、中国香港及中国台湾为代表，其中，日本及中国台湾均在其现有的IPO相关规则中相对明确地指出，审查机构需要对发行人的业务前景、（持续）盈利能力、公司治理水平等一个或多个方面进行审查关注并且需要开展相应的实地审查，英国及中国香港相比之下则一般不开展现场审查工作。

从1990年沪深证券交易所开办以来，A股IPO先后实行了审核制、核准制，监管机构围绕发行人经营盈亏和持续经营能力进行实质性审核，并设定盈亏经营状况和持续经营能力的相关财务指标，作为上市公司质量优劣的判断标准。2019年7月上交所设点科创板并试点注册制，设立以预计市值、现金流、营业收入等非盈亏指标的发行上市条件；增加发行上市条件的、深交所创业板注册制试点中，审核更加强调以信息披露为核心，发行条件更加精简优化、更具包容性，需要监管机构进行实质性判断的空间逐渐缩小。但在审核实践中，尤其是对于财务真实性、板块定位、各种"重大性"的界定标准方面，涉及一定程度的实质性判断。

预防、惩戒信息披露违规的法治供给与发行审核条件的界定、实施密切相关。注册制以信息披露为核心，更加注重立法保护投资者权益，建立严格的发行人及连带责任人欺诈发行责任认定和追究机制，通过追究民事责任、给予行政处罚以及追究刑事责任，维护信息披露真实性、完整性。根据案件严重程度、性质及各自司法程序差异，不同国家/地区对于信息披露违规的处罚特点大致如下。

美国、日本、中国香港及中国台湾相关罚则相对更明确和严厉，主要表现为追究刑事责任涉及的处罚罚金及监禁年限上限均较高，其中又以美国最为严苛。美国证券市场对证券欺诈进行刑事、行政、民事全方位追责，不仅设定严格刑罚予以震慑惩戒，而且设置多样的赔偿机制保护投资者权益。美国《萨班尼斯—奥克斯利法案》被称为"目前美国政府制定的最严厉的公司法律"，对于欺诈发行证券行为的最高罚金可达500万美元、监禁年限最长达20年；日本《金融商品交易法》规定了最高罚金为1000万日元、监禁年限最长达10年；中国香港《证券及期货条例》规定最高罚金为1000万港币、监禁年最长达10年;中国台湾《证券交易法》规定最高罚金为2000万新台币、监禁年限最长达7年。相比之下,英国《金融服务法》规定根据犯罪情节轻重和追究其犯罪责任的司法程序的不同,责任人可获最高不超过两年的有期徒刑并处罚金或只处罚金;德国《证券法》规定,个人或者团体因企业违规披露的信息权益遭到损害的,可以直接向法院提起民事诉讼寻求赔偿,《证券交易法》则规定对上市公司的信息披露违规,涉及犯罪的最高量刑为3年。

我国历史上存在着证券违法违规成本低、行政处罚力度轻、民事索赔难度大、刑事追责相对缺位等问题。为适应以信息披露为核心的注册制,加大投资者合法权益保护和司法救济力度,2020年3月正式实施的证券法修订案,大幅提升了证券违法行为的处罚力度,对于欺诈发行行为,从原来最高处募集资金百分之五的罚款,提高至募集资金的一倍;对于上市公司信息披露违法行为,由原来的60万元的天花板,最高可处以1000万元罚款。新《证券法》专章规定投资者保护条款,建立完善九项投资者保护制度,包括投资者适当性制度、股东权征集制度、现金分红制度、债券持有人会议与债券受托管理人制度、先行赔付制度、证券纠纷强制调解制度、证券支持制度、股东代表诉讼制度、"退出制"代表人诉讼制度。2021年3月《刑法修正案(十一)》正式施行,对欺诈发行、信息披露造假、中介机构提供虚假证明文件和操纵市场等四类犯罪大幅提高惩戒力度,以信息披露为核心的注册制法治供给逐步到位。

3. 发行审核制度的差异分析

随着世界经济、金融的全球化趋势的不断演进,资本、信息、人才等在全球范围内快速流动。为吸引资本、优质企业以及人才的流入,各国/地区资本市场相互竞争,在监管措施和理念等方面亦相互借鉴。尽管如此,境外主要资本市场在发行审核制度上仍存在诸多差异,各国/地区在历史背景、文化特色、经济环境、投资者结构、监管理念、立法基础等方面的不同是导致上述差异的主要因素。

**(1)发行审核制度演进的路径差异**。各国/地区资本市场监管环境与发行审核制度的形成,具有各自特殊的历史背景。以美国、英国、德国等西方发达资本主义国家为例，其资本市场萌芽较早，早期发行监管制度基本上是依靠自律监管来维持；此后随着证券业的日渐发展，自发的、"软约束"的自律监管模式已经不能适应资本市场发展的需要，各具特色的集中统一证券监管模式在这样的背景下应运而生。

1792年3月21日，美国21位经纪人和3家经纪公司在华尔街签订《梧桐树协议》，成为纽约证券交易所和证券行业自律管理的起源。进入20世纪20年代，纽约证券交易所虽已成为世界上最大的股票市场，但就其制度和运行方式而言，却和1817年刚成立时没有太大差别，其宗旨是为交易所的会员谋取利益，而不是保护公众投资者利益。20世纪20年代，受第一次世界大战和第二次工业革命影响，美国工业迅速发展，上市公司数量、融资金额和股票市值均创下历史最高水平，证券市场投机交易现象严重，银行贷款大规模入市，市场上50%以上的上市公司基本是通过造假发行股票，市场交易行为混乱，内幕交易、裸卖空等现象层出不穷。泡沫积累之下，1929年10月29日美国股市暴跌，道琼斯指数单日下跌22%，到1932年道琼斯指数较1929年最高下跌了89%。股灾之后，美国经济陷入长达4年的衰退，史称"大萧条"。股灾和大萧条是美国历史上一次惨痛的经历，但也给美国经济和华尔街一次重塑的机会。《1933年证券法》《道格拉斯·斯蒂格尔法》《1934年证券交易法》《1940年投资顾问法》《1940年投资公司法》等陆续出台，至此美国资本市场在自我演进超过百年之后，第一次制定了关于证券发行、交易和投资基金的法律，第一次建立了联邦证券监管机构——美国证监会，确立了联邦的立法体系和统一的资本市场监管制度，这一系列的制度建设形成了现代金融体系监管的基本框架，也为随后几十年美国金融市场的发展奠定了基础。

德国在20世纪90年代前长期保持自律管理的证券监管体制。欧盟成立后，为适应证券市场国际化趋势、促进本国金融证券市场的发展，德国基于欧盟《投资服务指令》的要求，于1994年6月颁布了《第二部金融市场促进法》，设立联邦证券监管局并逐渐建立起三级监管体制。自2002年5月起，德国废除分业金融监管模式，由当年新成立BaFin同时监管银行业、保险业以及证券期货业。作为德国目前唯一统筹性的金融市场监管机构，BaFin对整个金融市场进行统一监管，确保德国境内金融机构的偿付能力。

英国资本市场的建立最早可追溯至1698年"乔纳森咖啡馆"的各类商品与证券价格清单，而互信、自律的交易氛围一直沿袭近三百年的时间，政府与交易所之间高度互信，交易所的自律监管维持市场运行的基本秩序。直至1997年，英国金融体系逐步由分业经营向混业经营转变，特别是英国金融服务管理局的设立，才正式宣告英国资本市场开始由自律监管型向政府监管型逐渐过渡。基于政府与交易所长期的合作与互信，当前英国证券市场审核体系主要体现为"合作双审型"。

亚洲国家和地区由于自身特殊的历史背景，其证券监管制度及审核体系主要沿袭、借鉴了西方发达资本主义国家的经验，并在此基础上根据本国/地区实际情况进行了一定程度的调整和改革。其中，中国香港早期的证券监管体系主要沿袭了英国模式，并在证监会和交易所的博弈过程中逐渐形成了"双重存档制度"。日本、中国台湾则一定程度上借鉴了美国模式。

我国的资本市场脱胎于计划经济体制向市场经济体制转轨时期，诞生于社会主义市场经济的初级阶段，资本市场发行审核制度经历了从审批制到核准制演变过程，从额度管制、家数控制、通道限制到窗口指导发行定价、发行节奏，均带有明显的转轨经济特征和计划经济惯性。从核准制向注册制转变，不仅是审核重点、方式、分工的优化，也不仅是审核把关一个"点"的改革，需要构建一套把控发行人质量、发行定价与节奏的市场化约束机制，即把原来由监管部门统管的发行人质量、发行定价与节奏，通过压实中介机构责任，逐步交给市场机制去实现分散决策。

（2）**发行审核制度形成的历史文化差异**。一项制度的形成与当地的历史文化、发展阶段息息相关，而境外主要资本市场发行审核制度的搭建和完善，亦深受各国/地区历史文化、发展阶段的影响。从历史、制度和实务来看，1929年的股灾改变了美国资本市场发行审核体系的发展轨迹。在股灾发生前，时任美国总统的胡佛认为："我的倾向是，让美国的各种机构和各州政府自己管住自己，让纽约交易所享受章程规定的全部权力，管理自己的会员，防止权力被滥用于操纵市场，违背公众利益。"胡佛的愿景是典型的自由市场经济的理念，而华尔街运行实践并不如愿。在大萧条之后，基于实用主义和自由主义内核，果断对其原有证券自治体系进行改造，强化了政府在证券市场的监管权力和主导地位，《1933年证券法》《1934年证券交易所法》的出台和美国证监会的建立，改变了美国资本主义制度发展的方向。这种适应市场而又监管有力的监管体系背后，监管的理念以尊重市场自治为前提，具有较强的实用主义和自由主义特色，带有浓厚的契约精神色彩。

德意志民族亦是实用主义的践行者，实用主义思想深刻融入了德国的传统文化之中。因此，德国现行的审核体系与美国相似，凸显出政府机构的主导作用。英国的资本市场发行上市审核体系体现为政府与交易所的充分合作；伦敦交易所作为自治组织，具有极高的自我管理、自我约束能力，政府亦对其自律管理高度信任。这与英国追崇传统、尊重权威、注重自律和声誉的传统文化不谋而合。坚守传统的做法易导致人们对经习惯而形成的规则及组织体制的尊重；对权威的尊重容易使人服从已制定的规则而不必过多考究规则的制定者是否是国家强制性机关；至于注重自律和维护声誉对于自治组织更好地开展工作和自治性管理的重要性更是不言而喻的。该文化特质推动了英国社会在公共管理中保持了高度自治的特点，也正因如此，英国的交易所在本国证券市场发行上市审核体系中能够持续保持相对独立自主的主导地位。

无论从传统文化还是现行体制看，在我国金融体系中政府的作用是不可替代，政府的高效监管对于经济、社会的发展起到了至关重要的积极作用。在此背景下，我国的证券审核体系更多表现为政府主导型。中国香港、中国台湾与内地同根同源，其地区文化根植于中国传统儒家文化；日本与中国一衣带水，日本文化的形成受到中国传统文化的深刻影响。而在近代东西方社会、文化交融的大背景下，中国香港、中国台湾、日本也表现出更为多元、开放的文化底蕴。受此影响，三者的证券审核体系也在一定程度上体现了行政监管与自律监管相融合的特征。

（3）**发行审核制度产生的经济环境差异**。本国/地区的资本市场发行审核体系的建立和完善，往往也与其国内/当地的经济、金融环境差异有关，主要体现在以下两个方面。

一方面，经济基础决定上层建筑，国家/地区的资本市场发行审核体系的建立，是与其自身的经济基础相匹配和适应的。费城交易所在18世纪末美国国内工业高速发展的背景下设立；伦敦证券交易所发轫于第一次工业革命中期；德国资本市场形成于拿破仑执政时期。西方发达资本主义国家工业经济起步较早，其国内资本市场萌芽与发展亦早于亚洲国家。经过长时间的发展与优化，其资本市场目前成熟度更高、配套设施及制度更完善，更加适应信息披露为主的审核体系。

另一方面，国家/地区的资本市场发行审核体系的演变，也是其国内/当地金融环境不断发展、变革的必要支撑和必然结果。香港金融市场建立初期，主要沿袭了英国的自律监管模式；但为了适应全球以及本地经济、金融环境的不断变迁，近百年时间里，香港证券市场监管体系经历了多次变革。香港回归后，金融国际化、一体化趋势越发明显，来自国际其他金融市场的风险可通过更多渠道传导至香港市场，自律性监管以及"积极不干预"的理念已无法再适应此时期的香港金融发展需要，政府需要在强化其管理职能的同时，保证尽可能不动摇香港自由、开放的经济、金融环境。在东南亚金融危机后，香港政府提出了"大市场，小政府"的监管理念，坚持以市场为核心，循序渐进地强化政府"管理者"的引导作用，适应了当时经济、金融发展的需要，促进了香港金融业新一轮的发展。因此，香港现行的证券审核体系既有早期英国市场自律监管的特色，又兼顾政府的引领作用，而在审核判断上亦同时兼顾形式与实质。近年来，我国经济持续、稳步发展，金融环境不断改善，这也为我国发行上市审核体系的进一步改革提供了良好契机和条件。

（4）**发行审核制度发展的投资者结构差异**。一个国家/地区的投资者结构差异，也会对其资本市场发行审核体系产生影响。以个人投资者为主的资本市场，其监管机构通常需要考虑投资者的风险承受能力，而对发行人经营状况进行实质把关；而以机构投资者为主的资本市场，投资者维权意识相对较强，对于发行人的经营风险具有甄别、选择能力，监管机构审核注册的重点更多放在保护投资者合法权益上。

美国资本市场的投资者主要由机构投资者和个人投资者构成，二者比例较为接近，这导致美国的发行审核体系在采取形式审核的同时，亦通过完善的立法体系建设、充分的信息披露和严苛的违规惩戒来维护投资者的基本利益。德国的资本市场投资者结构表现出"个人低、机构高，国内低、国际高"的特点[①]，考虑到机构投资者和外国投资者作为专业投资机构，通常有能力对发行人的质量和风险做出独立判断，德国的发行审核制度更加侧重形式审查，《证券法》明确指出信息披露违规可追究民事责任，同时在《证券交易法》进一步明确了对刑事责任的追究（惩戒力度相较美国等低一些）。英国的资本市场投资者结构与德国相似，但考虑到自治文化等其他方面的因素，英国发行监管审核机构在对形式条件进行审查的基础上，亦进行一定的实质把握。日本、中国香港和台湾地区的资本市场投资者结构体现为个人投资者占比较高，企业诚信和契约精神不足，审核机构通常以实质性审核条件为主来甄别发行上市主体，其对于欺诈发行证券和市场操纵的预防和监管也较为严格。相较于境外主要证券市场，我国证券市场中个人投资者和一般企业所占比例较高，这也导致 A 股审核体系更加注重实质审核，通过证监会、交易所的层层把关，为普通投资者提供财务稳健、经营合规、可持续盈利的投资标的。

（二）IPO 信息披露制度的国际比较

注册制的核心是信息披露。招股说明书是股票发行阶段信息披露的主要载体，是投资者做出价值判断和投资决策的基本依据，是企业发行上市过程中最核心、最重要的法律文件。我国境内资本市场 IPO 信息披露，主要遵循《公开发行证券的公司信息披露内容与格式准则第 1 号——招股说明书》（以

---

① 引自中山证券课题组《股票市场投资者结构国际比较研究》。

表1 中美资本市场IPO信息披露内容比较分析

| 招股书章节 | 中国境内《1号准则》 | 美国 | 中国境内vs美国主要差异点 |
|---|---|---|---|
| 封面、书脊、扉页、目录、释义 | 要求发行人应在招股说明书扉页做出声明。 | 无相关要求。 | A股要求披露发行人及董监高、保荐机构等相关声明,而美股无此要求。 |
| 本次发行概况 | 载明发行股票类型,发行股数,每股面值、每股发行价格,预计发行日期,拟上市的证券交易所,发行后总股本,股东所持股份流通限制及股东自愿锁定的承诺,保荐人与承销商,签署日期。 | 美股要求披露内容与A股大致相同,均载有股票类型、发行股数、股份面值及价格等基本发行资料。在中介机构方面除承销商外也列出会计师、行业顾问等第三方专家。关于股份锁定及限制流通等相关承诺及发行摊薄,则分别在"可供交易股份"及"摊薄"章节作披露。 | 美股要求于此部分披露待出售/待发行股份,而A股并无此项要求。 |
| 声明及重大事项提示 | 各个机构对于招股说明书的真实性,本次发行相关重要承诺,本次发行前滚存利润的分配安排、发行后的股利分配政策,公司特别提醒投资者注意"风险因素"中的风险概述。 | 公司提请投资者注意招股书"风险因素"章节的提示在"发行概况"部分已涵盖。发行后的股利分配政策披露在"股利政策"章节中。与A股有别,美股并不要求中介机构向监管提交对招股书的真实性及完整性进行确认承诺,发行人律师会向承销商出具确认函,明确招股书并无载有重大误导性描述。 | 美股无须披露各方中介机构对招股说明书真实性、准确性、完整性的承诺。 |

续表

| 招股书章节 | 中国境内《1号准则》 | 美国 | 中国境内 vs 美国主要差异点 |
|---|---|---|---|
| 概览 | 主要包括发行人简介、控股股东及实际控制人的简要情况、发行人的主要财务数据及主要财务指标，本次发行情况及募集资金用途等，并且发行人需要在该部分提示投资者做出投资决策前应阅读招股说明书全文。 | 要求披露内容与A股基本一致。美股另外也对发行人最近的股利分配及重要协议进行介绍。 | 在总体原则上基本一致。 |
| 风险因素 | 主要包括可能直接或间接对发行人生产经营状况、财务状况和持续盈利能力以及对本次发行产生重大不利影响的所有因素。包括但不限于经营风险、市场前景风险、股票投资风险、管理风险、财务风险、法律风险、内部控制风险、技术风险、营业利润下滑风险、募集资金投资项目风险等风险事项。 | 就内容和主题来看，美股的风险因素与A股相比大致相同，主要包括业务生产、财务、盈利能力以及法律诉讼方面产生的风险事项。 | 中美招股书从风险因素信息内容形式要求上来说大体一致。不同的地方是，中美招股书对风险因素的披露从性质及作用上，存在较大差异。美股招股书进一步强调发行人或任何发行人的"通用"风险，需要基于发行人自身情况并有所针对性。美股招股书将风险因素作为免责的一种手段，如足够特定化地有针对性地披露了发行人的某种风险，投资人要求承担损失损害赔偿责任时，承销机构可以依据风险披露事实进行抗辩。上述抗辩既有普通判例法依据，又有成文法依据。因此，公司法律顾问及承销商高度重视风险因素的写作，并实际占有较大A股招股说明书更大的篇幅。 |

续表

| 招股书章节 | 中国境内《1号准则》 | 美国 | 中国境内 vs 美国主要差异点 |
|---|---|---|---|
| 发行人基本情况 | 主要包括发行人基本信息，股本形成及其变化情况，改制重组情况，重大资产重组情况，历次验资情况，股权关系与内部组织架构，控股及参股子公司情况，发行人与主要股东实际控制人基本情况，发行人及其社会保障情况，员工及其主要股东承诺以及履行情况（若适用）的重要情况，内部职工股的形成原因及演变情况（若适用），二百人以上持股情况（若适用）。 | 美股招股书称此章为"历史及发展"，与A股相似但点在于，章节中也需载有发行人的成立、历史沿革中的重大事件（并购、重组、资产处置、业务变更、破产、托管等）。细分业务和地区员工分布情况；员工数量，员工变动情况在"业务"章节披露；员工持股计划则在"财务"章节披露。前十名股东不需披露，董事和高管股东持股5%以上的股东、董事和自然人股东不需披露；股东间关联关系不需披露。 | 美股无须强制披露员工社会保障情况，主要股东及董监高的披露监管更严格。美股对员工在细分业务和地区的披露，如员工在细分业务和地区的分布、变动情况，与管理层和工会的关系等，而中国并无此项要求。目前A股招股书对发行人5%以上股东、控股股东（实际控制人）控制的其他企业、发行人控股/参股子公司的披露要求非常高。美股监管一般对股东信息披露没有如此详细的要求，也不要求披露前十大股东的情况。 |
| 业务和技术 | 主要包括发行人的主营业务和产品及其变化情况，所处行业基本情况（包括不限于：行业主管部门、行业主管法律法规及政策，行业监管体制，市场化程度，进入行业的主要障碍，市场供求状况及变动原因，市场份额，行业利润水平的变动趋势及变动原因等；在行业中的竞争地位及未来趋势，主营业务的具体情况，主要固定资产无形资产产权情况，特许经营权情况，主要产品生产工艺和研发情况，有关业务活动的地域性分析，主要产品和服务的质量控制情况。 | 在介绍发行人的主营业务、产品、收入模式、不动产及法律法规及业务基本信息方面，与A股披露的要求大致相同。在主要客户反供应商方面，美股只要求列出前五名客户/供应商他们占收入支出占比。要分别披露他们的身份及收入及支出占比。此外，与港股相同，美股招股书确认反映其重大诉讼，发行人在报告期内运营进行反映举持有的贸易。合规合法运营方面，美股招股书有关行业情况的披露，与港股相同，美股招股书有关行业情况的披露会载于"行业概览"章节，由行业顾问编写。 | 除上述分别以外，美股、与港股单独章节的披露无单独章节要求，而中国境内和港股均要求发行资金三年报告期内仅要求披露资金的情况。 |

25

续表

| 招股书章节 | 中国境内《1号准则》 | 美国 | 中国境内 vs 美国主要差异点 |
|---|---|---|---|
| 同业竞争与关联交易 | 同业竞争方面，主要披露发行人在资产完整、人员独立、财务独立、机构独立性五个方面已达到监管对子公司独立性的要求，是否存在同业竞争情况，控股股东或实际控制人做出的避免同业竞争的承诺。关联交易方面，主要披露关联方和关联关系，具体关联交易情况，关联交易决策程序及独董意见，发行人规范及减少关联交易的措施。 | 美股招股书中，需要披露"主要股东"（Principal Shareholders），为持股5%以上的股东，及所有董事的持股量及投票权百分比（如涉及同股不同权）。美股并无要求在招股书中披露发行人的资产完整、财务独立、机构独立及业务独立及做出不竞争承诺情况。关联方范围与中国类似，但持股10%以上的股东作为关联方。若发行中任何董监高、专家或咨询机构任发行人持股，应明确披露利害关系。必须披露过去三年中发生的大额关联方交易。对于未来未预测的金额关联方交易方法，则无此要求。 | 美股招股书仅要求披露关联交易，但不要求披露关联方和同业竞争情况。与A股披露的要求不同，关联交易金额及需披露的披露交易款中无须披露关联交易金额，仅需披露交易时间点及合同重要条款。美股允许中小机构在发行人中持股，仅需披露利害关系，但中国不允许。 |
| 董事、监事、高级管理人员与核心技术人员 | 包括董监高及核心技术人员的简要情况，持股情况（含近亲属），对外投资情况，从发行人及其关联单位与发行人的兼职情况以及兼职人员的领取收入的情况，人员之间亲属关系，签订的协议以及亲属关系的重要承诺，任职资格，近三年变动情况。 | 要求披露董事、高管人员、核心技术人员及薪酬、持股计划、退休计划、人员之间的亲属关系。 | 除上述分别外，总体上美董事会成员的薪酬及相关披露有更严格的披露，包括，奖金/员工股份激励计划的政策反细则。此外，与A股有别，美股并未要求披露董监高或大股东，供应商或客户是否存在关联关系，特殊安排；未要求披露变动情况及披露对外投资情况。 |

续表

| 招股书章节 | 中国境内《1号准则》 | 美国 | 中国境内 vs 美国主要差异点 |
|---|---|---|---|
| 公司治理 | 主要包括公司机构建立健全及运行情况，三年内是否存在违法违规行为，三年内资金占用和对外担保情况，管理层对公司内部控制的自我评估意见及注册会计师对公司内部控制的鉴证意见。 | 美股要求的披露侧重于发行人内部的集团架构、子公司、董事会所、董事会期限、审计委员会、薪酬委员会的运作情况等政策性披露，让投资者更了解其所享有的权利和义务。A股对此部分设专门章节详细披露。对于发行人内部控制的发现及整改，在"风险要素"中已涵盖。违法违规的披露则包含在"业务章节"。 | 美股披露的信息相对较为简单，以发行人内部政策描述为主。 |
| 财务会计信息与管理层讨论与分析 | 主要包括发行人最近三年及一期的资产负债表、利润表和现金流量表，会计事务所的审计意见类型，财务报表的编制基础和合并范围及变化情况，发行人结合业务特点充分披露报告期内采用的主要会计政策和会计估计，财务报表分部信息（若适用），最近一年及一期的收购兼并其他企业资产（或股权）信息，三年及一期主要非经常性损益的具体内容和金额以及对经营成果的影响，最近一期末主要资产和对外投资项目情况，最近一期末无形资产的情况，三种活动（经营、投资与筹资）产生的现金流量变动表，所有债项、期后事项、或事项和承诺事项的影响，主要财务指标，盈利预测报告（若发行人认为有必要）。 | A股财务信息放于正文，美股无相关要求。美股对财务报表的要求同为最近三年，相关财务讨论与A股类同。财务信息的披露，则需披露相关方法及与GAAP对账。此外，美股招股书无要求披露盈利预测信息。 | 除上述分别以外，美股要求对业绩、流动性、资本投入特定事项单独分析和披露。美股对资产负债表外事项有会计或披露、针对审计师变动及审计或财务披露的分歧，而中国境内并无此项要求。财务披露要求，A股询问中同样会制信息披露要求，但在同询问中可能制信息披露要求化，但在同询问中可能予以关注并要求披露原因；美股招股书已经制度化地要求强制披露有关审计师变动及分歧的信息。 |

27

续表

| 招股书章节 | 中国境内《1号准则》 | 美国 | 中国境内 vs 美国主要差异点 |
|---|---|---|---|
| 财务会计信息与管理层讨论及分析 | 依据最近三年一期的对合并财务报表分析披露相关内容，主要包括财务状况分析、盈利能力分析、现金流量分析、资本性支出分析、重大会计政策与可比上市公司存在较大差异或将变更变更时分析差异及其影响，重大担保、诉讼、其他或有事项和重大期后事项及影响，公司财务状况及盈利能力的未来趋势分析（结合发行人所在行业情况），募集资金对基本每股收益的摊薄及填补回报的具体措施、董事和高管填补回报所做出的承诺。能力进行预测），境内外披露会计准则的不同以及财务报表差异调节表，境内外会计事务所的审计意见以及差异原因（若适用），资产评估情况、历次验资报告。 | | |
| 业务发展目标 | 发展战略和业务发展目标，发行当年和未来两年的发展计划，拟定计划的基本假设条件与实施计划的主要困难，与现有业务的关系，对产品和业务的发展趋势预测。 | 美股披露要求相比A股较为概括，只在"业务"章节披露发展战略和业务发展计划，无须量化发展计划。 | 中国要求披露业务发展目标，美股要求披露近期有关生产、销售和存货成本和售价的重大发展趋势，以及可能对发行人未来（至少当前会计年度）产生重大影响的趋势，不确定性，需求、承诺保证或其他事件。 |

续表

| 招股书章节 | 中国境内《1号准则》 | 美国 | 中国境内 vs 美国主要差异点 |
|---|---|---|---|
| 募集资金运用 | 包括募集资金运用概况及依据、募集资金投资目的必要性、相关部门对其是否符合国家政策而出具的结论性意见，募集资金专项存储制度的建立与执行情况，董事会对募集资金投资项目的可行性分析意见及可行性特别分析，募集资金投资项目分析，募集资金运用的具体情况，募集资金运用对公司财务状况及经营成果的影响。 | 相比A股的披露，美股要求与港股类似，需概括介绍每项募集资金用途的占比及相关发展计划，并不需要对资金运用进行确认或表示要求董事会发表意见。 | 与港股相似，美股招股书并没有关于投资的诸多限制，募集资金使用也主要取决于企业自主决策，募集资金用于收购，相关收购是否存在特定标的，但并不存在资金使用的特别实质性限制。总体上，A股对募集资金运用的审查较为严格。另外，美股需要披露本次发行前60天内的发行证券情况。 |
| 股利分配政策 | 主要包括最近三年股利分配政策、实际股利分配情况、本次发行后股利分配政策等信息，发行完成前滚存利润的分配安排和履行决策程序、发行人已发行境外上市外资股的应披露股利分配上限（中国会计准则与上市地会计准则确定的未分配利润数字中较低者）。 | 在"概览"章节已涵盖。 | 在"概览"章节已涵盖。 |
| 其他重要事项 | 主要包括信息披露和投资者关系部门基本信息，重大交易合同内容，对外担保情况，重大诉讼和仲裁事项、关联方诉讼仲裁事项、刑事诉讼或行政处罚事项、承诺声明。 | 此类信息通常放于"业务——诉讼仲裁及法律程序"章节，要求披露对发行人主体、法律程序中的诉讼仲裁，法律程序，包括政府立案调查（其中包括对高管、董事、子公司、关联方的诉讼仲裁）。 | 美股披露要求侧重于法律诉讼。 |

29

续表

| 招股书章节 | 中国境内《1号准则》 | 美国 | 中国境内 vs 美国主要差异点 |
|---|---|---|---|
| 董事、监事、高级管理人员及有关中介机构声明 | 各方关于"不存在虚假记载、误导性陈述或重大遗漏"的声明。 | 美股仅有发行人声明。 | 与A股有别,美股并无要求中介向监管提交对招股书的真实性及完整性进行确认及反承诺。 |
| 物业估值报告 | A股没有此项要求。 | 美股没有此项要求。 | 美股跟A股要求一致。 |
| 申请表格及"如何申请香港发售股份" | A股没有此项要求。 | 发行具体安排、时间表、股份摊薄、已发行债券、ADS、股息支付代理、专家意见、税收问题。 | A股没有此项要求。 |

表2　与香港资本市场IPO信息披露内容比较分析

| 香港 | 中国境内 vs 香港主要差异点 |
|---|---|
| 无相关要求。 | A股要求披露发行人及董监高、保荐机构等的相关声明，而港股无此要求。 |
| 港股将此章节命名为"重要提示"，披露本次发行的股数、每股发行价格等信息，以及涉及的相关中介机构。其他内容散落在"全球发售的架构""承销"或"包销""参与全球发售各方"等章节。如对于控股股东的股份锁定及限制流通等相关承诺定价及发行人、控股股东及Pre-IPO投资者承诺声明，港股在"承销"章节涵盖；发行前后总股本、每股面值等，港股则于"股本"章节披露。 | 港股无须就填补发行上市摊薄及其回报、违规收益归属于上市公司等承诺作披露。 |
| 在港股招股书中，只要求发行人对招股书的内容确认。保荐机构需要另外就此对联交所出具确认函而无须披露在招股书中，除此之外，在招股书中，会列出每位专家（保荐人、律所、审计师、行业顾问等中介）同意他们各自在招股书中出具的意见及其名称身份印刷在招股书上，但招股书内无须披露他们确认当中的内容是否完整真实。 | 港股无须于招股书内披露各方中介机构对招股说明书真实性、准确性、完整性的承诺，而是由保荐机构单独出具确认函，以及专家出具同意招股书引用其专业意见。 |
| 业务模式、股东数据、主要营运数据、近期发展、上市支出、未来计划与前景、募集资金用途简述、与发行相关简述、情况和资料及盈利估计等其他数据。 | 在总体原则上基本一致。港股对概览的章节长度一般限于10页以内。 |

续表

| 香港 | 中国境内 vs 香港主要差异点 |
|---|---|
| 就内容和主题来言，港股的风险因素与A股相比大致相同，主要包括业务生产、财务、盈利能力及法律诉讼方面产生的风险事项。港股的风险因素章节披露要求包括针对性（风险应与上市申请人有关，避免欠缺具体说明的免责声明）、个别性（辨识个别风险，避免重叠）、归纳性（适当的标题及副标题）、重要性（由高至低排列）、客观性（不载列减轻风险的事宜）、一致性（与其他章节提及的重大风险及不明朗）等多个方面的原则，每个方面的原则都有举例说明。 | 在总体披露原则上基本一致，但港股未像A股准则一样要求逐一列举各类风险（如技术风险、经营风险、财务风险、内控风险），风险因素的披露更为开放、全面、细致、严谨，且均要求法律师验证。另外，港股和美股要求从特定化的影响及其解释概括总结成一句话作为标题（这样便于投资者通过标题迅速理解风险内容及如何影响发行人）。 |
| 港股招股书称此章节为"历史及发展"，与A股的相似点在于，章节中也需有申请人及其主要子公司的成立和发展、公司架构、收购、出售及合并、股东身份关系以及主要股权变动情况、在其他交易所上市基本情况及员工社会保障情况。但对验资情况并无披露要求。 | A股要求对历史沿革的披露更加详细，需详细披露历次股权变动的原因、价格、相关主体等信息。港股无须强制披露转让价格公允性、解释股转投资的原因（包括其管理层）的重要数据。在子公司信息披露方面，港股只要求披露在港股业务的要求外，还包含主营业务情况、注册成立及开业日期，而A股要求披露详细信息。港股无须对验资情况进行披露。A股招股书对发行人5%以上股东、控股股东（实际控制人）控制的其他企业、发行人控股股东/参股子公司的披露要求非常高，港股虽要求披露股东信息，但披露范围远比A股宽松。 |

续表

| 香港 | 中国境内 vs 香港主要差异点 |
| --- | --- |
| 港股招股书关于行业、监管法规的内容独立成章，亦可能节选部分置于未来发展目标（或于所得款项用途）章节。即细分为"行业概览""业务""适用法律及法规""三个章节。<br>"行业概览"由独立行业顾问编写，披露的内容可包括行业成熟程度及规模，主要的竞争对手及相关产品/业务，在合适的独立市场数据或营运数据的支持下用数字及实质数据比较申请人的市场排名，申请人主要原材料及制成品的历史价格。<br>"适用法例及法规"包括有关司法权区的主要法律及法规，法律及法规的主要修订，不遵守法律及法规的风险，高度规管行业相关法规，发行人注册成立司法权区的法律。<br>"业务"章节包括业务模式，优势，策略及未来计划，供应商，原材料及存货，生产（若适用），分包（若适用），产品及服务，销售及市场推广，客户，产品退回及保用，知识产权，物业，合规事宜，工作安全，社会及环境事宜，雇员，风险管理及内部监控系统，牌照，诉讼，许可证及批准。 | 在总体原则上基本一致，但在监管指导的披露细则上，A股招股书的要求更高，举例如下。<br>1. 主营业务的情况，A股招股书需披露各产品的详细情况，尤其是广告、游戏等业务，一般需要披露产品的具体业务数据和用户数据，港股和美股招股书对此一般不作要求。<br>2. 在客户和供应商方面，A股招股书一般要求披露前五大客户和前五大供应商的具体情况，港股仅要求披露前五大客户和前五大供应商占营业收入（及客户/供应商简介）和营业支出的比重以及特定人士在前五大客户和供应商的任何权益，美股没有相关要求。<br>3. 在原材料采购和能源采购方面，A股一般要求披露原材料采购的明细情况（包括采购数量、平均价格、金额等），港股和美股不作此要求。 |

33

# 行思录：资本市场制度理论与实践

续表

| 香港 | 中国境内 vs 香港主要差异点 |
| --- | --- |
| 通常列于"与控股股东的关系"以及"关联交易"两个章节中，管理层及发行人与控股股东的业务关系、是否具备财务、管理、运营独立性，与控股股东同业竞争业务情况。根据联交所上市规则第十四 A 章的规定，对发行人（包括独立非执行董事）针对该等关联交易是否公允发表意见等进行披露。港股并无要求直接披露报告期内的关联交易的措施。仅在"业务"章节有关前五大客户/供应商中，如果当中涉及关联人士，则需披露。 | A 股与港股独立性要求基本一致。针对同业竞争，虽然 A 股与港股对同业竞争却的界定范围不同，但都基于界定标准对同业竞争要求了详细的披露，重点关注独立性要求。港股对于与控股股东存在潜在利益冲突的事项进行定性说明解释，但并不主动要求做出避免同业竞争承诺。针对关联交易，A 股需完整披露关联方和报告期内关联方交易情况，而港股不要求披露关联方，在披露报告期内关联交易情况的基础上侧重于关联交易金额预算及计算根据，包括每年有关联交易的交易金额及减少关联交易预测，是 A 股和美股没有的。此外，港股要求对未来三年关联交易预测进行披露。三个地区对于报告期内关联交易的披露总体没有实质差异，但港股 美股并无要求披露关联方范围和规范及减少关联交易的措施。 |
| 披露内容与 A 股基本相同。需披露董事、监事（H 股发行人）及高级管理层简历及其他披露（奖励计划、委员会角色及人员组成）。主要客户/供应商是否为发行人关联人士无须披露。 | 港股整体较为重视公司治理，对于董事、监事及高级管理人员有较详细的信息披露要求，包括简历、违法违规经历等，另外更加注重董事会成员多元化的政策，董事是否能够履职经历等。与之相比，A 股对于董事监事高管的兼职、持股、对外投资、关联关系、薪酬情况等个人信息披露要求更高。 |
| 港股未设置单独章节要求，该等披露包括于"董事、监事、高级管理人员"章节，要求监事董事会达至性别平衡的政策及内部沟通渠道等内部政策。 | A 股对此部分设分专章详细披露，以发行人内部披露的信息相对较为简单，港股披露的信息以政策描述为主。 |

续表

| 香港 | 中国境内 vs 香港主要差异点 |
| --- | --- |
| A股财务信息放于正文，港股置于附件"会计师报告"中。港股披露内容包括影响营业绩的讨论与分析，结合报告期内财务数据对过往业绩、财务状况、现金流量的讨论分析，须遵守适用税率以及任何税务优惠、特别税务安排、与有关税务机关的任何纠纷/未议决税务事宜详情、结算日后事项（包括股份分拆、股份合并及宣派股息），资本开支及长期投资、流动资金及资本资源等。 | A股财务会计信息部分内容主要摘自审计报告并单独作为一节披露，与审计师报告有一定重合度。港股和美股规则要求披露重要会计政策及估计、报告的内容解释，以及数据对重大波动因素的讨论分析。<br>对于管理层讨论与分析，A股对此有详细严格的披露规定，包括财务报表及相关分析，但侧重财务指标分析，港股侧重业务指标分析。<br>港股、美股对于以下内容无披露要求。<br>1. 非经常性损益明细表，每股收益及加权平均净资产收益率等财务指标、验资及评估情况。<br>2. 主要财务指标（包括资产周转能力、毛利率）与同行业可比公司比较分析。<br>3. 募集资金对基本每股收益的摊薄及填补回报所做出的承诺没有披露要求。 |
| 港股未作单独披露要求。有关发行人长远发展目标及策略，招股书中的"业务"章节的开首会列出。<br>发行人必须准备盈利预测，并可选择在招股书披露该盈利预测或单独呈交交易所预测给港交所审阅。绝大多数情况下，发行人会选择单独成交该类预测。 | 港股未要求单独披露"业务发展目标"，要求披露优势、策略及未来规划，尺度可详可略，但强制要求提交盈利预测。 |

35

续表

| 香港 | 中国境内 vs 香港主要差异点 |
|---|---|
| 发行人应披露所得款项用途的分析细目，例如，所得款项净额如何分配于各项申请人建议项目扩展计划，以及所得款项用于每项扩展计划的详细资料（如土地收购、购置厂房及设备、增聘人手等）。如申请人并无有关运用全部或其中一定部分所得款项（一般指10%或以上）的即时或具体计划方案，"所得款项用途"一节须如实说明，并说明该次发售的主要原因。如发行股份所得款项拟定特定用途尚需要大笔额外资金，各特定用途所需的资金款额及资金来源均须在上市文件"所得款项用途"或"业务"两节内披露。 | A股要求用于主营业务，募投项目披露更加详细，且募投项目需经过发改委备案。<br>港股对募集资金运用并未设置严格的监管规定和披露要求，一般都可用于公司生产经营用途，且仅要求披露预计募集资金金额、主要的投资方向等，不需要披露所投项目的具体情况、环评等。披露的篇幅也较之A股大幅减少。 |
| 港股未作单独章节要求，通常于"概览"以及"财务信息"章节披露报告期内实际股利分配情况，以及公司是否有股利政策，以及该政策的具体内容（如有）。 | 港股与A股要求披露内容大致相同，但披露位置不同。 |
| 重大交易合同内容、重大诉讼和仲裁事项信息在"业务"章节中披露。<br>港股并无就关联方诉讼或仲裁事项、刑事起诉或行政处罚事项及投资者关系部门进行披露。 | 同左侧要求相同。 |

续表

| 香港 | 中国境内 vs 香港主要差异点 |
|---|---|
| 港发无明确规定。只要求发行人对招股书的内容确认。保荐机构需要另外就此对联交所出具确认函而无须将此函披露在招股书中。除此之外，在招股书的附录中，会列出每位专家（保荐人、律所、审计师、行业顾问等中介）同意他们各自在招股书中出具的意见及其名称身份印刷在招股书上，但招股书内无需他们确认当中的内容是否完整及真实。 | 港股无需于招股书内披露各方中介机构对招股说明书真实性、准确性、完整性的承诺，而是由保荐机构单独出具确认函，以及专家出具同意招股书引用其专业意见。 |
| 如发行人某物业估值超过公司资产一定比例，港股要求披露该物业估值报告。 | A股没有此项要求。 |
| 本次发行的具体安排及申请方法。 | A股没有此项要求。 |

下简称《1号准则》),基本上延续核准制的信息披露理念。以《准则1号》为参照,对比分析美国、英国和中国香港地区资本市场 IPO 信息披露内容,可以得出明显的结论,英美及中国香港在 IPO 信息披露内容要求上,具有更加突出投资者价值判断、风险揭示导向的特征。

表3　　与英国资本市场 IPO 信息披露内容比较分析

| 英国 | 中国境内 vs 英国主要差异点 |
| --- | --- |
| 在上市注册文件中,相关负责人需要声明:"That, having taken all reasonable care to ensure that such is the case, the information contained in [the Registration Document – in the case of the Registration Document where a separate Prospectus is prepared] [the prospectus – in the case of the Securities Note or where a single prospectus is prepared] is, to the best of their knowledge, in accordance with the facts and contains no omission likely to affect its import."同时在招股书中也要包含一份类似责任声明。 | 根据英国招股章程规则,公司及其董事(包括拟任董事)对招股说明书负主要法律责任。此外,任何已授权招股说明书任何部分内容的人将对招股说明书的该部分承担责任。这将包括审计会计师就其关于招股说明书中的财务信息。 |
| 无单独成章的相关要求。英国监管部门 FCA 出具的 Prospectus Regulation Rules Sourcebook,仅列明招股书须披露的核心信息,格式至少包含目录(table of contents)、概览(summary)、风险因素(risk factors)及其他。因此,其他章节的排序及内容体现形式会根据发行人情况有所不同。中国境内招股书要求披露关于本次发行情况的内容均在英国招股书中有披露,但分散于概览以及其他章节中,如发行细节、预计时间表及发行数据章节等(不同发行人对章节命名方式有所不同)。<br>英国有股份锁定及限制流通等信息以及是否有担保人的披露要求,有稳定股价的披露信息常规操作。披露指引没有针对填补发行上市摊薄及其回报、违规收益归属于上市公司等承诺的披露要求,但实际招股书普遍都有披露。 | 英国披露指引没有明确规定填补发行上市摊薄及其回报、违规收益归属于上市公司等承诺,但实际招股书普遍都有披露。因此两地披露要求大体一致。 |
| 无须于招股书内披露各方中介机构对招股说明书真实性、准确性、完整性的承诺。<br>发行人主要股东、高管和审计师需在"概览"章节中做出对招股书披露内容真实性和准确性的民事责任声明。 | 除审计师外,英国并未要求其他中介机构对招股书做出真实、准确、完整的承诺。 |

续表

| 英国 | 中国境内 vs 英国主要差异点 |
|---|---|
| 英股要求概览章节简明扼要，篇幅控制在A4纸7页，具体应包括四个部分：①发行股票信息介绍（股票种类、代码、联系方式、FCA通过信息等）；②发行人信息（主营业务、主要股东及实际控制人、高管、审计师、预计财务报表、审计师意见、发行人董监高对招股书内容的民事责任声明）；③股票权益（权利、流通限制、分红政策如有、担保人及担保人财务信息如有、主要风险）；④发行时间计划和募集资金用途。 | 包含A股招股书概览内容，另外英国对于审计师及审计师意见、风险因素亦要求简述在本章节中。 |
| "风险因素"需单独成章，并具体描述公司集团、公司业务及公司所处行业所面临的主要风险，强调实质性风险。同时要求风险因素需特定于发行人和其发行的证券，并应根据发生风险的概率评估风险因素的重要性及其负面影响的预期和幅度（可通过使用低、中、高的定性）。应充分描述每个风险因素并解释它将如何影响发行人或正在发售的证券，如有担保人还须披露与担保人相关风险因素。 | A股对风险因素章节的要求比英国更加详细具体，英国招股书对风险因素披露的具体要求较为概括。然而，尽管英国规则中对风险因素的信披具体要求较少，但实操中英国招股书会花费较大篇幅进行风险因素的披露，内容详尽完善，风险因素的覆盖面很广。 |
| 主要包括发行人名称、设立时间以及经营时限、注册地、注册电话、网站信息等。<br>需披露其主要股东，以及主要股东的直接或间接的控制人。但没有对"主要股东"进行详细的定义。 | 英国对发行人基本信息披露要求较为简单，没有对应公开披露的主要股东持股比例进行明确规定，仅要求披露"对发行人表决权存在重大影响"的股东，发行人控制权及其变化情况，发行人公司架构、子公司及参股公司列表（包括名称、注册地、发行人持股比例等信息）。<br>对股东信息披露没有A股中详细的要求，也不要求披露前十大股东的情况。<br>对于涉及股改、国有股等问题，无相关规定。 |

续表

| 英国 | 中国境内 vs 英国主要差异点 |
|---|---|
| 业务部分主要内容为公司提供的产品或者服务,以及其他影响公司业务发展的信息,包括可持续性分析,具体包括:①发行人发展历史;②业务概况;③组织结构;④固定资产。 | 英国 FCA 对于业务披露要求远较 A 股相关要求简单,但要求对于业务的可持续经营能力进行分析。 |
| 对同业竞争的信披要求集中在管理层与发行人可能存在的利益冲突部分。<br>要求披露关联交易内容、金额、占比及其持续性,发行人是否构成对关联方的依赖。 | A 股关注具体交易的真实性、必要性和公允性。英国的要求与 A 股类似,要求披露关联交易内容、金额、占比及其持续性,发行人是否构成对关联方的依赖。 |
| 英国针对管理层任职其他公司管理岗位、涉及欺诈犯罪行为、处罚或诉讼等事项的披露要求为五年。英国较为强调管理层利益冲突事项的信息披露,如个人利益与发行人利益可能存在冲突的事项、与发行人客户、供应商、主要股东的关联关系等。 | 与 A 股披露要求大致相同。 |
| 包括董事会运作情况,薪酬委员会与审计委员会(英国没有提名委员会和战略委员会的相关要求)等。 | 与 A 股披露要求大致相同。<br>英国更强调发行人的业务独立性,在上市申请中需要针对其独立开展业务的能力进行较为充分谨慎的核查及信息披露。 |
| 要求最近三个会计年度经审计,最近一期可以未经审计。英国要求披露合并报表,会计政策、适用会计准则的变化情况、对发行人业绩以及影响投资者判断的关键财务数据以及非财务指标进行合理分析、如果报告期内财务数据或财务指标发生了重大变化则需要分析原因;英国 IPO 申报文件中的财务数据有效期为九个月。<br>英国要求,如果报告期内出现了影响发行人财务数据的重大事项或交易,需要编制并披露涵盖报告期各年度的备考财务报表。 | 核心信息一致,即报表及主要变动分析,但英国相关法律没有中国准则要求具体,无额外细节要求。具体内容由发行人依据公司所处的行业特色,进行财务状况分析,自行决定披露的内容。 |
| 没有单独章节要求,涵盖在了业务部分。 | 英国没有单独章节要求。 |

续表

| 英国 | 中国境内 vs 英国主要差异点 |
|---|---|
| 没有单独章节要求，此信息包含在"概览"章节中。简要披露预计募集资金金额及用途。需注意：募集资金使用数字与募集资金金额相符，披露的募集资金用途与发行人披露的战略一致。 | 英国没有单独章节要求，此信息包含在"概览"章节中，但具体要求较A股更宽松，仅要求披露发行原因，未要求逐项披露募集资金用途，主要是针对一致性的要求。 |
| 对发行人股利分配政策及分配中介进行披露。 | 英股未要求详细披露报告期实际股利分配情况。 |
| 单列一章披露报告期内对发行人产生重大影响的法律及财务事项；A股要求披露跟业务有关的重大合同（客户供应商及借款等），英国则要求披露不属于发行人常规业务范畴内的重大合同。 | 主要差异见前列。 |
| 没有单独章节要求，发行人的主要股东和高管及审计师针对招股书内容民事责任声明放在"概览"章节。 | 除审计师外，英国并未要求其他中介机构对招股书作出真实、准确、完整的承诺。 |
| 物业公司需要提供物业估值报告。 | A股没有此项要求。 |
| 英国没有此项要求。 | 不适用。 |

### （三）发行定价与承销制度的国际比较

发行定价与承销是发行制度的重要组成部分，是实现价格发现、市场选择、市场约束的重要机制设计。从境内外股票发行市场的实践看，发行定价与承销涉及19个方面的制度安排，包括发行规模、定价机制、配售安排、配售对象、配售披露、网下发行、询价资格、认购安排、网上发行、公众申购、回拨机制、锁定期安排、超额配售选择权、老股转让、分析师路演投价报告、管理层路演等。比较分析境内市场与美国、英国、香港的相关制度安排，可以得出一个显著的特征，在注册制下发行价格的形成是专业投资者均衡博弈的结果，在制度安排上注重形成相对均衡的价格博弈机制，在价格形成过程中注重发挥主承销商、专业投资者的利益协同与相互制衡作用。

表4 不同市场IPO发行机制及主要条款比较分析

| IPO发行机制及主要条款 | A股市场注册制 | 香港市场 | 英国市场 | 美国市场 |
|---|---|---|---|---|
| 发行规模 | 在市场承受能力较好、承销风险相对可控的前提下，发行比例可高于10%。 | 公众持股比例不低于25%，如有特别情况可以向联交所申请豁免。 | 公众持股比例不低于10%，近期监管规定比例从25%下调至10%。 | 无公众持股比例限制。 |
| 定价机制 | 1. 在招股书披露后，通过初步询价确定价格区间或一步定价；<br>2. 剔除无效和最高报价，剔除最高报价的申购量不低于投资者拟申购总量的1%~3%；<br>3. 全体投资者申报价格的加权平均值及中位数、基金公司申报价格的加权平均值及中位数四个数中的孰低值将作为重点参考，超出幅度在30%以内。 | 1. 在招股书中披露价格区间，随后在区间内询价以确定价格；<br>2. 价格区间一旦确定不能根据簿记情况更改，可以在招股书中预设条款，在认购不足的情况下再下调区间下限10%定价。 | 在面向国际配售的Term sheet中披露价格区间，随后在区间内询价以确定价格（规则与香港市场相近）。 | 1. 在面向国际配售的Term sheet中披露价格区间，随后在区间内询价以确定价格；<br>2. 美国IPO的价格区间较窄，通常低端和高端之间相差2~3美元；<br>3. 定价灵活性更强，可跟进认购需求，定价在原区间上下20%范围内确定，无须重新申报。 |

续表

| IPO发行机制及主要条款 | A股市场注册制 | 香港市场 | 英国市场 | 美国市场 |
|---|---|---|---|---|
| 发行结构 | 扣除战略配售部分后，网下初始发行70%，网上初始发行30%。 | 初始发行比例为国际配售（包括基石）90%，香港公众发行10%。 | 对发行结构无明确规定，一般不设置或设置很少量零售发行（95%以上向机构配售）。 | 1. 对发行结构无明确规定，一般不设置或设置很少量零售发行（95%以上向机构配售）；<br>2. 可能通过DSP（Directed Share Program）在国际配售中引入少量高净值个人；<br>3. 即使有零售发行，主要也仅面向承销商的私银客户。 |
| 战略配售① | 综合考虑发行规模与询价不确定性，监察方可考虑设置战略配售机制，战略配售占发行规模比例不超过50%。 | 基石（类似战略配售）投资占比通常为10%~70%，平均为30%，无特别规则限制。 | 可以安排基石，但案例较少。 | 无基石相关规则，但允许与IPO同步安排私募发行（CPP），向特定对象配售新股，或在机构配售部分安排示意性订单（IOI），接受特定对象较大规模的认购。 |
| 战略配售对象资格 | 证监会/交易所在招股书披露前审批，通常还在上市前审核，仅限国有自有资金出资平台、保险、三年封闭式公募基金、员工持股计划等。 | 联交所在招股书披露前备案，通常还在上市前审核，最终出资方及出资对类型无特别限制。 | 伦交所一般不审核基石出资及关联情况。 | 私募发行（CPP）/示意性订单（IOI）的配售对象通常为可信任投资人（Accredited investors），专业机构或发行人亲友。 |

① 境外市场基石投资者的概念与A股战略配售相似，基石投资者的资格无特别限制，包括发行人原股东在内的机构和个人均可以参与。

续表

| IPO 发行机制及主要条款 | A 股市场注册制 | 香港市场 | 英国市场 | 美国市场 |
|---|---|---|---|---|
| 战略配售披露 | 在申购发行后的公告中披露。 | 如果签署基石协议，在发行定价前的招股书中披露。 | 如果签署基石协议，在发行定价前的招股书中披露。 | CPP 和 IOI 在发行定价前的招股书中披露，对于簿记期间新增的大额订单，也可作为 IOI 在随后版本的招股书中披露。 |
| 向机构配售① Int'l Tranche（网下发行） | 配售对象为产品/投资组合，根据配售对象类型配售；其中，公募产品、社保基金和养老金，优先安排不低于网下实际发行数量的 50%配售；保险资金、年金预设不低于网下实际发行数量的 20%配售；其他类似为 C 类，配售比例低于上述 A 类和 B 类。 | 配售在机构维度上进行，根据机构投资策略配售，通常给长线投资人配售比例最高，给对冲投资人配售少份额，给私银和自然人配售比例最低。 | 配售在机构维度上进行，配售原则与香港相近，优先考虑长线投资人。 | 配售在机构维度上进行，配售原则与香港相近；如国际配售部分占比一般不超过整体发行规模的 3%～5%。 |
| 询价投资者资格 | 网下投资者应持有相应市值，并属于六类受经证监会监管机构或经证监会注册备案的私募的关联方，但须证明其投资决策具备独立性。 | 无特别限制。国际配售的关联投资者可以为承销商和证监会注册备案的私募的关联方，但须证明其投资决策具备独立性。 | 无特别限制。 | 无特别限制。发行人的关联方可参与 CPP 或 IOI。 |

① 境外市场的国际配售/机构配售概念与 A 股网下发行相似，仅在该部分的投资者具备参与簿记下单和询价的权利，该部分不只面向机构投资者，私人银行高净值个人也可以参与（实际情况参与的很少），对投资者类型没有明确限制。

44

续表

| IPO发行机制及主要条款 | A股市场注册制 | 香港市场 | 英国市场 | 美国市场 |
|---|---|---|---|---|
| 询价投资者申购缴款 | 初步询价和网下申购均无须资金，确定网下配售结果后配售缴款。 | 簿记下单无须资金，上市前一日或上市当日缴款。 | 簿记下单无须资金，上市前一日或上市当日缴款。 | 簿记下单无须资金，上市前一日或上市当日缴款。 |
| 向公众配售 Retail Tranche（网上发行） | 1. 网上投资者应持有相应市场股票，并根据持股市值确定可申购数额上限；<br>2. 网上投资者认购每50万元或100万元为一注签，根据抽签结果确定获配账户及金额。 | 1. 公众发行对象可分为AB组，A组接受500万港币以下的认购，B组接受500万港币以上的认购；<br>2. AB组分别抽签，通常A股账户数量更高，中签率更低，原则上优先保证一户一签。 | 一般不安排公众配售。 | 一般不安排公众配售。 |
| 公众投资者申购缴款 | 网上投资者信用申购，确定摇号中签结果后根据实际获配股数缴款。 | 公众发行投资者需以全额资金参与申购，确定配售结果后接受退款。 | 无特别限制。 | 无特别限制。 |

续表

| IPO发行机制及主要条款 | A股市场注册制 | 香港市场 | 英国市场 | 美国市场 |
|---|---|---|---|---|
| 回拨机制 | 1. 最终战略配售数量与初始战略配售数量的差额部分先回拨至网下发行；2. 网下向网上单向回拨；3. 若网上申购倍数超过50倍，低于100倍（含）的，从网下向网上回拨后网上发行数量40%；网上申购倍数超过150倍的，从网下向网上回拨，回拨后网下发行比例不超过本次公开发行股票数量的10%。 | 1. 通常国际配售与公众发行双向回拨；2. 若公众发行申购倍数低于15倍，公众发行比例为10%（不回拨）；公众发行申购倍数超过15倍低于50倍，公众发行比例为30%；公众发行申购倍数超过50倍低于100倍，公众发行比例为40%；公众发行申购倍数超过100倍，公众发行比例为50%。 | 无特别限制。 | 无特别限制。 |
| 锁定期安排 | 1. 网下获配股份的10%（科创板抽签、创业板可抽签或按每账户比例确定）锁定6个月，剩余部分无锁定期；2. 战略配售投资者锁定12~18个月。 | 1. 除原始股东、国际配售（类同A股网下发行）无锁定期；2. 基石投资者锁定至少6个月。 | 除原始股东外，无锁定期。 | 除原始股东外，无锁定期。 |

续表

| IPO发行机制及主要条款 | A股市场注册制 | 香港市场 | 英国市场 | 美国市场 |
|---|---|---|---|---|
| 超额配售选择权 | 发行数量不超过发行规模的15%，股份来自战略配售投资者或其他非关联机构投资者延期支付。 | 发行数量不超过发行规模的15%，股份通常来自战略配售投资者延期支付或老股东出借。 | 发行数量无特别限制，股份来自战略配售投资者延期支付或老股东出借。 | 发行数量无特别限制，股份来自战略配售投资者延期支付或老股东出借。 |
| 老股转让 | 注册制发行未规定老股转让机制。 | 1. 需要在发行定价前的招股书中明确是否发售旧股；2. 在发行定价后的招股书中披露包括不限于持有方、卖出股份数、卖出后剩余股份数等内容。 | 1. 需要在发行定价前招股书中明确是否发售旧股；2. 在发行定价后招股书中披露包括不限于持有方、卖出股份数、卖出后剩余股份数等内容。 | 1. 需要在发行定价前的招股书中明确是否发售旧股；2. 在发行定价后的招股书中披露包括不限于持有方、卖出股份数、卖出后剩余股份数等内容。 |
| 分析师预路演 | 监管要求在招股书披露后进行；通常时间安排上与管理层路演同步或略早，为期1~2个交易日。 | 通常在招股书披露前进行，时间安排上先于管理层路演，为期3~4个交易日，根据分析师交流后的投资者反馈决定是否启动发行并刊登招股书。 | 通常在招股书披露前进行，时间安排上先于管理层路演，为期3~4个交易日，根据分析师交流后的投资者反馈决定是否启动发行并刊登招股书。 | 通常在招股书披露前进行，时间安排上先于管理层路演，为期3~4个交易日，根据投资者反馈决定是否发行并刊登招股书。 |

47

续表

| IPO发行机制及主要条款 | A股市场注册制 | 香港市场 | 英国市场 | 美国市场 |
|---|---|---|---|---|
| 投资价值分析报告 | 主承销商必须出具报告，结论应为发行人公开发行股票后整体市值区间。 | 承销商需经发行人同意后安排撰写研究报告，一般投资人理解为发行人上市后的二级市场合理估值区间。 | 承销商需经发行人同意后安排撰写研究报告，一般投资人理解为发行人上市后的二级市场合理估值区间。 | 通常不撰写对外发送的研究报告，分析师预路演基于分析师自己制作的演讲资料。 |
| 管理层路演 | 监管要求在招股书披露后进行；通常安排时间与初步询价/簿记同步，早于网上发行，为期1~4个交易日。 | 通常在招股书披露后与国际配售簿记同步，时间安排和公众发行同步，为期4~8个交易日（监管要求公众发行时间不得少于3~5个交易日）。 | 通常在招股书披露后进行，时间安排上与机构配售簿记同步，为期2~4个交易日。 | 通常在招股书披露后进行，时间安排上与机构配售簿记同步，为期2~4个交易日。 |

## 三、股票发行制度与管理的中国实践

### (一) 发行审核制度

我国资本市场30年发展历程中,早期实行带有"计划经济"色彩的审核制,其特点是管发行额度、管发行家数、管发行价格;1999年《证券法》施行后,实行带有"统制经济"特征的核准制,主要特点是管发行节奏、管发行价格、管发行规模,并推动了4次发行审核体制改革,不断优化发行审核工作机制,但是均未走出"一放就乱,一管就死"的怪圈。

**1. 早期股票发行管理制度**

早期的股票发行管理体制具有分散、多头管理的特征。1987年3月28日,国务院发布《国务院关于加强股票、债券管理的通知》(国发〔1987〕22号),规定发行股票由人民银行统一负责管理,主要限于少数经过批准的集体所有制企业试行。在实际运行中,各地政府承担地方金融稳定职责,自行制定发行上市条件,对于股票发行实行属地审批为主管理体制。1990年11月27日,上海市人民政府发布的《上海市证券交易管理办法》明确提出:"凡在本市发行证券,必须取得证券主管机关批准。未经批准,禁止发行证券。"《上海市证券交易管理办法》规定:"发行证券,由发行者直接或委托证券公司、信托投资公司向证券主管机关提出申请。证券主管机关应在接到申请发行的全部文件后二十日内,决定是否批准。"1991年5月15日,深圳市人民政府发布《深圳市股票发行与交易管理暂行办法》,首次对企业申请公开发行股票应符合的条件做了规定:"(一)经国家有关主管部门批准设立或改组成股份公司;(二)生产经营符合深圳的产业政策;(三)财务及经营业绩良好,净资产不低于1000万元;(四)申请前一年有形资产净值占有形资产总值的比例应不低于25%;(五)发起人认缴股份不得少于500万元,并不低于总股本的35%;(六)向非特定个人公开发行的股份不得少于总股本的

25%，主管机关可根据情况提高公开发行股票的比例；（七）股东人数不少于800人；（八）申请企业或发起人在近三年内没有违法行为或损害公众利益的记录。"1990年12月1日深圳证券交易所试营业，12月9日上海证券交易所正式开业，两个交易所作为自律管理的会员法人，为证券集中交易提供场所和设施、组织和监督证券交易。

### 2. 审批制的确立与发展

1990年沪深证券交易所相继成立，全国集中统一的资本市场初步建立。1992年10月根据国务院批准和授权，国务院证券委、中国证监会成立，并依法对全国证券期货市场进行集中统一管理。1992年12月17日颁布的《国务院关于进一步加强证券市场宏观管理的通知》提出："1993年证券的发行规模，由证券委根据有关部门提出的计划，结合全国经济发展情况提出计划建议，经国家计委综合平衡后，报国务院审批。分地区、分部门的年度规模，由国家计委会同证券委下达。各省、自治区、直辖市及计划单列市和国务院有关部门可在国家下达的规模内，各选择一两个经过批准的股份制企业，进行公开发行股票的试点。"1993年4月22日，国务院颁布《股票发行与交易管理暂行条例》，奠定了中国资本市场法治监管的基本框架，同时也标志着审批制的正式确立。其中，第十二条对公开发行股票的发行审核制度做了明确规定："申请公开发行股票应按照下列程序办理：申请人根据隶属关系向地方政府或者中央企业主管部门提出公开发行股票的申请，在国家下达的发行规模内，地方政府或中央企业主管部门分别对其管辖范围内的发行申请进行审批，并将审批决定抄送证券委；被批准的发行申请，送证监会复审；证监会出具复审意见书并将其抄送证券委；经证监会复审同意的，申请人应当向证券交易所上市委员会提出申请，经上市委员会同意接受上市，方可发行股票。"1993年12月29日，第八届全国人大常委会第五次会议通过的《中华人民共和国公司法》也对公开发行股票做出了相应的规定。例如，第84条规定："发行人向社会公开募集股份时，必须向国务院证券管理部门递交募股申请，未经国务院证券管理部门批准，发起人不得向社会公开募集股份。"第86

条规定:"国务院证券管理部门对符合公司法规定条件的募股申请,予以批准。对不符合公司法规定的募股申请,不予批准。对已做出的批准如发现不符合公司规定的,应予撤销。"《公司法》的颁布第一次以全国人大立法的形式确立了证券发行上市审核的有关内容,我国资本市场依照《公司法》的相关规定,从1993年起开始实行全国统一的股票发行审批制。限于当时各方面的局限和市场环境,审批制带有很强的计划经济色彩和行政主导特征。

审批制从1993年起至2000年止,分为"额度管理"和"家数管理"两个阶段。1993—1995年为额度管理阶段,股票发行由国务院证券委根据经济发展和市场供给的具体要求,在宏观上制定一个当年股票发行总规模,经国务院批准后,由国家计委根据各个省级行政区域和行业在国民经济发展中的地位和需要将总额度分配到各省、自治区、直辖市、计划单列市和国际有关部委。省级政府和国家有关部委在各自的发行规模内推荐预选企业,证监会对符合条件的预选企业的申报材料进行审批。审批中对企业的质量、前景进行实质审查,并对发行股票的规模、价格、发行方式、实践等做出安排。额度是以股票面值计算的,在一家发行条件下,实际筹资额远大于计划额度。该阶段共确定105亿发行额度,200多家企业发行,筹资400多亿元。这一时期,国务院证券委发布《证券交易所管理暂行办法》《禁止证券欺诈行为暂行办法》《关于993年股票发售与认购办法的意见》,证监会发布《股票发行审核程序工作规则》《公开发行股票公司信息披露实施细则(试行)》《上市公司送配股的有关规定》《新股承销与认购实施办法》,对股票发行、交易各环节进行具体规范。

为解决"额度管理"导致大量规模偏小、资产不完整、业务不独立等问题企业涌入资本市场,1996年12月26日证监会发布《关于股票发行工作中若干规定的通知》。该通知提出:为了扩大上市公司的规模,提高上市公司的质量,1996年新股发行采取"总量控制,限报家数"的管理办法。各地、各部门在执行1996年新股发行计划中,要优先考虑国家确定的1000家特别是其中的300家重点企业,以及100家全国现代企业制度试点和56家试点企业集团。标志着审批制由"额度管理"开始转向"家数管理"。具体操作是，由国家计委、证券委共同制定股票发行总规模，证监会在确定的规模内，根据市场情况向各省级政府和行业管理部门下达股票发行家数指标，省级政府和行业管理部门在指标内推荐预选企业，证监会对符合条件的预选企业统一其上报发行股票正式申报材料并审核。1998年5月29日证监会发布《中国证监会股票发行审核工作程序》，相比于《股票发行与交易管理暂行条例》，增加了证监会对预选材料的审核，即相比于地方和证监会两级审批制度，证监会在推介企业阶段，开始对企业进行事前审核，以便于更好地筛选出优质大型企业。1996年、1997年分别确定了150亿股、300亿股发行量，这一阶段共有700多家企业发行，筹资4000多亿元。在实行"家数管理"审批制时期，虽然在一定程度上缓解了上市公司规模偏小、业务不独立和资产不完整等问题，但是各地政府为了实现国有企业脱困目标，采取"捆绑上市""优质企业兼并亏损企业上市"等政策，导致了大量"合并报表"公司上市、公司治理形同虚设等问题。

3. 核准制的确立与发展

审批制虽然对资本市场发展起到了积极作用，但由于市场主体职能错位、责任不清，不利于提高市场效率和规范市场发展。随着计划经济体制向市场经济体制转轨，资本市场作为社会主义市场经济的重要组成部分，审核制的理念和实施已滞后于资本市场发展的需要。1999年7月1日实施的《证券法》，正式确立实行股票发行核准制。按照《证券法》规定，公开发行股票必须依照公司法规定的条件，报经国务院证券监督管理机构核准；股票发行采取溢价发行的，其发行价格由发行人与承销的证券公司协商确定，报国务院证券监督机构核准。核准制在坚持公开原则的同时，赋予监管部门某些关键条件的价值判断权，并保留对发行价格的核准权。这样既为投资者提供了公开信息资料进行自主判断的机会，也为监管部门严格把关做出制度上的安排，可以把一些质地交叉且风险较高的公司排除在资本市场之外，使得投资者的利益得到双重保障，有助于降低市场风险，维护市场的发展和稳定。与审批制相比，核准制有以下特点：一是由主承销商培育、选择和推荐企业，同时承担相应的法律责任；二是企业根据自身发展的需要确定发行规模；三是逐步转向强制信息披露和合规性审核，并发挥发行审核委员会作用；四是发行价格由发行人与主承销商协商确定，并充分反映投资者要求；五是鼓励发行人与主承销商自主选择和创新发行方式；六是除国家产业政策尽职上市的行业外，企业只要符合条件均可上市。

1999年9月16日，证监会发布《中国证券监督管理委员会股票发行审核委员会条例》（证监发〔1999〕48号），进一步规范发行审核委员会的召开、召集、审议、表决、暂缓、复审等程序，明确证监会根据发审委审核意见核准或者否决股票发行申请；每次会议9名委员参加，表决时仍然采取无记名投票，委员可投同意、反对、弃权票，6票以上同意即为通过。如果认为发行人存在待核查影响判断问题，经半数以上委员同意，可以暂缓表决。发行人申请未通过发审委审核的，可以向证监会申请复审1次；经证监会同意，由另一组委员进行复审。发审委可以根据工作需要邀请委员以外专家到会提供专业咨询意见，专家没有表决权。

2001年3月17日股票发行核准制正式施行，核准制实施分为"通道制"阶段（2001—2004年）和"保荐制"阶段（2004年至今）。

2001年3月29日中国证券业协会发布《关于证券公司推荐发行申请有关工作方案的通知》（中证协〔2001〕26号），提出证券公司推荐企业上市按照与上一年承销家数挂钩确定推荐家数，实行"自行排队，限报家数"。具有主承销资格的证券公司拥有的通道数量最多8条，最少2条，各家证券公司根据其拥有的"通道"数量选择和推荐企业，按照"发行一家再上报一家"原则向证监会申报。通道制改变了由行政机制遴选和推荐发行人的做法，淡化了股票发行工作的行政色彩，提高了股票发行监管工作的透明度，使主承销在一定程度上承担股票发行的风险，同时也获得遴选和推荐股票发行人的权利。截至2004年年底，全国83家证券公司共计有318条通道。在核准制下的证券公司职责发生了实质性变化，客观上要求证券公司具备筛选企业的能力和严格的内部控制制度，同时也能为其行为承担责任。

2003年12月，证监会发布《证券发行上市保荐制度暂行办法》（证监会令第18号），决定自2004年2月1日起实施证券发行上市保荐制度。保荐制度的基本内涵是由保荐机构及其保荐代表人负责公司证券发行上市的推荐和辅导，经尽职调查核实公司发行稳健资料的真实性、准确性和完整性，督促发行人建立严格的信息披露制度。保荐制度的核心是对公司发行上市提出了"双保"要求，明确保荐机构和保荐代表人的责任并建立责任追究机制。与"通道制"相比，保荐制度增加了由保荐人承担发行上市过程中连带责任的内容，该制度和《证券法》中对会计师、律师职责的要求共同确立了中介机构及其从业人员对发行上市环节的角色和独特作用，通过中介机构的专业工作，发现、培育并最终筛选出适合的上市企业。

2003年12月，证监会发布《中国证券监督管理委员会股票发行审核委员会暂行办法》（证监会令第16号），改革发审委制度，全面提高发审委工作透明度，加强委员监督管理。委员由有关行政机关、行业自律组织、研究机构和高等院校等推荐，证监会聘任。每次会议由7名委员参加，改为记名投票方式表决，委员独立发表审核意见并行使同意或者反对的表决权，5票以上同意即为通过。取消发审委复审机制。取消委员身份保密规定。提前5日公告会议时间、审核对象、参会委员名单等。委员对发行部初审报告和发行人申请材料进行全面审核，参会前必须在审核工作底稿上提出明确审核意见。委员不得私下接触发行人及相关利益方，不得利用委员身份谋取利益。

2006年1月1日新修订的《公司法》《证券法》实施。新《公司法》取消了公司公开发行新股的条件规定，改为在《证券法》中规定：具备健全且运行良好的组织机构，具备持续盈利能力，财务状况良好，最近三年财务会计文件无虚假记载，无其他重大违法行为。不在法律层面强制要求"连续三年盈利"的条件，授权国务院证券监督管理机构规定公开发行新股的其他条件。同时规定"股票发行采取溢价发行的，其发行价格由发行人与承销的证券公司协商确定"，取消监管部门对发行价格的核准，并在法律层面明确证券发行保荐制度。根据《证券法》立法精神，2006年5月17日证监会发布《首次公开发行股票并上市管理办法》，明确要求IPO净利润标准"最近3个会计年度净利润均为正数且累计超过3000万元，净利润以扣除非经常性损益前后较低者为计算依据"，及现金流和营业收入标准"最近3个会计年度经营活动产生的现金流量净额累计超过5000万元；或最近3个会计年度营业收入累计超过3亿元"，继续保持监管部门对发行人质量的实质性审核。

此外，证监会根据新《证券法》进一步健全保荐制度和发审委制度。2006年5月29日，证监会发布《保荐人尽职调查工作准则》（证监发行字〔2006〕15号），详细规定尽职调查内容，规范保荐人尽职调查工作，提高保荐业务质量。2008年10月17日，证监会发布《证券发行上市保荐业务管理办法》（证监会令第58号），充实完善保荐制度。要求保荐机构加强内部控制，建立健全工作底稿制度，每个项目建立独立保荐工作底稿。强化保荐代表人管理，禁止谋取不正当利益。增加现场检查制度，证监会对保荐机构及保荐代表人从事业务情况进行定期或不定期现场检查。2006年5月9日，证监会发布《中国证券监督管理委员会发行审核委员会办法》（证监会令第31号），将发审委审核程序分为普通程序和特别程序，公开发行证券适用普通程序；上市公司非公开发行证券适用相对简易的特别程序，每次会议由5名委员参会，3票以上同意即通过，且委员不得提议暂缓表决。2006年5月17日，证监会发布《首次公开发行股票并上市管理办法》（证监会令第32号），对发行审核制度做出重大调整，全面明确发行上市条件和信息披露要求。强化市场约束机制，实施预披露制度、加强社会监督；取消筹资额不得超过净资产两倍的数量限制；取消辅导期1年规定，同时对保荐人审慎核查工作提出严格监管要求；取消首发前12个月不得增资扩股规定，提高禁售期要求；取消关联交易比例不得超过30%规定，转化为更加严格信息披露要求；细化和加强中介机构审慎核查责任，要求中介机构对出具文件的真实性、准确性、完整性负责；将中介机构出具文件确定为招股说明书备查文件，并要求在指定网站披露；对中介机构违法违规行为根据不同情节和后果设定相应处罚措施。

2012年4月28日，证监会发布《关于进一步深化新股发行体制改革的指导意见》（证监会公告〔2012〕10号），提出进一步推进以信息披露为中心的发行制度建设，逐步淡化对发行人盈利能力判断，改进发行条件和信息披露要求。2013年11月30日，证监会发布《关于进一步推进新股发行体制改革的意见》，明确招股说明书预先披露后，发行人相关信息及财务数据不得随意更改。2014年5月14日，证监会发布《首次公开发行股票并在创业板上市管理办法》（证监会令第99号），放宽财务准入指标，取消持续盈利增长要求，允许收入一定规模以上企业有一年盈利即可；同时，取消行业限制。2015年11月24日，证监会发布《关于进一步规范发行审核权力运行的若干意见》（证监会公告〔2015〕27号），提出全面简化发行条件，取消首发办法中《证券法》未明确规定的发行条件，调整为信息披露要求；公开裁量判断标准，杜绝"口袋"政策；严格审核流程管理，明确审核期限要求；强化集体决策机制；建立预约接待制度；规范审核全程留痕；加强履职回避管理；强化发审委工作监督；落实执纪问责要求。2015年12月30日，证监会修订发布《首次公开发行股票并上市管理办法》（证监会令第122号）和《首次公开发行股票并在创业板上市管理办法》（证监会令第123号），优化发行条件，将独立性、募集资金运用等发行条件调整为信息披露要求。

2017年7月7日，证监会修订发布《中国证券监督管理委员会发行审核委员会办法》（证监会令第134号），合并主板发审委和创业板发审委；设立发审委遴选委员会，增加面试和考察环节，按照依法、公开、择优原则选聘发审委员；建立对发行审核工作进行监察制度，设立发行审核监察委员会，按一定比例抽查发行审核项目。

2018年3月22日，国务院办公厅发布《国务院办公厅转发证监会关于开展创新企业境内发行股票或存托凭证试点若干意见的通知》（国办发〔2018〕21号），6月6日证监会发布系列配套规则。境外注册的红筹企业可以在境内发行股票；推出存托凭证这一新的证券品种；优化发行条件，尚未盈利或存在未弥补亏损创新试点企业可发行股票或者存托凭证；对VIE架构、投票权差异等特殊公司治理问题做出制度安排。

从2001年3月实行股票发行核准制以来，监管部门不断优化发行审核、信息披露、定价与销售等相关制度安排。但是核准制与生俱来的计划经济惯性和行政干预色彩难以从根本上消除，严重制约了资本市场的法治化、规范化、市场化进程。随着全球化趋势和国际竞争格局的形成，核准制不适应建立现代化经济体系战略目标的局限性更加凸显，主要体现在以下方面。一是由监管审核把关，试图通过严格审批方式选拔"优秀公司"上市，这实际上超出了审核人员的能力范围，反而在客观上形成了政府部门对新股发行人盈利能力和投资价值的背书，降低了市场参与主体的风险判断与选择要求，弱化了发行人、保荐机构以及会计师事务所的责任，成为多年来上市公司一旦发生业绩"变脸"，投资者怪罪监管部门"把关不严"的原因。回到事物的本源，上市公司有没有发展前景，风险是否可承受，应由投资者自行判断并自主决策、自担风险。二是监管部门对新股发行"控规模、调节奏、管价格"，股市价格上涨时，增加新股发行，股市行情不好时减少新股发行，在行政管制新股发行数量的条件下，市场对股票供给缺乏稳定预期，往往会造成投资需求过大、发行价格偏高的问题，监管部门为了控制公司超募集资，又不得不控制发行上市价格，进一步扭曲了市场供求关系。这种做法不利于培育发行人、承销商和投资者的自我约束机制，也是A股市场多年"博傻"理论和"新股不败"神话盛行的重要原因。

4. 注册制的试点与成效

2019年1月30日，经党中央、国务院同意，证监会发布《关于在上海证券交易所设立科创板并试点注册制的实施意见》（证监会公告〔2019〕2号）。2019年3月1日，证监会发布《科创板首次公开发行股票注册管理办法（试行）》（证监会令第153号）等系列制度，上海证券交易所发布系列配套规则，核心内容主要包括以下三个方面。

**（1）增强发行上市条件的包容性**。将核准制下发行条件中可以由投资者判断的事项转化为更加严格，更加全面、深入、精准的信息披露要求制度体系，贯彻落实以信息披露为核心的理念。设置多元包容的上市条件，允许符合科创板定位、尚未盈利或存在累计未弥补亏损的企业在科创板上市，允许符合相关要求的特殊股权结构企业和红筹企业在科创板上市。

**（2）改进发行上市审核机制体制**。上交所负责发行上市审核，证监会负责发行注册，并加强对上交所审核工作的监督。取消证监会发行审核委员会，在上交所设立上市委员会。上市委员会对上交所审核机构出具的审核报告及发行上市申请文件进行审议，上交所结合上市委审议意见出具审核意见或者做出终止发行上市审核的决定。每次会议由5名委员参加，采取合议制。

**（3）提高审核透明度和可预期性**。通过向发行人提出审核问询、发行人回答问题的方式开展审核工作；交易所审核、证监会注册、发行人回答问题都要严格遵守时间限制要求；受理和审核全流程电子化，审核标准、程序、过程、结果全部及时公开，审核问询及答复情况均公开。

2019年12月28日全国人大常务委员会审议通过新修订的《证券法》，正式确立我国资本市场实行股票发行注册制，从四个方面明确注册制的基本制度框架。

**（1）构建新型证券发行制度体系**。在总结上交所设立科创板并试点注册制的经验基础上，对证券发行制度做出系统性修改完善，进一步简化对发行人质量的实质审核，对公司首次公开发行新股资质条件规定为："具备健全且运行良好的组织机构；具有持续经营能力；最近三年财务会计报告出具无保留意见审计报告；发行人及其控股股东、实际控制人最近三年不存在贪污、贿赂、侵占财产、挪用财产或者破坏社会主义市场经济秩序的刑事犯罪。"明确证券发行注册制度实施机制，赋权国务院证券监督管理机构依照法定条件负责证券发行申请的注册；证券交易所等按照国务院的规定审核公开发行证券申请，判断发行人是否符合发行条件、信息披露要求，督促发行人完善信息披露内容。同时授权国务院对证券发行注册制的具体范围、实施步骤进行规定，为有关板块和证券品种分步实施注册制留出必要的法律空间。2020年

2月29日，国务院办公厅发布《关于贯彻实施修订后的证券法有关工作的通知》（国办发〔2020〕5号），明确分步推进证券发行注册制。

**（2）健全注册制实施的法治保障**。新证券法大幅提高对证券违法行为的处罚力度，如对于欺诈发行行为，从原来最高可处百分之五的罚款，提高至募集资金的一倍；对于上市公司信息披露违法行为，从原来最高可处以六十万元罚款，提高至一千万元；对于发行人的控股股东、实际控制人组织、指使从事虚假陈述的，规定最高可处以一千万元罚款等。同时完善证券违法民事赔偿责任，规定发行人等不履行公开承诺的民事赔偿责任，明确了发行的控股股东、实际控制人在欺诈发行、信息披露违法的过错推定、连带赔偿责任等。

**（3）进一步完善投资者保护制度**。为适应证券发行注册制改革的需要，新证券法专章规定投资者保护的内容，探索设立适应我国国情的证券民事诉讼制度，规定投资者保护机构可以作为诉讼代表人，按照"明示退出""默示加入"的诉讼原则，依法为受害投资者提起民事损害赔偿诉讼。

**（4）进一步强化信息披露要求**。强调应当充分披露投资者做出价值判断的投资决策所必需的信息。

**（5）压实中介机构市场"看门人"职责**。明确保荐人、承销商及其直接责任人未履行职责时对受害投资者所应承担的过错推定、连带赔偿责任；提高证券服务机构未履行勤勉尽责义务的违法处罚幅度，由原来最高可处以业务收入五倍的罚款，提高到十倍，情节严重的，并处暂停或者禁止从事证券服务业务等。

围绕股票发行注册制试点工作，相关制度规则陆续配套实施：2019年3月25日，证监会发行部发布《首发业务若干问题解答》，首次全面公开具体发行审核标准和审核政策；2019年12月，证监会明确符合条件上市公司可以分拆所属子公司在境内上市；2020年4月30日，证监会发布《关于创新试点红筹企业在境内上市相关安排的公告》（证监会公告〔2020〕26号），将境外上市红筹企业申请境内发行股票或存托凭证的市值要求由2000亿元降低为

200亿元；2020年6月3日，证监会发布《中国证监会关于全国中小企业股份转让系统挂牌公司转板上市的指导意见》（证监会公告〔2020〕29号），建立转板上市机制；2020年6月12日，证监会发布《创业板首次公开发行股票注册管理办法（试行）》（证监会令第167号）等系列制度，创业板改革试点注册制开始实施，深圳证券交易所发布系列配套规则，总体上，创业板试点注册制在发行审核制度上与科创板基本保持一致。2021年1月29日，证监会发布《首发企业现场检查规定》（证监会公告〔2021〕4号），首发企业现场检查工作实现制度化、常态化，现场检查成为发行审核的重要手段。

### （二）信息披露制度

#### 1. 审批制下的信息披露制度体系

1993年3月18日，证监会发布《关于股票公开发行与上市公司信息披露有关事项的通知（试行）》（证监研字〔1993〕19号），首次对信息披露的内容和要求进行规范。

1993年4月22日，国务院发布《股票发行与交易管理暂行条例》（国务院令〔1993〕第112号），首次在行政法规层面要求做好信息披露，并规定违规信息披露的民事、行政和刑事责任。

1993年6月3日，证监会发布《招股说明书的内容与格式（试行）》（证监发字〔1993〕39号），首次具体明确公开发行股票的信息披露要求。IPO信息披露制度初步建立。

1993年12月29日，全国人大审议通过《公司法》，首次在法律层面明确发行人"必须公告新股招股说明书和财务会计报表及附属明细表"，奠定招股说明书作为IPO信息披露主要载体的法律地位。

1997年1月7日，证监会发布《公开发行股票公司信息披露的内容与格式准则第1号——招股说明书的内容与格式》（证监〔1997〕2号），完善招股说明书内容与格式要求。

1998年12月29日，全国人大审议通过《证券法》，首次在法律层面明确要求信息披露必须真实、准确、完整，禁止虚假记载、误导性陈述或者重大遗漏；国务院证券监督管理机构对信息披露情况进行监督，因信息披露存在问题给投资者造成损失的要承担赔偿责任。

2. 核准制下的信息披露制度体系

2001年3月15日，证监会修订发布《公开发行证券的公司信息披露内容与格式准则第1号——招股说明书》（证监发〔2001〕41号），全面细化明确招股说明书的内容与格式要求。明确招股说明书主要内容包括：概览，本次发行概况，风险因素，发行人基本情况，业务和技术，同业竞争与关联交易，董事、监事、高级管理人员与核心技术人员，公司治理结构，财务会计信息，业务发展目标，募集资金运用，发行定价及股利分配政策，其他重要事项及声明等。

2003年3月6日，证监会修订发布《公开发行证券的公司信息披露内容与格式准则第1号——招股说明书》（证监发行字〔2003〕26号），进一步提高信息披露质量，降低信息披露成本。细化明确招股说明书摘要编制和披露要求，尽量少用投资者不熟悉的专业和技术词汇，尽量采用图表或其他较为直观方式准确披露公司及其产品、财务等情况，做到简明扼要，通俗易懂；摘要必须忠实于招股说明书全文；不得刊载任何有祝贺性、广告性和恭维性词句；公司负责人和主管会计工作的负责人、会计机构负责人保证招股说明书及其摘要中财务会计报告真实、完整。

2006年5月，证监会发布《首次公开发行股票并上市管理办法》（证监会令第32号），建立预披露制度。申请受理后，发审会审核前，发行人在证监会网站预先披露招股说明书（申报稿）。

2006年5月18日，证监会修订发布《公开发行证券的公司信息披露内容与格式准则第1号——招股说明书（2006年修订）》（证监发行字〔2006〕5号）。证监会核准前发生应披露事项的，发行人应书面说明情况，及时修改招股说明书及摘要；招股说明书及摘要披露的财务会计资料应有充分依据，所引用财务报表、盈利预测报告（如有）应由具有资格的会计师事务所审计或审阅；针对实际情况在招股说明书首页作"重大事项提示"；细化加强关联交易披露，详细披露主要股东前十名自然人股东情况；披露专门委员会设置情况，近三年内违法违规情况等。

2006年12月8日，证监会发布《保险公司招股说明书内容与格式特别规定》（证监发行字〔2006〕151号），开始分行业建立信息披露指引。

2008年7月，证监会发布《关于调整预先披露时间的通知》（发行监管函〔2008〕142号），完善预披露制度。发行人和保荐机构按照反馈意见修改申请文件后5个工作日内，在证监会网站披露招股说明书（申报稿）。

2009年7月20日，证监会发布《公开发行证券的公司信息披露内容与格式准则第28号——创业板公司招股说明书》（证监会公告〔2009〕17号）。提示创业板市场特有风险；针对创业板定位，增加企业成长性等内容披露和分析；招股说明书在指定网站全面披露，指定报刊发提示公告。

2012年2月，证监会完善预披露制度。将发审会前5天预先披露招股说明书，提前至初审会之前预先披露。

2013年11月，证监会进一步提前预先披露时点。发行人申请受理后即在证监会网站披露招股说明书申报稿。

2014年6月11日，证监会修订发布《公开发行证券的公司信息披露内容与格式准则第28号——创业板公司招股说明书（2014年修订）》（证监会公告〔2014〕28号）。信息披露从监管导向转为投资者需求导向，体现充分披露原则；针对创业企业实际特点，提出差异化披露要求；信息披露简明易懂、语言浅白，进一步强调招股说明书可读性；简化或取消与投资决策相关性不大的披露要求；强化有效信息披露。

2015年2月1日，证监会根据《发行监管问答：关于反馈意见和发审会询问问题等公开的相关要求》（2015年1月23日发布），开始公开反馈意见、发行人回复以及发审委委员在发审会上提出的主要问题。

2017年12月，证监会发布《发行监管问答：关于首次公开发行股票预先披露等问题》（2017年12月6日修订），明确申报即披露原则，招股说明书在受理后即按照程序通过证监会网站公开披露。

2020年1月16日，证监会发行监管部发布《发行监管问答：关于申请首发企业执行新收入准则相关事项的问答》，对申请首发企业开始执行新收入准则的时间、新旧准则的衔接问题，以及相关信息披露等问题进行了规定。

2020年3月2日，证监会发布《关于信息披露媒体有关规则过渡衔接的安排》（中国证券监督管理委员会公告〔2020〕16号）。明确在有关规则发布实施前，《中华人民共和国证券法》所称"符合国务院证券监督管理机构规定条件的媒体"，暂按此前由中国证券监督管理委员会依据修订前《中华人民共和国证券法》第七十条规定指定的媒体执行。

2020年4月28日，证监会发布《公开发行证券的公司信息披露编报规则第24号——注册制下创新试点红筹企业财务报告信息特别规定》（中国证券监督管理委员会公告〔2020〕25号），对在境内公开发行股票或存托凭证并上市的红筹企业披露年度财务报告、首次发行股票或存托凭证的红筹企业申报财务报告，以及按照相关规定需要参照年度财务报告披露有关财务信息等情形做出规定。

2020年7月10日，证监会发布《关于首次公开发行股票并上市公司招股说明书财务报告审计截止日后主要财务信息及经营状况信息披露指引（2020年修订）》（中国证券监督管理委员会公告〔2020〕43号），主要修订内容如下：一是规定发行人财务报告审计截止日至招股说明书签署日之间超过7个月的，应补充提供经会计师事务所审阅的期间2个季度的财务报表；二是4月30日之后公告招股说明书的，招股说明书引用的财务报表应当包括上一年度经审计的财务报表。

2020年9月11日，证监会发布《关于证券市场信息披露媒体条件的规定》（中国证券监督管理委员会公告〔2020〕60号），明确从事证券市场信息披露业务的媒体应当符合的条件等。

### 3. 注册制下的信息披露制度体系

2019年3月1日，证监会发布《公开发行证券的公司信息披露内容与格式准则第 41 号——科创板公司招股说明书》（中国证券监督管理委员会公告〔2019〕6 号），对科创板公司招股说明书的内容与格式进行了规范。

2019 年 3 月 1 日，证监会发布《公开发行证券的公司信息披露内容与格式准则第 42 号——首次公开发行股票并在科创板上市申请文件》（中国证券监督管理委员会公告〔2019〕7 号），规定了首次公开发行股票并在科创板上市所需的申请文件。

2019 年 3 月 1 日，上交所发布《上海证券交易所科创板上市保荐书内容与格式指引》（上证发〔2019〕24 号），对科创板上市保荐书的内容与格式进行了规范。

2019 年 3 月 7 日，证监会发布《公开发行证券的公司信息披露编报规则第 24 号——科创板创新试点红筹企业财务报告信息特别规定》（中国证券监督管理委员会公告〔2019〕8 号），规范了在科创板公开发行证券并上市的创新试点红筹企业的财务信息披露行为。

2019 年 6 月 8 日，上交所发布《科创板证券上市公告书内容与格式指引》（上证发〔2019〕65 号），对科创板证券上市公告书的内容与格式进行了规范。

2021 年 2 月 1 日，上交所发布《上海证券交易所科创板发行上市审核业务指南第 2 号——常见问题的信息披露和核查要求自查表》（上证函〔2021〕230 号）。根据《公开发行证券的公司信息披露内容与格式准则第 41 号——科创板公司招股说明书》《上海证券交易所科创板股票发行上市审核问答》《首发业务若干问题解答》等相关规则，对科创板申报文件中的常见问题进行了梳理，明确《自查表》的执行情况和填报质量，将作为中介机构执业质量评价的参考依据。

2020 年 6 月 12 日，证监会发布《公开发行证券的公司信息披露内容与格式准则第 28 号——创业板公司招股说明书（2020 年修订）》（中国证券监督管理委员会公告〔2020〕31 号），主要在科创板试点注册制现行规则基础上，结合新证券法、创业板定位、创业板企业特点，对原准则做出局部调整。

2020年6月12日,证监会发布《公开发行证券的公司信息披露内容与格式准则第29号——首次公开发行股票并在创业板上市申请文件(2020年修订)》(中国证券监督管理委员会公告〔2020〕32号),新增支持性文件的报送要求,包括发行人关于符合创业板定位要求的专项说明、保荐机构关于发行人符合创业板定位要求的专项意见。

2020年6月12日,深交所发布《深圳证券交易所创业板上市保荐书内容与格式指引》(深证上〔2020〕508号),对创业板上市保荐书的内容与格式进行了规范。

2020年6月12日,深交所发布《深圳证券交易所创业板创新试点红筹企业财务报告信息披露指引》(深证上〔2020〕507号),规范在创业板公开发行证券并上市的创新试点红筹企业财务报告信息披露行为,制定补充财务信息涉及的财务指标及其调节信息、调节过程的披露要求。

2021年3月31日,深交所发布《深圳证券交易所上市公司信息披露指引第6号——保荐业务》(深证上〔2021〕334号),主要删除了持续督导专员制度的相关规定。

(三)发行定价与承销制度

发行定价机制是发行制度的核心内容。我国资本市场新股发行定价机制市场化改革大致经历了三个阶段的探索实践。

第一阶段是固定价格机制探索。1993年《公司法》和1998年《证券法》规定,新股发行价格须经证券监管部门核准。在实行新股发行审批制时期,IPO定价主要采用发行人与承销商协商定价的固定价格机制。1996年以前,发行人和承销商根据自己选定的市盈率和预测每股税后利润确定新股发行价格,导致一些公司人为做高盈利预测,抬高发行价格,使新股上市便跌破发行价,引起投资者的强烈不满。1996年新股发行定价依据改为过去三年已实现的每股税后利润算术平均值,但是以过往业绩为基准确定新股发行价格难以反映公司的基本面和成长性,仍然具有很大的局限性。1997年证监会对新股发行定价依据的计算方法进行调整，按发行前一年每股税后利润与发行当年摊薄后每股税后利润的加权平均数及核定的市盈率计算新股发行价格；1998年调整为按发行当年加权平均的预测每股税后利润及核定的市盈率计算新股发行价格，删除了发行前一年每股盈利因素。1999年监管部门放松对新股发行定价市盈率的管制，2000年以后新股发行定价完全放开，发行市盈率明显提高，其中2000年6月发行的闽东电力以88.69倍的市盈率创出历史最高，2001年4月发行的用友软件市盈率高达64.35倍，引起了市场的不适应和广泛非议。从2001年下半年至2004年，在继续采用固定价格机制的基础上，对发行市盈率重新采用"窗口指导"方式进行管制，一般确定为20倍左右市盈率。

第二阶段是探索建立询价制度。2004年修订的《公司法》《证券法》取消了新股发行价格须经监管部门核准的规定。据此，证监会从2005年1月开始试行新股发行定价询价制度，即由发行人及其保荐机构通过询价的方式确定股票发行价格。询价制度把买卖双方的价值判断通过申购报价和均衡博弈形成股票发行价格，股票价格发现功能体现了市场运行的基本规律，改革方向得到了市场各方的认可。但在实施过程中出现了买卖双方不能博弈不充分，询价对象随意报价扰动价格信号等问题，加之监管部门"窗口指导"实际存在，询价制度市场化程度受到抑制。一级市场、二级市场不合理价差进一步固化，2007年沪深证券交易所新股上市首日平均涨幅超过100%和200%。

第三阶段是深化定价机制市场化改革。2009年6月和2010年11月，证监会陆续推出两次新股发行定价机制改革，监管部门不再"窗口指导"和行政干预新股定价，把网下投资者报价、承销商估值和申购新股风险予以公开披露，同时建立中止发行、股份回拨、发行失败等制度安排，形成市场化的监督制约机制，既增加发行承销的有效性，又方便承销商管理风险。改革后新股发行价格逐步与二级市场接轨，一、二级市场价差逐步趋于理性，打新资金巨额囤积现象有所缓解。改革前，沪市网上发行平均冻结资金量在2008年高达23105亿元，2011年降为3256亿元。买卖双方博弈有效性增强，"三

"高"定价出现破发,甚至中止发行,市场化约束机制发挥作用,发行定价博弈回归理性。以深市创业板为例,2010年4季度平均发行市盈率为90.56倍,2011年5月至12月平均市盈率降为38.07倍。2012年进一步强化以行业市盈率为基准的定价要求(不高于平均市盈率25%)。2013年以来改为对新股发行价格进行窗口指导,实际控制发行价格市盈率在23倍左右。

1. 审批制下新股发行定价与承销制度

1993年4月22日,国务院发布《股票发行与交易管理暂行条例》(国务院令第112号),首次明确新股发行比例。明确新股发行采取无限量发放认购申请表,按比例配售、按比例累退配售或者抽签方式发行股票。

1993年8月18日,国务院证券委发布《关于1993年股票发售与认购办法的意见》(证委发〔1993〕41号),规定新股发行开始采取与储蓄存款挂钩方式,即按居民在银行定期储蓄存款余额的一定比例配售认购申请表并公开摇号抽签,或者开办专项定期定额储蓄存单业务,按专项储蓄存单上的号码进行公开摇号抽签。

1995年10月20日,证监会发布《关于股票发行与认购办法的意见》(证监发字〔1995〕161号),规定新股发行采取网上定价方式,即利用证券交易所的交易系统在指定时间内以固定价格通过摇号抽签发行新股。

1996年12月26日,证监会发布《关于股票发行与认购方式的暂行规定》(证监发字〔1996〕423号),规定新股发行采用"全额预缴款、比例配售"方式。即投资者按照新股申购量所需资金全额预缴款项,根据每个投资者在所有申购总量中所占比例配售新股。

1996年12月26日,证监会发布《关于股票发行工作若干规定的通知》(证监〔1996〕12号),新股发行定价不再以盈利预测为依据,改按以过去三年已实现每股税后利润算术平均值为依据。

2. 核准制下新股发行定价与承销制度体系

1997年9月10日,证监会发布《关于做好1997年股票发行工作的通知》(证监〔1997〕13号),新股发行定价的每股税后利润改按发行前一年每股税后利润和发行当年摊薄后预测每股税后利润进行加权平均确定。

1998年8月12日，证监会发布《关于证券投资基金配售新股有关问题的通知》（证监基字〔1998〕28号），新股发行开始建立向证券投资基金配售制度。发行5000万股以上的，可按一定比例先向证券投资基金配售新股，余下部分上网定价发行。

1999年2月12日，证监会发布《股票发行定价分析报告指引（试行）》（证监发〔1999〕8号），新股发行定价开始要求提供分析报告，要求承销商分析发行价格的影响因素，包括但不限于行业分析、发展前景分析和二级市场分析等。

1999年7月28日，证监会发布《关于进一步完善股票发行方式的通知》（证监发行字〔1999〕94号），新股发行开始建立对法人（国有企业、国有控股企业、上市公司）配售制度。同时，新股发行开始由发行人和主承销商根据对企业的估值和分析报告确定一个价格区间，并报证监会核准，然后通过路演推介等方式了解申购需求，根据一定申购倍数确定发行价格。

2000年2月13日，证监会发布《关于向二级市场投资者配售新股有关问题的通知》（证监发行字〔2000〕5号），新股发行开始建立对二级市场投资者市值配售制度。即新股先向法人配售一定比例后，余下部分的50%网上定价发行、另50%向二级市场投资者按持有市值配售。二级市场投资者根据其持有的上市流通股票市值折算一定申购限量，自愿申购新股，然后根据整体申购情况剔除无效申购后通过摇号抽签进行配售。

2000年5月18日，证监会发布《关于调整证券投资基金认购新股事项的通知》（证监基金字〔2000〕34号），新股发行不再单独向证券投资基金配售。证券投资基金可以作为战略投资者、一般法人参与配售，或者上网申购，或者作为二级市场投资者参与市值配售。

2004年8月，全国人大常务委员会审议通过的《证券法》修订案，取消发行价格报监管机构核准的规定。

2004年12月7日，证监会发布《关于首次公开发行股票试行询价制度若干问题的通知》（证监发行字〔2004〕162号），对新股发行方式进行重大改革，决定自2005年1月1日起施行新股发行询价制度，自此建立新股发行定价市场化机制。新股发行价格由发行人与主承销商根据询价情况协商确定，证监会不再核准发行价格。

2006年5月17日，证监会发布《首次公开发行股票并上市管理办法》（证监会令第32号），根据股权分置改革后市场环境和运行机制变化，证监会对新股发行方式进行重大改革，取消市值配售制度，重新恢复资金申购。

2006年9月17日，证监会发布《证券发行与承销管理办法》（证监会令第37号），证券发行与承销制度体系全面建立，建立直接定价机制、战略配售制度和"绿鞋"制度，调整初始配售比例。

2009年6月10日，证监会发布《关于进一步改革和完善新股发行体制的指导意见》（证监会公告〔2009〕13号），启动市场化改革：①优化网上发行机制，区分网下网上申购，任一配售对象只能选择网下或者网上一种方式申购新股；②设定网上单个账户申购上限。单个投资者只能使用一个合格账户申购新股；③询价对象应当真实报价，询价报价与申购报价应逻辑一致，主承销商采取措施杜绝高报不买和低报高买；④加强新股认购风险提示，提示参与人关注市场风险。

2010年10月11日，证监会发布《关于深化新股发行体制改革的指导意见》（证监会公告〔2010〕26号），修订发布《证券发行与承销管理办法》（证监会令第69号），在总结前一阶段改革经验得失基础上，进一步深化改革：①进一步完善报价申购和配售约束机制；②扩大询价对象范围；③完善回拨机制和中止发行机制；④中止发行的具体情形可以由发行人和承销商约定，并予以披露；⑤增强定价信息透明度。

2012年4月28日，证监会发布《关于进一步深化新股发行体制改革的指导意见》（证监会公告〔2012〕10号），主要内容有：①提高网下配售比例，建立网下向网上回拨机制；②扩大询价对象范围，允许主承销商推荐5～10名投资经验比较丰富的个人投资者参与网下询价配售；③取消网下配售股份3

个月锁定期；④建立老股转让制度。

2012年5月18日，证监会修订发布《证券发行与承销管理办法》（证监会令第78号），明确可以通过询价确定发行价格，也可以通过发行人和主承销商自主协商定价等其他合法可行方式确定发行价格；采用询价方式的，发行人和主承销商可以根据初步询价结果直接确定发行价格。

2012年5月30日，证监会发布《关于新股发行定价相关问题的通知》，明确发行市盈率高于同行业上市公司平均市盈率25%的，发行人应召开董事会分析并公告发行定价的合理性和风险因素；证监会可要求重新询价并补充盈利预测报告；特殊情况重新上会。实际上，再次对发行价格进行行政管制，市场化改革出现反复。

2013年11月30日，证监会发布《关于进一步推进新股发行体制改革的意见》（证监会公告〔2013〕42号），再次深化市场化改革：①改进网上配售方式，投资者持有一定非限售股份才能参与网上申购；②调整网下网上回拨机制；③调整网下配售初始比例，强化网下报价激励约束机制；④建立网下优先配售制度；⑤建立主承销商自主配售机制；⑥鼓励持股满3年股东转让部分老股，新股发行超募资金的，要相应转让老股；⑦取消新股定价"25%政策"，发行价格由发行人和主承销商自行协商确定；⑧建立最高报价剔除机制。

2013年12月13日，证监会修订发布《证券发行与承销管理办法》（证监会令第95号），改革新股配售与定价制度，进一步提高新股发行的市场化程度。在总结历次改革经验基础上，全面建立市场化询价定价的新股发行制度体系。

2014年3月，证监会完善老股转让制度，要求受让老股锁定12个月以上。

2014年3月21日，证监会修订发布《证券发行与承销管理办法》（证监会令第98号），增加网下向网上回拨的档次，满足中小投资者认购需求。网下配售进一步向具有公众性质的机构倾斜。强化配售行为监管，进一步加强事中事后监管。

2015年12月30日，证监会修订发布《证券发行与承销管理办法》（证监会令第 121 号），取消新股申购预缴款制度，采用市值申购方式。

3. 注册制下新股发行定价与承销制度体系

**（1）科创板发行定价与配售制度。**

2019 年 1 月 28 日，证监会发布《关于在上海证券交易所设立科创板并试点注册制的实施意见》（证监会公告〔2019〕2 号）。《实施意见》要求科创板市场新股发行价格、规模、节奏主要通过市场化方式决定，强化市场约束；对新股发行定价不设限制，建立以机构投资者为参与主体的询价、定价、配售等机制，充分发挥机构投资者专业能力。

2019 年 3 月 1 日和 4 月 16 日，上交所分别发布《上海证券交易所科创板股票发行与承销实施办法》（上证发〔2019〕21 号）和《上海证券交易所科创板股票发行与承销业务指引》（上证发〔2019〕46 号），主要规定询价对象类型、约定投资者报价方式、在询价基础上的价格确定方式。

2019 年 9 月 27 日，证券业协会发布《关于进一步明确科创板投资价值研究报告要求的通知》（中证协发〔2019〕273 号），规范投资价值研究报告撰写的规范，其主要关注点为：①行业与公司状况分析；②可比上市公司分析；③募投项目分析；④盈利能力分析和预测；⑤估值方法和参数选择；⑥估值结论；⑦风险提示；⑧内部风控机制。

2019 年 1 月 28 日，证监会发布《关于在上海证券交易所设立科创板并试点注册制的实施意见》（证监会公告〔2019〕2 号）。《实施意见》要求构建科创板股票市场化发行承销机制。试行保荐人相关子公司"跟投"机制。支持科创板上市公司引入战略投资者，科技创新企业高管、员工可以参与战略配售，发挥好超额配售选择权制度作用，促进股价稳定。加强对定价承销的事中事后监管，建立上市后交易价格监控机制，约束非理性定价。制定合理的科创板上市公司股份锁定期和减持制度安排。

2019 年 3 月 1 日和 4 月 16 日，上交所分别发布《上海证券交易所科创板股票发行与承销实施办法》（上证发〔2019〕21 号）和《上海证券交易所科创板股票发行与承销业务指引》（上证发〔2019〕46 号），对保荐机构相关子公司强制跟投机制、战略配售、网上网下配售和绿鞋机制做出了规定。

**（2）创业板发行定价与配售制度。**

注册制下创业板新股的发行定价与配售制度，主要依据2020年6月12日证监会发布的《创业板首次公开发行证券发行与承销特别规定》（证监会公告〔2020〕36号）以及深圳证券交易所发布的《深圳证券交易所创业板首次公开发行证券发行与承销业务实施细则》（深证上〔2020〕484号），以市场化询价为基础，充分发挥主承销商和网下投资者的估值定价能力，通过市场博弈确定新股发行价格。与核准制下"窗口指导""23倍"发行市盈率相比，主要有以下几个变化：允许符合一定条件的新股直接定价发行，询价发行的新股必须提供投资价值研究报告，网下投资者群体由机构投资者构成，报价方式不同，发行价格确定存在约束条件。与核准制下的创业板新股配售制度相比，主要有以下几个变化：①允许机构投资者参与网下询价和配售；②增加了保荐机构相关子公司跟投机制；③允许六大类投资者参与战略配售；④加大向网下机构投资者的配售力度。

### （四）新股发行定价市场化改革的探索

发现价格是资本市场的核心功能之一。股票发行市场化改革的关键是建立市场化的发行定价机制。2004年年底，中国证监会发布《关于首次公开发行股票试行询价制度若干问题的通知》，试行以询价制度来确定股票发行价格，开启了我国资本市场市场化定价探索的实践。询价制度是专业投资者通过申购报价和市场博弈形成价格，其理念是专业投资者具有较强的风险识别和价值发现能力，通过专业投资者的申购报价反映其价值判断和风险偏好，通过有效的博弈机制设计形成市场化的价格发现。2005年5月股权分置改革暂停IPO，2006年6月IPO重启，新股发行询价制度正式推行。2007年股权分置改革完成以后，我国资本市场的市场化、规范化程度不断提升，新股发行定价方式开始成为市场关注的热点，市场舆论开始对新股发行定价方式提出较多质疑。随着股指不断上涨，新股冻结资金屡创新高，网上中签率不断降低，新股上市首日涨幅居高不下，买方特别是中小投资者认为，新股发行方式对中小投资者不公，存在向机构投资者输送利益嫌疑，例如机构可以同时参与网下配售和网上申购，"资金为王"的新股申购模式使中小投资者处于明显劣势，机构投资者为申购新股大量拆借资金，引起市场短期利率较为剧烈波动。以发行人和承销商为代表的卖方则认为新股定价机制存在缺陷，询价和申购脱节，窗口指导不合理，导致定价过程缺乏买卖双方的充分博弈，一级市场定价未反映公司的真实价值和市场的客观需求。对于新股上市首日普遍出现较大涨幅，一种市场意见认为，这种情况说明一级市场定价偏低，是监管部门窗口指导的结果。另一种意见则认为，这种情况是因为一级市场定价偏高，导致二级市场更高，一级市场向二级市场输送了泡沫。新股"无风险收益"进而导致新股申购冻结资金量屡创新高。针对上述问题，监管部门从2009年开始，启动股票发行市场化改革的探索实践，基本思路是新股定价进一步市场化，培育市场约束机制，推动发行人、承销商、投资者等市场主体归位尽责，尊重中小投资者参与意愿，统筹监管改革力度和市场承受程度，采取分步实施、逐步完善方式，分阶段推出了各项改革措施。尽管在询价制下不断探索市场化定价机制建设取得了实践经验，但是在市场和舆论的压力下，监管部门最后不得不通过"窗口指导"干预发行定价。

1. 新股发行制度市场化改革探索实践

**第一阶段改革**。2009年6月10日，证监会发布《关于进一步改革和完善新股发行体制的指导意见》（证监会公告〔2009〕13号），启动第一阶段市场化改革。一是完善询价和申购的报价约束机制，增强价格形成机制的市场化力度，进一步淡化对新股定价的窗口指导，使定价更充分反映买卖双方的真实意愿。二是完善回拨机制和中止发行机制，增加定价过程股票分配机制的弹性，促进投资者对发行人形成更强的约束力量，促进主承销商勤勉尽责做好发行工作，理顺发行承销机制，提高发行效率，巩固内在制衡机制。三是优化网上发行机制，网上单个账户设定申购上限，新股配售向中小投资者适当倾斜，缓解巨额资金申购新股状况，提高中小投资者申购中签率。四是加强新股认购风险提示,明晰一级市场发行和二级市场价格波动风险,进一步强化理性投资理念。

第一阶段改革措施推出后,初步达到预期效果。新股发行定价市场化程度明显提高,证监会未对最终定价结果实施行政指导。投资者报价更加审慎,基本杜绝过去高报不买和低报高买的情况。由于限制单个投资者申购上限,网上发行冻结资金量减少,机构巨额资金申购新股状况环境。新股配售向个人投资者倾斜后,个人中签户数明显提高。各市场主体角色定位逐渐清晰,主承销商责任意识显著增强,开始摒弃对监管机构的依赖心理,根据改革要求认真梳理新股发行流程,精心安排管理询价活动,合理引导发行人对价格预期,逐步深入履行新股发行组织者和协调人职责。询价对象开始更加注重挖掘企业基本面,根据自身专业判断审慎报价。发行人积极路演,定价时会综合考虑企业价值、资金需求、后市表现,没有一味追求筹资最大化。投资者开始明晰新股申购风险,逐步了解定价机制。

但与此同时,新股定价市盈率偏高,新股上市首日涨幅仍然较高。单个机构获配数量较少,部分机构报价偏高,基于新股普遍盈利的规律,报价时以获取配售为目的,不研究公司价值,有"博入围"抬高报价水平趋势。募集资金普遍超出项目计划投资额较大,出现超募现象。例如,国民技术发行市盈率98.33倍,实际融资23.8亿元(计划募资3.36亿元),媒体称之为"创业板超募王"。

**第二阶段改革**。2010年10月11日,证监会发布《关于深化新股发行体制改革的指导意见》(证监会公告〔2010〕26号),在总结前一阶段改革经验得失基础上,启动第二阶段市场化改革。一是进一步完善报价申购和配售约束机制。中小公司允许网下摇号配售,以提高单个机构获配数量,促进询价对象认真报价。要求发行人和主承销商披露网下申购和具体报价情况,进一步约束高报不买。二是扩大询价对象范围,主承销商可以推荐一定数量具有较高定价能力和长期投资取向的机构投资者,参与网下询价和配售。避免询价成为少数机构的"特权",抑制承销商推高发行价格的动力,为下一步赋予主承销商自主配售权创造条件。三是完善回拨机制和中止发行机制，督促主承销商合理设计发行流程，有效管理包销风险。网上申购不足，可以向网下回拨，网下机构投资者申购不足，可以有承销商推荐其他投资者参与网下申购。网下申购不足，不得向网上回拨，可以中止发行。发行人和承销商可以约定并披露中止发行具体情形。四是增强定价信息透明度。要求主承销商披露投资价值研究报告和网下机构报价情况等，彻底澄清社会公众对"监管部门定价"的误解。

上述改革措施推出后，报价约束机制进一步完善，网下询价对象高报不买现象得到抑制。市场约束机制开始发挥作用，出现新股估值区间不合理而中止发行情形。例如，八菱科技2011年6月7日首次询价，根据主承销商民生证券投价报告估值区间计算的发行价格为33.50~40.20元，因提供有效报价的询价对象仅19家，不足20家，公司被迫中止发行。2011年10月21日，公司重新启动发行，按主承销商调整后投价报告计算的发行价格为21.26~25.15元，37家询价对象参与询价，最终发行价格17.11元。但与此同时，新股发行市盈率仍然较高，超募现象依然普遍，该阶段共发行新股401只，其中368只新股超募。新股破发问题开始凸显，新股上市首日破发比例23%，上市3个月后破发比例43%。

**第三阶段改革**。2012年4月28日，证监会发布《关于进一步深化新股发行体制改革的指导意见》（证监会公告〔2012〕10号），启动第三阶段市场化改革。一是提高网下配售比例，建立网下向网上回拨机制。二是继续扩大询价对象范围，允许主承销商推荐5~10名投资经验比较丰富的个人投资者参与网下询价配售。三是取消网下配售股份3个月锁定期，增加新股上市初期可交易股份。四是建立老股转让制度。同年5月，证监会明确发行市盈率高过同行业上市公司平均市盈率25%的，发行人应召开董事会分析并公告发行定价的合理性和风险因素，证监会可要求重新询价并补充盈利预测报告，特殊情况重新提交发审会。以上改革措施的推出，新股发行定价以同行业上市公司二级市场市盈率为锚，一定程度抑制了新股高定价，实践中发行市盈率均未高过同行业上市公司平均市盈率25%。但是，证监会再次实质上对发行价格进行行政管制，市场化改革出现反复。2012年10月，由于当时二级市场持续下跌，部分公司上市后净利润大幅下滑，新股出现重大财务造假个案，证监会提出对发行人进行财务大检查，研究新一轮新股发行体制改革，同时暂停IPO。

**第四阶段改革**。2013年11月30日，证监会发布《关于进一步推进新股发行体制改革的意见》（证监会公告〔2013〕42号），启动第四轮新股发行体制改革，并作为逐步推进股票发行从核准制向注册制过渡的重要步骤。主要改革措施如下。

**（1）发行价格市场化**。取消2012年新股定价"25%政策"，彻底放开发行价格，由发行人和主承销商根据询价情况自行协商确定。2014年1月，对于发行市盈率高于同行业上市公司平均市盈率的，要求在网上申购前连续3周发布投资风险特别公告，监管部门不进行任何管制或者窗口指导。

**（2）建立最高报价剔除机制**。防范"人情报价"或者盲目报高价。申购总量中报价最高的10%部分将被剔除，该部分投资者不得参与网下配售。

**（3）实施存量股份配售制度**。以缓解新股发行"超募"现象，并增加单只新股上市首日供应量，对买方报高价形成制约。鼓励持股满3年股东转让部分老股。新股发行超募资金的，要相应转让老股。

**（4）建立主承销商自主配售制度**。网下发行的股票，主承销商可以在提供有效报价投资者中自主选择投资者进行配售。提高配售灵活性，激励买方引导其审慎报价，提高报价和最终定价质量，防止主承销商和发行人共谋定高价。

**（5）调整网下配售初始比例**。增加单个网下投资者配售数量，强化网下报价激励约束机制。调整网下网上回拨机制，尊重中小投资者申购意愿。

**（6）改进网上配售方式**。投资者持有一定非限售股份才能参与网上申购，平衡一二级市场投资者的利益，鼓励二级市场投资者长期持有股票，减少新股申购对二级市场冲击。

**（7）建立网下优先配售制度**。一定比例新股优先向公募基金、社保基金等配售，同时支持专业机构投资者发展和提高报价能力。

**（8）发行节奏更加市场化**。证监会不再采取任何措施调控发行节奏，新股发行的多少、快慢更大程度由市场决定,新股需求旺盛则多发,需求冷清则少发或者不发。

**(9)审核理念市场化。**只对发行申请文件和信息披露内容的合法合规性进行审核,不再判断发行人持续盈利能力和投资价值,而是由投资者和市场自主判断。

**(10)加强事中事后监管和严格执法。**发挥市场约束作用,强化投资者保护,例如,要求提前披露招股说明书,加强社会监督;打击串通报价行为;要求相关责任主体承诺一定期限内不得低于发行价进行减持。

以上改革措施推出后,2013年12月至2014年2月共发行新股48只,平均发行市盈率22.76倍,中位值27.23倍,最高51.37倍,上市初期没有新股破发。但是,主承销商自主配售出现利益输送情形,市场普遍诟病老股东大比例套现,有39只新股存在老股转让,发行新股平均融资3.7亿元,老股东转让老股平均获得2.85亿元,引发了IPO是服务实体经济还是服务老股东的市场质疑。2014年年初,奥赛康启动发行,发行市盈率67倍,预计融资8.65亿元,拟老股转让31.83亿元,市场一片哗然,迫于市场压力终止发行。由于以上乱象,IPO于2014年2月暂停,这轮市场化改革未达到预期效果。

2. 新股发行定价市场化改革影响分析

**(1)新股发行询价制定价探索。**

2006—2012年,询价制定价经历了三个阶段。

①2006.06—2008.09,限高询价确定发行价格。2006年6月,IPO新股重启发行,全流通体制下第一家上市公司中工国际(002051.SZ),以询价发行方式登陆资本市场。2006年6月至2008年9月,监管部门为防止发行价格过高,对新股最终定价进行了窗口指导,上限为30倍市盈率。隐形市盈率管制虽然形式上解决了发行价格较高的难题,但也带来了一系列新的问题。首先,由于定价限制,新股的价格被压低,定价结果难以体现企业价值,一级市场的价值发现功能失效。其次,定价限制触发了"弹簧效应",导致新股在短期内出现超高涨幅和回落,助长了二级市场投资者"盲目追涨杀跌"的非理性

情绪。最后,"打新"的超高回报率几乎无风险,吸引大量资金"打新",对整个市场形成了"抽血效应",以价格引导资源配置功能难以充分发挥。

②2009.06—2012.04,完全询价确定发行价格。2009年6月10日证监会发布《关于进一步改革和完善新股发行体制的指导意见》,主要推出四项措施:完善询价和申购的报价约束机制,形成进一步市场化的价格形成机制;优化网上发行机制,将网下网上申购参与对象分开;对网上单个申购账户设定上限;加强新股认购风险提示,让所有参与人明晰市场风险。本次改革改变了限定发行市盈率上限的新股定价方式,企业上市按照市场定价的方式确定发行价格,实现了真正意义上的市场化定价。但与此同时,随着发行市盈率不断走高,新股发行开始面临"三高"问题。

为了治理"三高"问题和完善定价规则,2010年10月11日,证监会发布《关于深化新股发行体制改革的指导意见》,主要推出四项措施:进一步完善报价申购和配售约束机制;扩大询价对象范围,充实网下机构投资者;增强定价信息透明度;完善回拨机制和中止发行机制。截至2011年年底,282家IPO上市公司中,上市首日破发家数为77家,占比约27.30%,上市3个月破发企业为133家,占比高达47.16%,并开始出现因询价对象不足而中止发行的情况。针对以上情形,市场出现了不同反应,首先,媒体对"发行失败""破发"现象进行了大量负面报道,扰动了市场情绪,更有华宝兴业基金等机构高调宣布暂停参与新股询价。其次,网下机构投资者"用脚投票"或坚持理性报价,从合理定价中获取价值投资收益,例如,朗玛信息(300288.SZ)、八菱科技(002592.SZ)等公司因估值区间过高导致"提供有效报价的询价机构不足20家"而中止发行,在第一次发行失败后下调了定价区间,最终,网下投资者从朗玛信息(300288.SZ)、八菱科技(002592.SZ)调整后的股票发行中获益。

③2012.05—2012.11,相对市场化询价确定发行价格。2012年4月28日,证监会出台《关于进一步深化新股发行体制改革的指导意见》,规定"新股发行市盈率不得超过行业平均市盈率25%"。由于窗口指导价格上限较高,

一级市场基本上可以根据供给需求决定发行价格。因此，本阶段仍具有市场化阶段的特征，在后文将本阶段与完全市场化定价阶段合并分析。2012年11月至2013年12月，IPO新股发行再次暂停。

(2) 新股发行询价制定价影响分析。

2006年6月5日至2012年11月2日，发行上市企业数量合计1154家，其中限高询价确定发行价格期间（2006.06—2008.09）发行上市269家，相对市场化询价确定发行价格期间（2009.06—2012.11）发行上市885家。以下通过对2006年6月5日至2012年11月2日A股全样本新股发行数据以及二级市场表现情况分析，进一步分析不同发行定价机制对于一二级市场的影响（本文数据均来源于Wind数据库）。

①一级市场发行市盈率分析。

2006年6月5日至2012年11月2日，主板、中小板、创业板以及全样本上市公司的平均发行市盈率情况如图1所示。

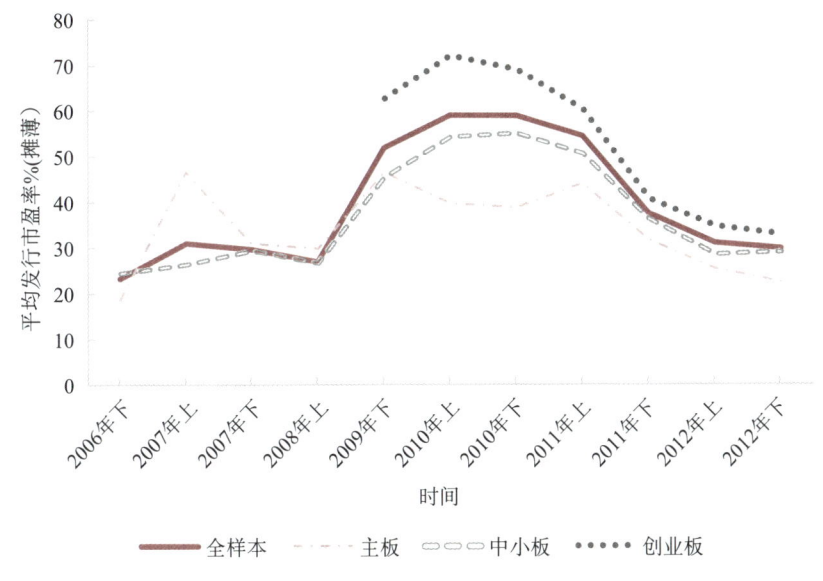

图1　平均发行市盈率（摊薄）

注：鉴于在新股发行机制改革后（2009年）才启动创业板的发行，所以改革前没有创业板的数据。

通过对图1以及Wind数据库数据分析，IPO发行定价机制对新股发行市盈率有以下影响。

首先，受"30倍"市盈率限高的影响，2006年6月至2008年9月，新股发行平均市盈率普遍处于较低水平，只有少数特殊企业突破了隐形限制。从平均市盈率情况来看，期间发行上市的269家企业的发行平均市盈率为27.5倍，总体方差较小，大部分市盈率在20~30倍，占比高达76.5%；低于20倍的企业占比13.4%，其中小于10倍的一共3家，分别为泰和新材（6.67倍，002254.SZ）、招商轮船（9.52倍，601872.SH）、平煤股份（9.70倍，601666.SH）。只有24家突破了30倍的隐形限制，占比仅9%，基本上都是中字头企业或大型银行，不具有代表性，其中有4家企业市盈率超过45倍，分别为中远海控（98.67倍，601919.SH）、中信银行（59.62倍，601998.SH）、中国平安（76.18倍，601318.SH）、中国人寿（97.80倍，601628.SH）。

其次，2009年IPO发行定价机制市场化改革后，整个市场的发行市盈率水平明显提升，中小板和创业板等中小市值板块的提升效应尤其明显。2009年6月至2012年11月，主板发行市盈率平均值为38.5倍，相较于改革前（2006年6月至2008年9月）提升了24.19%。改革后中小板发行市盈率平均值为48.6倍，相较于改革前提升了81.34%。

最后，在市场机制的自我调节作用下，相对市场化确定发行价格期间（2009年6月至2012年11月）呈现出发行市盈率初期比较高，但逐渐回归理性的趋势特征。2009年（6—12月）、2010年、2011年、2012年（1—11月）新股发行平均市盈率分别为51.73倍、58.78倍、47.51倍、30.2倍。市场化改革初期，受主承销商利益驱使及投资者非理性行为影响，新股发行呈现出高市盈率发行的特征，但经过"击鼓传花"式的炒作，参与炒新的投资者遭受较大损失后，市场自我调节机制促使参与主体开始回归理性，发行市盈率整体逐步走低，下降到合理位置。

②一级市场投资者认购情况分析。

由于网下投资者具备更强的投资定价能力，通过分析历年来网下投资者的中签率来分析不同发行定价机制下网下投资者对于新股的追捧程度。2006年6月至2012年11月,网下申购中签率情况如图2所示。

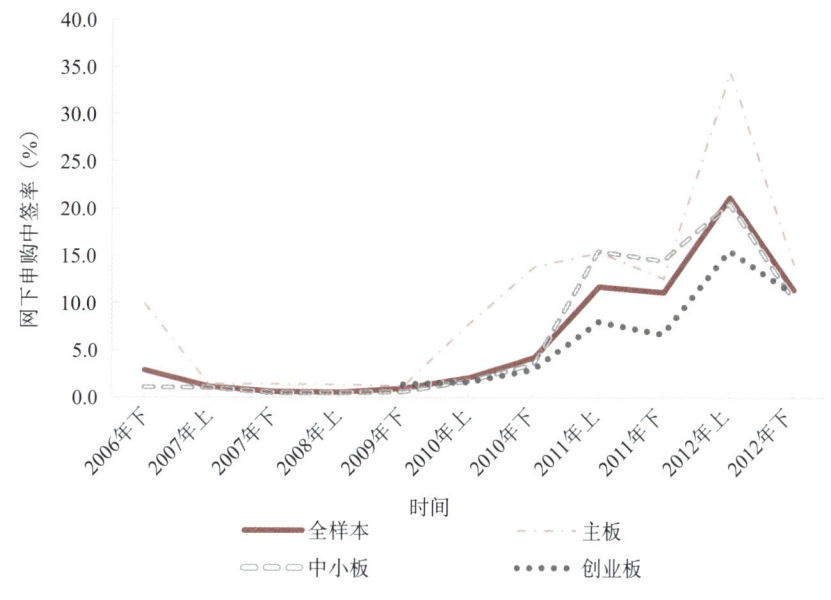

图 2　平均网下申购中签率

通过对图 2、附表以及 Wind 数据库数据进行分析,我们认为在 2006 年 6 月至 2012 年 11 月期间,受不同发行定价机制的影响,网下投资者"打新"情况呈现以下特征。

首先,在发行市盈率隐形控制期间(2006.06—2008.09),一级市场投资者"打新"积极性极高,但中签率极低。由于发行市盈率"窗口指导"管制,新股在发行首日不会破发,"打新"的超高回报几乎是无风险,因而吸引了大量资金参与"打新",网下申购中签率平均值仅为 1.2%。这个期间股票一、二级市场套利空间较大,"行政干预压低发行价格"是导致投资者热情高涨和低中签率的决定性因素。

其次,在发行定价机制市场化期间(2009.06—2012.11),投资者"打新"的意愿有所降低,但认购热情仍然保持较高水平,中签率较市盈率隐形控制期间显著提高。在 2009 年 6 月至 2012 年 11 月期间,网下申购中签率平均值为7.71%，中签率是2006年6月至2008年9月期间的6.425倍左右。在市场机制作用下，中签率明显提高，新股供求关系的矛盾有所缓解，股票发行也开始呈现出明显分化的特征，受追捧的股票"一票难求"，如浙江世宝（002703.SZ），中签率仅为0.14%。也有一些企业因询价机构不足20家而被迫中止发行，如朗玛信息（300288.SZ）、八菱科技（002592.SZ）、海达股份（300320.SZ）等。尽管市场上出现了部分企业"一级市场发行失败"或"二级市场破发"的现象，但投资者的认购意愿依旧保持在比较高的水平，大部分新股依旧不愁卖，发行价格由交易双方在充分博弈的基础上确定，这个期间股票一、二级市场套利空间减小，"市场的供求关系"是影响投资者热情和中签率的决定性因素。

最后，在发行定价机制市场化期间，新股网下中签率逐年上升的趋势与发行市盈率下降趋势呈现一定的"背驰效应"。2009年（6—12月）、2010年、2011年、2012年（1—11月）新股发行网下平均中签率分别为0.93%、3.13%、11.51%、15.47%，呈逐年上升趋势，而发行市盈率却先升后降，总体呈下降趋势。这种"背驰效应"反映了资本市场"买涨不买跌"的特征，发行市盈率走势常与市场总体情绪相同，而市场情绪的高低则与中签率高低呈现相反的走向。在市场机制的自我调节下，发行市盈率下降到一定位置时，必然会引发投资者追捧，从而提振市场情绪降低中签率，总体上会让市盈率和中签率回归到合理的区间内。

③发行失败案例分析。

朗玛信息（300288.SZ）、八菱科技（002592.SZ）、海达股份（300320.SZ）的第一次发行均因估值过高导致发行失败，不同的是，在第二次询价中，朗玛信息（300288.SZ）、八菱科技（002592.SZ）吸取了教训，将估值调整至合理区间，最终发行成功，而海达股份（300320.SZ）则是依靠中银基金和鹏华基金的"力保"才勉强过关。三个案例可以很好地说明，在市场机制作用下，理性投资机构受益于更审慎的投资决策行为，而非理性投资机构也将为高价申购导致的"套牢"买单。在市场机制的自我调节下，投资者也将日趋回归理性,在参与报价时更加谨慎,有利于企业发行定价回归合理区间。

④二级市场表现情况分析。

新股发行上市后,无论一级市场采用何种 IPO 定价方式,二级市场都会通过市场交易自发地对新股进行市场化定价。为了分析不同定价机制下二级市场定价情况,选取 2006—2012 年上市企业相对于发行价的涨跌幅指标来分析一、二级市场的定价分歧情况。同时,由于首日涨跌幅受投资者非理性情绪影响较大,选取上市 3 个月后的涨跌幅(相对于发行价)作为分析指标。2006 年 6 月至 2012 年 11 月期间全样本的首日涨跌幅及上市后 3 个月涨跌幅情况如图 3 所示。

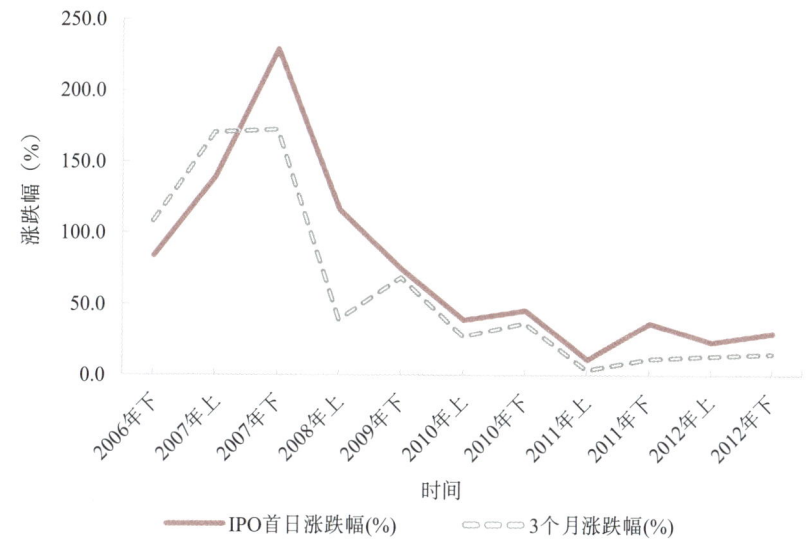

**图 3　全样本上市企业首日与 3 个月平均涨跌幅**

通过对图 3 以及 Wind 数据库数据进行分析,表明受不同股票发行定价机制影响,二级市场表现具有以下特征。

首先,在发行市盈率隐形控制期间(2006 年 6 月至 2008 年 9 月),市盈率控制在形式上解决了新股发行价过高问题,但在二级市场产生"弹簧效应",造成新股在短期内超涨超跌。根据统计,2006 年 6 月至 2008 年 9 月上市的 269 家 IPO 企业的首日涨幅平均为 144.2%,上述样本在上市三个月后相较于发行价的平均涨幅仅为 118.3%,相较首日涨幅平均回落高达 25.9 个百分点。以首日涨幅最高的宏达高科（002144.SZ）为例，该企业上市首日涨幅高达538.12%，但在之后一段时间出现了大幅回落，上市3个月后的涨幅仅为165.19%，回落幅度高达372.93个百分点。短期内的超高涨幅将诱发投资者非理性的"盲目追涨杀跌"行为，最终将引起股票价格在短期内暴涨暴跌，使投资者遭受巨大的损失。

其次，在发行定价机制市场化期间（2009年6月至2012年11月），首日平均涨幅明显收窄，投资者在一、二级市场定价分歧缩小。2009年6月至2012年11月上市的885家企业的首日平均涨幅为36.18%，相较于市盈率隐形控制期间平均涨幅明显收窄，上市三个月后平均涨幅24.93%，相较于首日涨跌幅仅回落11.25个百分点，回落幅度相对于市盈率隐形控制期间降低。股票发行定价市场化尽管提高了发行定价导致首日收益率降低，但在市场回归理性后仍有一定平均涨幅，没有引发市场的暴涨暴跌，有益于资本市场的稳定。

⑤二级市场破发情况分析。

2006年6月至2012年11月二级市场破发情况如表5所示。

表5　　　　　　　　　2006—2012年全市场破发情况

| | 年份 | 上市数 | 上市首日 | | | 上市三个月 | | |
|---|---|---|---|---|---|---|---|---|
| | | | 破发数 | 破发数占比（%） | 平均跌幅比例（%） | 破发数 | 破发数占比（%） | 平均跌幅比例（%） |
| 市盈率隐形管制期 | 2006 | 66 | | | | | | |
| | 2007 | 126 | | | | | | |
| | 2008 | 77 | | | | 23 | 29.87 | 20.32 |
| 市场化定价期 | 2009 | 99 | | | | 2 | 2.02 | 7.12 |
| | 2010 | 349 | 26 | 7.45 | 3.99 | 69 | 19.77 | 7.66 |
| | 2011 | 282 | 77 | 27.30 | 7.43 | 133 | 47.16 | 14.05 |
| | 2012 | 155 | 41 | 26.45 | 7.37 | 66 | 42.58 | 15.87 |
| | 合计 | 1154 | 144 | 12.48 | 6.79 | 293 | 25.39 | 13.40 |

通过对表5、附表以及Wind数据库数据进行分析，表明不同新股发行定价机制下二级市场"破发"现象具有以下特征。

一方面，在限高询价确定发行价格期间（2006年6月至2008年9月），一、二级市场价差具有足够的"安全空间"，二级市场少有"破发"现象。由于市盈率控制，发行定价总体较低，一、二级市场存在明显价差，上市首日均无企业破发。2008年受二级市场低迷影响，23家企业在上市三个月后破发，占比达到29.87%，平均跌幅20.32%。

另一方面，在相对市场化询价确定发行价格期间（2009年6月至2012年11月），破发家数逐步增加，达到一定数值后趋稳并小幅回落的特征。2009年在发行定价市场化初期，尽管发行市盈率较高，但市场情绪比较高涨，无论是上市首日还是上市三个月，均无明显破发现象。2010—2011年，新股发行市盈率保持在较高水平，但二级市场"新股不败"的神话被打破后，投资者对于新股的定价开始回归理性，高价发行的新股得不到二级市场认可，破发比例开始明显提升，上市首日破发率由7.45%提升至27.30%，上市三个月后破发率由19.77%提升至47.16%。2012年，在市场自我调节的作用下，市场情绪逐步冷静，新股发行市盈率走低，破发比例与2011年相比趋于稳定并小幅的回落，上市首日破发率由27.30%回落至26.45%，上市三个月后破发率由47.16%下降至42.58%。最终，上市首日破发企业的平均跌幅比例维持在7.40%左右，上市三个月破发企业的平均跌幅比例保持在15.00%左右，整体上并未出现巨大的跌幅。

**⑥新股发行定价市场化改革的分析结论。**

新股发行定价机制直接影响资本市场的定价效率。通过对2006—2012年不同新股发行定价机制下一、二级市场的表现情况分析，可以得到以下结论。

第一，发行定价机制市场化促进一级市场投资者逐渐回归理性。在发行定价管制的情况下，一级市场投资者认购踊跃，中签率极低。新股发行定价机制市场化后，投资者对于认购新股仍有较大积极性，新股的中签率总体而言比改革前有所提高，新股供求关系矛盾有所缓解。在市场机制的自我调节下，投资者的情绪逐渐回归理性，机构投资者在申购新股时能理性分析其投资价值和风险，认购行为日趋谨慎，并出现了新股发行无人问津导致发行失败的情况。

第二，发行定价机制市场化改善了资本市场的价值发现功能。发行定价的管制会促进投资者对新股的炒作行为，提高二级市场的IPO溢价。新股发行机制市场化后，一、二级市场定价差异减小，资本市场的价值发现功能得以改善。在市场机制的自我调解下，新股发行市盈率逐步回归到正常位置。

第三，发行定价机制市场化打破了"新股不败"的神话，促使投资者回归理性。在"新股不败"的惯性思维下，投资者在申购新股时不关心其基本面和投资价值，再贵的新股也抢着买。一级市场的投资者安享"打新股"的无风险利润，却把巨大的风险留给了二级市场的投资者。市场化定价后，一、二级市场价差减小，"弹簧效应"减弱，避免了短期内暴涨暴跌诱发二级市场投资者非理性投资的情形。

第四，发行定价市场化机制的自我调节，促使发行市盈率总体趋势会由偏高回归正常值。造成新股"三高"（高发行价、高发行市盈率、高募集资金）发行的原因很多，一方面是改革后新股发行市盈率不再实行"窗口指导"，发行价出现一定的修复；另一方面，承销商受到高承销费的利益驱使，以及询价机构的非理性询价行为都会促使最终定价结果超过公司内在价值。但随着市场行为的自我扩张、自我收缩、自我协调与自我选择，市场开始逐渐回归理性，发行市盈率总体趋势逐渐回归合理位置。

第五，发行定价机制市场化可以推动整个资本市场市场化和法治化进程。新股定价更多的影响因素不是供求关系和内在价值，而是行政干预带来的稀缺属性。新股发行"三高""破发""发行失败"都属于市场机制下自我调节的结果，短期来看会存在一定问题，但长远来看有益于促进投资者回归理性，推动整个资本市场的市场化和法治化进程。

2009—2013年密集改革新股发行体制，全面深入探索发行定价的市场化，持续完善成熟市场通用的市场化新股询价、定价、配售等制度，逐步形成成熟的市场化新股发行制度体系。证券公司锻炼了市场化发行机制，形成成熟的市场化发行流程。这些，都为后续注册制改革打下扎实制度基础。但与此同时，改革过程也出现一些突出问题，例如新股"三高"（高发行价、高发行市盈率、高募集资金）问题，上市初期新股破发问题，以及市场普遍诟病老股东大比例套现、质疑网下配售存在利益输送等问题。

这些问题的存在，既有市场机构定价能力弱、市场约束机制不健全、交易者不成熟的问题，也有改革措施不配套、过于超前不符合中国国情和市场发展阶段的问题。首先，新股首日破发在境外成熟市场是常态现象，在境内也有利于促使参与各方归位尽责，以成熟心态和理性行为面对市场形势变化，有利于降低新股定价水平，减少盲目打新、炒新行为，但出于历史原因"新股不败"在部分中小投资者思维里根深蒂固、新股上市初期大幅上涨是很多时期的市场惯性，一旦大比例破发，有些投资者难以理解和接受，产生许多负面舆论并对改革措施进行质疑，甚至绑架监管决策。其次，所谓"超募"资金问题，从积极角度看有利于在满足发行人募投项目资金需要的基础上，进一步提升上市后的资本实力，有利于公司长远发展。再次，承销商自主配售虽是成熟市场同行做法，但由于新股发行涉及巨大利益，该制度出台明显超出市场发展阶段，也不符合中国现实国情。总体来看，受制于我国投资者结构以散户为主、炒新等投资文化盛行，以及市场约束机制不健全、交易者不成熟、交易制度不完备等诸多问题，加上各市场主体对具体措施和改革效果褒贬各异，监管部门始终面临新股发行价格完全放开与必要管制的现实难题，市场化改革反反复复、走走停停。虽然这一阶段的股票发行市场化改革没有达到预期目标，但是为下一阶段的注册制改革提供了重要的理论探索、实践准备、舆论准备和经验教训。

（五）注册制试点评估与制度完善建议

以2019年7月22日注册制下设立的科创板开市，2020年8月24日创业板注册制改革首批企业上市交易为标志，注册制试点落地并持续推进，发行上市条件包容性增强，信息披露质量得到提升，发行定价市场化不断深化，交易制度的适应性提高，主要制度安排接受了实践检验，股票发行改革取得重大突破，探索出了一条具有中国特色的注册制实践道路。根据中国证券业协会对37家证券公司执行注册制试点业务的调查研究，本节对科创板、创业板试点注册制成效及配套制度机制实施情况进行分析评估，主要包括注册制试点运行情况、尽职调查情况、审核注册情况、发行承销业务情况、中介机构履职情况、保荐业务从业人员情况、申报企业情况等七个方面情况（样本期间：2019年7月至2021年6月），并根据评估情况提出促进中介机构归位尽责、提升信息披露质量、加强投资者保护、推动监管转型等四个方面制度建设建议。

**1. 注册制试点的总体情况综述**

科创板支持"硬科技"的产业集聚效应逐步显现。据上交所评估测算，科创板开板至2021年4月30日，累计受理企业560家，已完成发行并上市268家，累计融资金额3456.50亿元，在审企业和已上市企业符合较硬、很硬标准的企业合计占比在80%以上，其中不乏中芯国际、寒武纪等致力于攻克我国"卡脖子"技术的硬科技企业。上述项目中在集成电路（26家），生物医药（45家），高端装备制造（41家）等领域形成产业集聚（根据清科数据测算），创投在科技企业的投资，以IPO形式退出的实践占比从科创板开市前的54%提高至84%，其中52%通过科创板退出，且退出时间缩短13%。创投机构对科创公司的投资规模明显提升，2018年、2019年、2020年分别为6466.50亿元、7279.70亿元、8925.20亿元，科创板促进科技、资本与实体经济高水平循环的效果开始显现。

创业板支持创新创业成长型企业发展形成示范效应。创业注册制改革至2021年4月30日，累计受理企业564家，已完成发行并上市项目118家，累计融资金额1052.46亿元。以2020年年末财务数据测算，创业板注册制改革后新申报企业平均规模较同期核准制下上市的公司（2019年至2020年8月24日前）进一步下降，成长性和盈利能力更强，更好地体现创新创业成长型企业特征。新申报企业最近一个年度营业收入、净利润、总资产、净资产均值分别为10.41

亿元、1.14亿元、10.90亿元、5.80亿元，分别为同期核准制下上市公司的0.44倍、0.54倍、0.41倍、0.36倍，分别为前期创业板上市公司的0.80倍、0.67倍、0.49倍、0.39倍。新申报企业的营业收入、净利润复合增长率均值分别为21.83%、43.42%，高于同期核准下上市公司的12.04%、28.17%。

注册制下发行上市条件多元包容性增强。综合考虑预计市值、收入、净利润、现金流等因素，设置多元包容的上市标准。从实践看，科创板五套上市标准均有企业选择，15%的已上市企业不满足核准制下关于净利润、收入或现金流的相关要求，"三类企业"上市均取得突破，不再要求企业在上市前必须盈利。允许红筹企业、特殊股权结构企业上市，目前已有19家未盈利企业、3家红筹企业和2家特殊股权企业在科创板上市，这不仅填补了A股市场多样性的空白，而且弥补了中国资本市场对尚未盈利的科创企业、创新企业支持力度不足的短板。取消持续盈利、不存在未弥补亏损、无形资产占比限制等方面要求，将核准下部分可由投资者判断的事项，转化为信息披露要求，据不完全统计，科创板超过50家企业因上述改革得以上市。申报创业板的企业汇总，仅统计未弥补亏损指标，已有16家存在该情形。发行上市条件的多元包容，提升了资本市场服务实体经济的能力，拓宽了A股投资者分享科技企业的成长红利，增强了机构投资者的配置意愿。截至2021年中期，机构投资者持有科创板流通市值占比从初期的不足5%升至39.50%，持有创业板流通市值占比从改革前的4.20%升至6.30%，科创板开市至2021年6月底，上证综指、深证综指、创业板指、科创50指数累计分别上涨22.81%、64.29%、125.50%和58.82%，整体表现好于境外市场。

注册制试点带动提升直接融资效率。2020年度资本市场股权融资为1.31万亿元，其中IPO募资4726.49亿元，增发7656.46亿元（现金类非公开发行5126.19亿元，资产类非公开发行2504.56亿元，公开增发25.71亿元），配股626.74亿元，优先股110亿元。2021年度资本市场股权融资1.50万亿元，481家企业完成IPO，同比增长22%，546家上市公司完成再融资。全年交易所市场债券融资8.7万亿元，股债融资合计超10万亿元。

注册制试点提振一级市场活跃度、提升投资者积极性。2019年以来，A股市场持续上涨，随着科创板和创业板注册制试点相继落地，投资者对 IPO 的参与度显著提升。如图 4 所示，主板、创业板、科创板网上申购倍数分别达到 3500 倍、6000 倍、3500 倍。科创板个人投资者准入门槛较高，因此申购倍数略低。

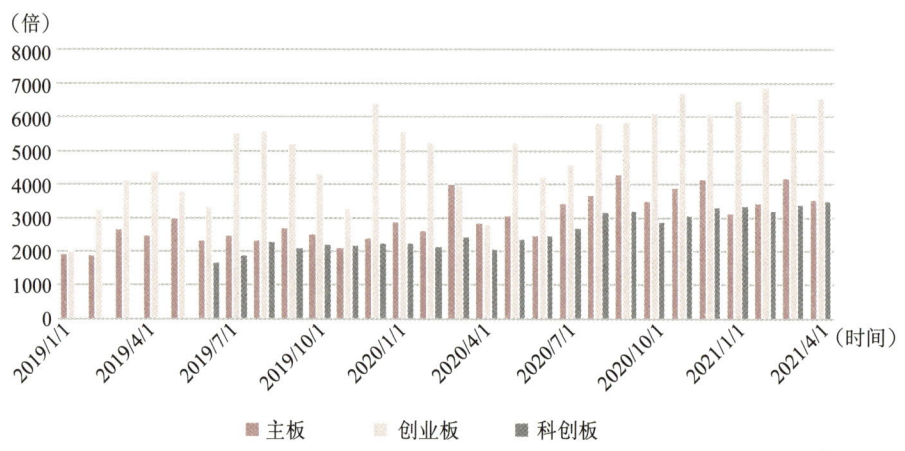

**图 4　各板块 IPO 网上申购倍数**

如图 5 所示，主板、创业板、科创板网下申购倍数分别达到 12000 倍、3700 倍、4600 倍，注册制询价下的科创板和创业板对网下机构投资者要求更高，因此申购倍数低于主板。

注册制下战略配售相较主板已降低了项目规模方面的门槛，过去两年，有相当数量的科创板和创业板公司在 IPO 发行过程中引入了高质量的战略投资者，并且起到了非常积极的效果。未来，可考虑在保证战略投资者质量的基础上，适当放宽战略配售的适用范围、配售比例和战略投资者类型限制，允许更多包括 QFII、长线基金等优质境外投资者参与到 IPO 的战略配售中，从而丰富投资者类型，优化股权结构。

**2. 注册制试点制度实施效果评估**

**（1）关于信息披露制度。**

注册制试点实施以来，在形成适应注册制和板块特征的信息披露规则体

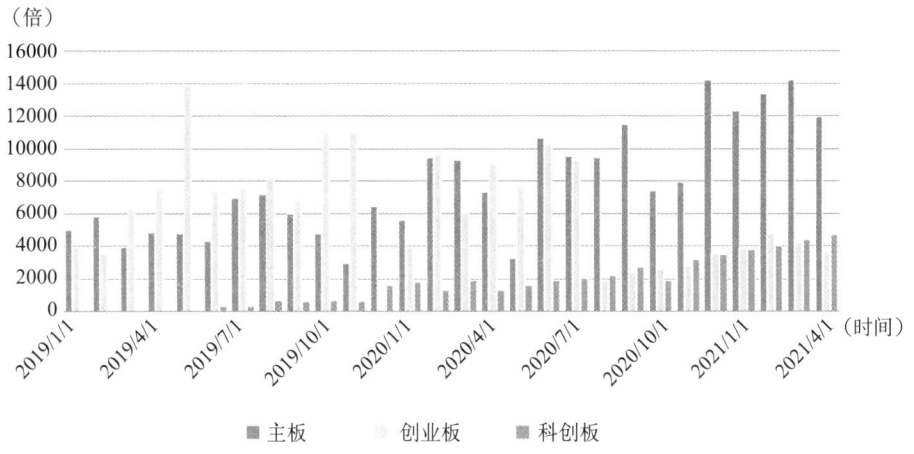

图5 各板块IPO网下申购倍数

系方面取得明显进展。建立了多层次相互补充的规则体系，明确了制度创新相关信息披露，要求发行人披露"保荐+跟投"情况、特别表决权相关情况、协议控制架构具体安排、股权激励相关情况及具体影响；适应科创板、创业板特点，增加行业特点信息披露要求；简化报告期之外的历史沿革、募投项目技术细节等披露要求，调整顺序和归并章节，便于投资者阅读理解；建立豁免披露规则体系，与境外信息披露规则的做法保持基本一致。但在试点实践中也反映出一些问题，一是信息披露有效性不足，招股说明书整体篇幅还比较冗长，部分内容存在重复，逻辑关系不够顺畅，不便于投资者阅读理解。相比之下，境外招股说明书的细化性和全面性披露要求较少，发行人可自主判断披露范围和深度，通常招股说明书篇幅也较短。例如，小米集团境内招股说明书初稿多达621页，创业板发行A+H股的中集车辆，A股招股说明书630页，H股招股说明书362页。二是信息披露针对性不够。信息披露"模块化"现象仍较突出，行业信息、风险因素个性不突出。发行人和保荐机构习惯于参照同行业公司招股说明书，较少有针对性揭示公司的风险因素。截至2021年4月30日，创业板共有505份问询函涉及要求发行人客观准确揭示相关风险的，占比高达69.27%。三是对新经济企业适配性不够强，现行招股说明书准则沿用传统制造业经营模式和信息披露逻辑，如业务与技术、财务会计信息和管理层分析的内容大多针对市场环境、产品和模式比较成熟的企业，没有细化行业政策及其变动影响、市场空间、产品对应技术、阶段、实验数据、生产准备、商业准备等重要信息的披露要求，对新一代信息技术和生物医药等行业的适配性不够强。行业建议：一是精简优化招股说明书准则。调整合规性披露章节，精简商标、专利等对判断企业价值作用较小、导致招股说明书冗长的信息，仅披露对发行人有重大影响的核心商标和专利，整合归并重复冗余内容，优化行业政策及其变动影响、市场空间、产品对应技术等披露要求。二是以提高针对性为目标完善信息披露规则体系，统一发布特定行业信息披露指引，对于选择使用未有收入标准的企业，在市场空间的判断及信息披露等方面具备一定的特殊性，需要总结试点审核案例，推出相关信息披露指引，做出针对性安排。

此外，在试点中还反映出招股说明书形成过程与中介机构尽职调查脱节问题，尽责调查以合规性核查为重点，没有明确对投资者价值判断涉及事项进行充分验证核查。保荐机构实施合规性核查存在以下难点。

①**科创属性的核查**。科创板项目的发行人应当符合科创板定位，保荐机构需要根据《上海证券交易所科创板企业上市推荐指引》的相关要求，围绕科创板定位，对发行人自我评估涉及的相关事项进行核查，并结合尽职调查取得的充分证据、资料等，对其是否符合科创板定位做出专业判断，出具专项意见，说明理由和依据、具体的核查内容、核查过程。但由于企业真实的技术实力、研发能力等较难量化，因此在对于拟上市公司是否符合科创属性的实质性核查与判断当中，需要保荐机构依靠自身对于拟上市公司所处行业及业务的核查和判断，具有较大的核查难度。

②**股东信息核查**。证监会2021年2月5日颁布了《监管规则适用指引——关于申请首发上市企业股东信息披露》，交易所后续也进一步明确了关于股东信息核查中"最终持有人"的理解与适用，对保荐机构对股东的穿透核查提供了相对明确的指导性意见，但对于直接股东和穿透后的间接股东的核查方法以及需要取得的资料仍然不明确，在核查时小股东或间接股东的配

合意愿较差，且可能穿透后层级较多，难以对所有的间接股东的身份和出资情况取得直接的资料或确认。

③资金流水核查。《首发业务若干问题解答》中明确提到了保荐机构对资金流水的核查范围还可能包括控股股东、实际控制人、发行人主要关联方、董事、监事、高管、关键岗位人员等开立或控制的银行账户资金流水，以及与上述银行账户发生异常往来的发行人关联方及员工开立或控制的银行账户资金流水，现场检查或督导的过程中对相关人员的银行流水也是必须要提供的底稿。但实践中受限于各种主客观原因，不可避免存在一定的核查遗漏和不完整的现象。

④新冠肺炎疫情影响下境外生产资产或境外供应商及客户的核查。对于境外的供应商和客户，受疫情影响不能实地走访的，保荐机构通常通过函证、视频访谈、海关数据和"国贸通"等第三方平台来对交易的真实性和准确性进行核查，通过中诚信等第三方机构对客户和供应商的背景进行调整，但目前部分地区的海关已不再出具进出口查询数据，也存在部分境外的供应商和客户不予配合的情况。对于发行人存在境外资产或境外经营的，保荐机构的实地核查也存在一定的难度。

针对不同的公司，适合其业务类型及收入规模的核查方式、核查手段及核查标准会存在差异。行业认为，由监管机构针对核查标准做出原则规定，中介机构自行掌握制定具体核查标准更有利于项目的推动，提升项目质量，完善信息披露。

**（2）关于发行定价与承销制度。**

注册制试点建立市场化发行定价与承销制度，形成以机构投资者为参与主体的询价、定价和配售等机制，探索实行跟投制度，引入战略投资者和绿鞋机制，取得了积极的效果。首先，总体上体现了市场化定价原则。科创板（创业板）上市公司发行市盈率区间从13倍（7.98倍）增长至1737倍（115.56倍），发行市盈率有高有低，反映了市场对不同行业、不同公司的价值判断，体现了市场博弈的结果。高价剔除和四值约束起到抑制高价发行的效果，没有出现普遍高价发行现象。据统计，科创板上市公司发行市盈率中位数为42倍，略高于行业平均市盈率中位数40倍，大幅低于可比公司平均市盈率中位数72倍。创业板上市公司平均发行市盈率为32.03倍，其中80.51%低于行业市盈率。其次，创业板直接定价和科创板绿鞋机制运行顺畅。创业板30家公司采取直接定价方式平均市盈率为39.24倍，高于询价定价公司平均发行市盈率29.89倍的水平。科创板钟华润微和中芯国际2家公司设置了超额配售选择权，对于提振市场信心，稳定后市波动，发挥了积极作用。上述两家公司上市30日内股价均未跌破发行价，其主承销商都没有使用超额配售所获得的资金以竞价交易方式从二级市场买入本次发行的股票。

①发行定价询价机制。新股发行定价网下询价投资者共7类，包括基金管理公司、保险公司、证券公司、信托公司、财务公司、合格境外机构投资者（QFII）及私募基金。截至2021年4月30日，上述机构共有996家，管理的配售对象共有19112个。在注册制试点中，为防范发行定价询价出现"三高"问题，在询价机制设计中增加高价剔除和四值约束安排。高价剔除是指网下投资者在申购报价中最高报价剔除比例不低于所有网下投资者拟申购总量的10%；四值约束是指发行价格超过剔除最高报价后网下投资者报价的中位数和加权平均数，以及剔除最高报价后公募基金、社保基金、养老金、企业年金和保险资金报价的中位数和加权平均数，需要根据超过幅度发布不同次数的风险提示公告，实际操作形成不得超过"四值孰低"原则。高价剔除和四值约束机制设计的初衷，是通过剔除极端报价来规范网下投资者进行科学、有效、合理的询价报价。从2019年7月科创板设立至今，随着市场各方博弈的不断深入，注册制板块投资者报价逻辑也经历了从参考投价报告区间分位数到参考投价报告区间下限再到参考发行当年EPS，并结合企业情况给出估值的转变。从注册制试点的发行定价询价实践看，网下投资者报价非常集中，造成剔除线与发行价格相差很小，被剔除的绝大多数报价并非极端报价。因此，高价剔除没有实现制度设计初衷的应有作用。此外，高价剔除制度导致了网下投资者为"博入围"而形成合谋压价的报价策略，使市场的估

值定价能力无法充分发挥。同时,合谋压价向市场传递了定价低的"假象",助推了新股上市后的股价大幅上涨。

尽管2020年监管出台了一些政策限制网下机构串通报价,但目前在高价剔除机制的制约下,投资者为了避免因被高价剔除无法入围,报价中枢逐渐下移,且最终能够入围的有效报价区间依然很窄,报价集中度很高,如图6所示。

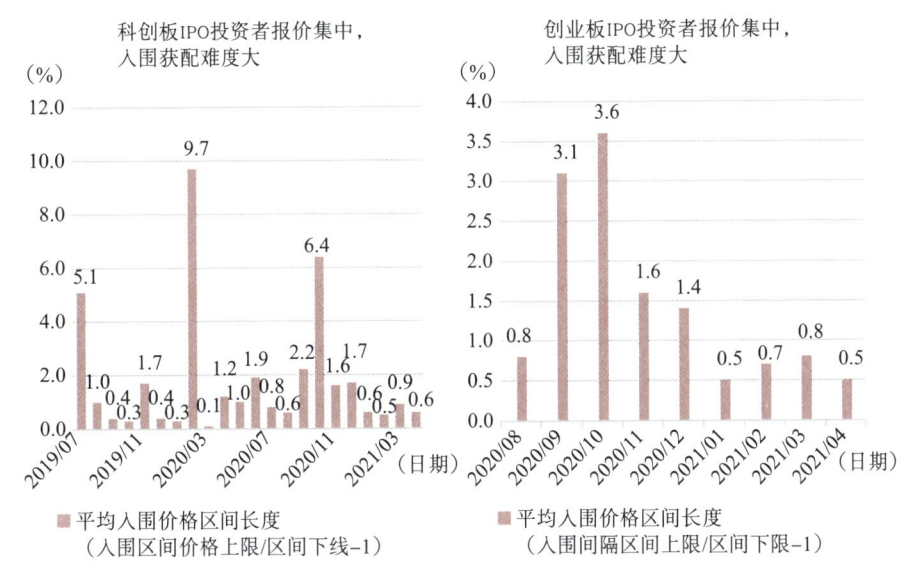

**图6 科创板和创业板平均入围价格区间长度(按发行日期排序)**

部分项目中,入围配售的报价区间长度仅为几分钱。例如,科创板讯捷兴有效报价区间为7.59~7.61元,上声电子有效报价区间为7.72~7.75元;创业板川网传媒有效报价区间为6.79~6.80元,共同药业有效报价区间为8.24~8.25元。

2020年9月,科创板IPO出现了一起极端定价案例——上纬新材。根据上纬新材发行公告,有415家网下投资者管理的6954个配售对象符合询价条件,其中399家管理的6903个配售对象报价统一为2.49元,占比超过99%。然而,上纬新材上市首日大涨557%,这说明目前注册制下部分项目发行过程中,网下投资者IPO报价在一定程度上脱离了基本面影响,而在很大程度上是由高价剔除制度下投资者的激烈博弈所致。其中影响投资者报价的因素主要有三个方面。

（ⅰ）**基本面因素。** 尽管科创板及创业板IPO发行市盈率整体呈现下行趋势，但不同项目之间发行估值水平仍然存在显著差异，基本面更好的公司往往能够获得较高的发行估值。

如表6所示，2021年1—4月发行市盈率超过40倍的科创板IPO主要呈现以下特点。首先，业绩大幅波动。3家公司发行市盈率超过100倍，业绩波动较大，未来时点或出现爆发式增长，投资者多参考未来增长给予高估值。其次，业绩稳健或高速增长。极米科技和美迪凯业绩高速增长，发行市盈率超过60倍。翔宇医疗、品茗股份和腾景科技预计业绩稳定增长，且增速保持在较高水平，发行市盈率在40~45倍。再次，行业估值较高。霍莱沃2019—2021年净利润增速仅为15.90%、29.70%、26.00%（预期），但发行市盈率高达54倍，主要受益于A股计算机软件板块整体估值较高。最后，科技含量足。虽然芯碁微装未来两年业绩增速预计大幅下降，但因其是国内少数在光刻领域拥有关键技术的公司，其市盈率仍然位居高位。中望软件发行市盈率高达120倍，对应2021年市盈率达到37倍，公司不仅成长性强，更是打破了欧美企业在CAD软件领域的垄断地位，科技属性强，行业国产替代空间较大。

（ⅱ）**投价报告因素。** 科创板开立初期，投资者尚未形成比较完整的定价策略，同时注册制市场化定价在A股尚无先例可循，因此，投资者将保荐机构出具的投价报告作为主要参考。如图7所示，科创板初期阶段，IPO定价普遍位于投价报告估值区间的60%百分位，投资者报价逐渐形成了较为明确的锚。

然而随着投资者对定价机制规律的熟悉和各自打新策略的完善，原有的博弈平衡被打破，逐渐向新的平衡过渡：报价开始低于投价报告估值区间的下限。由于高价剔除机制的存在，为了避免被高价剔除，或者令竞争对手被高价剔除，部分投资者开始打破原有的默契，因此，报价越来越低，IPO估值

表6 2021年1—4月发行市盈率超过40倍的科创板IPO统计

| 估值影响因素 | 名称 | 定价位置 | 发行市盈率 | 行业市盈率 | 较行业市盈率溢价率 | 2020PE | 2021PE | 净利润增速2019A | 净利润增速2020E | 净利润增速2021E | 营业收入（亿元） | 总资产（亿元） | 细分行业 |
|---|---|---|---|---|---|---|---|---|---|---|---|---|---|
| 业绩大幅波动 | 诺禾致源 | 39% | 231.5x | 35.7x | 549% | 127.6x | 19.3x | 18.00% | -68.00% | 623.00% | 15.3 | 19.7 | 基因测序 |
|  | 和林微纳 | 39% | 109.3x | 51.0x | 114% | 23.6x | 12.5x | -52.20% | 373.00% | 85.00% | 1.9 | 1.6 | 电子零部件制造 |
|  | 奥泰生物 | 39% | 101.9x | 51.1x | 99% | 10.6x | 13.7x | 39.00% | 766.70% | -22.70% | 2.4 | 3.3 | 毒品药品及传染病POCT检测 |
| 业绩高速增长 | 极米科技 | 33% | 72.8x | 54.0x | 35% | 24.9x | 16.3x | 881.00% | 188.00% | 52.00% | 21.2 | 13.7 | 智能投影设备 |
|  | 美迪凯 | 43% | 62.2x | 54.0x | 15% | 28.3x | 16.2x | 122.00% | 88.00% | 74.00% | 3 | 6.7 | 光学元件 |
| 业绩增速稳定 | 翔宇医疗 | 39% | 45.2x | 50.6x | -11% | 23.6x | 17.7x | 60.60% | 50.80% | 33.50% | 4.3 | 7.2 | 康复医疗器械 |
|  | 品茗股份 | 36% | 42.5x | 56.6x | -25% | 27.8x | 21.3x | 33.10% | 31.80% | 30.50% | 2.8 | 2.7 | 建筑IT |
|  | 腾景科技 | 39% | 42.2x | 51.1x | -17% | 18.6x | 14.9x | 36.10% | 55.10% | 24.40% | 1.8 | 4.2 | 光学元件 |
| 行业估值较高 | 霍莱沃 | 22% | 53.6x | 55.0x | -3% | 37.8x | 29.5x | 15.90% | 29.10% | 28.20% | 1.7 | 2.9 | 电磁场仿真分析软件 |
| 科技含量足 | 芯碁微装 | 37% | 39.8x | 50.1x | -21% | 25.9x | 21.4x | 175.40% | 48.20% | 21.20% | 2 | 4.7 | PCB成像设备及泛半导体光刻 |
|  | 中望软件 | 119.5x | 58.5x | 104% | 119.5% | 74.1x | 37.0x | 100.20% | 41.20% | 100.30% | 3.6 | 5.4 | CAD软件 |

注：基于2019年财报数据，发行市盈率对应扣非前后归母净利润孰低值计算。定价位置为发行价占投价报告估值区间下限的百分位。

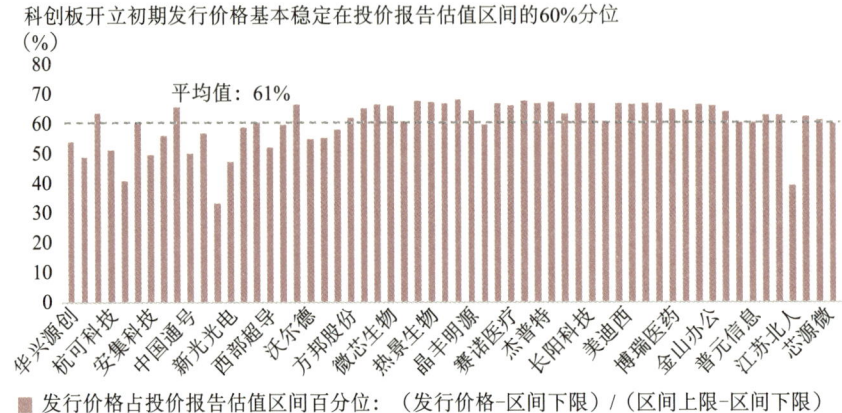

图 7 科创板 IPO 发行价格占投价报告估值区间

中枢逐渐下移,如图 8 所示。

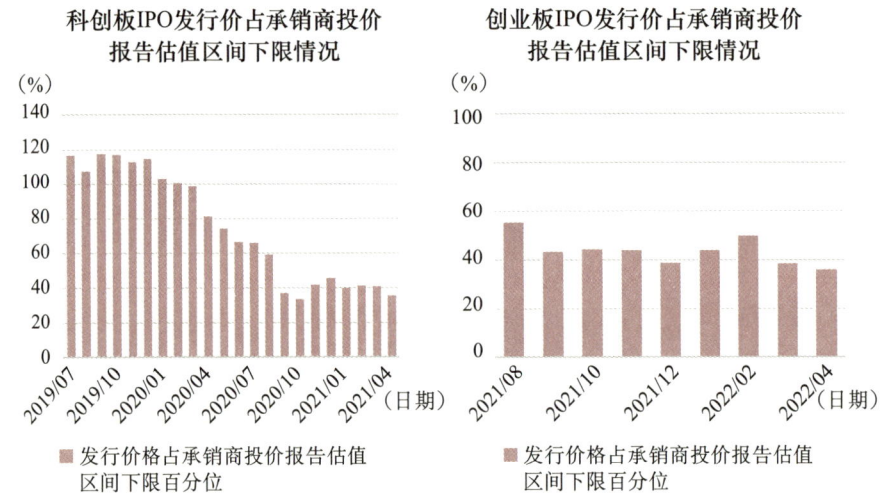

图 8 科创板和创业板 IPO 发行价格占承销商投价报告估值区间

2021 年上半年 IPO 项目定价博弈进入了较为稳定的平衡阶段,IPO 定价相对于投价报告估值区间下限的折扣基本稳定在 30%~50%。

从新股上市首日涨跌幅来看,注册制试点发行项目上市首日收盘价相对发行价格的涨幅平均为 179%,上市 20 日后的累计涨跌幅平均为 136%,而核准制发行项目上市首日收盘价相对发行价格的涨幅平均为 43%(多数项目上市首日触及44%的涨停板），上市20日后的累计涨跌幅平均为157%。上市后股价大幅变化，主要原因如下：首先，二级市场存在炒新的风气；其次，投资机构不理性报价，存在发行价格低于发行人实际价值的情况；最后，新股研究卖方覆盖率低，估值比较模糊。行业认为，主承销商需出具IPO投价报告是注册制改革的重大创新，对于帮助投资者理解发行人投资价值和实现市场化定价具有重要作用。然而，在现行注册制IPO定价制度的制约下，投资者之间、投资者与主承销商和发行人之间的博弈使得投价报告失去了客观性和公允性，投价报告成为了投资者和发行人之间博弈定价的工具。

（iii）**博弈因素**。IPO申购的绝大多数需求来自如保险和公募等大型机构投资者，这些投资者的报价集中度高，且对最终定价有决定性影响，其他类型投资者如私募、券商、信托等报价离散度高并且需求占比较小。通过分析部分项目中各类主要投资者报价相对于最终定价的偏离度，如表7所示，部分保险机构和公募基金报价精准，与IPO发行价格非常接近并且处于较窄的能够获得入围配售的有效报价区间内。这表明网下大型机构投资者一定程度上存在着互相沟通和抱团报价的现象。

表7　　　　　　　　　　　　投资者报价较IPO定价溢价率

| 类型 | 投资者名称 | 投资者报价较IPO定价溢价率 | | | | | |
|---|---|---|---|---|---|---|---|
| | | 美迪凯 | 深科达 | 腾景科技 | 和林微纳 | 昀冢科技 | 上声电子 |
| 保险 | 泰康资产 | 0.90% | 0.10% | 0.10% | 1.60% | 0.70% | 3.40% |
| | 中国人民养老保险 | 0.90% | -0.10% | 0.10% | 0.20% | 0.90% | 0.90% |
| | 大家资产 | 1.10% | 0.20% | 0.10% | 0.20% | 0.20% | 0.40% |
| | 平安资产 | 0.70% | 0.20% | 0.10% | 0.10% | 0.20% | 0.10% |
| | 平安养老 | 0.70% | 0.20% | 0.10% | 0.10% | 0.10% | 0.40% |
| | 新华资产 | 0.10% | 0.20% | 0.10% | 0.00% | 0.20% | 0.30% |
| | 生命保险资管 | | 22.80% | -17.10% | 48.60% | 34.70% | 57.00% |
| | 中国人寿资管 | 41.10% | 10.90% | -5.70% | 72.60% | -3.10% | |
| | 太平资产 | | 63.40% | 10.20% | 12.00% | 6.70% | 10.80% |
| | 中国人保资管 | -0.90% | -5.70% | 0.10% | -0.20% | 0.90% | 0.00% |

续表

| 类型 | 投资者名称 | 投资者报价较IPO定价溢价率 | | | | | |
|---|---|---|---|---|---|---|---|
| | | 美迪凯 | 深科达 | 腾景科技 | 和林微纳 | 昀冢科技 | 上声电子 |
| 公募 | 摩根士丹利华鑫基金 | 0.10% | 0.20% | 0.20% | 0.10% | 1.00% | 0.10% |
| | 睿远基金 | 0.90% | — | 0.10% | 0.20% | 0.40% | 0.10% |
| | 中欧基金 | 0.70% | 0.10% | 0.10% | 0.10% | 0.10% | 0.10% |
| | 交银施罗德基金 | 1.00% | 0.10% | 0.10% | 0.20% | -0.20% | 0.30% |
| | 中银基金 | 0.50% | 0.10% | 0.10% | 0.10% | 0.40% | 0.10% |
| | 中金基金 | 0.60% | 0.10% | 0.10% | 0.10% | 0.00% | 0.10% |
| | 工银瑞信基金 | 0.50% | 0.10% | 0.10% | 0.20% | 0.60% | 0.10% |
| | 博时基金 | 0.70% | 0.10% | 0.10% | 0.10% | -0.10% | 0.10% |
| | 新华基金 | 0.80% | 0.10% | 0.10% | 0.10% | -0.10% | 0.10% |
| | 银华基金 | 0.10% | 0.10% | 0.10% | 0.10% | 0.00% | 0.10% |
| | 鹏华基金 | 0.70% | 0.10% | 0.10% | 0.10% | 0.00% | 0.10% |
| | 广发基金 | -0.40% | 0.20% | 0.10% | 0.10% | 0.40% | 0.10% |
| | 易方达 | 0.10% | 0.10% | 0.10% | 0.00% | 0.00% | 0.10% |
| | 朱雀基金 | -7.70% | 2.10% | 18.20% | | 9.70% | 54.70% |
| | 上投摩根 | 0.10% | 0.20% | 0.10% | 0.10% | 8.30% | 0.10% |
| | 太平基金 | 0.60% | 0.10% | 0.10% | 0.10% | 4.90% | 0.10% |
| | 汇添富 | -0.40% | 0.20% | 0.10% | 0.10% | 0.40% | 0.30% |
| | 富国基金 | -1.50% | -0.10% | 0.20% | | | 1.30% |
| 私募 | 重阳投资 | 0.10% | 0.10% | 15.60% | 0.50% | 19.90% | 0.60% |
| | 趣时资产 | 0.70% | 0.10% | 0.10% | 0.10% | 0.00% | 0.10% |
| | 浙江九章资管 | 0.70% | 0.10% | -0.70% | 7.30% | -0.30% | 0.30% |
| | 宁波幻方量化投资 | 0.70% | 0.10% | -0.70% | 7.30% | -0.30% | 0.30% |

行业认为，注册制改革正从"试验田"迈入"深水区"，注册制试点初期的实施高价剔除、四值约束机制缺乏弹性，一定程度上影响了价格博弈的均衡性，建议调整增强高价剔除机制的弹性，鼓励投资者基于研究进行客观独立报价，提升价格博弈的均衡性。2021年9月监管部门根据行业意见，对高价剔除和四值约束机制进行了调整，将高价剔除比例由"不低于10%"调整为"不超过3%"，放开发行定价超过"四个值"孰低值不高于30%的标

准，提升了定价博弈的均衡性，增强了发行定价机制弹性。

②**创业板直接定价机制**。截至2021年4月30日，创业板注册制IPO共发行118家，其中27家采用直接定价方式，91家采用询价定价方式。从发行市盈率情况来看，直接定价项目的发行市盈率相比询价项目较高。整体来看，直接定价项目平均发行市盈率为39.24倍，询价定价项目平均发行市盈率为29.89倍。如表8所示，从行业来看，直接定价项目的平均发行市盈率也均高于同行业询价定价项目。可以看出，创业板直接定价IPO项目因为不设置网下投资者询价环节，从而规避了投资者抱团压价的不利影响，因此，在一定程度上提高了IPO定价与融资效率。

表8　　　　　　　　　　不同行业的发行市盈率

| 行业分类 | 发行市盈率（倍） | |
| --- | --- | --- |
| | 定价发行 | 询价发行 |
| 信息传输、软件和信息技术服务业 | 47.10 | 33.69 |
| 制造业 | 41.61 | 31.37 |
| 科学研究和技术服务业 | 34.03 | 26.26 |
| 租赁和商务服务业 | 32.00 | |
| 水利、环境和公共设施管理业 | 27.35 | 23.95 |
| 农、林、牧、渔业 | 22.98 | 10.07 |
| 房地产业 | | 28.75 |
| 建筑业 | | 17.45 |
| 交通运输、仓储和邮政业 | | 35.06 |
| 批发和零售业 | | 22.29 |
| 文化、体育和娱乐业 | | 41.20 |
| 平均值 | 39.24 | 29.89 |

从上市后股价波动情况来看，直接定价项目的新股首日波动相比询价项目较小。27家直接定价项目的新股上市首日涨幅平均值为119.73%，其余91家询价定价项目的新股上市首日涨幅平均值为287.67%。可以看出，采用直接定价方式的IPO项目，由于避免了投资者压价，其新股上市后的涨幅相对较小，说明市场对直接定价方式下的定价结果的认同度更高，直接定价在定

价效率上具有一定优势。行业认为，创业板直接定价机制整体运行良好。在当前市场环境下，直接定价可以有效规避投资者集中压价的弊端，使定价结果具有相对更高的合理性，一定程度上能够提高融资效率和定价效率。

③跟投制度实施效果情况。IPO跟投制度是注册制改革的重要创新，保荐机构跟投不仅有利于保障项目质量，压实保荐机构"看门人"责任，而且能够有效避免发行人以过高的价格发行而损害投资者利益。其中，科创板实施强制跟投制度，而创业板实施差异化跟投，仅对四类企业（未盈利、存在表决权差异安排、红筹、发行定价高于四个值孰低）有跟投要求，目前创业板尚未出现有跟投的企业。

**首先，对比科创板、创业板最终发行定价和发行人质量发现，现阶段不同跟投制度对报价合理性及发行人质量影响尚不显著。**

（i）跟投对定价结果影响有限。在现行定价制度下，无论是有跟投的科创板IPO还是没有跟投的创业板IPO，由于"高价剔除"机制的存在，在投资者博弈的影响下，最终均呈现出买方市场的特点，即定价话语权完全掌握在机构投资者的手中。而保荐机构作为跟投机构，直接受益于低定价，与发行人有利益冲突，在IPO定价过程中无法在发行人和投资者之间起到中立的协调作用。

（ii）跟投对提升发行人质量影响相对有限。2021年以来，监管层提高对IPO项目的质量要求，并开展了大规模现场检查，这导致主动撤回IPO申请的项目数量明显增加。据统计，2021年第1季度IPO项目撤回数量已几乎接近2020年全年IPO项目撤回数量。

（iii）跟投与后市表现也没有呈现出明显的正向关系。如图9所示，截至2021年5月7日，科创板公司后市表现显著分化，共有39家跌破发行价，占比为15%，跌幅超过20%的占比为5%，最大跌幅为三生国健的43%。创业板注册制实施以来，暂无跟投项目，后市仅有8家公司破发，占比7%，最大跌幅为杰美特的29%。

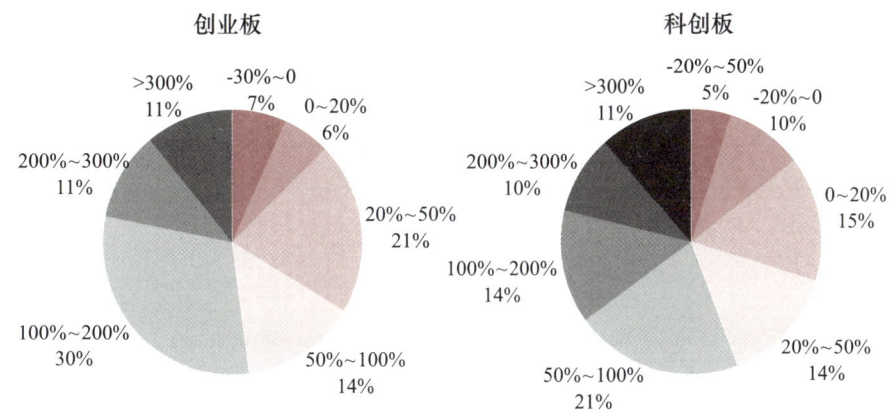

图 9 科创板和创业板相对 IPO 发行价格累计涨跌幅分布

**其次，科创板强制跟投机制未明显推升其承销保荐费率**。理论上在强制跟投带来的利益约束下，保荐机构为对冲整体风险，存在推高承销保荐费用增加发行人发行成本的可能性。但对比科创板和创业板承销保荐费率，数据显示，强制跟投的科创板与没有强制跟投的创业板承销保荐费率仍处于相近水平，自创业板注册制正式落地至 2021 年 4 月，两板承销保荐费率均值分别为 7.3% 和 7.1%，无明显差异。

行业认为，鉴于目前科创板、创业板 IPO 低价发行的现状，跟投制度一定程度上成为了保荐机构搭便车"低价 IPO 入股"的一种途径，大部分跟投项目预计收益不菲，导致跟投督促保荐机构"保障项目质量"这一机制无法完全发挥其应有的作用，建议科创板参考现行创业板的跟投制度。

**（3）关于审核注册制度。**

注册制与核准制 IPO 实行不同的审核流程，注册制审核流程：受理→审核问询→上市委审议→报送证监会→证监会注册→发行上市。核准制审核流程：受理→反馈会→初审会→发审会→封卷→核准发行。2021 年度注册制、核准制 IPO 上市申报审核平均时长情况如表 9 所示。

注册制 IPO 从受理到上市的平均排队时长为 349 天（约 11.6 个月）。其中，从受理到上会需 171 天（约 5.7 个月），从过会到获取批文需 134 天（约 4.5 个月），从批文到发行上市需 44 天（约 1.4 个月）。

表 9　　　2021 年 IPO 上市企业的平均排队时长情况（天）

| 审核制度 | 受理→上会 | 过会→批文 | 批文→上市 | 总体（受理→上会） |
|---|---|---|---|---|
| 注册制 | 171 | 134 | 44 | 349 |
| 核准制 | 455 | 86 | 33 | 574 |

注：注册制不含北交所 IPO。

数据来源：同花顺 iFind。

核准制 IPO 从受理到上市的平均排队时长为 574 天（约 19 个月）。其中，从受理到上会需 455 天（约 15 个月），从过会到获取批文需 86 天（约 3 个月），从批文到发行上市需 33 天（约 1 个月）。据 2021 年 IPO 上市企业的排队时长来看，注册制 IPO 和核准制 IPO 的排队总时长差异较大，注册制 IPO 比核准制约快 7 个月。

核准制和注册制 IPO 申报审核平均时长的主要差异体现在两个方面。一方面，核准制 IPO 排队上会耗时较长。注册制 IPO 从受理到上会约需要 5.7 个月，而核准制 IPO 则需要排队 15 个月的时间才能上会，比注册制多耗时 9.3 个月。另一方面，核准制从过会到上市阶段耗时较短。注册制 IPO 由于审核流程不同（注册制 IPO 过会后需报送证监会，等待证监会注册），且注册制申报企业过多，注册制从过会到上市的排队时长需 178 天（约 5.9 个月），而核准制 IPO 从过会到上市的排队时长需 119 天（约 4 个月），比注册制快 2 个月。

2021 年科创板新增上市公司 162 家，IPO 排队时长约 11 个月。162 家企业科创板 IPO 从受理到上市平均排队时长需要 330 天（约 11 个月），其中，从受理到上会约 5.6 个月，过会到提交注册约 2 个月，提交注册到同意注册约 2 个月，同意注册到上市约 1.5 个月。随着申报企业的激增，科创板 IPO 排队时间有所增长。据统计，2019 年科创板上市企业 IPO 排队时长仅需 5.6 个月，2020 年需 8.5 个月。

2021 年新增创业板上市公司 199 家，IPO 排队时长约 12 个月。199 家企业创业板 IPO 从受理到上市平均排队时长需要 368 天（约 12 个月），其中，从受理到上会约 5.8 个月,过会到提交注册约 2.5 个月,提交注册到同意注册约 2.5 个月,同意注册到上市约 1.4 个月。据统计,2020 年 6 月开始实施注册制创业板,2020 年的创业板 IPO 平均排队时长仅需 3.5 个月。而随着申报企业的激增,创业板 IPO 排队时间也大幅提升。2021 年创业板 IPO 的平均排队时长飙升至 12 个月。

2021 年新增主板上市公司 122 家,IPO 排队时长约 19 个月。122 家企业主板 IPO 从受理到上市平均排队时长需要 574 天(约 19 个月),其中,从受理到预披更新约 9.6 个月,预披更新到上会约 5.5 个月,过会到获取批文约 2.9 个月,批文到上市约 1 个月。

### 3. 中介机构的履职尽责情况概述

**(1)保荐机构执业质量。**

**①行政和自律处罚情况。**据不完全统计,2019 年,证监会及其派出机构针对保荐项目中存在的违规问题做出行政监管措施决定 19 份,涉及 8 家保荐机构和 26 名从业人员。证券交易所做出书面自律监管措施和纪律处分决定 5 份,涉及 1 家保荐机构和 8 名从业人员。

注册制实施以来,行政监管和自律管理力度明显加大。2020 年,证监会及其派出机构针对保荐项目中存在的违规问题,做出行政监管措施决定 29 份,涉及 9 家保荐机构和 42 名从业人员。证券交易所做出书面自律监管措施和纪律处分决定 10 份,涉及 1 家保荐机构和 22 名从业人员。

**②现场检查与现场督导情况。**根据《科创板发行上市审核动态》,截至 2020 年 12 月 31 日,上交所共对 40 家科创板项目的保荐人开展现场督导,其中 32 家项目在分别在督导前后撤回,8 家项目推进审核,6 家注册生效。2021 年 1—4 月,上交所启动现场督导 7 家,其中因发行人撤回申请或保荐人撤销保荐,目前 5 个 IPO 项目全部终止。

根据《创业板注册制发行上市审核动态》,2021 年 1—4 月,深交所决定对 26 家 IPO、再融资和并购重组项目的保荐人和独立财务顾问开展现场督导。其中,有 21 家发行人在督导组进场前撤回了申请。

2021年1—4月，中国证券业协会组织首发企业信息披露质量抽查名单抽签仪式4次，通过随机抽取方式确定对24家IPO项目开展现场检查，其中17家主动撤回申请。

③**撤单总体情况**。2021年1月1日至4月30日，A股IPO终止审查的企业共计108家，99家主动撤回，这一数量远远超过了2020年全年终止审查企业数，2020年合计仅有86家企业终止（其中主动撤回79家）。如图10所示，主动撤回项目主要来自科创板和创业板。

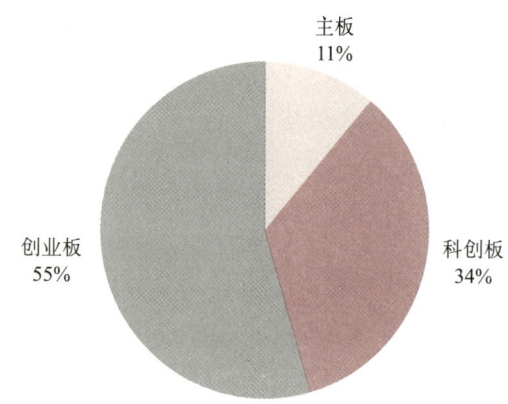

**图10　2021年主动撤回项目板块分布**

④**保荐机构执业情况**。从处罚情况、撤单情况、现场检查和现场督导发现的问题来看，主要问题包括：提交的申报材料存在财务数据前后不一致，披露口径出现明显差异；信息披露内容前后矛盾；未履行豁免披露程序，擅自简化披露内容；未勤勉尽责督促发行人履行信息披露义务等。被检查和被督导企业不同程度存在法律瑕疵未解决、会计处理不规范、信息披露不充分等情形，反映部分企业仍存在带病申报和抢跑占位的情形，同时也反映部分保荐机构存在尽职调查不充分和核查把关不严格等问题，主要包括以下内容。

（ⅰ）**申报材料质量需要提升**。在客户呈现出高风险特征、利润规模还需时间培育、整体质量一般的现实状况下，项目存在部分承担风险式申报的情况。

(ⅱ) **制度执行需要加强**。部分业务人员欠缺合规执业意识，由于对工作的风险敏感度、问题发现及风险判断能力不足等导致执业水平未能满足监管要求。

(ⅲ) **持续督导工作质量需要提高**。业务部门作为第一道防线，要努力建立起主动管理体系，通过日常沟通、定期回访、调阅资料、列席股东大会等方式持续进行持续督导。同时将常规手段运用得更加充分，增加核查频率，注重及时报告，提高对上市公司的关注，努力拓宽持续督导工作的深度和广度，不断提高持续督导工作的质量。第二道防线、第三道防线的内部控制部门也将不断加强审核及日常的舆情监测，努力增强持续督导审核、监测相关工作的主动性，以更加有效地防范、控制、化解持续督导工作中的各类风险。

注册制实施以来，特别是《证券法》修订、《刑法修正案（十一）》以及最高人民法院为科创板、创业板改革试点注册制提供司法保障的两个《若干意见》出台，明显加大了对发行人和保荐机构证券违法违规行为的追责力度，对保荐机构执业质量提出了更高的要求，相关保荐工作呈现出如下新的特征。一是对信息披露的数量质量要求更高。注册制强调以信息披露为核心，监管机构将发行条件中由投资者判断的事项转化为更严格、更全面深入精准的信息披露要求，具体表现为：在数量上由招股书拓展到各轮审核问询；质量上在"真实、准确、完整"的基础上为满足投资者决策信息需求新增信息披露"及时性"和"简明清晰，通俗易懂"要求，并注重信息披露的主动性、针对性。二是投行的尽职调查更广更深更有效率。注册制下 IPO 审核节奏加快，平均周期已经大幅缩减到 6~8 个多月，由于对信息披露数量质量要求的提高，并且需实质验证，否则不能满足免责要求，所以投行的尽职调查广度和深度明显增加。因此，注册制对保荐机构尽职调查工作的工作质量、时间效率以及价值判断能力均提出更高要求，保荐机构需要从前台尽职调查、工作底稿和价值判断，到后台审核把关，加大人力投入，进一步完善风险管理体系，严格把控项目质量。

随着注册制下申报项目的逐渐增加，为提高项目执行质量，行业建议：

一是建立顺畅的当面沟通机制。创业板审核过程中见面会尚未放开，主要是通过电话与预审员进行沟通。建议参考科创板的做法，在审核过程中保留审核人员与发行人、保荐机构的见面会环节，便于发行人直观向审核人员展示、说明业务、产品、技术的情况，尤其是信息技术、工程技术等行业具有非实物性的特征，书面申报材料很难直观、易懂地展现发行人的特点。二是提升审核注册反馈问询效率。审核及注册环节反馈意见建议聚焦拟上市企业的发行上市条件，聚焦拟上市企业的业务实质和发展前景，尽量避免"大而全"，重点不突出的情况。三是优化审核期间沟通预约流程。让预约更便捷，节约审核时间。四是进一步提升审核标准及流程的透明度。提前通知发行人关于审核讨论会等具体工作的节奏和安排，以稳定市场预期。

⑤**投行业务内控规范情况**。《证券公司投资银行类业务内部控制指引》要求保荐机构按照相关要求构建清晰、合理的投资银行类业务内部控制组织架构，建立分工合理、权责明确、相互制衡、有效监督的三道内部控制防线，合规风控管理覆盖各业务部门、中后台部门及全体工作人员，贯穿决策、执行、监督、反馈等各个环节。调研显示，近两年绝大多数保荐机构开展投资银行业务的组织架构发生调整，主要是业务组增减、内部层级调整、强化内部控制、增强发行职能等。

业务组织方面，由于投资银行业务特点，超过70%的证券公司按业务品种设置组织架构，通常分为股权融资和债券融资，存在交叉承做的情况。约80%的证券公司在总部之外设有异地业务团队，异地团队多布局于北京、上海、深圳、杭州、南京、广州、成都、武汉等城市。

内核机构设置方面，大部分保荐机构为常设内核机构，且1/3左右为独立的公司一级部分，仅10%左右的保荐机构采用非常设的内核委员会形式。作为内部控制的第二道防线，质量控制部门多隶属于投资银行业务条线，但独立于承做业务部门，仅20%左右的保荐机构质量控制部门独立于投资银行业务条线。

从行政和自律处罚情况发现的问题来看，部分保荐机构内部控制存在薄弱环节,具体表现在:内控的制衡性不足;合规等中后台部门的参与流于形式;内控人员配备薄弱;股债交叉审核,内控人员工作任务重,同时负责多个项目;立项和内核的规范性不足,突击立项和内核的情形仍然存在;内控质量有待提升,同一家机构不同团队申报的项目质量参差不齐。建议进一步强化保荐机构内部控制,严格执行《证券公司投资银行类业务内部控制指引》,将各项内部控制规则内化到日常工作中,推动内部控制三道防线切实履行职责,有效防范投行业务风险,努力使内部控制机制发挥实质作用。

(2)注册制试点期间投行业务人员变动情况。

根据中国证券业协会2020年专项调查数据,2020年证券公司从事投资银行业务的总人数约2.78万人,较2019年度增长约20%。从业人员分布上(如图11所示),从事股权融资业务的人员约1.56万人,较2019年增长约8%;从事债券融资业务人员约8400人,较2019年增长约20%;从事资本市场业务的人员约1600人,较2019年增长约15%;其他从业人员(如综合管理、质控督导、新三板及其他等)约3100人,较2019年增长约10%。

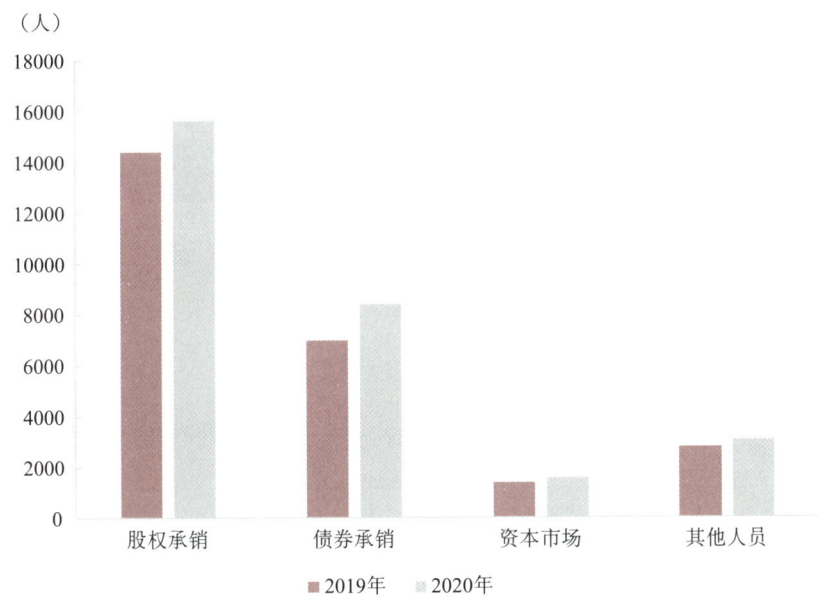

图11 投行业务人员变动情况

证券公司从事投资银行业务总人数超过1000人的有4家,600~1000人的有5家,400~600人的有10家,200~400人的有24家,100~200人的有28家,100人及以下的有36家。反映了投资银行业务相对集中的竞争格局。

从业人员中,2020年保荐代表人有6393人,较2019年3806人增长67.97%。此外,2021年1—4月,新增保荐代表人540人。2020年6月12日,证监会修订发布了《证券发行上市保荐业务管理办法》,个人申请保荐代表人资格时担任过项目协办人的条件被取消,同时保荐代表人考试修改为"非准入型的水平评价测试",保荐代表人管理模式发生调整,注册保荐代表人数量大幅增加。同年12月,中国证券业协会发布实施《证券公司保荐业务规则》,建立保荐机构和保荐代表人的自律约束机制,进一步加强执业质量的正向激励和保荐代表人执业行为自律管理。上述措施为试点注册制改革顺利实施提供了人力保障。

(3)申报企业成熟度情况分析。

科创板和创业板注册制的实施及不断深化,为A股市场结构带来了明显的变化。

①**市值规模和占比分析**。表10为不同板块的市值规模及占比,从中可以看出,截至2021年4月30日,A股4285家上市公司市值规模80.23万亿元,位于历史高位。2020年年末A股、科创板和创业板的总市值分别为86.84万亿元、3.77万亿元和10.97万亿元,较2019年年末分别上涨32.20%、327.64%和79.03%。2019年以来科创板和创业板先后落地,带动了资本市场飞速发展,尤其是2020年,政策利好消息不断出台,市场情绪较好,投资者情绪较浓,增量资金不断入场,推动股市估值快速上升。

表10　　　　　　　　　　　市值规模及占比

| 日期 | 科创板 | | 创业板 | | A股 |
| --- | --- | --- | --- | --- | --- |
| | 总市值(万亿元) | 占比 | 总市值(万亿元) | 占比 | 总市值 |
| 2019年12月31日 | 0.88 | 1.34% | 6.13 | 9.32% | 65.69 |
| 2020年12月31日 | 3.77 | 4.34% | 10.97 | 12.63% | 86.84 |
| 2021年4月30日 | 3.49 | 4.34% | 11.29 | 14.07% | 80.23 |

②**科创板和创业板 IPO 募集规模**。如图 12 所示,自 2019 年 7 月 22 日开市,首批 25 只科创板股票上市交易以来,历经不足两年的时间,科创板上市公司数量已经突破 200 家,市值突破 3 万亿元。由于创业板在板块定位、创新属性等方面更为宽松,自 2020 年 6 月创业板注册制改革实施以来,创业板注册制申报企业数量快速增长,上市公司数量不断增多。

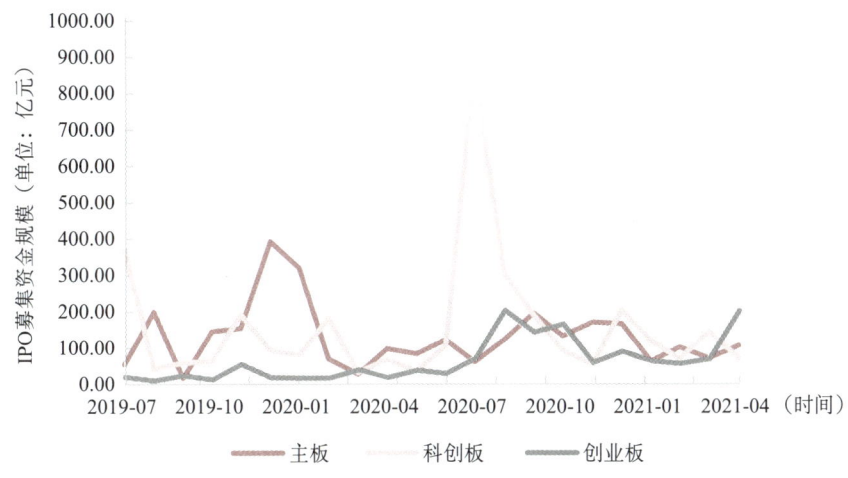

**图 12　2019 年 7 月以来 A 股 IPO 募集资金规模**

③**科创板和创业板企业特点**。科创板和创业板采取了更具包容性的上市标准,放宽了对发行人盈利要求,允许发行人选取多套不同的财务指标。相比传统的主板上市条件,科创板和创业板对于不同成熟期、不同行业的上市申请人更为宽松。其中,科创板专注打造"中国硬科技",聚焦于电子、信息技术等国家战略领域市场占比提高。科创板申报企业主要为市场中经营业绩亮眼、成长性好、经营稳健或科技性强的头部企业和新兴产业。申报创业板的企业特点是更倾向于孵化创业型、成长型企业,行业分类更广,大多数上市企业属于中小型市值企业。

行业分析,随着我国经济的持续发展和深入转型,预计未来科创板和创业板申报的企业数量仍将持续增长,市值规模占比将不断提升。但是,2021 年以来,科创板和创业板申报企业净增加的数量呈减少趋势,撤回申请的情况屡见不鲜，众多优质发行人转而寻求或者有意向寻求海外上市，与科创板开板之初的情况有所差异。

**4. 促进中介机构归位尽责的制度建设建议**

证券发行上市过程中，发行人需要聘请保荐机构、律师事务所、会计师事务所、评估公司等多家中介机构提供专业服务。其中，保荐机构担任了中介机构的牵头人和协调人角色，保荐机构履行保荐职责，需要对发行人进行审慎核查。会计师事务所和律师事务所提供专业范围内的服务，通过专业分工协作，共同保障发行人向投资者提供的信息披露的质量，会计师事务所需要重点关注财务报表的编制是否符合会计准则等规定，发行人律师主要对发行是否符合存续和合规经营发表法律意见。从审核制、核准制到注册制，对中介机构的责任要求一步一步提高，推动中介机构归位尽责是全面实行注册制的关键。

**（1）中介机构职责划分。**

原则上，中介机构应当在各自职责范围内发表独立的专业意见，并承担相应的法律责任。中介机构对于自身肩负的职责应尽特别注意义务，做到充分的尽职调查；对于其他机构已出具专业意见的事项应尽一般注意义务，进行审慎核查。具体而言，律师主要负责公司历史沿革、股权结构、资产、独立性及其他合规性相关事项的尽职调查并出具法律专业意见。会计师的工作主要为出具报告期内的审计报告、验资报告、内部控制鉴证报告，核验非经常性损益明细及纳税情况等与财务真实性相关的内容。保荐机构作为新股发行的牵头人，承担了全面核查工作，包括根据《保荐人尽职调查工作准则》的要求对公司进行尽职调查；帮助发行人完善组织机构和内部管理、明确发展目标和募集资金投向；对主要股东、董监高进行辅导并承担价值发现、证券配售的工作。

在《证券法》原则性规定的基础上，监管部门的规章规范性文件对中介机构职责作了进一步细化，司法政策文件对区分证券中介的职责边界也作了一些尝试。特别是在注册制试点中监管部门配套发布的相关规则，进一步确立了以专业为中心的基本原则：一是证券服务机构及其从业人员应当对本专业相关的业务事项履行特别注意义务，对其他业务事项履行普通注意义务；二是对发行人申请文件、证券发行募集文件中有证券服务机构及其签字人员出具专业意见的内容，保荐机构可以合理信赖，对相关内容应当保持职业怀疑、运用职业判断进行分析，存在重大异常、前后重大矛盾，或者与保荐机构获得的信息存在重大差异的，保荐机构应当对有关事项进行调查复核，并可聘请其他证券服务机构提供展业服务。2021年发布的《关于注册制下督促证券公司从事投行业务归位尽责的指导意见》（以下简称《归位尽责指导意见》）规定，证券公司对其他中介机构的专业意见以"合理信赖"为一般原则。在司法政策性文件中，《最高人民法院关于设立科创板并试点注册制改革提供司法保障的若干意见》（法发〔2019〕17号）、《最高人民法院关于为创业板改革并试点注册制提供司法保障的若干意见》（法发〔2020〕28号）等文件业基本认可以专业为中心区别特别注意义务和普通注意义务来划分中介机构职责的基本原则，并特别强调"准确把握保荐人对发行人上市申请文件等信息披露资料进行全面核查验证的质疑义务标准，在证券服务机构履行特别注意义务的基础上，保荐人仍应对发行人的经营情况和风险进行客观中立的实质验证，否则不能满足免责的举证标准"。

（2）中介机构职责边界探讨。

总的来看，上述规则对于进一步理清中介机构之间的职责边界有积极意义，但是在实际业务中，保荐机构大量重复了会计师和律师工作，如保荐机构进行函证、穿行测试和截止性测试、存货跌价测试和长期资产减值测试。同时，要求保荐机构对所有问题发表核查意见并承担责任，超出了执业准则的界定。并且，不适当扩大了保荐机构责任范围的行为，也会逐渐降低其他中介机构尤其是会计师的独立执业能力和判断水平。归根究底，主要在衔接协调方面存在以下有待改进之处。

①关于合理信赖的理念不清晰。已发布的《归位尽责指导意见》规定，证券公司对其中介机构专业意见以"合理信赖"为一般原则，对存在"重大

异常""前后重大矛盾""重大差异"等特殊情形进行调查、复核。中国证券业协会在《证券公司保荐业务规则》规定，对发行人申请文件、证券发行文件中有证券服务机构及其签字人员出局专业意见的内容，保荐机构在排除合理怀疑的基础上可以合理信赖，并列出了七类"重大异常"的情形。二者均主张以合理信赖为一般原则，特殊情形下保荐机构才需要调查复核，类似于"负面清单"。修订中的《保荐人尽职调查工作准则（征求意见稿）》规定了保荐机构可以合理信赖证券服务机构的五类情形：（ⅰ）关于发行人对主要客户的销售情况，保荐机构可以合理信赖会计师的函证工作结果；（ⅱ）关于发行人向主要供应上的采购情况，保荐机构可以合理信赖会计师的函证工作结果；（ⅲ）关于发行人的货币资金，保荐机构可以合理信赖会计师银行函证工作；（ⅳ）关于发行人的存货，保荐机构可以合理信赖会计师监盘工作；（ⅴ）关于发行人的销售收入，保荐机构可以合理信赖会计师收入核查工作。所列举的五类情形类似于"正面清单"，并且可以信赖的事项偏重于财务和会计方面，但不涉及法律方面。

②各中介机构之间的查验事项有较多重合之处，职责边界有待进一步厘清。对相关规则规定的各中介机构具体查验事项进行比较，保荐机构与会计师之间、保荐机构与律师之间的查验事项存在较多重合之处，可以区分为两种情况。

第一种，虽然规则要求各中介机构都对某些事项进行查验，但由于不同中介机构法定职责定位的差异，以及需要发表意见的角度不同，各中介机构查验的具体内容、查验方式手段会有所不同。例如，保荐机构、会计师、律师均需要对关联交易进行核查，但会计师侧重于对关联交易的数量、金额的核查，相应地，会计师需要采取复核有关交易、账户余额的会计记录，以复核询证函回函等手段；律师则组要更多关注关联交易履行内部决策程序的合规性问题；保荐机构除需要关注上述事项外，还需要进一步分析关联交易的合理性和必要性等问题。又如，保荐机构、会计师、律师均需要对主要财产进行核查，但会计师侧重于关注资产价值计量的合规性和公允性等；律师则更多关注相关财产的权属问题、是否存在程序瑕疵等；保荐机构除对上述事项外，还需要特别关注相关资产对发行人主营业务、持续经营的影响等。对于这种情况，需要进一步划出相关中介机构可以合理信赖其他中介机构的某些具体工作。

第二种，中介机构在一些查验事项和需要发表意见的角度上是完全重复的。例如，保荐机构和发行律师均需要对发行人的出资，员工持股计划，三类股东、董事、监事、高级管理人员及其他核心技术人员的变动情况等方面进行核查并发表意见，对于这种情况，可以进一步划分相关中介机构基于其专业能力独立负责的事项，以及相关中介机构可以合理信赖其他中介机构的事项。当然保荐机构仍需要履行其保荐职责开展一些必要的核查工作，作为合理信赖其他中介机构专业意见的必要前提。

③规则层面对于合理信赖的对象究竟是证券服务机构的工作，还是证券服务机构的专业意见的认知尚不一致。在监管部门现有的或者拟出台的规则中，既有保荐机构合理信赖其他证券服务机构专业意见的提法，又有保荐机构合理信赖其他证券服务机构函证、监盘等具体工作的提法，合理信赖的对象指向不一致，这种表象上的不一致，背后实际反映了关于合理信赖监管理念的差异。如果是对证券服务机构专业意见合理信赖，意味着保荐机构的相关核查工作将大为减轻，对于证券服务机构发表专业意见的行为，保荐机构就可以免责。如果是合理信赖证券服务机构的具体工作，保荐机构仍需要基于自身的独立判断发表意见，并对其合理信赖其他机构工作的部分自行承担法律责任，在这种情况下，保荐机构就不能止步于证券服务机构已经开展的工作，仍需要视具体情况进行充分、适当的核查，以确保其合理免责。

④保荐机构可否就其"合理信赖"事项免于承担行政责任，规则上尚不明确。美国、香港地区等境外主要市场均将合理信赖专家意见作为证券中介机构的免责抗辩事由。基于"专家对本专业事项履行特别注意义务，对其他专业事项履行一般注意义务"的逻辑，证券中介机构在尽到一般注意义务的前提下，可以合理信赖其他专家就其专业范围内的事项出具的意见，并豁免

该证券中介机构因信赖其他专家意见而导致自身所出具文件存在虚假记载的法律责任。在我国境内市场，民事责任方面，最高人民法院《关于审理证券市场虚假陈述民事案件的若干规定》（2021年1月21日发布）规定，根据是否有专业意见支持明确保荐机构的无过错抗辩事由，对于信息披露文件中没有证券服务机构专业意见支持的重要内容，经过审慎尽职调查和独立判断，有合理理由相信该部分内容与真实情况相符；对于信息披露文件中证券服务机构出具专业意见的重要内容，经过审慎核查和必要的调查和复核，有合理理由排除了职业怀疑并形成合理信赖。根据工作范围和专业领域明确证券服务机构无过错抗辩事由，对于工作范围和专业领域的虚假陈述，应当根据过错认定的依据，结合相关证据进行无过错抗辩。对于工作范围和专业领域外，依赖其他机构的基础工作或专业意见致使其出具的专业意见存在虚假陈述，能够证明其对所依赖的基础工作或专业意见经过审慎核查和必要的调查、复核，排除了职业怀疑并形成合理信赖的，应当认定其没有过错。而在行政责任方面，保荐机构合理信赖证券服务机构的专业意见，但因证券服务机构为勤勉尽责导致自身出具的专业意见与实际不符，甚至存在虚假记载、误导性陈述、重大遗漏时，保荐机构能否以合理信赖为由免于承担行政责任，不管是现行规则还是公开征求意见的相关规则中均未予明确。

**（3）进一步厘清中介机构职责的建议。**

①坚持以"合理信赖"为一般原则，在此前提下进一步划出保荐机构需要履行特别注意义务的具体事项范围。建议在拟修订的《保荐人尽职调查工作准则》中明确，对发行人证券发行申请文件、证券发行募集文件中洋浦其他证券服务机构出具专业意见的内容，保荐人可以合理信赖，但对于风险因素、发行人对主要客户的销售情况、发行人向主要供应商的采购情况、可能影响发行人持续经营的事项、对发行人生产经营有重大影响的主要资产、可能影响发行人独立性的同业竞争和关联交易、重要的财务事项，保荐机构应当履行特别注意义务进行审慎核查。保荐机构合理信赖其他证券服务机构专业意见应当保持职业怀疑，运用职业判断进行分析，存在重大异常、重大矛

盾，或者与保荐人尽职调查过程中获得的信息存在重大差异的，保荐人应当对有关事项进行调查、复核，并聘请其他证券服务机构提供专业服务。

②明确合理信赖即免责的执法标准。建立合理信赖制度是促进中介机构"归位尽责"，让专业的人干专业的事，按照原则导向、专业导向，切实厘清各中介机构的职责内容和边界，避免有非专家承担专家责任。要求各中介机构对各自出具的专项文件负责，对与本专业相关的业务事项履行特别注意义务，对其他业务事项履行普通注意义务。各中介机构对其他中介机构的专业意见以"合理信赖"为一般原则，经履行归档的注意义务进行调查、复核，确信其他中介机构出具的专业意见不存在虚假记载、误导性陈述和重大遗漏的，依法不予行政处罚。

③明确律师合理信赖其他证券服务机构专业意见的判断标准。要求律师事务所及其指派律师出于合理信赖援引其他证券服务机构出具的专业意见时，应当保持职业怀疑，对下列事项进行评估：（i）其他证券服务机构及参与人员的专业资质、经验、胜任能力及独立性；（ii）其他证券服务机构的核查范围是否与其专业意见相符，有无限制；（iii）其他证券服务机构获取的核查资料是否充分、可靠；（iv）其他证券服务机构履行的核查程序是否充分、恰当，能否有效支持其出具的专业意见。

④加强相关规则执行力度，避免在实践中走偏。当前在 IPO 审核实践中，审核人员未对问题区分专业角度，简单要求二或三家中介机构就同一问题进行答复的做法，在一定程度上造成中介机构职责边界不清的问题。因此，建议监管部门在规则层面进一步厘清中介机构职责边界的同时，同步加强规则的执行，证券交易所应当督促审核人员严格依照规则进行审核问讯，所问询的问题不应随意超出规则确定的中介机构职责范围。

5. 提升信息披露质量的制度建设建议

注册制的核心是信息披露。招股说明书是股票发行阶段信息披露的主要载体，是投资者做出价值判断的投资决策的基本依据，是企业发行上市过程中最核心、最重要的法律文件。科创板、创业试点注册制以来，招股说明书信息披露质量有所提升，但仍存在篇幅冗长、针对性不足、合规性信息过多、投资决策作用偏弱、语言不够简明等问题，不仅降低了招股说明书的可读性，投资者甄别和利用有效信息的难度没有太大改善。从源头上加强对招股说明书编制的规范，对于从根本上提高证券公开发行上市的信息披露质量、有效服务投资者作出投资决策，充分保护中小投资者合法权益具有关键作用。

**（1）明确招股说明书编制的法律责任。**

明确相关主体对招股说明书的法律责任，是提升信息披露质量的关键环节。从美国证券市场来看，美国《1933年证券法》第11条规定，如果注册登记表（招股说明书prospectus是其主要部分）中存在重大不实陈述和遗漏，投资人可以追究相关主体的民事责任，该条涵盖的责任人较为广泛，除注册登记表的签署人、发行人、承销人等外，还包括会计师、工程师、评估师或者依其职业有权作出相关陈述的人（以下简称"专家"）。这些专家承担责任的前提是其同意被列名为验证（certify）或编制（prepare）了注册登记表的任何部分，或者被列名为编制或验证了注册登记表所使用的相关报告或估值。根据美国1933年证券法第11（b）（3）项规定，发行人对注册登记表中的重大不实陈述和遗漏承担严格责任，不具有抗辩事由。发行人之外的其他主体则可依据已尽审慎注意的抗辩事由（due diligence defense）等而主张免责。审慎注意的具有标准会根据相关主体是否是"专家"，而注册登记表中涉嫌虚假陈述的部分是否属于"专家意见"而有所不同。美国《1934年证券交易法》第10（b）条及SEC制定的10b-5规则规定了证券交易中反欺诈的一般性规则，实践中除适用于证券交易环节外，也适用于发行环节的证券欺诈行为。其中，《1934年证券交易所》第10（b）条规定，买卖证券或互换协议，违反SEC为维护公共利益或者保护投资者制定的必要或适当规则和条例，使用或者利用任何操纵、欺诈手段或计谋，均属于违法。10b-5号规则对《1934年证券交易法》第10（b）条进行了补充，明确证券购买和出售中的虚假陈述都为非法。对于证券发行环节的虚假陈述行为，相较于《1933年证券法》，司法实践对于《1934年证券交易法》第10（b）条及10b-5号规则的适用更为常见。

我国《证券法》第 85 条规定，信息披露义务人未按照规定披露信息，或者公告的证券发行文件等存在虚假记载、误导性陈述或者重大遗漏，知识投资者在证券交易中遭受损失的，信息披露义务人应当承担赔偿责任；保荐人、承销机构承担连带赔偿责任，但是能够证明自己没有过错的除外。第 163 条规定，证券服务机构制作、出具的证券发行相关文件有虚假记载、误导性陈述或者重大遗漏，给他人造成损失的，应当承担连带赔偿责任，但是能够证明自己没有过错的除外。为落实相关民事赔偿责任，2019 年修订的《证券法》引入代表人诉讼制度。2022 年 1 月 21 日最高人民法院发布《关于审理证券市场虚假陈述侵权民事赔偿案件的若干规定》，针对《证券法》两次修订、三次修正情况和证券市场发展实践、注册制改革推进，在压实证券中介机构"看门人"责任、保护投资者合法权益和促进市场发展等多元选择之间找求司法政策的平衡，对完善相关责任构成要件、健全责任分配机制等诸多问题作出回应，打通了落实招股说明书编制的法律责任的"最后一公里"。

**（2）健全招股说明书编制的业务规范。**

健全招股说明书编制的业务规范，是提升信息披露质量的有效途径。编制招股说明书的业务规范包括三个方面：一是明确发行人的保证义务和配合义务，二是强调中介机构勤勉义务和合作义务，三是细化编制招股说明书的专业标准和执业要求。首先，明确发行人的保证义务和配合义务。根据证监会发布的《证券发行上市保荐业务管理办法》第 17 条规定，保荐机构推荐发行人证券发行上市，应当对发行人进行全面核查，充分了解发行人的经营状况及其面临的风险和问题。发行人提供的资料和信息的真实性、完整性，是保荐机构实施核查、验证业务的基础，因此必须明确发行人应当按照保荐人、证券服务机构要求，保证向其提供真实、准确、完整的财务会计资料和其他资料，配合相关机构开展尽职调查和其他相关工作，发行人的控股股东、实际控制人、董事、监事、高级管理人员同样有保证义务和配合义务。其次，强调中介机构勤勉义务和合作义务。根据《证券发行上市保荐业务管理办法》

第 22 条规定，保荐机构可以合理信赖证券服务机构在发行人申请文件、证券发行募集文件中出具的专业意见，对相关内容应当保持职业怀疑、运用职业判断进行分析，存在重大差异、前后重大矛盾，或者与保荐机构获得信息存在重大差异的，保荐机构应当对有关事项进行调查、复核。保荐机构和证券服务机构是招股说明书编制的重要撰写者，应当明确各负其责、恪尽职守、勤勉尽责的要求，确立保荐机构与证券服务机构之间协商、合作机制，减少不同中介机构之间的重复工作，建立招股说明书验证笔录安排，健全相应的复核把关机制，提升招股说明书信息的准确性、规范性。最后，细化中介机构的专业标准和执业要求，建议由监管部门修订完善《保荐人尽职调查工作准则》，原则规定业务与技术调查中，实施普通注意义务和特别注意义务的执业标准和要求。建议由行业自律组织修改发布《证券发行上市保荐业务工作底稿指引》、制订发布《保荐人尽职调查调查示范实践》，在尽职调查具体事项上细化合理信赖和合理怀疑的操作建议和一般标准，督促中介机构归位尽责，合力提升信息披露质量。

**（3）完善以信息披露为核心的配套规则。**

注册制围绕以信息披露为核心构建制度规则体系，在两板注册制试点期间，形成的相关制度规则大致分为三类：一是与资本形成直接相关的制度规则；二是与板块相关的制度规则，包括板块定位、交易规则等方面；三是配套制度规则，包括中介机构职责、事中事后监管、法律责任追究等有关保障注册制改革顺利推进的制度规则。按照上述口径，截至 2021 年 11 月，注册制相关制度规则合计 219 件，其中，证监会规章、规范性文件共 45 件，包括《科创板首次公开发行股票注册管理办法（试行）》《创业板首次公开发行股票注册管理办法（试行）》《北京证券交易所向不特定合格投资者公开发行股票注册管理办法（试行）》等 17 部规章，以及《科创属性评价指引（试行）（2021 年修订）》《创业板首次公开发行证券与承销特别规定》等 33 部规范性文件，明确了注册制下发行、上市、交易、信息披露、退市和投资者保护等各个环节的制度安排，确立了注册制下交易所发行上市审核和证监会注册的基本理念、标准和程序，构成注册制的制度规则主干。另外，上交所、深交所、中国结算、证券业协会、中证金融相关业务规则共计156件，包括《上海证券交易所科创板股票股票发行上市审核规则》《深圳证券交易所创业板股票发行审核规则》《北京证券交易所股票上市规则（试行）》等139件业务规则，证券业协会配套制定《科创板首次公开发行方股票承销业务规范》《创业板首次公开发行证券承销业务规范》等6件自律规则，《证券法》《刑法修正案（十一）》及相关法规性文件共8件，司法解释和司法政策文件共10件，特别是《刑法修正案（十一）》大幅提高了欺诈发行、信息披露造假、中介机构提供虚假证明文件和操纵市场等四类证券期货犯罪的刑事惩戒力，以及最高法发布的《关于证券纠纷代表人诉讼若干问题的规定》，对特别代表人诉讼的集中管辖、启动程序、当事人声明退出等做出专门规定，为推进注册制、改革提供了坚实的法治保障。

上述制度规则在实践中得到了检验，总体运行有效，有力支持和保障了科创板、创业板和北交所注册制的改革顺利实施。行业反映存在的问题大致分为四类。一是《证券法》已有明确规定的问题，如证监会在注册环节是否需要就符合发行条件进行"逐单把关"，这与《证券法》第21条有关证监会"依照法定条件负责证券发行申请的注册"的规定不一致。二是总结试点中出现的问题，已通过修改完善规则予以解决的问题，如针对网下投资者"抱团压价"现象，证监会、交易所、证券业协会修改完善发行承销相关制度规则，取得初步成效。三是影响重大，各方还存在不同认识，需要进一步研究论证的问题，如何消除"双重审核"的质疑，是否放宽涨跌幅限制等，需要全面实行注册制中统筹解决。四是涉及对现有规则标准的细化，如对创业板"三创四新"定位过于原则，科创板第五套上市标准不够明确等问题，可以通过交易所完善规则予以解决。在注册制试点过程中，科创板、创业板、北交所、沪深主办和非上市公众公司监管各有一套相对完整的制度规则，这是注册制改革分布实施的阶段性产物，有其历史合理性，但在全面实行注册的背景下现行制度规则交叉重复、缺乏体系性等问题逐渐显现，规则整合的必要性日益凸显。相关制度规则的整合是全面实行注册制的重要基础性工作，应当遵循以下原则对现行有关制度规则体系进行全方位、系统性的完善。①法治化。在《证券法》等现行法律制度框架下开展规则整合，不突破现有法律规定。②体系化。精简制度规则体系，改变一个板块一套规则的做法。③规范化。按照文件效力层级决定制定主体，保障文件层级划分的科学性。④简明化。精简整合针对同一事项的多个规则，减少规则之间的交叉重复。

### 6. 推动监管转型提升监管效能的制度建设建议

**（1）注册制试点中反映的监管不适应问题。**

在核准制下，往往通过收紧审核准入政策、加强前段管制的做法，不断强化监管对市场的介入，审核越位管得更多更细，替代市场机制发挥作用，市场各方权责关系发生系统性移位，市场主体归位尽责就难以实现。随着注册制试点的推进，我国资本市场内外部环境发生了深刻变化，监管不适应的矛盾日益突出，主要表现在：市场导向与加强监管之间的关系没有理顺，监管转型的整体性、协同性不足，放管服改革协同不到位。在实际工作中监管越位、缺位、不到位情况屡见不鲜，一些政策的前瞻性、整体性和坚定性不足，"堵窟窿、补漏洞"的现象时有发生，有些监管职责交叉，规则模糊，力量分散，效能不高，有效的监管资源难以适应繁重的监管任务，"人盯人""当保姆"的监管模式难以为继。在注册制改革试点中具体表现为：①市场主体的责任传导不到位，部分市场主体把注册制简单理解为放松监管、放宽审核，认为只要信息披露了就可以上市，在项目申报环节一度出现"大干快上"和"一查就撤"的现象；②规则体系的预期不稳定，在保荐辅导环节部分保荐机构免责式尽职调查，股东穿透、银行流水核查层层加码；③辖区监管的定位不清晰，在辅导验收环节出现"走过场"的验收和行政化的审批两种极端；④审核注册的定位不明确，在发行审核环节引起"二次审核"的质疑，改革成效的市场获得感较差；⑤定价机制过于刚性，在发行承销环节形成以博入围为目标的"抱团压价"，人为拉大了一、二级市场差价，使新股发行定价偏离价值判断；⑥事中事后监管与发行审核注册的协同性不强，中介机构专业责任区分与执法标准不明确，在监管执法环节没有形成促进市场主体归位尽责的市场生态。

（2）注册制下监管理念和环境发生的变化。

在注册制下，发行监管理念和环境将发生深刻变化，体现在三个方面。①发行监管由全面责任向有限责任转变。以信息披露为核心的注册制，监管部门不对发行人进行价值判断，发行人和中介机构对披露信息的真实性和准确性负责，发行时机、发行价格由发行人和中介机构根据市场情况决定。投资者自行判断发行人的盈利能力和投资价值，自担投资风险。监管部门依法设定股票发行上市的审核、注册规则，对发行和上市全程进行监管，查处违法违规行为。②发行监管重心由"审核"一个点向监管"一条线"转变，实现四个结合，即发行监管与辖区监管相结合、行政监管与自律管理相结合、发行审核与现场检查相结合、交易所审核与一线监管相结合，形成事前事中事后监管协同、上下联动的合力。③发行人质量形成"双把关""双约束"机制。一方面，由过去单一依靠监管部门把关转变为监管部门与市场机制共同作用形成双把关，中介机构以专业责任作为保证发挥"看门人"作用，询价发行以及常态化的跌破发行价风险、发行失败风险形成市场化把关机制；另一方面，由过去行政执法为主约束转变行政执法、司法惩戒并重的双约束。一边提高行政执法效率和力度，发挥震慑违规作用，一边强化法治供给和司法执行，加大民事救济和刑事追责的威慑力度。

注册制改革是系统性改革，需要前端审核与后端执法、一线审核与发行注册、机关与派出机构的协同配合，需要市场自我约束机构的形成，才能逐步实现"审核后退一步、自律先行一步、监管跟进一步"。建立适应全面注册制的监管机制体制，监管转型要实现七个转变。①监管目标从注重融资，向投融资和风险管理功能并重，更好地发挥资本市场的枢纽功能，促进资本、科技和实体经济高水循环和居民财产收入增长。②监管取向从单一依靠行政维权，向多元保护中小投资者权益转变。保护投资者就是保护资本市场，保护中小投资者就是保护全体投资者。在制度建设、日常监管、稽查执法各个环节，全面落实保护投资者合法权益的监管宗旨，同时推动健全证券违法代表人诉讼制度、行政执法当事人承诺制度、证券投资民事赔偿责任优先制度，进一步完善民事救济机制，加大刑事追责震慑证券犯罪的力度。③监管重心从偏重市场规模发展，向防范金融风险和促进功能发挥转变。在新发展阶段，资本市场的发展不是体现在数量、规模上的高速增长，而是更好地为实体经济服务的高质量发展。防范金融风险是资本市场永恒的主题，促进功能发挥是资本市场监管的使命和责任。④监管方式从过多的事前审批，向加强事中事后、全程监管转变。减少前段审批，不是一放了之，而是必须加强事中事后监管，尽快形成放而不乱、活而有序的新手段、新规则和新机制。⑤监管模式从碎片化、分割式向共享型、功能型监管转变。切实改变条款分割、各自为战的现状，强化监管信息共享和功能协作，整合监管资源，提高监管效能。⑥监管手段从单一性、强制性、封闭性向多样性、协商性、开放性转变。构建行政监管、自律管理、公司治理、中介督导、司法惩戒五位一体，各司其职、各负其责的综合监管体系，形成行政监管精准、自律管理补位、公司治理规范、中介把关有效、司法惩戒有力、行业文化健康的系统集成合力。充分发挥市场主体自我约束、自律规范、声誉维护、治理制约的作用，形成投资者合法权益得到有效保护的市场治理生态。⑦监管运行从透明度、稳定性不强，向公正、透明、严谨、高效转变。坚持平等对待各类市场主体，深入推进放管服改革，实行政务公开，提高决策科学化水平，增强快速反应能力，稳定监管预期、政策预期、市场预期。

**（3）推动监管转型提升监管效能的建议。**

信息披露是证券产品建立信用的基础。由于证券产品的复杂性、虚拟性和交易方式的特殊性，决定了信息披露在整个资本市场运行过程中处于中心和基础地位。只有确保信息真实、准确、完整、及时，才能形成合理的市场价格，发挥资本市场有效配置资源的作用，才能引导市场预期，促进理性的投资决策和股权文化，并且及时充分地揭示和评估市场风险，提高市场运行的稳定性。因此，加强信息披露监管，重点打击虚假信息披露、欺诈发行、价格操纵等违法违规行为，确保市场机制有效发挥作用。以信息披露为核心的注册制，将全新塑造资本市场的运行生态和监管方式。

①完善以信息披露为中心的监管规则体系，强化以信息披露为主线的监管责任体系。信息披露是证券发行人的法定义务人，是信息披露义务人向社会公众做出的承诺，其经营状况必须与所披露信息保持一致。如信息发生变化，应当及时按规定进行持续公开披露。市场主体要强化公司治理及内控规范建设，建立健全规范化运作流程并有效执行，从源头上确保信息披露质量。保荐机构、财务顾问、会计师和律师事务所、资产评估机构要勤勉尽责，发挥好信息披露质量把关作用。信息披露规则要把满足投资者的需求作为出发点和落脚点，而不是以监管自身需求为中心；建立发行上市、日常监管等各个环节有机衔接的信息披露规则体系，使信息披露更好地为投资者服务。在股票发行环节，要完善招股说明书的格式、语言和内容，针对不同行业制定适应其特点的差异化信息披露要求，增强信息披露的有效性。在日常监管环节，要把现行对同业竞争、关联交易、并购重组、再融资、公司治理、财务会计等方面的监管要求纳入信息披露监管，根据日常监管中发现的问题，不断充实和调整信息披露要求，完善信息披露规范制定机制。

②发挥好派出机构、证券交易所、行业自律组织的作用，形成全过程全链条信息披露监管合力。注册制是市场化导向的改革实践，方向是"市场进一步，政府退一步"，目标是探索更好地发挥市场在资源配置中的决定性作用。在注册制下，证券交易所既承担发行审核的主体责任，又承担信息披露的一线监管职责，对上市公司信息披露的一致性、一贯性实施持续监管；派出机构发挥区位优势是承担事中事后监管的主体责任，有效实施现场监管、抵近监管、日常监管，强化对信息披露真实性、准确性、完整性的核查、问责和追责；行业协会的自律管理是基于行业整体利益、依据自律规则对其成员实施的纪律惩戒性措施，其依据有法律赋权、行政授权，主要是自律组织成员的权利让渡，具有自治性、示范性特点，发挥补位、传导、协调、平衡作用，引导市场主体健全治理、归位尽责，促进市场机制和企业自治能够形

成有效的约束，构建"政府退一步"的基础，提升市场韧性和活力。

③加强日常监管、稽查执法、司法惩戒衔接和运转效能，形成全方位全维度的问责追责合力。日常监管发挥两个方面的效能：一是对市场主体进行合规性与审慎性监管，促进市场依法合规、稳健运营，防范公司风险和市场风险；二是及时制止违法不当行为，发现线索及时移送稽查执法。日常监管要按照稽查执法的程序、证据标准和认定条件开展检查、核查工作，提高发现违法违规线索的能力。稽查执法要优化线索处理、案件快速反应和移送机制，建立移动、一场、举报线索快速检查制度，完善"总对总"线索移交和派出机构、交易所线索直接报送的标准和机制；规范上市公司立案调查、执法处罚的信息披露工作，做好分阶段持续信息披露安排，最大限度保障投资者公平及时得到实现投资决策的基本信息。推动贯彻落实中办、国办印发《关于依法从严打击证券违法活动的意见》，提升司法惩戒在打击证券违法活动的震慑力。

④提升科技监管能力，加强监管透明度建设。充分利用金融科技加强监管信息、数据和资源的集成整合，全面推进业务监管系统的逻辑集中，实现监管数据信息的统一、全面、共享，消除各监管模块的信息"孤岛"。监管业务的逻辑集中是金融业发展的趋势，也是金融科技发展的内在规律，通过统一规划、统一业务需求、统一数据标准、统一数据采集和处理、统一管理运行维护，形成一套涵盖数据全、服务功能全、数据共享充分的应用系统，促进形成全系统监管合力，全面提升系统监管效能。推动上市公司监管数据库建设，形成覆盖业务流程管理、信息交互共享、数据统计分析、公司风险预警等四大类需求的业务系统；拓展优化稽查案件管理功能，丰富办案工具箱，提升稽查执法效能。同时要努力打造公正廉明的监管机构，努力提高监管的透明度；监管信息要以公开为原则，以不公开为例外，做到规则公开、过程公开、结果公开。同时加强新闻宣传和舆论引导工作，强化政府与市场的交流互动，及时解疑释惑，让市场各方充分理解和支持监管工作。

**7. 加强投资者保护的制度建设建议**

实行注册制是探索完善有效市场和有为政府的创新实践，保护投资者合法权益是建设有效市场和有为政府的原则和目标。以信息披露为核心的注册制，不断强化市场在资源配置中的决定作用，需要形成有效的市场约束机制和公司治理结构；加强投资者保护和提高投资者素质，保障投资者的权利公平、规则公平、机会公平，必然成为注册制改革的重要一环和关键步骤。没有投资者的积极参与就没有资本市场的流动性机制，没有高素质的投资者也不会有资本市场的高质量发展。因此，在一定意义上，保护投资者就是保护资本市场。保护投资者合法权益重点通常具有三层含义：一是保护投资者风险承担的适配性，二是保护投资者权责对等的平衡性，三是保护投资者权利公平的普惠性。在资本市场实践中，通过建立投资者适当性管理制度以保护投资者风险承担的适配性，通过建立投资者权益保障机制以保护投资者权责对等的平衡性，通过建立投资者普及教育体系以保护投资者权利公平的普惠性。以信息披露为核心的注册制，需要形成卖者有责、买者自负的融资生态和市场有效、政府有为的投资环境，对健全投资者适当性管理制度、权益保障机制和普及教育体系提出了更高的要求和标准。

**（1）注册制下投资者保护制度的国际实践。**

没有无义务的权利，也没有无权利的义务。美国《1933年证券法》确立的注册制，旨在有效保护投资者合法权益的基本前提下，充分实行公平竞争的原则，最大限度地发挥市场的功能。在信息披露监管方面，美国证券交易委员会（SEC）拥有庞大的专业团队按行业开展发行审核工作，要求发行人信息披露详略得当、风险揭示全面准确、语言表达明白清晰，以高质量的信息披露保障投资者的知情权。在权益保障机制方面，证券集团诉讼制度、赔偿基金制度具有代表性。其中，证券集团诉讼制度的核心是"默示加入、明示退出"，法院对集团所作的判决，对未提出明确反对意见的集团成员均适用。一方面，中小投资者不必发起诉讼即可分享诉讼成果；另一方面，最大限度震慑市场中的不法行为。在赔偿基金制度下，SEC将行政罚没款项依法用于对相关投资者进行补偿，保障民事赔偿责任优先原则的实现。

美国政府部门在加强投资者合法权益保护制度建设与实施的同时，高度重视推进投资者普及教育和自我维权工作。多年来围绕注册制的实施,一个适应多层次资本市场需要、满足投资者多样化需求的投资者教育体系不断得以健全和完善,从多方面多维度推动投资者普及教育事业的发展。1994年SEC设立专门的"投资者教育及协助中心",负责举办和协调全国的投资者教育活动,受理投资者的咨询及投诉。美联储定期在每年4月的"金融扫盲月"通过各种途径提升国民的理财知识水平。美国金融业监管局通过多种形式开展防范金融欺诈的投资者教育,督导美国1.3万家注册投资顾问机构、41.6万注册投资顾问从业人员依法向3400万户投资者提供咨询和投资服务,并建立专门的针对投资顾问的客户投诉和争端解决机制。2003年美国颁布了《公平准确的信用交易法案》,把实施金融教育定为国家战略,致力于促进提高国民的金融素质,保护投资者免受欺诈。2008年次贷危机之后,美国政府依据《多德—弗兰克华尔街改革及消费者保护法》设立的消费者金融保护局,负责监管个人金融产品和服务,确保消费者决策时真正了解金融产品和服务,防止金融机构的掠夺性条款和欺诈行为,并专门设立金融知识办公室负责投资者教育工作。这些机构和组织相辅相成、相互协调,共同致力于提升美国投资者的金融素质,保护金融消费者合法权益。

(2)注册制背景下加强投资者保护的制度建设。

在注册制下,既突出强调投资者维权,加强投资者合法权益的制度保护、行政保护、司法保护,也突出强调投资者教育,提高投资者对合法权益的自我认知、自我主张、自我维护。2013年11月党的十八届三中全会审议通过了《关于全面深化改革若干重大问题的决定》,明确提出推进股票发行注册制改革。以注册制改革为背景下,加强投资者保护的制度建设得以系统性推进。2013年12月国务院办公厅发布《关于进一步加强资本市场中小投资者合法权益保护工作的意见》(国办发〔2013〕110号),从健全投资者适当性制度、优化投资回报机制、保障中小投资者知情权、健全中小投资者投票机制、建立多元化纠纷解决机制、健全中小投资者赔偿机制、加大监管与打击力度、强化中小投资者教育、完善投资者保护组织体系等九个方面做出工作部署。

2017年2月证监会发布《证券期货投资适当性管理办法》，明确将投资者分为普通投资者和专业投资者，要求证券期货经营机构"将适当的产品或者服务销售或者提供给适合的投资者，并对违法违规行为承担法律责任"。2018年11月最高人民法院与证监会印发《关于全面推进证券期货纠纷多元化解机制建设的意见》，决定在全国联合开展证券期货纠纷多元化解机制建设工作；2019年证监会与教育部联合印发《关于加强证券期货知识普及教育的合作备忘录》，具体部署和系统推进"将投资者教育逐步纳入国民教育体系"工作。

2020年3月新修订的《证券法》正式实施，在法律层面确立证券发行注册制的同时，专章规定了投资者保护的内容，明确投资者分类管理、适当性管理、征集投票权、现金分红、先行赔付、纠纷调解、代表人诉讼等制度，特别是在代表人诉讼制度中引入"默示加入、明示退出"机制，加大对中小投资者权益的民事救济力度。同时新《证券法》大幅提升了证券违法行为的处罚力度，对于欺诈发行行为，从原来最高处募集资金百分之五的罚款，提高至募集资金的一倍；对于上市公司信息披露违法行为，取消原来的60万元上限，最高可处1000万元罚款。为贯彻落实新《证券法》关于加强投资者保护的有关规定，2021年9月国务院公布《证券期货行政执法当事人承诺制度实施办法》，2022年1月证监会发布《证券期货行政执法当事人承诺制度实施规定》，通过适用行政执法当事人承诺，当事人交纳的承诺金可用于赔偿投资者损失，为投资者止损提供了及时有效的救济途径。与此同时，证监会先后修订发布《上市公司信息披露管理办法》，制定发布《关于加强注册制下督促证券公司从事投行业务归位尽责的指导意见》《关于注册制提高招股说明书信息披露质量的指导意见》《关于完善上市公司退市后监管工作的指导意见》，进一步压实中介机构"看门人"责任，明确提高信息披露质量要求，强化上市公司、退市公司投资者保护的制度安排。

2020年7月最高人民法院发布《关于证券纠纷代表人诉讼若干问题的规定》，通过细化规定具体的程序规则，为正确实施法律，统一裁判尺度，提高证券集体诉讼质量和效率，提供具有可操作性的指引，保障证券代表人讼诉制度落地实施。2021年11月12日，广东省广州市中级人民法院作出康美药业特别代表人诉讼一审判决：康美药业实际控制人马兴田等高管被判赔偿投资者，52037名投资者获判赔款24.59亿元。标志着以"默示加入、明示退出"为特色的中国式代表人诉讼司法实践落地，作为首例特别代表人诉讼载入中资本市场法治建设的史册。2021年8月最高人民法院办公厅和证监会办公厅联合印发《关于建立"总对总"证券期货纠纷在线诉调对接机制的通知》，实现"人民法院调解平台"与"中国投资者网在线调解平台"系统对接，为证券期货纠纷当事人提供多元调解、司法确认、登记立案等一站式、全流程在线解纷服务，最大限度为中小投资者维权提供便利和途径。2022年1月最高人民法院发布《关于审理证券市场虚假陈述侵权民事赔偿案件的若干规定》，进一步明确虚假记载、误导性陈述、重大遗漏等虚假陈述行为的界定，细化虚假陈述侵权民事赔偿责任的构成要件和追究机制，为人民法院对中小投资者实施民事救济提供具体操作指引。

2021年3月《刑法修正案（十一）》正式施行，对欺诈发行，修正案将刑期上限由5年有期徒刑提高至15年，并将对个人的罚金由非法募集资金的1%~5%的表述修改为"并处罚金"，取消5%的上限限制，对单位的罚金由非法募集资金的1%~5%提高至20%~1倍；对于信息披露造假，修正案将相关责任人员刑期上限由3年提高至10年，罚金数额由2万~20万元的表述修改为"并处罚金"，取消20万元的上限限制；明确将发行人控股股东、实际控制人组织、指使实施欺诈发行、信息披露造假，以及控股股东、实际控制人隐瞒相关事项导致披露虚假信息等行为纳入刑法规制范围；明确将保荐人纳入重大失实罪的犯罪主体，明确其他中介机构出具虚假证明文件、情节特别严重的适用更高一档的刑期，最高可判处10有期徒刑。2021年7月中央办公厅、国务院办公厅印发《关于依法从严打击证券违法活动的若干意见》，从完善法律责任制度体系、健全执法司法体制机制、加强跨境监管执法协作等方面做出系统部署安排。2021年9月18日最高检派驻证监会检察室正式挂牌，北京、上海金融法院相继成立。2022年4月最高人民检察院、公安部发布全面修订后的《关于公安机关管辖的刑事案件立案追诉标准的规定（二）》，对包括 11 种证券犯罪在内的 78 种经济犯罪案件立案追溯标准做出全面修改和补充，其中，欺诈发行案入罪门槛大幅下降，造成投资者直接经济损失数额累计在 100 万元以上，即可入刑；财务造假入刑标准在资产、利润等造假之外，新增收入指标，收入造假达到 30% 即可入刑。上述法律制度、实施机制的完善，充分反映了注册制改革背景下出现的新情况、新变化，进一步健全资本市场违法犯罪法律责任制度体系，夯实了惩治证券违法犯罪、保护投资者权益的法制基础。

**（3）注册制下中国特色投资者保护的探索实践。**

以个人投资者为主体是我国资本市场的最大特色，个人投资者的积极参与也是我国资本市场取得快速发展的基础。截至 2022 年 1 季度末，我国资本市场个人投资者数量达到 2.02 亿，占投资者总数的比例超过 99.78%，占全国总人口的比例高达 13%，是世界上个人投资者参与程度最高的市场。个人投资者是 A 股市场流动性的重要提供者，在一定意义上，保护好个人投资者就是在保护资本市场运行生态的营养结构。近年来，随着注册制改革的不断深入，专业机构投资者持有的流通股市值占比从 2019 年年初的 18%，上升至 2021 年年底的 24.6%，境外机构投资者持有的流通市值占比达到 4.5%，但是个人投资者仍然贡献了日均交易量 80% 左右，尤其是持股市值 50 万以下的中小投资者占到 99% 左右。中小投资者的金融知识、投资经验、专业能力相对不足，风险投资、理性投资、价值投资理念较为薄弱，作为投资者的明了风险、承担险、管理风险的能力（"三险能力"）有待进一步提高，作为股东的知悉权利、规范行权、依法维权的意识（"三权意识"）有待进一步加强，在注册制改革中需要不断改善投资者的能力、素质结构，持续推动中国特色投资者保护的创新实践。

①**加强适当性管理促进改善投资者能力结构**。科创板、创业板试点注册制以来，投资者能力结构发生了积极变化。科创板开户设置"50 万元资产 + 两年投资经验"、创业板新开户设置"10 万元资产 + 两年投资经验"的投资

者适当性门槛。截至2021年6月底,787万名投资者开通了科创板交易权限,较2020年年底增长11.95%;546.32万名投资者开通了创业板交易权限,较2020年年底增长88.32%。投资经验更加丰富,截至2021年6月底,科创板中小散户、大户、私募基金、QFII等投资者盈利账户占比均为70%,反映出注册制下投资者盈亏分布更为均衡,博弈能力增强。从创业板数据看,截至2021年4月底,创业板注册制下新开户个人投资者平均交易经验为11.02年,高于同期创业板、深市主板投资者10.42年、4.58年的平均交易时间。投资者抗风险不断提升,创业板注册制下开通交易权限的投资者中,资产高于10万元的个人投资者占比为68.33%,高于创业板存量投资者、深市主板投资者43.82%、15.07%的水平。

②**丰富入市资金期配提升投资者专业化水平**。随着注册制改革的不断深入,投资者素质的专业化程度不断提升。在科创板、创业板试点注册制中,网下询价对象取消了个人投资者,提升个人网上申购和上市交易的门槛,提高对机构投资者的询价能力、操作规范性要求,引导A股市场普通投资者向专业投资者转变;在注册制下发行配售向公募、社保、养老、企业年金、保险资金等资金倾斜,驱动了中长期资金的不断入市,中长期资金对应的配售对象数量和单个产品规模持续提升。截至2021年年底,证券公司受托管理的资产规模超过11万亿元;公募基金管理规模超过25.50万亿元,其中权益类基金规模达到8.90万亿元,同比增长30%,持有流通A股流通市值达6.30万亿元;QFII持有股票类资产达1.17万亿元,创历史新高;2021年个人投资者全年交易量占比达65.3%,首次降到70%以下。不同期配的入市资金规模趋于均衡,各类投资者的专业化水平不断提升。

③**推动完善投资者维权机制和风险管理工具**。推动健全证券纠纷代表人诉讼常态化机制,研究制定证券代表人诉讼工作指引,制定出台证券期货违法线索举报奖励办法;推动建立证券违法行为人财产优先用于承担民事赔偿责任的制度安排,明确违法行为人所缴纳的行政罚没款用于民事赔偿责任的具体工作机制,进一步完善投资者维权机制和救济方式。深化资本市场投资

端改革，丰富风险对冲、风险管理产品和工具，深入开发和推广 ETF 产品，为个人投资者提供有效的避险工具；逐步推广做市商制度，发挥其价格发现和"稳定器"作用，减少市场非理性行为和"羊群效应"，保护中小投资者利益；进一步扩大公募基金投资顾问试点范围并推动转为常态化业务，大力推进证券公司财富管理业务转型，积极探索"买方投顾"业务的实现方式和有效途径，促进中小投资者依托专业化服务实现理性投资、价值投资；规范发展期货和衍生品交易，有序推出权益类互换合约、远期合约和非标准化期权合约及其组合的交易标的，为投资者提供更多的风险对冲工具和投资产品。

**④推动投资者普及教育提升投资者素质结构**。实行注册制对投资者的"三险能力"和"三权意识"提出了更高的要求，对投资者普及教育工作也提出了更大的挑战。根据证券业协会的调查数据，近40%的个人投资者"读不懂"上市公司年报中的财务指标等专业信息，近25%的个人投资者没有行使过表决权，近30%的个人投资者权益受损没有维权意识表达。基于上述情况，为稳步推进注册制改革，证监会部署开展"读懂上市公司报告"的投资者教育专项工作；证券业协会组织行业机构开展投资者教育进社区、进校园、进乡村"三进"活动，定期在全国20多个公共社区向中老年人群开展理性投资、防范非法集资和金融诈骗宣教；定点以"四合一"机制在校园向青年学生普及金融通识教育，在证券业协会和当地证监局支持、指导下，目前18家证券公司已在15个省市与35所高校合作，推动投资者教育纳入国民教育体系；定向在结对帮扶的323个脱贫县开展乡村振兴公益行动，投资者普及教育是重要内容之一。通过"三进"投资者普及教育活动，落实以人民为中心的发展思想，保障投资者的权利公平、规则公平、机会公平，提升资本市场服务高质量发展的适应性、竞争力和普惠性，引导不同人群的投资者正确认识自己、认识产品、认识市场，提高不同层次的投资者对合法权益的自我认知、自我主张、自我维护，培养新一代高素质的投资者，夯实资本市场行稳致远、高质量发展的基础。

### (六) 注册制改革的效用及实践意义分析

股票发行制度是资本市场的核心制度，在资本市场基础制度建设中具有牵一发而动全身的作用。注册制改革是金融供给侧结构性改革的重要内容，是打造一个规范、透明、开放、有活力、有韧性资本市场的基础设施。从2013年11月党的十八届三中全会通过的《中共中央关于全面深化改革若干重大问题的决定》，提出"健全多层次资本市场体系，推进股票发行注册制改革"，到2022年3月第十三届全国人大第五次会议审议通过《政府工作报告》，明确"全面实行股票发行注册制，促进资本市场平稳健康发展"，经过9年的理论、实践和制度准备，全面实行股票发行注册制所需要的法治基础、制度准备、市场条件已基本具备。全面实行注册制将深度改变资本市场制度运行的基础，资本市场制度体系将更加明确市场化导向，在注册制下，IPO发行节奏常态化、IPO发行定价市场化、中介机构发挥"看门人"作用、发行失败及发行价格修正回归形成市场约束、上市公司预期估值和优胜劣汰形成市场激励成为应有之义和基本特征，以注册制改革为"龙头"将带动资本市场进一步健全以信息披露为核心、市场决定资源配置的基础制度体系，推动有效市场和有为政府的治理体系建设和实践不断成熟定型。

**1. 注册制改革是资本市场基础制度在关键领域的重大突破**

资本市场基础制度是体现发展资本市场的目标、使命和核心原则的立法和实施。在境外没有完全对应资本市场基础制度的术语，而是通过提炼若干"目的""使命"或者"核心原则"，并基于此制定相关法律和规划。例如，美国《1933年证券法》（Rayburn，1933）的立法原则概括为：（1）充分的信息披露要求；（2）以充分信息披露为目标的政府监管，政府不对证券承担保证责任；（3）公司董事、中介机构达到较高的行为准则和受托责任。之后，美国学界对于证券法基础制度的观点，基本遵循20世纪30年代美国证券法立法的基本原则。Zohar Goshend等人认为证券监管的基础制度分为三类：（1）信息披露义务；（2）限制证券欺诈和操纵市场；（3）限制内幕交易。

Frank Eassterbrook 认为证券市场的基础制度由两大部分组成：一是尽职欺诈；二是信息披露。美国证监会公开明确其使命是保护投资者，维护公平、有秩序和高效率的市场，以及促进资本形成。2003 年国际证监会组织（IOSCO）发布《证券监管的目标和原则》，提出证券监管的目标是保护投资者，确保市场公平、高效和透明，降低系统性风险；在此基础上，提出了设计监管机构、自律组织、监管执法、监管合作、集合投资产品、市场中介和二级市场等七个方面、共计三十条原则。

国内较早使用"资本市场基础制度"类似术语的是制度经济学一级法学领域。例如，易宪容（2007）认为，股市本质上就是信用交易，因此证券市场的基础制度就是市场的信用基础，包括市场有效价格机制形成的基础、市场交易主体公平公正交易的平台、市场主体在交易过程中财富不被掠夺的保护机制。再如，王宝树（2014）认为，应当从四个方面推进资本市场基础制度完善：投资者保护制度、证券发行制度、证券交易规则、证券监管制度。关于资本市场基础制度内涵外延的讨论，归纳起来主要有三种代表性观点。（1）资本市场基础制度是为资本市场投融活动和各方权责配置确立基本规范架构、能够决定资本市场生态、支撑保障功能发挥的基础性、关键性制度，包括：①融资准入制度；②投资主体制度；③信息披露制度；④产品供给制度；⑤交易制度；⑥登记结算制度；⑦监管执法制度；⑧法治保障（上海证券交易所研究报告，2021）。（2）资本市场基础制度在资本市场制度体系中发挥着根基性、决定性的作用，决定了市场运行机制和参与主体的行为模式，并衍生出一系列具体制度，其核心功能在于为资本市场的有序运转和发展提供根本保障，包括：①发行制度；②退市制度；③交易制度；④信息披露制度；⑤监管制度；⑥投资者保护制度（深圳证券交易所研究报告，2021）。（3）资本市场制度是指约束股票、债券、基金等市场的证券融资、资金借贷及其他市场行为的正式的行为规范的总和。基础制度在资本市场制度体系中处于"母制度"的地位，一是能够衍生和促进更多资本市场"子制度"的创新；二是能够相互牵引、联动，形成一个整体架构保证资本市场的健康有序发展。基础制度包括：①发行注册及配套制度；②交易制度；③登记结算制度；④产品制度；⑤对外开放制度；⑥投资者保护制度；⑦监管制度（中国登记结算股份有限公司，2021）。资本市场基础制度概念的提出具有三个方面的代表意义：（1）对市场的认识从市场是经济手段，上升到市场是制度安排；（2）资本市场基础制度发挥明确各方权责利、设定关键业务规范、保障市场功能发挥、引导具体制度创新发展的作用；（3）基础制度具有长期性、稳定性，不是某项具体、短期措施安排，具有强制性秩序性，主要是成文的正式制度。

综上分析，注册制改革是决定资本市场发展生态的基础性、关键性制度变革，以信息披露为核心的注册制在资本市场基础制度体系建设中发挥根基性、决定性关键作用。注册制改革必将打破我国资本市场30多年运行习以为常的制度体系、运行模式和价值观念，必然会对市场主体的行为、理念和市场平稳运行带来一定冲击效应，市场参与各方的行为、理念以及社会舆情都需要一个适应期、磨合期。市场参与各方应当从以下方面积极做好识变、应变的准备。

**（1）发行人质量评判标准多元化。** 注册制与核准制的重要区别之一，是上市发行条件的包容性大幅提升。轻资产、高估值、非盈利的"三创四新"企业上市将成为常态，创新创业企业风险高、业绩波动大，将改变以往以盈亏评价好坏、以重资产为估值依据的发行人质量标准，以往"一年盈利二年持平三年亏损"是作为上市公司质量差的标识，而在注册制下将发生颠覆性改变。特斯拉创立17年，上市10年持续亏损，到2020年才首次实现年度盈利，市值从IPO时的200亿美元，升值到当下的1万多亿美元，成为资本市场孵化新经济的典型案例。截至目前，在注册制下已有385家"硬科技"企业登陆科创板，226262家成长型创新创业企业登陆创业板。在全面注册制下，"三创四新"上市公司数量、占比将快速增长，发行人质量评价将呈现多元化趋势，因此，应当有针对性地研究构建适应"三创四新"发行人特点的治理要求和披露指引，在指数样本设置、媒体舆论引导、社会评价体系等方面，提前布局塑造多元化的评价理念;适应以信息披露为核心的注册制,推动以维护投资者合法权益为导向的监管转型。

（2）**发行定价波动非线性化**。发行定价一直是发行制度改革中备受关注的话题。2012年发行定价机制改革,就因发行定价"三高"问题广受诟病等原因而中止。两板试点注册制前期,吸取以往的经验教训,以较为严格的"剔除高报""四值孰低"等机制设计,对发行定价"三高"进行遏制,取得了明显的效果。但由于定价博弈不均衡,出现了"抱团压价"现象,这一期间发行市盈率平均为30.43倍（剔除未盈利及发行市盈率高于200倍的项目）,最高42.80倍,最低23.80倍。2021年10月监管部门出台的定价新规增强了相关机制设计的弹性,"抱团压价"现象得到有效缓解。新规发布后,平均市盈率提升至50.63（剔除未盈利及发行市盈率高于200倍的项目）,并出现了禾迈股份发行价格557.8元/股、东芯股份发行市盈率760.38倍,两个A股IPO定价历史最高峰值的现象。与此同时,从2021年10月以来共计有21个IPO项目破发,破发平均占比为25.53%,低于港股（45.36%）和美股（31.14%）的破发平均占比。常态化的破发机制对发行定价"三高"问题形成市场化约束,迈出了市场化改革的重要一步。虽然经过两板试点,发行定价机制接受了市场检验和峰值压力测试,但是由于价格信号的敏感性,并随着发行失败案例的产生、上市公司业绩的波动、超募资金管理失序、实控人持股减持等情形的出现,定价问题仍将会是舆论关注的焦点。合理的发行定价是较长时间均衡博弈的结果,市场化的发行定价机制也需要投资人结构、素质、能力不断适应的过程。因此,市场化改革应当配套塑造市场化的理念、理论和舆论,打造专业权威声音发布平台,避免众说纷纭,莫衷一是,混淆视听。

（3）**发行节奏速率非均匀性**。科创板试点注册制以后,2019年当年IPO家数和融资额分别增长91.40%和80.70%。创业板试点注册制以后,2020年当年IPO家数和融资额分别增长96.00%和90.50%。2021年IPO家数、融资额分别增长22.00%、13.87%,注册制发行上市的公司占比高达七成。在初步形成全链条全过程质量把关机制的情况下，增幅相对收敛。在 A 股市场一直存在"融资饥渴症"与"市场承受力"的突出矛盾，当全面注册制来临，这组矛盾必将更加尖锐。在没有市场化约束的条件下，审核把关承担着控制节奏的"阀门"作用，但也容易在审核部门的门前形成"堰塞湖"。结合我国资本市场的发展阶段特点，在全面注册制下应当形成两道节奏约束机制。首先是进一步推进发行监管转型，打造全链条全过程的质量把关机制和投资者维权机制，形成发行节奏的外部约束。其次是建立发行失败机制，制定发布发行失败善后指引，促进发行失败常态化，形成发行节奏的自我约束。

（4）**退市与 IPO 频率非对称性**。2021 年全年多元退市公司的数量达 28 家，创历史新高和前五年总和，但是与 2021 年 481 家 IPO 增量相比尚有很大差距，可以预计全面实行注册制之后，这个差距还将拉大。相比而言，美股上市公司规模在 20 世纪 80—90 年代的较长时间里基本保持在 6000 家左右，在 1997 年一度达到 8884 家峰值，经过 21 年市场选择的优胜劣汰，在 2018 年减少至 4397 家，近年来稳定在 4000～5000 家的规模。2021 年 A 股上市公司家数达 4685 家，可以预见在全面注册制下，2022 年将突破 5000 家，并将迎来一个快速增长的过程，而市场机制发挥优胜劣汰作用，尚需一个相当长的时间。退市与 IPO 频率落差大，是专家学者们热议的话题。在落差进一步加大的磨合期，需要提前预设话题引导。同时，进一步研究提高退市风险公司股票和投资者适当性要求等措施，缓释退市机制形成的社会稳定风险，提升市场淘汰机制的有效性。

（5）**投资人利益格局调整非一致性**。发行制度改革必然涉及投资人利益格局的分化、调整。以最为敏感的打新收益为例，2021 年全年平均入围率 77.89%，2021 年 7 月为最高 84.03%，定价新规出台的 2021 年 11 月为最低 56.56%，按照 80% 的入围率模拟测算，A 类 2 亿元规模账户可实现打新收益率 12%，C 类 2 亿规模账户可实现打新收益率 5.3%。可见因为规则调整，打新的收益率曲线波动将加大，加上占比 25.53% 的平均破发率，原有的投资理念、习惯和利益格局将发生很大变化。此外，科创板试点注册制届满 3 年，部分大股东持股、跟投股份锁定期满在即,与全面实行注册制的时间交织,零和博弈的舆论必然甚嚣,市场言论背后是利益的调整、分化。当年创业板新开就有"造富神话""高盛阴谋""贫富差距加速器"的舆情,并引起对相关制度安排的质疑。对此,应当加强资本市场对创新风险、企业家精神激励作用的理论准备、舆论准备;加强相关制度实施对投资人利益影响的模拟测算和评估分析,因势利导,平滑改革对利益格局调整的冲击力;加大投资端的改革力度,拓宽长期资金入市比重,提升改革的系统性、协同性。

**2. 全面实行注册制对促进高质量发展具有更强的竞争力**

推进股票发行注册制改革,是十八届三中全会确定60项具体改革任务之一,不仅是资本市场"牵一发动全身"的改革,而且在实现建设现代化经济体系的国家战略中具有全局性意义,特别是党的十九大确立了我国进入高质量发展阶段,创新是引领发展的第一动力,推动高质量发展需要形成创新驱动的新动能。新经济代表经济增长新动能,在新的发展阶段,新经济担当国家发展与安全的重要使命,资本市场服务新经济的能力成为大国博弈的竞争焦点。国际经验表明,资本市场是促进形成发展新动能最有效率的金融体系。全面实行股票发行注册制,就是要全新打造资本市场服务实体经济的能力和体系,更好发挥资本市场的枢纽作用,促进资本、科技与实体经济高水平循环,加快形成推动高质量发展的新动能。

新经济是新动能形成的实现形式,以创新、创造、创意为重要特征,以新技术、新产业、新业态、新模式为普遍形态。资本市场对新经济成长性和风险的定价机制、对技术创新和企业家精神的激励机制、对公司治理和投融资活动形成的市场约束机制,以及分散决策形成的风险共担与利益共享机制,对适应创新、创意、创造大趋势,推动传统产业与新技术、新产业、新业态、新模式有机融合等方面,具有更高的适应性、普惠性和竞争力,有利于畅通资本与实体经济的良性循环,促进新旧动能转换和高质量发展。资本市场全面实行注册制,在促进高质量发展和新动能形成上可以更好地发挥以下作用。

**(1)为新经济畅通风险投资循环、促进创新资本形成。**新经济是以科技创新为主导的全新经济形态。从时间维度看,技术创新有累积效应和路径依赖,传统的成本收益分析不利于创新,创新活动的成本比较容易量化,但未来的收益有很大的不确定性。作为不确定环境中进行跨期配置资源的工具,资本市场对科技创新具有天然的风险偏好。在企业初创期或者技术研发阶段,资金需求具有高投入、高风险、回报周期长的特点,外部融资需要有较强的容错和风险承受能力。风险投资投入长期资金、承担较高风险换取企业股权,并在企业上市后退出的商业模式与之更为契合,成为孵化新经济企业的重要资金来源。美国资本市场的深度与广度世界领先,一个重要的作用是畅通了风险投资与科技创新的良性循环,使得风险投资在促进创新同时也取得了丰厚的回报。研究表明,风险投资与生俱来的筛选效应和监督效应,能够分辨出具有潜力的新经济企业,并可以利用自身优势帮助企业取得商业成功和市场效益,如为新经济企业链接所需的商业人才、市场资源和管理经验等,帮助企业通过市场检验、优化公司治理、规范财务管理、提高透明度,从而为新经济企业上市融资创造条件。根据清科数据测算,科创板注册制试点以来,风投创投机构在科技公司的投资规模明显提升,2018 年、2019 年、2020 年分别为 6466.5 亿元、7279.7 亿元、和 8925.2 亿元;截至 2021 年年末,国内私募基金已投本金达 8.7 万亿元,其中 25 投向高新技术企业;科创板和创业板上市的公司中,有私募股权和创投基金支持的公司比例分别超过 80% 和 60%。

(2) 为新兴产业合理定价、引导资本向新经济集聚。科技进步是经济增长新动能形成的关键因素。从空间维度看,创新具有集聚和扩散效应。资本市场通过交易形成公司股票价格、发现公司增长价值,同时通过价格信号引导投资者将更多资金投向具有更高成长性的新兴产业,激励更多该产业中的潜在进入者投入生产和研发活动,从而发挥优化资源配置的作用,激发市场主体活力,促进各类要素资源向更高价值的产业领域集聚。由于新经济企业往往代表较为先进的生产力且成长潜力大,因此投资者通常对新经济企业给予较高估值,对新经济发展产生正向的市场激励。20 世纪初,美国信息技术产业蓬勃发展，成为推动美国经济强劲增长的重要动力，纳斯达克市场主动拥抱信息科技企业，进一步助推美国经济结构从传统重化工业向信息服务业转变。截至2021年年底，纳斯达克市场信息技术行业上市公司市净率为13.68，是各行业平均值的2.8倍。仅苹果、微软、谷歌、亚马逊、特斯拉和脸书6家大型科技企业的市值已达11.05万亿美元，占纳斯达克市场总市值的28.37%。从中美两国科创企业上市的实践看，高估值是共同特征之一。其中，既有资本市场对未来价值发现形成的价格信号和横向跨期风险分担形成的预期管理，共同作用形成的创新激励机制；也有市场参与者的羊群效应和"动物精神"导致的非理性繁荣。历史经验显示，改变人类生产力的技术进步，如铁路、电气化、计算机和互联网都曾经历过资产泡沫的洗礼和磨砺，市场价格在通过充分博弈之后，逐步回归理性和价值，持续引导要素资源向新兴产业集聚。特斯拉是资本市场孵化新经济的典型案例，其创立17年，上市10年持续亏损，2020年才首次实现年度盈利，其市值从IPO时的200亿美元一路上涨，如今已超过1万亿美元。

**(3) 为新经济企业科技创新、经营管理形成激励机制。** 新兴产业的兴起与资本市场紧密相关。资本市场在为分散不确定性创造金融产品，推动跨期限、跨产业、跨群体分散风险，增加有效投资；在为新兴产业发展提供金融支持，合理进行资产定价和权益保护；在适应绿色投资回报期长的特点，为中长期资金供给提供制度安排，具有不可替代的竞争优势。从北美大陆掀起铁路建设热潮，到工业化、电气化时代，再到21世纪全球化、信息技术时代，资本市场已经成为推动生产力变革的重要力量。科技创新是一个从技术研发到科技成果转化的长期过程，往往伴随新经济企业生命周期的各个阶段。因此，一个有效的创新体系需要时间与空间两个维度形成正向激励和扶持机制。创新的不确定性与高风险特征使得股权融资优于债权融资。尤其是传统产业与新经济融合发展，创新创业企业走向成长成熟期后，需要灵活运用IPO、再融资、公司债、衍生品等资本市场工具保持市场优势或进行风险管理，并加强公司治理。一方面，人才是新经济发展的核心，将股票、期权等作为薪酬体系的组成部分成为科技公司吸引并留住人才的重要方法。2021年，以首次实施公告日计，科创板133家公司实施了148个股权激励计划，实施股权激励的公司数量占比达35.28%。另一方面，在技术迅速迭代、市场环境不断变化的环境中，通过并购重组注入创新动力、维持技术优势，或者拓展产业链、构建产业生态，成为科技企业有效降低研发成本，保持核心竞争力的重要途径。

### 3. 全面实行注册制对促进实施创新驱动发展战略具有更好的适应性

当前我国经济正处于转变发展方式、优化经济结构、转换增长动力的攻关期，新旧增长动能转换面临较高的不确定性，提高资本市场对新经济的包容度是实现创新驱动发展的重要途径。注册制的理念是保障处于不同发展阶段和水平的各类企业可以依法进行股权融资，注册制的本质是把发行人质量的选择权交给市场。我国资本市场全面实行注册制，健全市场主导的现代金融体系和横向跨期风险分担机制，对转型升级风险、创新创业风险、动能转换风险具有更强的包容性，对促进转变发展方式、优化经济结构、转换增长动能具有更好的适应性。

**（1）多元包容的发行上市条件，增强对新经济企业上市融资服务的普惠性**。注册制与核准制的区别在于发行上市标准的多元包容性，有利于新经济企业及时获得资金支持，提高创新创业成功的概率，维持新经济企业和创新资本形成的规模与活力，为新经济的形成、成长、壮大提供发展新动能。在核准制下，监管部门为把好资本市场入口关对企业财务数据和生产经营进行实质性审核，关注重点主要集中在企业过往状况，对新经济企业的高成长性和生产经营的灵活性缺乏包容，部分"三创四新"企业被排除在外，风险投资、创业投资支持创新的原始动力受到抑制，进而影响到资本市场支持创新的效率和能力。科创板、创业板试点注册制，拓展营业收入、现金流、净利润和预计市值等新维度，多元化、多样化设置上市标准，包容对待尚未盈利成长型企业的融资需求，为不同发展阶段的科技企业上市融资畅通渠道，针对红筹企业和表决权差异安排的企业境内上市打开通道，支持不同类型的新经济企业获得上市融资的机会，对风险投资、创业投资支持创新的引领作用形成激励，更好地满足了存在各类特殊情况新经济企业的资金需求，"三创四新"企业在境内资本市场初步形成聚集效应。根据清科数据测算，风投创投机构在科创公司的投资以IPO形式推出时间占比从科创板开始前的54%提高至84%，其中52%是通过科创板推出，且推出时间缩短13%。

（2）**权责清晰的分散决策机制，增强对新经济企业的孵化作用**。注册制相比核准制更加注重市场在资源配置中的决定作用。通过"建制度、不干预、零容忍"，保障投资人有能力在获得信息的基础上做出投资判断，保证发行人将充分顾虑欺诈发行的法律责任和后果，形成市场价格可以有效反映发行人披露信息的信用基础，构建决策自主、风险自担、责任自负的市场生态，有效提高了资本市场的准入效率和质量。在核准制下，对发行人质量的甄别、选择、把关，在行政审核部门一个"点"上集中决策，往往事倍功半，甚至不堪重荷。实施注册制后，把行政主导的一个"点"上的集中决策，转变为相关市场主体的一条"线"上的分散决策，上游是风险投资、创业投资甄别、选择、培育，中介机构专业鉴证、尽调、保荐。中游是交易所审核把关、证监会注册许可。下游通过投资者市场化博弈定价，以及一、二级市场价格波动修正定价形成约束机制，推动市场准入由行政主导的集中决策方式，变革为相关市场主体共同参与、共担风险的分散决策方式。监管部门的职责从直接负责审核准入，改为制订规则、维持秩序、监管行为，不直接为发行人质量背书。发行人质量由风投、创投机构甄别优劣、发现价值，投资银行通过辅导改制、尽职调查检验质量、发现价格，在发行销售阶段投资者基于投资银行的路演推介自主决策定价、投资来完成投融资活动，实现市场准入从"过关"式质量控制转变为全过程质量控制，通过分散决策有效提升资本市场的准入效率和质量，增强了资本市场对各类新经济企业的孵化作用，有力地促进形成创新驱动发展的新动能。

（3）**均衡博弈的市场化定价机制，促进要素资源向新经济领域加快集聚**。注册制与核准制最重要的差异是发行价格的市场化导向。注册制改革的方向是形成市场化定价机制，更好发挥价格信号在资源配置中的"指挥棒"作用，降低新经济企业上市融资的交易成本，提高新经济企业资源利用效率。从国内实际和国际实践看，近年来新经济企业的估值定价面临三个方面的挑战，需要通过进一步优化市场博弈机制才能有效围绕价值发现合理形成价格。一是核准制下新股定价存在扭曲，在原有的新股发行体制下，市盈率限价、上市首日涨跌幅等限制措施，抑制了市场参与各方充分博弈的意愿，因此，价格形成的市场化程度较低。二是数字化、绿色低碳经济等"三创四新"企业对传统估值方法提出挑战，对于高投入、轻资产的新经济企业，初期可能仍处于亏损状态且行业可比性低，无论是未来现金流预测还是利用可比公司估值都有较大困难，特别是数字经济条件下，对数据价值、数字资产、元宇宙等新业务形态如何估值值得进一步研究。三是二级市场投资者的"羊群效应"易形成估值泡沫，例如2000年前后，纳斯达克市场互联网企业上市的非理性繁荣最终演变成一场互联网泡沫。在科创板、创业板试点注册制前期，吸取以往发行制度改革的经验教训，以较为严格的"高价剔除""四值孰低"等机制设计，对发行定价"三高"进行遏制，取得了明显的效果。但由于定价博弈不均衡，出现了"抱团压价"现象。2021年10月监管部门出台定价新规增强定价机制设计的弹性，"抱团压价"现象得到有效缓解，到2021年年末21个IPO项目出现破发，期间平均占比25.53%。破发现象的常态化对发行定价"三高"问题形成市场化约束，进而迈出了市场化改革的重要一步。随着市场化的定价机制的逐步形成，定价博弈趋于均衡和理性，价格信号引导资源配置的效率进一步提升，市场决定资源配置的作用进一步凸显，将更好地促进要素资源向新经济领域加快集聚。

（4）**高质量信息披露促进信息对称和风险出清，增强对新旧动能转换的适应性**。信息披露是资本市场信用体系的基石。充分、有效的信息披露是落实"卖者有责、买者自负"理念的基础，以信息披露为核心的注册制，要求发行人充分披露投资者作出价值判断和投资决策所必需的信息，促进投资者围绕价值判断合理形成价格，有效发挥价格信号引导资源配置的作用。在注册制下，信息披露理念将由以审核为导向的"免责式"信息披露，转向以投资者价值判断为中心的"精实化"信息披露，更加突出发行人信息披露的主体责任，更加突出投资者价值判断的需求导向；更加强调公司治理的规范性、有效性，加强对实控人、关键人、责任人行为规范的督导；更加注重加强投资者适当性管理和保障"用脚投票"的市场约束机制，不断完善代表人诉讼制度，增强对发行人、中介机构民事赔偿责任的追索机制，有效抑制实控人、关键人、责任人的欺诈动机和行为，构建高质量的信息披露体系，促进消除投资者与发行人之间的信息不对称，促进出清发行人的经营风险、创新风险、财务风险，提升资本市场对新旧动能转换、经济转型升级的适应性。

2019年以来，科创板、创业板试点注册制顺利实施，进一步释放了资本市场促进形成发展新动能的潜力。**一是市场准入效率显著提升，新经济企业股权融资活跃**。两板试点注册制，企业从申请受理到完成审核注册平均用时300天左右，较核准制之下减少近一半，上市融资效率明显提升。自科创板首批新股上市以来，截至2021年年底共计377家公司登陆科创板，募资总额达5079.53亿元，其中属于新经济企业密集的信息技术行业的公司有125家，占比33.16%。创业板试点注册制至2021年年底，共计有262家企业IPO上市，融资总额2135.44亿元。2021年全年，在注册制下上市的公司达402家，占全部IPO家数的76.71%。**二是新经济企业的市场认可度提升，市场化估值定价机制逐步形成**。实施注册制以来，剔除上市时未盈利的企业，截至2021年年底，科创板上市公司的发行市盈率平均为64.55，中位数为41.62。创业板上市公司发行市盈率平均值和中位数分别为31.01和27.53。**三是新经济上市公司优胜劣汰效应初显，市场约束机制逐步形成**。目前，科创板已有9家公司完成定向增发10次，募集资金总额共205.91亿元。其中，首单适用简易程序的定增项目从受理到审批通过仅用时16天。1家公司在上市不到两年后因连续两年净利润亏损和营业收入下降已被实施退市风险警示。

### 4. 全面实行注册制是探索完善有效市场和有为政府的创新实践

注册制改革的目标设定和路径选择，必须植根中国资本市场的实际。注册制改革所构建的市场化、法治化制度安排，必须植根中国的金融体系、监管制度、市场基础和行业文化，必须遵循注册制基本内涵，借鉴国家最佳实践，体现中国特色和发展阶段特征。具体表现在以下方面。

**（1）注册制是构建市场导向型金融体系的重要实践**。从注册制的基本内涵和国际实践看，注册制具有两个基本特征：一是以信息披露为核心，二是市场决定资源配置。以信息披露为核心的注册制，需要建立在三个基础之上：一是卖者有责、买者自负的市场生态；二是精准审核、全程问责的市场监管；三是治理有效、司法追责的市场环境。从核准制向注册制转变，市场在资源配置中的决定作用更加显著。在注册制下，监管理念更加市场化、法治化，监管体制更加突出分工负责、分权制衡的特点，监管生态更加强调发行人、投资者、中介机构、审核部门、行业自律、监管部门归位尽责、各负其责。注册制的核心是处理好政府和市场的关系，是在关键领域探索建立有为政府和有效市场的重大实践。实行注册制需要以市场为导向，强化监管，进一步优化监管资源、职能、责任的适配性，避免监管冗余与真空并存、监管套利和不适应叠加的问题；坚持以规则为基础，减少行政干预，不断优化行政监管与证券交易所之间的分工与协作，落实证券交易所审核主体责任，提高注册、审核把关质量和衔接效率，注重发挥行业协会作为第三方自律组织的补位、平衡、传导作用，增强市场主体的活力、韧性和获得感。截至 2021 年 8 月，4447 家 A 股上市公司中民营企业 2752 家，总量占比 61.83%；1011 家创业板上市公司中高新技术企业 925 家，总量占比 91%；科创板 323 家上市公司中申请专业总量达 10.5 万件，平均每家 324 件。在现代金融体系中资本市场相对商业性银行体系，在服务创新驱动发展方面具有更高的适应性、竞争力、普惠性，特别是在支持科技创新、中小企业、民营企业发展，增强发展的平衡性、包容性、协调性方面具有不可替代的作用，是促进科技、资本和实体经济更高水平循环的重要枢纽。

**（2）注册制提升资本市场服务高质量发展的适应性**。实行注册制形成多元包容的发行上市标准，注重发挥市场在资源配置中的决定作用，强化市场导向的价格形成机制，构建以信息披露为核心的监管规则体系，增强资本市场对转型升级风险、创新创业风险、动能转换风险的包容性，对促进转变发展方式、优化经济结构、转换增长动能具有更好的适应性。实行注册制必将坚守服务实体经济的宗旨和使命，强调资本市场的人民性，推动资本市场贯彻落实新的发展理念，促进发展的平衡性、协调性、包容性。实行注册制必将遵循中国特色资本市场的发展阶段和规律，强调约束资本的负面性，积极引导资本兴利除弊，克服资本"嫌贫爱富"的局限性，克制资本唯利是图的自利性，节制资本急功近利的短视性，抑制资本"脱实向虚"的投机性，发挥好资本市场在现代化经济体系中的枢纽作用，促进资本、科技与实体经济高水平循环。

（3）注册制是银行主导型金融体系优化调整的重要探索。银行主导型金融体系的形成，是我国改革开放40年取得的重大实践成果。根据央行的数据发布，根据央行网站发布的数据，截至2021年年末，我国金融机构总资产为381.95万亿元。其中，银行行业机构总资产为344.76万亿元，总量占比为90.26%；证券行业机构总资产为12.3万亿元，总量占比为3.22%；保险业机构总资产为24.89万亿元，总量占比为6.52%。金融业机构负债总为346.58万亿元，同比增长7.9%。其中，银行业机构负债为315.28万亿元，同比增长7.6%；证券业机构负债为9.35万亿元，同比增长24.4%；保险业机构负债为21.96万亿元，同比增长6.9%。上述数据表明，我国金融资源主要集中配置在银行体系，银行业在金融体系居于主导地位。截至2021年12月末，社会融资规模累计增量为31.35万亿元。其中，对实体经济发放的人民币贷款增加19.94万亿元，总量占比为63.6%；非金融企业境内股票融资1.24万亿元，总量占比为3.9%。表明我国金融资源主要集中配置在银行体系，银行业在金融体系居于主导地位；建设现代化经济体系，推动创新驱动发展、高质量发展，打造具有更好适应性、竞争力、普惠性的现代金融体系，需要推动对金融体系进行结构性调整。实行注册制是金融供给侧结构性改革的重要举措，是对银行主导型金融体系功能发挥的健全和完善，是在银行主导型金融体系优化调整中，推动资本市场融资端、投资端深化改革，促进储蓄转化为有效投资，不断优化资本市场投资者结构，持续提升直接融资比重。

（4）**注册制将更好发挥行政监管的制度优势**。我国资本市场诞生于计划经济体制向市场经济体制转轨的特殊时期，基础制度的构建以行政监管为主导，是中国特色资本市场的重要特征之一。行政主导的监管体系具有权责集中的特点，其优势是整齐划一、令行禁止，其劣势是"一管就死，一放就乱"，不利于市场活力和韧性的形成。实行以市场为导向的注册制，则需要以"放管服"改革为基础，在不断增强市场约束机制作用的同时，更加有效地发挥行政监管的作用，以分权、明责、制衡、平衡为目标，推动监管转型和形成监管合力，发挥行政监管统一规则、统筹协调、统领全局的中心作用，构建共建、共治、共享的治理生态，把上市公司"入门关"由原来偏重行政审核一个点，通过压实发行人的主体责任、中介机构的勤勉责任、投资者的适当性责任、审核部门的把关责任、监管部门的督导责任，形成全过程层层把关的"流水线"，促进发行人、中介机构、投资者各负其责，自律组织、监管部门、司法机构各司其职，市场约束、自律管理、行政监管协同作用，构建规则清晰、权责明确、治理有效、规范有序的监管体系，形成共同促进提高上市公司质量的合力。

（5）**注册制将更注重保护投资者的合法权益**。截至2021年年末，我国资本市场个人投资者达到1.97亿，占投资者总数的比例达到99.8%，占全国总人口的比例为12.8%，是世界上个人投资者参与程度最高的市场。虽然近年来机构投资者持股比例不断上升，平均值达到35.98%，但是个人投资者贡献了日均交易量的80%。在一定意义上看，保护中小投资者就是保护资本市场。注册制改革面对以散户为主的投资者结构，需要客观、辩证地处理好以下三个方面的问题。**一是有效的市场优胜劣汰机制难以短期形成**。散户在风险识别、包容和承受能力有很大的局限性，往往对劣质公司采取逆向选择，加剧市场风险的积聚。**二是有效的市场约束机制需要持续养成**。发行人恪守诚信义务，中介机构坚守勤勉义务，投资者遵守适当性义务，是形成市场约束机制形成的基础。**三是有效的价格形成机制需要均衡博弈**。市场在资源配置的决定作用,是通过市场充分博弈形成的价格信息引导实现的。在注册制改革试点中,采取"高价剔除""四值孰低"等机制设计,对发行定价"三高"问题进行遏制,取得了明显的效果;同时破发现象常态化的出现,对发行定价的市场约束机制进一步形成,发行定价市场化改革迈出重要步伐。

(6)**注册制将全新打造证券行业高质量发展生态**。注册制改革是资本市场基础性制度改革,涉及监管理念、体制的深刻变革,更是证券行业机构能力和责任体系的重塑。从审核制、核准制到注册制,对证券行业机构的能力和责任要求在不断提高和加强。在注册制下,发行人、中介机构、监管部门的权责关系重新界定,发行人、投资者和中介机构的责任关联重新构建,证券行业机构以专业责任作为保证,成为发行人质量把关、发行定价和节奏把控的中枢,业务工作重心从服务"可批性"向服务"可投性"转变,行业发展生态从"数量竞争"向"质量竞争"转变。证券行业机构需要科学识变,准确应变,主动求变,切实树立以客户为中心的理念,更加注重各业务条线的整合与协同,打造一体化、全能型、全业务链的现代投资银行,满足客户全方位、全生命周期的投融资需求;围绕保荐、定价、承销三大能力的形成和提升,全新塑造投资银行的尽职调查、增值服务、研究分析、质量控制的业务逻辑,构建以发行人质量为纽带的利益协同体,以投行项目执行质量评价为基础,压实三道防线的专业责任,构建从业人员专业声誉机制,建立有效的发行人质量市场约束机制和发行价格市场化形成机制,提升价格信号引导资源配置的质量和效率,提升资本市场对新旧动能转换、经济转型升级、创新驱动发展的适配性,形成促进高质量发展的新动能。

# 中篇

## 思远篇

> 霜叶千红心头热，洒向万峰画里裁

资本市场是中国特色社会主义市场经济的最前沿，资本市场制度是在经济体制转轨过程中最先具备现代金融特征和市场经济属性的领域。在转轨经济和大陆法系下，构建现代资本市场制度体系具有特殊的规律性；在中国特色社会主义市场经济中，构建现代资本市场制度体系更是史无前例的理论和实践创新。本篇以资本市场法律制度、监管制度、运行制度的基础理论、历史沿革、国际实践、中国实际为经纬展开系统阐述，深度剖析上市公司治理结构、股权分置改革、上市公司退市制度、并购重组制度、证券发行制度、投资者保护制度、资本市场制度型开放等七个方面制度的形成实践和发展逻辑，深刻辨析上市公司、证券公司两大市场主体的功能作用和发展规律，深入探讨资本市场制度建设在丰富政府与市场关系经济学理论体系的实践意义。

# 资本市场制度理论与实践

资本市场是中国特色社会主义市场经济的最前沿，资本市场制度是在经济体制转轨过程中最先具备现代金融特征和市场经济属性的领域。信用和资本是市场经济的两大核心支柱，现代金融体系的基础功能是创造货币信用和促进资本形成，资本市场是二者有机结合的高级形态。构建中国特色现代资本市场制度，首先要反映现代金融制度的本质和特征，体现跨时间、跨空间交换价值的金融属性，以及信用和资本运行的基本规律；其次要反映市场经济的核心理念和规律，遵循公开、公平、公正原则，体现保护投资人利益、发行人权力及法人财产独立等权利主张，以及有效竞争、有限责任、分散决策、价格机制等市场经济基本法则。在转轨经济和大陆法系下，构建现代资本市场制度体系具有特殊的规律性；在中国特色社会主义市场经济中，构建现代资本市场制度体系更是史无前例的理论和实践创新。本篇以资本市场法律制度、监管制度运行制度的基础理论、历史沿革、国际实践、中国实际为经纬展开系统阐述，并遵循"从实践中来到实践中去"的认识论逻辑，结合从业 30 年来亲历亲为的体验体会，以求真务实的精神深度剖析上市公司治理结构、股权分置改革、上市公司退市制度、并购重组制度、证券发行制度、投资者保护制度、资本市场制度型开放等七个方面制度的形成实践和发展逻辑，深刻辨析上市公司、证券公司两大市场主体的功能作用和发展规律，深入探讨资本市场制度建设在丰富政府与市场关系经济学理论体系的实践意义。

本篇是根据从 2013 年 11 月起在清华大学五道口金融学院讲授《资本市场制度理论与实践》课程的讲义整理而成。讲义为金融学硕士研究生、MBA、EMBA 以及创业领袖、文创金融等培训项目授课百数课时，在经年累月的打磨中逐渐形成理论体系，自成一家之言。

# 一、金融制度国际比较与中国实践

## （一）金融制度的内涵探讨

制度一词在汉语体系中最早出现在《易经》节卦象辞："天地节而四时成；节以制度，不伤财不害民。"可见制度一词既内涵天道规律之义，也有外表法治规则之意。一部金融史，自然满载着制度变迁的一船星河，特别在现代金融制度发展进程中，政府与市场的关系必然是题中应有之义。近现代以来，历史潮流浩浩荡荡，国际竞争波澜壮阔，金融制度的先进性之争在大国博弈中发挥了举足轻重的作用。五百年必有王者兴。15世纪最早崛起的具有世界影响的两个地区性大国葡萄牙和西班牙，先后发起的大航海运动引发了一场在近现代史上具有里程碑意义的"金融革命"，不但为此后的工业革命创造了制度条件，更重要的是开创了现代金融制度的先河。"金融革命"形成了具有划时代意义的现代金融制度，其成就体现在三个方面。一是创建公司制度和资本市场。金融创新促使具有世界影响的第三个地区性大国荷兰的崛起，1650年荷兰阿姆斯特丹诞生了世界上第一家证券交易所，随后股份公司和证券交易所在西欧，尤其是英国，如雨后春笋般得以蓬勃发展。二是构建商业银行和中央银行制度。1694年设立的英格兰银行最早充当了"最后贷款人"的角色，成为现代中央银行制度的滥觞，为英国在1760年爆发工业革命创造了金融条件。商业银行和中央银行制度的形成，"信用被凭空创造出来了"，"信用制度是资本主义的私人企业逐渐转化为资本主义的股份公司的主要基础"（马克思）。三是建立国债发行和政府信用机制。法国历史学家罗代尔认为，国债是英国的秘密武器，这使得人口只有法国1/3的英国能够一而再、再而三地打败法国。与此同时，国债发行和政府信用机制的滥用，也成为密西西比河泡沫事件、南海泡沫事件的重要推手。纵观近现代历史风云的变幻,大国兴衰的沧桑与金融制度的变迁,经济与金融总是押着相同的韵脚演绎着共生共荣的不同故事:金融活,经济活;金融稳,经济稳;经济兴,金融兴;经济强,金融强。经济是肌体,金融是血脉,二者共生共荣。

1. 金融的本质

金融以创造货币信用和促进资本形成功能成为现代经济的核心。广义的金融是指在资产权益基础上以获得这些权力的未来收益为标的而进行的交易过程和这些交易关系的总和。狭义的金融是指为实体经济中的借贷双方、买卖双方和投融资双方提供信用交易代理的中介服务。金融的中介职责就是根据资金供求双方的风险喜好与状况,以及对流动性的不同预期合理匹配资金,满足双方需求。

金融的本质是跨时间、跨空间的价值交换,而金融交易活动的基础是信用制度。英国政治经济学家图克·托马斯提出:"信用,在它最简单的表现上,是一种适当的或不适当的信任。"马克思肯定了图克·托马斯的观点,并强调信用是人与人之间关系的体现。在金融产品交易中存在信用,实质上是对交易方的信任,同时也代表发生信用关系双方当事人的一种价值预期和平等关系。同时以信用为基础的金融活动在促进经济发展中发挥着重要作用,马克思认为,"资本主义生产方式是建立在'相互预付'的信用制度基础上,而资本主义的流通方式并不是'货币流通',而是信用(Credit),即票据的流通"。工业革命之所以在技术落后的西欧发生,就是因为金融革命极大地解放了私人部门的信用创造活动,而信用是资本积累的前提和基础。信用制度为单个资本家或被当作资本家的人,提供在一定界限内绝对支配他人的资本、他人的财产,进而支配他人的劳动的权利,成为促进资本形成和资本积累的重要引擎,从而推动生产力发展和经济社会进步。这一过程也深刻揭示了金融内生于实体经济、服务于生产力发展的内在机理。

2. 金融制度与金融体系

金融制度是指一国用法律形式确立的金融体系。金融制度的主要功能是促进实现家庭和企业、企业和企业之间金融资源的跨空间、跨时间配置。金融体系是指经济体为有效配置资源，将金融产品、市场主体和市场载体等诸多金融要素，按照特定的规则体系组成的综合体。金融制度决定金融体系，根据雷蒙德·戈德史密斯的金融发展理论，金融体系分为：（1）市场主导型（Market–based system），以资本市场为投融资活动中心，企业通过向投资者发行证券直接融资，亦称直接融资体系；（2）银行主导型（Bank–based system），以商业银行为投融资活动中心，企业通过商业银行中介间接获得贷款资金，故称间接融资体系。现代金融结构理论认为，银行主导型金融体系和市场主导型金融体系是现代金融体系两种功能互补的配置资源方式。银行主导型金融体系提供的是纵向跨期风险分担机制，市场主导型金融体系提供的是横向跨期风险分担机制（Allen and Gale，1995，1997）。银行主导型金融体系是以银行信贷和抵押品制度为基础机制设计，具有金融加速器效应和"晴天送伞，雨天收伞"的顺周期调节功能，对宏观经济和金融稳定产生影响。市场主导型金融体系是以资本市场制度为基础机制设计，具有内生的逆周期调节机制，通过市场机制进行信息交互、分散决策、价格发现和风险管理，以市场化形成的价格信号为牵引调节市场供需关系，进而发挥市场在资源配置中的决定作用。

### 3. 直接融资体系和间接融资体系

从机理上看，直接融资与间接融资体现为金融资源配置的不同方式，同时表现为信用制度与政府作用的不同实现形式。在直接融资体系中，信用制度是以金融"脱媒"、分散决策和分担风险为特征，政府的作用是以规则保障市场化形成价格信号的有效性，强调以法制保护投资者合法权益，在为融资人提供资本形成服务的同时为融资人提供价格发现、风险管理、公司治理和股权激励机制；在间接融资体系中，信用制度是以银行中介和团体契约为特征，政府通过中央银行制度影响利率价格的形成，强调保护存款人的合法权益，在满足融资者不同期配融资需求的同时较好地解决信息不对称问题，降低公众风险。

表 1　　　　　　　　　　　直接融资和间接融资的比较

| | 直接融资 | 间接融资 |
|---|---|---|
| 特点 | （1）资金获取的直接性；<br>（2）融资的相对分散性；<br>（3）融资信誉的差异性（风险偏好）；<br>（4）股权融资不可逆性；<br>（5）融资主体的自主性。 | （1）资金获取的间接性；<br>（2）融资的相对集中性；<br>（3）融资信誉差异性小（风险厌恶）；<br>（4）融资具有可返还性；<br>（5）融资主体自主性差。 |
| 方式 | （1）股票市场融资；<br>（2）债券市场融资；<br>（3）风险投资融资；<br>（4）商业信用融资。 | （1）银行信用融资；<br>（2）资产保证融资；<br>（3）消费信用融资；<br>（4）金融租赁融资。 |

直接融资和间接融资的比例反映了一国金融体系的风险分布和平衡程度、金融体系与实体经济的匹配程度，以及金融要素资源的市场化配置程度。

### （二）金融制度的发展演变

国际货币基金组织（IMF）2015年的实证研究显示，市场主导型金融体系比银行主导型金融体系有更好的弹性和更高的效率，更有利于防范和化解金融风险。但实际上金融制度、金融体系并没有优劣之分，只有适应性、禀赋性、结构性之选。两种金融体系在制度变迁过程中，始终保持着良性互动。20世纪以来，全球金融体系出现趋同发展，市场主导型金融体系大力发展全能银行，银行主导型金融体系持续推动资本市场发展。

#### 1. 金融制度的起源与变迁

金融内生于经济，金融制度是经济体系的重要基础设施。纵观全球金融制度的形成和变革历程，一国之兴衰不仅与本国金融之强弱休戚相关，也深受全球金融体系的影响。历史经验表明，金融制度创新铸就了大英帝国"日不落"的辉煌，先进的金融制度造就了美国跨越百年的强盛。回顾3000年东西方金融制度演变史，中世纪的西方神权至上，窒息了政府信用和民间信用的发展,"文艺复兴"唤醒"人的发现",播下民间信用复苏的火种,也点燃了现代金融制度萌发的引信。东方古老的中华帝国在16世纪以前曾经创造了人类经济社会发展的辉煌,而在16世纪以后却走向衰落,一定意义上看是"成也金融败也金融"。英国著名科学史学家李约翰院士在其鸿篇巨制《中国科学技术史》中,提出了著名的"李约翰之问"(也称"李约翰之迷"):在16世纪以前,中国的科学发明和发现遥遥领先于欧洲,但当欧洲在16世纪以后诞生近代科学之时,为什么中国的科学技术的发展却停滞了呢?衍生到经济领域,李约翰之迷就成为:为什么16世纪前中国经济发展水平遥遥领先西方,而在16世纪后却衰落了呢?这个问题的答案五花八门,有政治体制说、经济模式说、文化哲学说,不一而足。经济发展和科技进步离不开"钱"(货币和信用)。毫无疑问,金融制度是大国兴衰是重要因素之一。早在3000多年前西周时代,原始的私人货币开始向政府货币过渡;秦朝统一度量衡和货币(秦半两),并奉黄金为上币,形成贵金属本位和政府信用为主导的金融制度。在之后1500年间,以政府信用为主导的金融制度,推动古代中国经济发展在汉、唐时代渐入佳境,在历史长河中民间信用零零星星时隐时现,时有昙花一现。继而发端于民间信用的纸币,在宋朝政府信用加持下成为世界上最早的"纸币",催生了宋代商品经济发展较汉唐时代更为繁荣昌盛。公元1069年王安石变法推行"青苗法",试图通过强化政府信用抑制民间信用,最终由于变法失败导致政府信用受到很大损害。至明朝时代由于政府财政和信用的深度透支,导致大明宝钞大幅贬值和纸币制度瓦解;公元1581年张居正施行"一条鞭法",一切赋税和徭役皆用白银缴纳,实际形成了白银本位的金融制度,但是明朝政府没有统一铸造银币,放弃了自西周以来政府垄断的货币控制权,依赖白银输入逐渐主宰经济运行,最终"白银危机"爆发成为明清两朝更替与覆灭的导火索。"三千年来谁著史",显然以政府信用为主导的中国古代金融制度,在15世纪以前创造中国古代经济社会1500多年的辉煌,在15世纪以后由于金融制度的倒退,能够促进资本积累、激发工业革命的民间信用受到压制,古老的帝国最终与建立现代金融制度失之交臂。

马克思认为，资本主义革命、资本主义制度的形成不是一般意义上的生产力革命、商品交换革命，而是一场深刻的金融革命。16世纪发生在欧洲的金融革命，起源于地中海地区的私人银行家以过往的债务为抵押发行信用证券，正是这项金融创新极大地提高了欧洲国家的综合国力，特别是增强了战争能力。英国著名经济学家约翰·理查德·希克斯（1969年）在《经济史理论》中认为，英国工业革命不是技术创新的结果，而是金融革命的结果。因为工业革命中使用的技术在之前就已经出现，而只有在出现金融革命之后，工业革命才真正发生。从近现代三次工业革命的发动，都有与之相匹配的金融制度创新，并有与之相适应的金融革命发生。三次金融革命促进创新资本的形成和积累，有效提升了科技成果转化生产力的效率，三次工业革命极大地提高生产效率，带来了生产方式和社会关系的深刻变革，金融革命成为工业革命的重要推手。

以金融服务方式革新为标志，金融制度经历了三次革命。

——以商业银行体系为特征的第一次金融革命为在英国发生的、以蒸汽机使用为代表的第一次工业革命提供了资金支持，人类进入"机器时代"。

——以现代投资银行为特征的第二次金融革命为在美国兴起的、以电力广泛运用为代表的第二次工业革命重构了资本基石，人类进入"电气时代"。

——以资本市场制度为特征的第三次金融革命为在美国萌发的、以新能源、新材料、信息技术为代表的第三次工业革命缔造了新的资本力量，人类进入"信息时代"。

以货币信用基础为特征，现代金融制度经历了三次变迁。

第一阶段：在金本位下，英国首创中央银行制度，大大提升了基于金本位信用的金融体系效率，降低了金融体系风险，替代了固守金本位狭隘定义的西班牙、法国在全球的地位，英镑成为全球金融体系中的基准货币。

第二阶段：第二次世界大战后，美国主导创立了以美元中心的国际货币体系，又称布雷顿森林体系，推动战后欧洲经济的重建与复苏、美国经济发展的"黄金时代"。

第三阶段：布雷顿森林体系"解体"后，美国创立了以不依赖金本位信用的主权货币和高度发达的资本市场为特征的现代金融体系，催生了新一轮经济全球化、信息技术革命和新经济时代，并成功地避免了由"百年一遇"的大危机可能引发的"大萧条"，在危机后不仅率先完成美国经济的"去杠杆"，而且创造了巨量的金融财富。

### 2. 现代金融制度的形成和发展

现代金融围绕银行主导型与市场主导型两种体系形成两套不同的制度范式。

银行主导型金融体系以中央银行与商业银行制度的确立为标志。中央银行被马克思称之为"信用制度的关键"。中央银行制度的起源可以追溯到1694年设立的英格兰银行，最早是依据约定充当商业银行体系"最后贷款人"的角色，1844年英国议会立法确认英格兰银行作为商业银行体系最后贷款人职能。中央银行制度的确立和形成，为英国在18世纪占据全球金融中心地位奠定基础，英镑在全球金融体系中成为基准货币，英国国债在世界范围内享用极高信誉，其长期国债利率仅为3%，银行利率比法兰克福、巴黎要低1~2个百分点，为工业革命提供了"廉价资金"，吸引全球贸易的70%在伦敦进行。这也导致1818—1848年，英国政府负债占GDP的百分比高达250%。这是人类历史上一国政府负债水平的上限记录，也创造了人类历史上的银行主导型金融体系的巅峰。根据国际货币基金组织常用的安全线，一国政府的负债占GDP的水平不应超过60%。近现代以来银行主导型金融体系在以大陆法系作为制度基础的德国发展最为充分。19世纪中后期德国为应对资本主义起步晚、资本积累有限、国内工商企业自有资本比率低的问题，推行了金融超前发展战略，鼓励银行积极参与企业的创办、改组和合并。银行资本与产业资本的融合，造就全能银行在证券市场的支配地位，被称为"银行交易所化"。1957年，德国出台《联邦银行法》，确立"联邦—州"两级中央银行体系，实行以全能银行为主导的金融制度，全能银行除经营典型的银行业务，还广泛从事非银行金融业务。全能银行通过公司透支长期贷款、发行股票债券、直接持有股份和参与公司治理等方式，使其对工商企业具有充分的支配权。德国证券市场长时间没有建立统一的证券法律体系和监管体制，直到1994年颁布《关于证券交易和修改交易所法律规定及证券法律规定的法律》，才形成统一的证券法律体系并设立独立的联邦证券交易监管局。

市场主导型金融体系是以资本市场为核心机制设计。市场主导型金融体系在以普通法系为基础的美国发展最为充分。美国形成市场主导型金融体系具有一定的偶然性与必然性。1776年美国建国与亚当·斯密《国富论》同年诞生。建国之初，在开国元勋汉密尔顿与杰斐逊之间执政理念争论，直接影响到美国金融制度的形成和发展。杰斐逊主张抑制金融，在他眼里华尔街是"人性堕落的大阴沟"；汉密尔顿则推崇市场的作用，主张发展金融，扶持商业活动，并试图找到一条"区分好人和恶棍的界限"。两种执政理念的争议，使得美国两次建立中央银行制度的努力功败垂成，最后以汉密尔顿在国会以放弃纽约成为首都作为让步，为华尔街证券市场自由发展释放出空间，以华尔街为核心的市场主导型金融体系却得以全新塑造。1792年21家经纪商在华尔街62号签订的梧桐树协议，成为纽约证券交易所的前身。协议本身具有排斥政府介入的意图，一直到1933年以前，华尔街证券市场维持着以自律管理为主的特点。华尔街证券市场对美国的百年崛起、百年强盛产生了巨大影响。南北战争期间，华尔街为林肯的北方政府创造性地设计、发售战争国债，通过直接融资方式筹集大量社会资金使北方政府在内战中战胜财政短缺的南方政府。1880—1935年，美国的工业化进程快速发展，以摩根大通为代表的华尔街投资银行为实体经济发展提供了大规模的资金支持，并在金融市场恐慌或者银行危机时期，数次充当中央银行的最后贷款人角色。从美国的西部开发到伊利运河的修建，从铁路的兴起到南北战争，从19世纪后期开始的美国工业化进程到两次世界大战，一直到近年美国经济体中高科技产业的兴起，美国从一个原始而单一的经济体成长为一个强大而复杂的经济体，在经济发展的每一个阶段，以华尔街为代表的美国资本市场扮演了极其重要的角色。华尔街为美国经济发展提供源源不断的资金，促进资本的形成积累和资源的优化配置，而华尔街本身也伴随着美国经济的发展而成长为全球金融体系的中心。

1929年经济危机爆发，罗斯福新政推动出台的1933年《格拉斯—斯蒂格尔法案》，进一步强化分业经营、限制业务范围，形成了美国商业银行数量众多、规模偏小、业务单一的格局。而《1933年证券法》《1934年证券交易法》等规范证券市场发展举措的推出，推动市场主导型金融体系不断成熟定型。在美国，证券交易委员会（SEC）是《1933年证券法》的产物，而《1933年证券法》则是1929年开始的经济危机的产物。在20世纪30年代，SEC真正有创造性的工作，并不是注重行政权力广泛行使，而是依赖自律组织实施预防性监管，避免等到麻烦发生了才倚仗监管部门解决混乱局面。纵观SEC的监管历史，真正的行政监管和处罚并没有被滥用，更多的则是采用非对抗方法，帮助业界遵守证券法。SEC借助一个"有牙齿"的行政监管的威慑，通过与行业自律组织的合作、协调和自律，共同维了护华尔街的活力和韧性。有效的自律管理是保持市场韧性和活力的重要机制。

第二次世界大战之后，随着期权和期货市场创新、NASDAQ诞生、佣金自由化改革、资产证券化兴起，以及衍生品市场与债券市场的成长，强化美国金融体系的市场导向，对推动新一轮全球化、信息技术革命和新经济时代的到来发挥巨大作用。美国从1991年4月到2000年3月的108个月里，经济保持持续增长，通胀率始终维持在较低水平，这主要得益于两个方面：一是发展通讯技术、网络经济为主体的新经济，大力推进经济结构调整；二是发展资本市场，依靠社会资金、市场机制支撑新经济发展。21世纪前10年美国金融业迎来了"光荣与梦想"的年代，"阳光下的所有东西都可以证券化"，华尔街成为美国经济甚至世界经济的发动机。但是也由于金融自由化对市场的放任，引发了2000年互联网经济泡沫、2008年席卷全球的次贷危机。1929年美国拥有股票的人只占2%，今天已有超过50%的美国人拥有股票或者共同基金。20世纪80年代，美国推出了401K计划，数千万美国家庭将养老金源源不断地投资于资本市场并与其实现良性互动和协同增长，每个家庭养老金账户的平均财富与道琼斯指数在过去几十年中的相关系数超过90%。

### (三) 金融制度的国际比较

#### 1. 现代金融制度的实践与挑战

金融制度是各国经济体系中重要的基础设施。一国金融制度的形成与该国的经济发展模式和历史文化传统密切相关，具有典型的"路径依赖性"特征。现代金融制度的形成与金融资本的发展密切相关，随着现代银行制度与资本市场的健全完善而不断演进。马克思指出："随着大工业的发展，出现在市场上的资本，会越来越不由市场上现有资本的部分所有者来代表，而是越来越表现为一个集中的有组织的量，这个量和实际的生产完全不同，是受那些社会资本的银行家控制的。"由于银行制度在资本形成过程中起到的关键作用，马克思称之为"资本主义生产方式的最精巧和最发达的产物"。在欧洲大陆的德国，资本的积累不是靠原始积累和资本市场，而是靠银行体系创造的资金和信用，完成了工业化和现代化的历史进程。率先发展银行而不是资本市场，这是落后国家赶超先进工业化国家的重要途径。改革开放后的中国建立起在全球名列前茅的商业银行体系，用40年的时间赶超其他发达国家200年发展的工业化水平，一举成为全球制造业大国。在工业化最早的英国，除殖民掠夺的原始资本积累之外，资本市场成为信用创造、资本积累和经济发展的动力源。依靠全球最发达的资本市场体系，美国从20世纪60年代开始稳稳地站在全球产业链、价值链的最高端。一开始，银行主导型金融体系与市场主导型金融体系形成的不同金融制度，开创了两条泾渭分明的发展模式，一是以银行主导型金融体系形成的债权驱动发展模式；二是以市场主导型金融体系形成的股权驱动发展模式。随着全球化浪潮的兴起，金融在现代经济发展中核心作用日益凸显，两种金融制度所形成的经济发展模式的界限逐渐模糊，同向、相向发展和双支柱的特征日益明显。

近现代以来，各国基于各自的政治经济体制和历史文化传统形成的不同金融制度和发展模式。银行主导型金融制度发源于17、18世纪的欧洲，直接动因是战争和殖民扩张。为了解决"国王的债务"问题，一条债权驱动发展的道路被开辟出来。首先是"国王的债务"证券化,商品价值中附件了金融价值;其次是银行的信用国家化,政府信用担保催生资产泡沫。发生在18世纪上半叶的密西西比泡沫事件、南海泡沫事件,对早期的银行主导型金融制度和债权驱动发展模式形成产生了深远影响。密西西比泡沫事件发生在1719年,经济学家约翰·劳为解决法国"国王的债务",提出信用货币与纸币本位的理论并付诸实施。他主张不受金银储量的限制,以税收权和不动产为基础发行纸币,用于购买国库券和缴税;设立拥有垄断权利的密西西比股份公司并发行股票,国库券可以按面值兑换公司股票,资产价格上升,债务风险得以缓解。1725年法国股市崩盘,密西西比泡沫破灭,货币回归金银本位,"银行"这个名词在法国被诅咒了一个世纪。约翰·劳在法国的墓志铭写着"这里长眠着那个著名的苏格兰人,他的计算技巧无人匹敌,他用简单的代数规则,把法国变得一贫如洗"。南海泡沫事件发生在1719年,英国作家丹尼尔·笛福为解决英国政府在战争中形成的巨额债务,提出由国王授予南海公司在南美洲贸易特许经营权并实行永久性退税政策,南海公司认购了1000万英镑政府债券。当年南海公司承诺接受全部政府债券转换公司股票,作为交易条件,政府要通过税收逐年向公司偿还,南海公司允许客户以分期付款的方式(第一年只需支付10%的价款)来购买公司的新股票。该方案施行后南海公司股价由年初约120英镑急升至同年7月的1000镑以上。然而1720年年底,政府对南海公司清算时,其实际资产已所剩无几,全民为疯狂炒股付出了惨痛代价。牛顿说:"我能计算出天体的运行轨迹,却难以预料到人们如此疯狂。"这位金本位货币体系的始作俑者,在南海泡沫引起的股市疯狂中赔了5万英镑。经历南海泡沫事件的英国,一时闻"股"色变,并导致"公司制度"在英国停滞发展100多年;同时促使英国进一步完善中央银行制度,推动银行主导型金融体系走向成熟。

市场主导型金融制度的滥觞可追溯到推崇市场经济、商业文化的荷兰。尽管资本主义制度的许多基本概念最早出现在意大利文艺复兴时期,但是现代金融制度的真正创立却发生在荷兰阿姆斯特丹。荷兰人最早将银行、信用、保险、证券市场和有限责任公司有机统一，创设了全球第一家证券交易所——阿姆斯特丹证券交易所，创建了人类有史以来最早的市场主导型金融体系。发达的金融体系为荷兰在全球的贸易和殖民扩张提供了不可或缺的资金，支撑荷兰在第一轮全球化进程中崛起成为"海上霸主"。当然过度迷信市场的作用，也导致荷兰人制造了人类历史上第一次有记载的金融泡沫——"郁金香泡沫"，可谓成也萧何，败也萧何。金融革命成就荷兰的大国崛起，金融泡沫终结了荷兰的"大国梦想"。无独有偶，17世纪50年代荷兰人飘洋过海来到北美新大陆，建立新阿姆斯特丹——纽约，把推崇市场经济的文化传统带到了纽约，以华尔街为标志，用200年的时间塑造起全新的市场主导型金融制度。市场主导型金融制度以古典自由市场理论为基础，恪守市场"看不见的手"自发调节和政府的"守夜人"角色定位。从"梧桐树协议"开始，华尔街一直排斥政府监管的干预和政府信用的介入，直到1929年股灾爆发和在"大萧条"的冲击下，以《1933年证券法》和《1934年证券交易法》出台，政府监管才真正意义上进入华尔街。70多年后发端于华尔街、席卷全球的次贷危机，再次对自由市场理论发起挑战，政府和学界开始重新审视政府和市场的关系。作为2008年次贷危机的"救火队长"伯南克和珍妮特·耶伦2020年在英国金融时报发表文章认为，美联储不仅要承担起"最后贷款人"职能，还要发挥好"最后做市商"职能，维护金融市场秩序——不只是国内，而是全球金融市场，保护市场主体——不仅是金融机构，还包括非金融主体。无论是次贷危机中美联储"行动的勇气"，还是新冠肺炎疫情冲击下美联储推出的无上限量化宽松，政策目标聚焦于通过"救华尔街"，维持资本市场增长，维护资产价格稳定，是市场主导型金融制度的再一次重大修正和完善。次贷危机后，美国依靠三次量化宽松，刺激股市节节攀升，无论标普500还是纳斯达克指数均超过2007年和2008年的高位，资产价格得到修复，去杠杆效果明显。居民部门杠杆率从2008年危机之前占GDP的100%下降到70%，金融机构杠杆率则从2008年危机之前占GDP的120%降到80%，与此同时，公共部门负债水平攀升，银行信贷成本提高，企业负债表保持相对稳健，负债占 GDP 的比例保持在 80% 左右，为美国经济持续走向复苏创造了条件。次贷危机演变成全球性的金融危机，而危机发源地美国却率先实现经济复苏，欧洲经济继续深陷债务"泥潭"，显示出市场主导型金融体系在货币政策的传导机制具有更好的直达性、精准性、有效性，发达的资本市场在优化企业部门债务结构、推动政府部门和居民部门去杠杆中进程发挥了积极的作用。

### 2. 现代金融制度的理论思考

**（1）现代金融制度的发展逻辑。**

现代金融制度的基本功能是创造货币信用和促进资本形成。现代金融制度运行的基本逻辑，一是促进资本竞争机制的有效性；二是促使资本之间矛盾的内在化。马克思认为，"资本是发展社会生产力的重要的关系；资本是自行增殖的价值，是一种关系、一种运动、一个过程"，"劳动社会生产力的提高只是表现为资本的生产力的不断提高"（马克思《资本论》第三卷第99页）。作为人类社会中间的一个阶段——资本主义社会，是通过资本形态的变化来实现的，不同的资本主义发展阶段有着不同的资本代表形态。早期资本主义的商业资本、高利贷资本，演进成为自由竞争阶段的产业资本，再从产业资本演化为一般垄断阶段的金融资本，然后再演变为国家垄断时期的新金融资本。资本的历史使命——推动生产力的发展、拓展世界市场、促进人的全面发展，最终要由资本的最高形态——金融资本来完成。现代金融资本是工业资本、银行资本在生产的集中和垄断基础上的融合，现代金融制度的形成客观反映了这一历史过程。列宁认为，金融资本是资本的最后和最高的阶段。凭借先进的金融制度和雄厚的金融资本，美国保持上百年的金融强国和超级大国地位，随着社会主义市场经济不断深化，深刻认识和把握金融资本和金融制度运行规律，是建立现代经济体系不可回避的重大理论和实践课题。

第二次世界大战后的美国，利息总收入超过利润总收入，成为金融资本影响社会分配的重要标志。随着金融资本不断发展，引起理论界对金融价值和作用讨论。金融经济学理论认为，任何东西或证券都不存在"固有价值"，只存在相对价值，即相对人的效用，取决于能否提升人的效用。价值由未来的收益决定，而不是由过去的成本决定。金融的逻辑是效用决定价值，而不是劳动成本决定价值。所谓商品的价值，也就是其金融价值，一件商品的金融价值可能远大于其使用价值和交换价值，并且可能与其使用价值、交换价值没有直接关系。劳动价值论则指出，生产力并不是源于市场交换过程，而是源于生产过程，市场交换本身并不能提升市场投入要素的生产力，是各类组织通过开发进而利用其所能控制的生产资源来提升生产力，开创性地批判了市场经济理论，进而得出结论"不是资本支配劳动，而是劳动支配资本"，或者说不是虚拟资本支配实体经济，而是实体经济支配虚拟资本。这也是金融内生于经济，金融为实体经济服务的理论基础之一。

信用和资本是现代金融制度的两根支柱。马克思认为，"信用是股份制产生和资本运动的基础"，"资本是以货币为完成形式的价值形态"，"信用是道德化的货币"，资本、信用是一把双刃剑，它是自由的工具，也是奴役的枷锁；它造成了空前的压迫，也孕育着解放的潜力。1840年马克思、恩格斯在《共产党宣言》中表示："资产阶级在它的不到一百年的阶级统治中所创造的生产力，比过去一切时代创造的全部生产力还要多，还要大。"马克思深刻地认识到，把分散的小生产、小农经济集中起来，把分散的生产资料集中起来转变为以货币为表现形式的社会投资，从而向着现代产业经济迈进，这是空前的历史进步，如果没有信用机制作为手段，集中生产资料的这种进步就不可能完成。马克思、恩格斯以资本主义上升时期的英国社会作为研究对象，对信用和资本的消极作用进行了深刻的揭示。马克思指出："社会财产为少数人所占有，而信用使这少数人越来越具有纯粹冒险家的性质。因为财产在这里以股票的形式存在，所以它的运动和转移纯粹变成了交易所赌博的结果，在这种赌博中，小鱼为鲨鱼所吞掉，羊为交易所的狼所吞掉。""当资本来到世间，从头到脚都流着血和肮脏的东西。如果有20%的利润，资本就会蠢蠢欲动；如果有50%利润，资本就会铤而走险；如果有100%的利润，资本就敢于冒绞首的危险，如果有300%的利润，资本就敢与脚踏人间一切道德和法律。"马克思是辩证法大师，他同时在《资本论》及其手稿中充分肯定资本对人类历史和社会发展的积极作用,体现在三个方面。其一,资本改变了关于"空间—时间"的传统观念,打破国家、民族的界域,"创造了这样一个社会阶段,与这个社会阶段相比,一切以前的社会阶段都只表现为人类的地方性发展和对自然的崇拜","由于(资本)开拓了世界市场,使一切国家的生产和消费都成为世界性的了"。其二,资本使社会成员实现对自然界和社会关系的"普遍占有",创造了无与伦比的生产力。"以资本为基础的生产,一方面创造出普遍的产业劳动,即剩余劳动,创造价值的劳动;另一方面也创造出一个普遍利用自然属性和人的属性的体系,创造出一个普遍有用性的体系。"其三,"资产阶级社会本身孕育着的新社会因素",为人类走出资本困境、向更高形态的文明社会迈进创造了条件。"普遍的勤劳,由于资本的无止境的致富欲望及其唯一能实现这种欲望的条件不断地驱使劳动生产力向前发展","它本身已经创造出了新的经济制度的要素,它同时给社会劳动生产力和一切生产者个人的全面发展以极大的推动",从而过渡到"在保证社会劳动生产力高度发展的同时又保证每个生产者个人最全面的发展的这样一种经济形态",最终完成对资本的彻底超越。马克思的这些见解是基于资本主义市场经济的深度思考,具有特定的时代背景和实践特色。社会主义市场经济是中国改革开放形成的伟大实践成果,马克思曾经关注到"亚细亚生产方式"的特殊性,但是没有设想到社会主义条件下可以搞市场经济,当然也就无法预见社会主义国家如何对待资本和信用,深刻认识和把握资本和信用的特性和运行规律是当代中国金融学的重大课题。

商业银行与资本市场是现代金融制度的两大体系。2022年上半年我国政府、居民、企业利息支出7.27万亿元,占上半年GDP的13%;一季度我国金融增加值占GDP的比重为9.2%(美国为8.7%,发达国家平均5%左右,中等收入国家4%左右),两项金融指标在GDP的占比均为世界第一。这个数字说明我国经济主体负债太重,间接融资比例太高,直接融资比重太低,实体部门融资成本高企,导致金融业虹吸实体经济的利润。发展直接融资是资本积累发展到一定阶段和一定条件下的需要和结果,在以创新驱动为发展动力的现代化经济体系中，资本市场促进资本形成、实现风险管理、完成价格发现等功能，在现代金融运行中发挥着"牵一发而动全身"的枢纽作用。当然强调资本市场的作用，并不等于商业银行作用的同等程度下降，二者代表不同的金融制度，它们之间有交叉、有竞争、有互补、有协同，在整个金融体系中发挥各自不可替代的作用。在现代金融体系中商业银行不仅能够满足不同的融资需求，而且是整个信用制度运行的"基础设施"。一方面，商业银行能够对公司和个人的信用进行监督和评定；另一方面，"筹资证券化"中许多证券的发行都有商业银行的信用或者流动性作为后备，商业银行在现代金融体系中仍然发挥着独特的基础作用。从建设创新型国家和促进共同富裕的双重目标发展战略来看，中国金融制度的完善，必然要走出一条"双体系支撑"的新中间道路，即坚持产融分开、分业经营，商业银行通过整体非盈利最大化改革红利，大力发展兼顾机会公平与结果公平的普惠金融；资本市场以支持创新发展、促进机会公平为导向，优化要素资源配置和丰富居民投资渠道。

（2）公司制度与公司金融。

公司制度是与现代金融制度相伴生的一项伟大发明。现代公司制度源于1844年英国公司法确立的准则设立主义，这部公司法规定"凡符合法定条件之社团，一经注册登记即取得法人资格，不必另有特许或者国会法令授权"。准则设立主义从根本上改变了法人的性质和发展方向，公司设立从特许主义到准则主义的变化，实现了公司制度在历史意义上的"从身份到契约"的伟大转折。现代公司制度的核心支柱是"法人财产制度"和"有限责任制度"，1892年德国通过的《有限责任公司法》以及随后法国、日本等国家颁布的《有限公司法》，标志着法人财产制度与有限责任制度的成熟定型。美国著名法学家尼古拉斯·默里·巴特勒认为，有限责任制是"现代社会最伟大的发明，就连蒸汽机和电都无法与之媲美，假若没有有限责任公司，蒸汽机和电的重要性也会相应大大降低"。近现代以来工业革命的浪潮高潮迭起，其核心动力是股份公司制度以及所形成公司金融制度，二者的底层逻辑一致，都是建立在信用基础上的资本形成和积累的实现形式；二者的功能效用相似，都是激发社会资源力量和个体创造活力促进创新创业。在马克思看来股份公司制度不但改变生产力而且改变了生产关系，"资本主义生产积极发展的这个结果，是资本再转化为生产者的财产所必需的过渡点，不过这种财产不再是各个互相分离的生产者的私有财产，而是联合起来的生产者的财产，即直接的社会财产。另一方面，这是所有那些直到今天还和资本所有权结合在一起的再生产过程中的职能转化为联合起来的生产者的单纯职能，转化为社会职能的过渡点"，并阐述股份公司制度功能作用。首先，在规模和形式上，"生产规模惊人地扩大了，个别资本不可能建立的企业出现了。同时，这种以前由政府经营的企业成了公司的企业"。其次，在企业的性质和内容上，"那种本身建立在社会生产方式的基础上并以生产资料和劳动力的社会集中为前提的资本，在这里直接取得了社会资本（即那些直接联合起来的个人的资本）的形式，而与私人企业相对立。这是作为私人财产的资本在资本主义生产方式本身范围内的扬弃"。最后，在企业的管理上，资本所有权和公司经营权分离，"实行执行职能的资本家转化为单纯的经理，即别人资本的管理人，而资本的所有者则转化为单纯的所有者，即单纯的货币资本家"。在当代中国的改革开放实践中，股份制萌芽于20世纪80年代，绝大多数国有企业在20世纪90年代建立现代企业制度过程中改制为股份公司。虽然1993年颁布的《公司法》已确立股份公司制度的法律地位，但是直到2003年10月召开的十六届三全会明确提出"大力发展混合所有制经济，实现投资主体多元化，使股份制度成为公有制的主要实现形式"，股份制才成为中国基本经济制度的重要组成部分，这一年中国经济GDP世界排位第7名。7年之后，2010年中国经济GDP世界排位跃升至第2名。

股份制作为社会化资本的组织形式，与现代金融制度结下不解之缘。股份制经济天然具有金融属性，从而衍生出公司金融理论的研究。公司金融研究是关注考察公司如何有效地利用各种融资渠道，获得最低成本的资金来源并形成合适的资本结构的金融学分支。在互联网时代，公司金融探讨重要命题之一，是最优资本结构理论。近年来，经济学家在公司金融方面观察到一些新现象，例如，微软、IBM、谷歌等科技创新型公司几乎没有债务，其资本结构几乎完全是股权。引发了对公司最优资本结构的讨论，并形成了公司金融的两个重要理论。其一，是莫迪亚尼—米勒定理（简称 MM 定理）：假设资本市场是完善的、无摩擦成本的条件，公司投资回报与融资手段无关，债权或者股权融资可以任意组合。从公司层面看，在无摩擦的情况下不存在最优的公司资本结构，引入摩擦后则存在最优资本结构。过度借债将增加公司的违约风险和破产风险，而股票发行虽不增加破产风险，但在英美的税收法律下，股东需要对其股权按红利缴税，而公司为借债所付利息具有抵税功能，因此最优资本结构是在二者之间达到平衡。其二，是 20 世纪 80 年代迈尔斯和梅吉拉夫在公司金融理论中引入了另一个摩擦因素——信息成本。即一家公司内部人比外部投资者更了解公司信息，如果公司内部人认为市场价格比公司内在价值高时，公司应该更多增加发行股票，同时必须对其股票进行折价。特别是当公司将可能面临债务过度的风险时，应当尽早增加发行股票，提高股权融资比重，把资本结构调整到合适水平。

### （四）金融制度的中国实践

改革开放 40 年在经济领域的重要实践之一，是建立起银行主导型金融体系。我国金融体系脱胎于计划经济体制。1949 年新中国成立后，全面建立起集中统一的计划经济体制。与之相应的，在金融领域没收了官僚资本银行，改造了民族资本银行，建立了独一无二的中国人民银行。改革开放前，中国人民银行的职能是集中银行信用，取消商业信用，使得任何企业之间不能发生信用关系。1970 年财政与银行职能合并，此时的中国人民银行既是发行银行，又是商业银行，银行贷款限于企业临时周转的流动资金，实际上起着财政部门的会计出纳作用。改革开放后财政职能与银行职能开始分设并逐步扩大贷款业务范围，随着商品经济、市场经济的发展，现代意义的商业银行和中央银行制度才逐步形成。

40 年来改革开放实践的重大成果之一，是形成和完善现代金融制度。改革开放总设计师邓小平的三段话,成为我国建立现代金融制度的奠基石。20世纪80年代,邓小平指出,"要把银行真正办成银行。银行应该抓经济,现在只是算账、当会计,没有真正起到银行的作用。要把银行作为发展经济、革新技术的杠杆",一语中的道出现代银行的本质,开启了我国商业银行和中央银行制度建立的先河。上世纪90年代初,邓小平同志指出,"证券、股市,这些东西究竟好不好,有没有危险,是不是资本主义独有的东西,社会主义能不能用?允许看,但要坚决地试",为开创史无前例的社会主义资本市场打开通道;邓小平进一步指出,"金融很重要,是现代经济的核心。金融搞好了,一着棋活,全盘皆活",切中肯綮地指明了金融在现代化经济体系中的功能和作用。三段话代表了中国现代金融制度建设的三个历史进程。

中央银行制度的建立。1983年9月17日,国务院发布《关于中国人民银行专门行使中央银行职能的决定》,中央银行制度正式确立。1995年3月18日,全国人大八届三次会议审议通过《中华人民共和国中国人民银行法》,以法律形式确立中央银行制度。随着上述文件和制度的颁布,中央银行的角色被定义为发行的银行、政府的银行、银行的银行以及执行金融政策的银行。中央银行的职能明确为货币发行、代理国库、为政府融通资金、推行货币政策以及执行金融政策。在现代中央银行体系下,货币的源头是央行发行的基础货币,多数国家央行(如美联储)发行基础货币的途径是以未来政府税收担保发行货币,并在公开市场上买入政府或商业债券的方式投放,被称为"法币"。过去20年我国央行发行的基础货币,主要是央行吸纳的外汇储备,其担保是我国持有的对外债权,因此是一种"商品货币"。截至2019年12月,国家外汇储备总额3.11万亿美元(汇率1:6.98),占人民银行总资产60%以上。货币乘数是流通中的货币总量与基础货币存量的比例,理论上等于银行存款准备金率的倒数,目前我国存款准备金率是17%,货币乘数理论值是5.88。

商业银行制度的形成。20世纪70年代末80年代初,农业银行、中国银行、建设银行、工商银行相继设立(见表2),银行主导型金融体系的雏形初步形成。1993年党的十四届三中全会通过的《关于建立社会主义市场经济体制若干问题的决定》明确提出：建立以国有商业银行为主体、多种金融机构并存、政策性金融与商业性金融分离的金融组织体系和建立统一、开放、有序竞争、严格管理的金融市场体系。经过30多年的规范发展，截至2021年年末，我国银行业金融机构共计4602家，资产规模达到344.8万亿元，占金融机构总资产的90%，是全球最大的银行市场；在全球1000强银行排名中，我国有近150家上榜；根据英国《银行家》杂志发布的排行，工、农、中、建四大银行位居全球十强，已成为全球系统性重要银行。

表2　　　　　　　　　　　四大行设立时间表

| 时间 | 银行 | 备注 |
| --- | --- | --- |
| 1979年2月 | 农业银行恢复 | - |
| 1979年3月 | 中国银行分设 | |
| 1979年8月 | 建设银行成立 | 从财政部独立 |
| 1984年1月 | 工商银行成立 | 从人民银行独立 |

考察银行业发展状况有很多维度，但从金融与经济的关联度而言，可以重点关注货币供应量、储蓄率、社会融资规模三个方面。

货币供应量是反映一国经济循环的质量和杠杆率水平。2017年7月第五次全国金融工作会议提出"千招万招管不住货币都是无用之招"，突出强调中央银行要管好货币总阀门，维护币值稳定和经济增长。"货币化"是改革开放前30年中国经济快速增长的第一动力。1978—1995年，中国GDP年均增长9.7%，通胀率平均为7.5%，广义货币（M2）年均增长25%，M2增长率远超GDP增长率与通胀率之和。2007—2017年M2年均增长15.3%，M2与GDP比重在2016年第一次达到峰值2.08。改革开放以来广义货币供应量占GDP的比重有两次上升高峰，一是1990—2003年第一个上升期，主要源于资产的货币化进程，是土地、产权、房地产等资产货币化交易推动的，房地产开发创造了大量货币。二是2009—2012年第二个上升期，4年内投放了50万亿元，超过1949—2008年59年货币投放累计47万亿元的总和。钱到哪儿去了？2008年5月30日，道琼斯指数为12638.32，上证指数为3433.35，深圳华侨城的房子单价为7000元/平米；十年后，2018年5月30日，道琼斯指数为24361.45，上证指数为3041.44，深圳华侨城的房子单价为17万元/平方米。"房子是用来炒的，股市是用来住的"引起广泛关注，2016年中央经济工作会议首次提出"住房不炒"的房地产政策延续至今。

高杠杆是宏观金融脆弱性的总根源。1995—2017年，我国经济杠杆率（债务与GDP之比）由108.5%上升到256.8%，提高了148.3个百分点，高于巴西144.5%、俄罗斯82.1、印度124.8%和南非127.7%等其他金砖国家，与美国250.9%和欧元区260%接近；我国作为新兴市场国家，杠杆率高于新兴市场191.9%，基本达到发达国家水平的277.1%。从结构上看，我国政府、非金融企业、居民部门债务占实体经济总债务比例分别为18%、63.3%、18.7%。从全球来看，三者占比分别为35.2%、39.4%、25.3%。其中，发达国家相应占比39.4%、33.1%、27.5%；新兴市场相应占比分别为25.4%、54.4%、20.3%。与发达国家和新兴市场相比，我国非金融企业部门债务较高，政府和居民部门相对较低，特别是间接融资比重（超过80%），非金融企业融资结构中股权融资比例不到20%（远低于美国非金融企业股权融资占比超过50%的水平）。对此，第五次金融工作指出："资本市场是我国金融体系的短板，直接制约着去杠杆进程。要把发展直接融资特别是股权融资放在突出位置。"2018年政府工作报告中表述为"保持广义货币M2、信贷和社会融资规模合理增长"，不再延续以往惯例设定"M2、社会融资规模增速的具体指标"。2019年政府工作报告则明确，广义货币M2和社会融资规模增速要与国内生产总值名义增速相匹配，以更好满足经济运行保持在合理区间的需要。2020年政府工作报告则指出，引导广义货币供应量与社会融资规模增速明显高于去年。截至2021年年末我国广义货币供应量（M2）余额238.3万亿元，比上年末增长9%。2017年以来宏观杠杆率年均增长约4.8个百分点，比2012—2016年年均增幅低8.6个百分点；2017—2019年宏观杠杆率总体稳定在253%左右。2020年新冠肺炎疫情暴发后，杠杆率阶段性上升至280.2%，2021年回落至272.5%；同期2021年三季度末美国是281.1%，欧元区是282.1%。

储蓄率和社会融资规模是反映一国经济的活力和韧性。东亚经济的储蓄率普遍较之其他地区经济体高，2018年高出世界平均水平10.1个百分点。数据显示，我国储蓄率从2000年的35.6%升至2008年的51.8%，世界排名第一；2013年储蓄余额突破43万亿元的峰值，为全球储蓄余额最多的国家；2021年年末我国居民储蓄存款余额达到82.14万亿，储蓄率为46%，远高于26.5%的世界平均水平。改革开放40余年来，中国现代金融体系从无到有，建成世界上最完整的金融体系并卓有成效地完成"动员储蓄"的使命，有力地支持了投资率保持在40%左右，从而有效支撑着中国经济长期高速增长。正如李扬教授所说："中国奇迹发生的基础是中国金融体系有效地动员了储蓄并将之转化为投资，这是中国金融发展的最大功劳，而且，这是中国对发展经济学的巨大贡献。"社会融资规模是金融对实体经济资金支持的总量指标，从另外一个角度反映经济的活跃程度。近年来，我国社会融资规模总量不断增大，融资结构持续优化。2021年社会融资规模增量累计为31.35万亿元。比上年少3.44万亿元，比2019年多5.68万亿元。2021年对实体经济发放的人民币贷款占同期社会融资规模的63.6%；企业债券占比10.5%；政府债券占比22.4%；非金融企业境内股票融资占比3.9%。改革开放40多年，我国金融业在相对抑制的环境中取得总量上的长足进步，金融业增加值从1978年的76.5亿元增至2021年的9.12万亿元，占GDP的比重从2.1%增至8%，但是金融业规模的高速增长也在一定程度上造成金融总量过大、资金价格过高、市场结构失衡等问题，削弱了金融业资源的配置效率，难以适应经济高质量发展和建设现代化经济体制的要求。2017年第五次全国金融工作会议指出，金融是现代经济的核心、国民经济的血脉、国家重要的核心竞争力，金融制度是经济社会发展中重要的基础设施；明确金融工作的三大任务是服务实体经济、防控金融风险、深化金融改革。把"深化资本市场改革"列为加强系统研究、完善实施方案的六个方面金融改革重大课题之一。

### (五) 资本市场的探索与实践

#### 1. 资本市场的起源与演进

以 1990 年 12 月上海深圳证券交易所开业为标志,我国资本市场正式成为金融体系的重要一环。从 20 世纪 90 年代开始,中央文件表述的我国建立资本市场的政策目标是提高直接融资比重,是作为完善现代金融体系和防范金融风险的重要举措。金融内生于经济,在经济实践中资本市场是经济发展到一定阶段的制度产物,因此,发展资本市场更直接动因,是微观层面企业建立资本形成机制的内在需要,即在实践意义上,资本市场是现代企业制度(尤其是股份公司制度)的产物。1978 年十一届三中全会确立以经济建设为中心的国家发展战略,渐进式的经济体制改革首先从农村发起,以乡镇企业为代表的"非国有经济"崛起(科斯在《变革中国》一书中称之为"边缘革命"),产品市场的竞争日趋激烈,加上国有企业"办社会"的负担沉重和经营机制僵化,使得国有企业整体经营状况逐渐陷入困境。20 世纪 80 年代的国有企业危机和国有企业改革,直接催生了资本市场的萌芽和发展。国有企业在经历"放权让利"和"拨改贷"等改革探索后,由于缺乏资本形成和资本金增加机制,财务成本和负债率居高不下,严重阻碍了生产力的发展。1984 年十二届三中全会通过《关于经济体制改革的决定》,同年 12 月国务院发布《关于深化企业改革增强企业活力的若干规定》,明确选择少数有条件的全民所有制企业进行股份制试点,开始探索在有计划的商品经济条件下建立资本金形成机制。1984 年 7 月北京天桥商场改制为天桥百货股份有限公司,并发行 3 年期还本付息的股票;同年 11 月上海飞乐电声总厂改制为飞乐音响股份有限公司并向社会公开发行不用偿还本金的股票。股份制试点在当时理论界引发激烈的争论,一种观点认为,实行股份制就是将公有制变为私有制(马宾,1986;关梦觉,1987),另一种观念则认为,股份制改造不会改变企业的公有制性质(厉以宁,1986;刘诗白,1986)。1987 年党的十三大明确提出股份制改造的概念；十四届三中全会通过《关于建立社会主义市场经济体制若干问题的决定》，首次明确国有企业改革的方向是建立"产权清晰、权责明确、政企分开、管理科学"的现代企业制度；十六届三中全会《关于完善社会主义市场经济体制若干问题的决定》，明确提出"大力发展混合所有制经济，实现投资主体多元化，使股份制成为公有制的主要实现形式"，股份制经济成为我国基本经济制度的重要组成部分，从而使发展资本市场名正言顺地成为中国改革的方向。

随着以股份制为主要形式的现代企业制度逐步建立，资本市场从分散的柜台市场逐步向标准化的集中交易迈进。1986年8月经中国人民银行沈阳分行批准，沈阳市信托投资公司向社会开办企业债券转让业务，成为改革开放后全国首家设立债券交易柜台的证券经营机构；同年9月中国工商银行上海市信托投资公司静安证券营业部，开始陆续办理飞乐音响、延中实业等"老八股"的股票买卖业务，成为股票二级市场交易的雏形。截至1987年年底全国累计发行股票10亿元。1987年9月经中国人民银行批准，改革开放后第一家专业证券公司——深圳特区证券公司成立。此后为配合国债在全国范围内的转让推广，中国人民银行陆续批准在各省市筹建了33家证券公司。截至1991年年末在中国证券业协会登记的各类证券经营机构达170家。早期的这些证券经营机构业务结构单一、资产规模较小，且缺乏机构独立性和业务专业性。证券柜台交易的出现和发展，为集中性证券交易所的设立创造了条件。20世纪80年代末，股票市场姓"资"姓"社"争论迷雾重重，上海、深圳市政府却"敢为天下先"着手准备成立集中交易的证券交易所，1988年11月深圳市政府成立证券交易所领导小组，研究成立证券交易市场的可行性（彭森和陈立，2008），1989年12月上海市政府设立专门的工作组筹建证券交易所并将之列入浦东开发的政策中（龚浩成，2019）。当时在经历了1989年的政治风波之后，西方对我国实行经济制裁和封锁，中国需要打开改革开放的局面，需要向全世界表明继续推进市场化改革的决心，开办证券交易所无疑是最有代表性的标志。1990年4月18日时任总理李鹏对外宣布建立上海证券交易所，同年6月朱镕基在境外访问时承诺："上海证券交易所将在年内开业"。外电评论为："这标志着中国改革开放的目标不会变，上海证券市场及金融发展将矗立起一块新的里程碑。"1990年12月19日上海证券交易所正式开业时，时任上海市委书记朱镕基表示，开办证券交易所"标志着我国将坚定不移地继续奉行改革开放的政策"。同年12月1日深圳证券交易所开始试营业。

上海、深圳证券交易所开业是在中国确立建立市场经济体制之前，创立之初的资本市场面临"经济实践需求大，生存发展禁区多"的困境，是踩着"姓资姓社"争论的红线单兵突进、踽踽独行。发展资本市场成为中国改革的方向，是随着市场经济体制和股份公司制度成为我国基本经济制度而逐步确立。1992年10月党的十四大明确我国经济体制改革的目标是建立社会主义市场经济体制；2003年10月党的十六届三中全会明确股份制是公有制的主要实现形式，"两个明确"为资本市场发展奠定了政治基础。在实践中，以2007年股权分置改革基本完成为分水岭，股权分置改革使"股份制改革真正完成""股票市场特征真正形成"（厉以宁，2008），现代意义上的资本市场基础制度真正得以健全完善。发展资本市场成为中国改革的方向，基于三个方面现实需要。其一，发展资本市场是健全现代金融体系的客观需要。1978年政府部门占国民收入分配的28.3%，家庭部门占65.3%，城乡居民存款余额仅210亿元。1990年政府部门占国民收入分配的17.8%，家庭部门占75.2%，城乡居民存款余额仅7034亿元。2017年我国政府、企业、家庭三个部门的可支配收入占比分别是17.96%、21.19%和60.85%。截至2021年年末，人民币存款余额为232.25万亿元，其中，居民存款余额为102.5万亿元。根据吴晓求等（2020）的研究结论，一国经济越发展，居民可支配收入持续增长，股票市场在其金融体系中的相对作用越大；居民收入越高，股票市场的规模越大、活跃度越高。其二，发展资本市场是经济高质量发展的内在需要。世界经济论坛（WEF）2016年的研究报告表明，中国已走过要素驱动发展阶段，开始迈向创新驱动发展阶段，营商环境与市场配置资源能力是更为关键的变量。资本市场对未知风险的定价机制、对转型创新的激励包容、公司治理形成的市场约束以及风险共担与利益共享形成的合作博弈，有利于风险资本、创新创业资本的形成，促进资本向创新经济聚集，从而促进经济更高质量发展。其三，发展资本市场是促进股权驱动型增长的现实需要。2020年新冠肺炎疫情过后，中国经济增长令人振奋。国际货币基金组织2020年10月发布的《世界经济展望》报告中指出，预计2020年全球增长率-4.4%，而中国为全球唯一实现正增长的主要经济体，全年增长为1.9%（实际增长2.2%），但有迹象表明，中国经济可能迎来新一轮的债权驱动型增长。2021年年末我国宏观杠杆率达到历史记录高位272.5%，比2016年年末上升了23.9个百分点，5年年均上升4.8个百分点（2017年全国金融工作会议提出"去杠杆"要求），比2019年高出16.5个百分点（新冠肺炎疫情影响滞后效应）；根据国际清算银行统计的全部报告国家的杠杆率平均水平是264.4%，比2019年高18.3个百分点。表明受新冠肺炎疫情影响债权驱动型增长在全球范围内仍然发挥主导作用。

经过30多年的持续发展，健全的多层次资本市场体系基本形成。在市场结构上以沪深证券交易所主板市场为第一层级，沪深证券交易所科创板、创业板市场和北京证券交易所为第二层级，全国中小企业股份转让系统为第三层级，区域性股权交易市场、证券公司柜台市场为第四层级，形成正金字塔型的多层次资本市场体系，能够满足不同发展阶段、不同风险层次、不同制度供给的企业对资本市场的差异化需求。截至2021年年末，A股上市公司增长至4682家，总市值96.53万亿元，总资产346万亿元，净资产59万亿元，营业收入65万亿元，净利润5万亿元，研发投入1.2万亿元；实体上市公司利润占规模以上工业企业利润的比重由十年前的23%增长到目前的接近50%。2021年IPO与再融资金额合计约1.5万亿元，股票和交易所债券市场融资合计超10万亿元。截至2022年6月末，期货起源品种94个，基本涵盖国计民生的主要领域。股票市场和债权市场规模体量均位列世界第二，期货市场已位列世界第一。A股市场个人投资者达到1.97亿，占投资者总数的比例达到 99.8%，占全国总人口的比例为 12.8%，是世界上个人投资者参与程度最高的市场。

根据央行的数据发布，截至 2021 年年末，我国金融机构总资产为 381.95 万亿元，其中，银行业机构总资产为 344.76 万亿元，总量占比为 90.26%；证券业机构总资产为 12.3 万亿元，总量占比仅为 3.22%。同期社会融资规模累计增量为 31.35 万亿元，其中，对实体经济发放的人民币贷款增加 19.94 万亿元，总量占比为 63.6%；非金融企业境内股票融资 1.24 万亿元，总量占比为 3.9%。全口径直接融资规模占社会融资总额的比重由 2002 年的 4.95% 上升到 11.09%，最近 10 年基本保持在 15% 左右，股权融资规模基本在 5% 左右。

截至 2021 年年末，公募基金管理资产规模超过 25 万亿元，其中，权益类基金管理规模达到 8.9 万亿元，二者分别增长 26%、30%；境内专业机构投资者和外资持有流通股市值占比达到 22.8%，比 2016 年提升 6.9 个百分点；个人投资者交易占比首次下降到 70% 以下。自 2015 年至 2022 年 6 月末，私募基金资产管理规模增加 16 万亿元，增长近 4 倍；股权创投基金累计投资境内未上市企业股权、新三板挂牌企业股权等项目超过 16 万家次，形成股权资金 10 万亿元，2021 年私募股权创投基金项目退出本金达到 2757 亿元，整体回报倍数是 3.35 倍（用退出的本金来衡量）。2021 年投向境内未上市、未挂牌企业股权的本金新增超过 8000 亿元，相当于同期新增社会融资规模的 2.7%。注册制改革试点以来，超过八成的科创板上市公司和六成的创业板上市公司，在上市前获得股权创投基金投资。截至 2022 年 6 月末，私募证券基金管理规模接近 6 万亿元，持有股票流通市值接近 3 万亿元，占股票流通市值的 3%。2021 年股票类私募证券基金的年化收益率中位为 10.6%。

表3 沪深证券交易所上市公司 30 年增长情况

| 时间<br>指标 | 1991 年 | 2019 年 | 增长倍数 | 2020 年 | 增长倍数 |
| --- | --- | --- | --- | --- | --- |
| 家数（家） | 13 | 3777 | 290 | 4173 | 321 |
| 股本（亿股） | 2.29 | 61720 | 9812 | 65456 | 10406 |

续表

| 时间<br>指标 | 1991年 | 2019年 | 增长倍数 | 2020年 | 增长倍数 |
|---|---|---|---|---|---|
| 市值（亿元） | 110.19 | 592935 | 5381 | 797238 | 7235 |
| 交易量（亿元） | 43.67 | 1274159 | 29716 | 2068253 | 47361 |

2. 资本市场的功能与作用

20世纪90年代，默顿（Merton，1995）提出金融功能理论，认为金融发展表现为金融功能的扩大、增强与提升。金融的功能可以分为基础功能、核心功能、扩展功能三个方面。金融的基础功能是服务功能和中介功能，即为经济社会活动提供交易、兑换、结算、保管等服务的功能以及进行简单的资金融通的中介功能，其作用是便利和促进价值的运动。金融的核心功能是资源配置和风险定价；资源配置功能是金融中介功能的复杂化和主动化，直接引导价值运动，优化资源配置；风险定价是对风险资产的价格确定，本质上是对资源配置过程中存在的不确定性进行预估并转化为可能的经济价值成本。金融的拓展功能可以归纳为信息服务、风险管理、衍生品交易和金融中心四个层次。其一，信息服务功能是通过金融体系形成的价格信号，协调不同经济部门的分散决策和预期管理，传导宏观经济走势、中观行业趋势、微观企业经营形势。其二，风险管理功能包含价格发现、风险交易与公司治理；17世纪集中统一的资本市场的出现与发展，对金融领域的风险管理方式变化及其效率改进产生了极为深远的影响。首先，有组织的资本市场的存在和发展，为股票、债券等有价证券提供了流动性，提供了非常直接与便利的风险分散化与对冲的平台；其次，资本市场以及伴随的证券流动性改变了证券原有的"风险收益"特征，激发了更多投资者参与证券投资的兴趣，进一步拓展了金融风险承担主体的范围及实体经济对金融风险的承受能力；再次，与资本市场伴生的资产价格信息显示功能极大地强化了风险管理的有效性；最后，资本市场形成之后成为金融创新的"土壤"，在股票、债券等基础证券之外不断催生出旨在实现不同主体风险优化配置的金融产品、交易策略和风险管理技术，推动金融风险管理体系不断健全完善。其三，衍生品交易功能产生于为了规避金融风险而创设的金融衍生品，在微观层面，金融衍生品的价格变动取决于标的资产的价格变动，金融衍生品市场的供给与需求一定程度上反映现货市场的均衡价格，具有价格发现的作用；在宏观层面，金融衍生品具有促进优化资源配置、降低国家信用风险、调节经济周期的作用。其四，金融中心本质上是金融资源的聚集，谢太峰（2006）认为，金融中心具有货币结算功能、投融资功能、资产重组功能以及信息传递功能。潘英丽（2006）认为，金融中心具有平衡地区资金和金融服务的供给与需求，核心职能是实现金融资源与服务的聚集与辐射。

资本市场在现代金融运行中发挥着重要的枢纽功能。资本市场的功能作用随着经济发展水平不断演进，早期主要体现为促进资本形成，以融资为主推动经济规模化、社会化、市场化发展；随着经济增长向更高阶段发展，居民收入水平向更高水平进步，资本市场功能不断向投融资并重深化，在促进创新发展和社会分配的双驱动作用日益显著。从全球视角看，每一次工业革命都源于颠覆性的科技革新，改变生产方式，提高生产效率，改善生活质量；每一次工业革命都会形成产业新格局，开启全球产业链的重构与竞争；每一次工业革命形成的产业新格局都会有与之相契合的资本市场发挥战略支撑作用，上市公司成为产业新格局的引领者，而每一次上市公司产业结构转型升级都成为激发资本市场生机和活力的重要源泉。美国资本市场是当今世界规模最大、效率最高的市场，华尔街是短短的一条街，却是一个令全球仰望的庞大金融帝国。最近 10 多年，美国依托资本市场高能的资源配置效率，成功推动产业结构由以制造业、金融业为主向科技创新型产业为主转变。美股市值排名前十的企业已由 10 年前的金融、能源和制造业公司主导转变为苹果、谷歌等科技公司领衔。相应地，美国标准普尔 500 指数的所有成份股中，抗周期性较强的信息技术、消费服务、医疗健康等公司数量及市值已分别占到 50.30% 和 63.81%，使指数运行与经济走势更加吻合。上市公司良好的业绩增长和价值创造，是美国股市最近 10 年持续增长的重要原因。2018 年度，全球净利润的 40% 由美国企业创造。全球企业的销售额为 35 万亿美元，较 10

年前增长19%；净利润达到2.8万亿美元，较10年前增长2.5倍。其中美国企业净利润10年间增长3.8倍，起到了重要推动作用；美国企业净利润10年前在"全球份额"占25%，如今已提高到了40%。2017年以来，支撑美国增长的产业已从制造业和零售业等实体产业转换成知识密集型产业，通过美国企业的资产构成可以看出，代表技术实力的专利及代表品牌影响力的商标权等无形资产达到4.4万亿美元，占总资产的26%，达到10年前的2倍以上，超过了工厂及店铺等有形资产。通过对数字化产业的集中投资，美国已经形成了由知识产权等"无形资产"创造利润的产业结构。全球企业整体净资产收益率为13%，美国为18%，欧洲为13%，我国上市公司则在10%左右。2015年，全球知识产权（IP）市场份额美国和欧洲各占40%，但是同期全球技术产品和高科技的销售市场份额美国占比50%，欧洲只占10%。美国与欧洲高科技领域产品市场份额的巨大差异归因于二者不同的金融体系，在促进科技产业化转化效率方面，美国发达的直接金融体系比欧洲成熟的间接金融体系具有更明显的竞争优势。

党的十八大明确"发挥市场在资源配置中的决定性作用"，党的十九大提出"建立现代化经济体系"的战略目标。建设现代化经济体系，发挥市场在资源配置中起决定性作用，最关键的两个环节：一是构建与现代化经济体系相匹配的科技创新体系，不断增强我国经济创新力和竞争力，打造现代化经济体系的战略引擎；二是构建与高质量发展相适应的现代金融体系，推动经济发展质量变革、效率变革、动力变革，促进产业结构转型升级，形成高质量发展的重要支撑。在现代化经济体系中，资本市场为新兴产业发现价格、管理风险、配置资源，成为推动实体经济、技术创新、现代金融、人力资源协同发展最有效率的途径。资本市场在促进创新发展的功能作用体现在以下3个方面。

**（1）为新经济畅通风险投资循环、促进创新资本形成**。新经济是以科技创新为主导的全新经济形态。从时间维度看，技术创新有累积效应和路径依赖，传统的成本收益分析不利于创新，创新活动的成本比较容易量化，但未来的收益有很大的不确定性。作为不确定环境中进行跨期配置资源的工具，资本市场对科技创新具有天然的风险偏好。在企业初创期或者技术研发阶段，资金需求具有高投入、高风险、回报周期长的特点，外部融资需要有较强的容错和风险承受能力。风险投资投入长期资金、承担较高风险换取企业股权，并在企业上市后退出的商业模式与之更为契合，成为孵化新经济企业的重要资金来源。美国资本市场的深度与广度世界领先，一个重要的作用是畅通了风险投资与科技创新的良性循环，使得风险投资在促进创新同时也取得了丰厚的回报。研究表明，风险投资与生俱来的筛选效应和监督效应，能够分辨出具有潜力的新经济企业，并可以利用自身优势帮助企业取得商业成功和市场效益，如为新经济企业链接所需的商业人才、市场资源和管理经验等，帮助企业通过市场检验、优化公司治理、规范财务管理、提高透明度，从而为新经济企业上市融资创造条件。根据清科数据测算，科创板注册制试点以来，风投创投机构在科技公司的投资规模明显提升，2018年、2019年、2020年分别为6466.5亿元、7279.7亿元和8925.2亿元；截至2021年年末，国内私募基金已投本金达8.7万亿元，其中25%投向高新技术企业；科创板和创业板上市的公司中，有私募股权和创投基金支持的公司比例分别超过80%和60%。

**（2）为新兴产业合理定价、引导资本向新经济集聚。** 科技进步是经济增长新动能形成的关键因素。从空间维度看，创新具有集聚和扩散效应。资本市场通过交易形成公司股票价格、发现公司增长价值，同时通过价格信号引导投资者将更多资金投向具有更高成长性的新兴产业，激励更多该产业中的潜在进入者投入生产和研发活动，从而发挥优化资源配置的作用，激发市场主体活力，促进各类要素资源向更高价值的产业领域集聚。由于新经济企业往往代表较为先进的生产力且成长潜力大，因此投资者通常对新经济企业给予较高估值，对新经济发展产生正向的市场激励。20世纪初，美国信息技术产业蓬勃发展，成为推动美国经济强劲增长的重要动力，纳斯达克市场主动拥抱信息科技企业，进一步助推美国经济结构从传统重化工业向信息服务业转变。截至2021年年底,纳斯达克市场信息技术行业上市公司市净率为13.68,是各行业平均值的2.8倍。仅苹果、微软、谷歌、亚马逊、特斯拉和脸书6家大型科技企业的市值已达11.05万亿美元,占纳斯达克市场总市值的28.37%。从中、美两国科创企业上市的实践看,高估值是共同特征之一,其中,既有资本市场对未来价值发现形成的价格信号和横向跨期风险分担形成的预期管理,共同作用形成的创新激励机制;也有市场参与者的羊群效应和"动物精神"导致的非理性繁荣。历史经验显示,改变人类生产力的技术进步,例如铁路、电气化、计算机和互联网都曾经历过资产泡沫的洗礼和磨砺,市场价格在通过充分博弈之后,逐步回归理性和价值,持续引导要素资源向新兴产业集聚。特斯拉是资本市场孵化新经济的典型案例,其创立17年、上市10年持续亏损,到2020年才首次实现年度盈利,其市值从IPO时的200亿美元一路上涨,当下已超过1万亿美元。

(3) **为新经济企业科技创新、经营管理形成激励机制**。新兴产业的兴起与资本市场紧密相关。资本市场在为分散不确定性创造金融产品,推动跨期限、跨产业、跨群体分散风险,增加有效投资;在为新兴产业发展提供金融支持,合理进行资产定价和权益保护;在适应绿色投资回报期长的特点,为中长期资金供给提供制度安排,具有不可替代的竞争优势。从北美大陆掀起铁路建设热潮,到工业化、电气化时代,再到21世纪全球化、信息技术时代,资本市场已经成为推动生产力变革的重要力量。科技创新是一个从技术研发到科技成果转化的长期过程,往往伴随新经济企业生命周期的各个阶段。因此,一个有效的创新体系需要时间与空间两个维度形成正向激励和扶持机制。创新的不确定性与高风险特征使得股权融资优于债权融资。尤其是传统产业与新经济融合发展,创新创业企业走向成长成熟期后,需要灵活运用IPO、再融资、公司债、衍生品等资本市场工具保持市场优势或进行风险管理,并加强公司治理。一方面,人才是新经济发展的核心,将股票、期权等作为薪酬体系的组成部分成为科技公司吸引并留住人才的重要方法。2021年,以首次实施公告日计,科创板133家公司实施了148个股权激励计划,实施股权激励的公司数量占比达 35.28%。另一方面，在技术迅速迭代、市场环境不断变化的环境中，通过并购重组注入创新动力、维持技术优势，或者拓展产业链、构建产业生态，成为科技企业有效降低研发成本，保持核心竞争力的重要途径。

## 二、资本市场法律制度构架与金融风险挑战

### （一）我国资本市场法律制度的历史沿革

资本市场法律制度根源于资本市场的基本功能，是以"公开、公平、公正"原则为基石，形成体系严密、逻辑相通、内在关联、相互支撑的制度生态体系，构成保障资本市场正常运转和有效发挥作用的"四梁八柱"，具有广泛性、系统性、全面性特征，以及连续性、稳定性、可预期性特点。从市场运行看，包括证券发行、证券交易、登记结算、信息披露、资产重组和退市机制等环节的制度安排；从制度效力和层级看，既涉及证券法、公司法、证券投资基金法、期货与衍生品法、私募基金管理条例等法律法规，也包括部门规章、监管规定和自律规则；从市场主体看涵盖规制上市公司、中介机构、交易场所、投资者等主体的行为规范。

我国资本市场法律制度形成于4个逻辑背景，并遵循渐进式改革的基本逻辑不断演进。其一，经济制度在20世纪90年代跨越了3个重大关口，一是由计划经济体制向市场经济体制转轨。1992年党的十四大明确提出我国经济体制改革的目标是建立社会主义市场经济体制，1993年十四届三中全会通过《关于建立社会主义市场经济体制若干问题的决定》，进一步明确经济体制改革的市场化导向，为资本市场法律制度的形成奠定了基础；同时经济体制改革的渐进式特征，也在资本市场法律制度建设上形成了转轨经济的过渡性安排和在制度执行中留下了旧体制运行的惯性。二是国营企业、私营企业建立现代企业制度。我国在坚持以公有制为主体的基本经济制度前提下推进国有

企业改革,核心是企业所有权与经营权分离,先后探索了"放权让利、厂长负责制、承包制、利润分成、租赁经营、利改税和股份制,最终实践证明,只有股份制改革经受住了时间检验"(刘鸿儒,2018)。1993年明确国有企业改革的方向是建立产权清晰、权责明确、政企分开、管理科学的现代企业制度,1994年实施的《中华人民共和国公司法》确立了股份制经济的法律地位,在20世纪90年代渐进式推进了国有企业全面建立现代企业制度的实践。股份制改革是资本市场法律制度形成的基础,国有企业股份制改造是成为上市公司的前置程序,由于旧体制运行惯性和转轨经济的过渡性安排,也在上市公司中形成了改制不彻底、运作不规范的历史遗留问题,尤其在转轨时期的国有企业改制上市形成了资本市场股权分置的制度设计,为后来资本市场的规范发展形成障碍。三是金融体系由银行主导型向资本市场协同发展过渡。提高直接融资比重作为防范金融风险的重要举措,同时作为资本市场发展的政策目标,形成早期资本市场制度建设"重融资轻投资"的倾向。资本市场的出现源于国民收入分配结构、经济货币化程度等外部环境的改变,促使经济运行中的国民储蓄结构与投资结构发生极为深刻的变化。(1)国民收入分配结构变化。1978年以来,随着社会主义国家传统隐性财政收入体制的解体与"放权让利"改革思想的贯彻,中国国民收入结构出现巨大变化。从国民经济部门结构来看,1978—1998年居民可支配收入占总收入的比重稳步上升,从50.7%增加到68.1%,相反企业部门从30.8%下降到13.7%,财政部门从16.9%变化到17.5%基本保持稳定(吴晓求,2001)。(2)经济货币化程度变化。1978年经济体制改革之初,中国至少通过5个渠道推动经济货币化程度不断提升。第一,居民和企业交易需求的增加;第二,农村引入生产责任制之后,成千上万的农民进入市场;第三,乡镇企业的出现;第四,循序发展的个体经济和私营经济;第五,迅速增长的自由市场(易纲,2003)。随着中国经济货币化程度不断提高,货币对整个经济活动渗透力在加强,实物交易、物物交换越来越少,货币作为一般等价物的作用得到了真正的发挥——以M2/GDP、金融相关率两个指标为例,分别从1978年的32%、53.6%上升到 1998 年的 131.6% 和 157%（米建国和李建伟，2002）。（3）国民储蓄结构与投资结构变化。国民收入结构的变化必然导致国民储蓄结构的改变。从部门结构看，随着经济改革的深入，在企业储蓄比重维持在 30%～40% 的同时，政府储蓄比重显著下降，从 1978 年的 60.4% 降至 1998 年 13.2%，其主导地位逐渐被居民储蓄（从 1978 年的 9.5% 上升到 1998 年的 51%）所替代（吴晓求，2001）。在国民储蓄结构变化的同时，伴随着集体经济、个体经济等非国有经济主体的兴起，中国经济中的投资主体也日益多元化，投资结构发生很大变化。以上变化的出现和加大，作为转轨经济形成的单一依靠国有银行为主导的金融模式并不能从根本上改变"储蓄—投资"低效率转化的状况，建立商业银行与资本市场双体系协同发展的现代金融制度应运而生。从金融运行逻辑来看，资本市场作为迥然有别于银行体系的直接融资平台，其发展的动因是基于对传统金融或商业银行间接融资的"去中介化"（金融脱媒），其制度设计也必然与银行体系大相径庭。

其二，资本市场发展阶段按照先发行后交易、先场外后场内、先分散后集中的发展逻辑持续演进，在 20 世纪 80 年代在探索中不断前进，1981 年恢复国债发行，财政部发行了 48 亿元国库券；1984 年北京天桥、上海飞乐、深圳宝安先后进行股份制改造试点并向社会发行股票；随着国有企业股份制改革试点的增多，1986 年 9 月中国工商银行上海市分行信托投资公司静安分公司设立证券营业部，开始办理"飞乐音响""延中实业"等股票的转让业务。随后丹东、宁波、广州、重庆等地开始尝试设立区域股权交易中心，标志着股票二级市场的雏形初现；1990 年上海、深圳证券交易所相继开业，标准化场内集中竞价交易机制形成。

其三，监管体制从分散、多头、混业监管向集中、统一、分业监管转变，经历 3 个阶段的探索实践：1981 年至 1992 年 5 月的分散管理阶段，1992 年 5 月至 1997 年年底的多头共管阶段，1997 年至今的集中统一监管阶段。集中统一的监管体制也经历 3 个发展阶段：第一阶段的标志事件是 1992 年 10 月国务院证券委和中国证监会的成立；第二阶段的标志事件是 1998 年 4 月国务院证券委与中国证监会合并,中国证监会专司全国证券、期货市场监管职责,证券经营机构由人民银行划归证监会管理;第三阶段的标志性事件是2018年3月18日全国人大审议通过机构改革方案,成立国务院金融稳定发展委员会,银监会、保监会合并,形成"一委一行两会一局",集中同业、分业监管新格局;2018年4月27日,在国务院金融稳定发展委员会统筹指导下,中国人民银行、中国银行保险监督管理委员会、中国证券监督管理委员会和国家外汇管理局联合发布了《关于规范金融机构资产管理业务的指导意见》。

其四,我国资本市场制度建设经历了3个里程碑和3道分水岭:一是1990年上海、深圳证券交易所开业,标志着集中统一的交易场所、标准化的发行制度、交易制度形成;二是2005年开启的股权分置改革,使得"股份制改革真正完成""股票市场特征真正形成",从两个方面解决转轨经济遗留下来的制度缺陷,从公司制度层面解决同股不同权问题,构建起公司治理的股东共同利益基础,从市场制度层面解决了价值创造的激励机制问题,通过利益机制、市场机制设计再造,使得创新创业者的价值创造在价格信号中体现出来并形成正向激励;三是2019年科创板试点注册制,拉开了注册制改革的大幕,以更加市场化导向制度设计,更好地发挥市场在资源配置中起决定作用。

科学完备的法律制度体系是资本市场功能发挥的基础,我国资本市场法律制度经过30多年的发展进步,以公司法、证券法、证券投资基金法、期货和衍生品法为核心,以刑法、企业破产法为支撑,以行政法规、司法解释、部门规章、规范性文件为主干,以证券期货交易所、登记结算公司、行业协会自律规则为配套的具有中国特色的资本市场制度体系基本形成。截至2021年年底,与资本市场相关的法律、行政法规、包括司法解释等规范性文件共计2000余份,资本市场基础制度得以体系化完善和升级,行政处罚、民事赔偿、刑事惩戒相互衔接立体化的法律责任体系基本成熟定型。从历史沿革看,资本市场制度体系建设起步于3部部门规章:(1)1992年5月5日《股份有限公司规范意见》(体改生〔1992〕31号);(2)1992年12月《国务院关于进一步加强证券市场宏观管理的通知》（国发〔1992〕68号）；(3) 1993年4月22日国务院发布的《股票发行与交易管理暂行条例》。资本市场制度体系建设定型于4部基本法律：(1)《公司法》（1994年）；(2)《证券法》（1999年）；(3)《证券投资基金法》（2003年）；(4)《期货与衍生品法》（2022年）。《证券法》是资本市场制度体系的基石。1998年12月我国第一部《证券法》诞生，确立资本市场基本制度体系，明确发行审核核准制。其后《证券法》经历3次修正、2次修订，分别为2004年8月第一次修正、2013年6月第二次修正和2014年8月第三次修正，2005年10月的第一次修订和2019年12月的第二次修订。第一次修订主要是确定了保荐制、发审委制、三方存管、退市制度和收购重组制度，第二次修订主要是明确了注册制、信息披露、投资者保护、优化自律管理、有限扩大证券概念、界定多层市场体系等相关内容。

30年来，国务院为推动资本市场发展陆续出台了8份政策性文件，在促进资本市场制度体系健全和完善进程中发挥至关重要的作用。

(1) 1992年12月国务院发布《关于进一步加强证券市场宏观管理的通知》（国发〔1992〕68号），首次明确"证券市场的建立和发展，对于筹集资金，优化资源配置，调整产业结构，转换企业经营机制，促进社会主义市场经济发展有积极的作用"，决定成立国务院证券委员会和中国证监会，理顺和完善证券市场管理体制。

(2) 2004年1月31日国务院发布《关于推进资本市场改革开放和稳定发展的若干意见》（国发〔2004〕3号），明确大力发展资本市场是一项重要的战略任务，有利于完善社会主义市场经济体制，更大程度地发挥资本市场优化资源配置的功能，将社会资金有效转化为长期投资；有利于国有经济的结构调整和战略性改组，加快非国有经济发展；有利于提高直接融资比例，完善金融市场结构，提高金融市场效率，维护金融安全。具体部署包括"积极稳妥解决股权分置问题""进一步提高上市公司质量""促进中介服务机构规范发展"等方面的工作任务。

(3) 2005年10月19日《国务院批转证监会关于提高上市公司质量意见的通知》(国发〔2005〕34号),提出上市公司是资本市场发展的基石,指出由于受体制、机制、环境等因素影响,相当一批上市公司法人治理结构不完善、运作不规范、质量不高,严重影响了投资者信心,制约了资本市场健康稳定发展,提高上市公司质量是摆在我们面前的一项十分重要而紧迫的任务。明确了地方各级人民政府、证券监督部门、各有关部门促进提高上市公司质量的职责和任务;具体部署了完善上市公司治理、维护上市公司独立性、规范募集资金运用、严禁侵占上市公司资金,坚决遏制违规对外担保、规范关联交易、禁止编报虚假财务会计信息等方面的工作任务。

(4) 2013年12月25日国务院办公厅发布《关于进一步加强资本市场中小投资者合法权益保护工作的意见》(国办发〔2013〕110号),提出中小投资者是我国现阶段资本市场的主要参与群体,但处于信息弱势地位,抗风险能力和自我保护能力较多,合法权益容易受到损害,维护中小投资者合法权益是证券期货监管工作的重中之重。具体部署了健全投资者适当性制度、优化投资回报机制、保障中小投资者知情权、健全中小投资者投票机制、建立多元化纠纷解决机制、健全中小投资者赔偿机制、加大监管和打击侵权行为力度、强化中小投资者教育、完善投资者保护组织体系等方面的工作任务。

(5) 2014年5月9日国务院发布《关于进一步促进资本市场健康发展的若干意见》(国发〔2014〕17号),指出我国资本市场为促进改革开放和经济社会发展作出了重要贡献,但总体上仍不成熟,一些体制机制性问题依然存在,新情况新问题不断出现。明确从国情出发,借鉴国际经验,处理好市场与政府的关系、创新发展与防范风险的关系、风险自担与强化投资者保护的关系、积极推进与稳步实施的关系,确立加强建设多渠道、广覆盖、严监管、高效率的股权市场,规范发展债券市场,拓展期货市场,着力优化市场体系结构、运行机制、基础设施和外部环境,实现发行交易方式多样、投融资工具丰富、风险管理功能完善、场内场外和公募私募协调发展的任务目标。

(6) 2020年10月5日国务院发布《关于进一步提高上市公司质量的意

见》(国发〔2020〕14号)，指出资本市场在金融运行中具有牵一发而动全身的作用，上市公司是资本市场的基石，提高上市公司质量是推动资本市场健康发展的内在要求，是新时代加快完善社会主义市场经济体制的重要内容。在规范公司治理和内部控制、提升信息披露质量、支持优质企业上市、促进市场化并购重组、完善上市公司融资制度、健全激励约束机制、健全上市公司退出机制、积极稳妥化解股票质押风险、严肃处置资金占用、违规担保问题、强化应对重大突发事件政策支持、提高上市公司及相关主体违法违规成本、形成提高上市公司质量的工作合力等方面作出工作部署。

（7）2021年3月中办、国办印发《关于依法从严打击证券违法活动的若干意见》，指出打击证券违法活动是维护资本市场秩序，有效发挥资本市场枢纽功能的重要保障，在经济金融环境深刻变化、资本市场改革开放不断深化背景下，资本市场违法行为仍较为突出，案件查处难度加大，相关执法司法等工作面临新形势新挑战。明确坚持零容忍、坚持法治原则、坚持统筹协调、坚持底线思维的工作原则，从完善资本市场违法犯罪法律责任制度体系、建立健全依法从严打击证券违法活动的执法司法体制机制、强化重大证券违法犯罪案件惩治和重点领域执法、进一步加强跨境监管执法司法协作、着力提升证券执法司法能力和专业化水平、加强资本市场信用体系建设、加强组织保障和监督问责等方面作出工作部署。

（8）2021年11月，国务院发布《证券期货行政执法当事人承诺制度实施办法》（国令第749号），依据《证券法》、借鉴国际经验，建立行政执法当事人承诺制度，即国务院证券监督管理机构对涉嫌证券期货违法的单位或者个人进行调查期间，被调查的当事人承诺纠正涉嫌违法行为、赔偿有关投资者损失、消除损害或者不良影响并得到国务院证券监督管理机构认可，当事人履行承诺后国务院证券监督管理机构终止案件调查的行政执法方式。

**（二）资本市场法律制度的国际经验借鉴**

美国最早形成成熟的市场主导型金融体系，也是资本市场最发达、直接融资效率最高的国家,其制度建设经验和立法理念成为资本市场制度建设国际借鉴的最佳实践。美国的资本市场制度可以溯源到《梧桐树协议》,1792年21位早期的华尔街经纪人和3家经纪公司签订了著名的《梧桐树协议》,其本质是经纪人为避免相互杀价而形成的价格卡特尔,同时也以此阻止在股票拍卖中心之外进行证券销售行为,即所谓场外交易。《梧桐树协议》客观上成为了25年后成立的纽约证券交易所的起源。美国现代资本市场体系和制度的定型是在1929年"大萧条"之后,以《1933年证券法》为开端。这部法律主要规范证券发行一级市场,明确证券发行与承销的联邦监管权,规定了证券公开发行注册程序和信息披露标准,建立了一套严格的行政、民事和刑事制裁制度。《1933年证券法》是世界各国证券市场监管立法的典范,又称证券真实法(Truth in Securities Law),共28条,是第一部保护金融消费者的联邦立法,也是美国第一部有效的公司融资监管法。其核心为两点:一是证券投资者有权力获得在市场公开发售证券的公司的所有财务信息和其他重要信息;二是禁止证券中介、证券交易者、证券交易机构等在证券销售中对投资者进行欺诈、提供虚假信息等任何欺骗。1964年国会对《1933年证券法》进行修订,扩大SEC对经纪人实施实质监管的权力,实行经纪人的资格和资本标准。《1933年证券法》之后80多年间美国陆续颁布19部对资本市场制度体系有重要影响的法律(法案)。

(1)《1933年格拉斯·斯蒂格尔法案》:该法案强制商业银行与投资银行分离,对美国银行经营的业务范围作出限制,保证商业银行避开证券业风险。由此形成美国银行后来数量众多、规模有限、业务单一的发展格局。20世纪30年代的一系列旨在严格管制银行业和规范证券市场的举措,为市场主导性金融体系的形成奠定法制基础。

(2)《1934年证券交易法》:这部法规主要规范证券交易二级市场,要求股票交易所必须在联邦政府注册,所有在交易所上市的证券必须满足《1933年证券法》的信息披露要求;确立对场外市场进行监管,预防欺诈和市场操纵。1975年国会对《1934年证券交易》进行修改,改革了证券经纪人固定佣金制度，要求 SEC 加强对自律组织的管理。

（3）《1940 年投资公司法》：这部法规对投资公司的组织形式、治理结构、资本结构、信息披露、估值方式等进行规范，禁止投资公司进行再融资、卖空交易，要求投资公司在 SEC 注册并定期披露信息。

（4）《1940 年投资顾问法》：这部法规要求为获得报酬而从事投资顾问的个人和企业在 SEC 注册，禁止投资顾问欺诈、滥用非公开信息，并对投资顾问合同进行规范。1970 年国会对《1940 年投资顾问法》进行修订，取消仅作为投资公司的投资顾问的注册登记豁免，并禁止按照投资收益比例获取顾问费用。

（5）《1970 年证券投资者保护法》：这部法规旨在为破产证券公司的客户提供金融帮助，要求所有注册经纪商应成为证券投资者保护公司的会员，会员每年必须根据总收入情况向基金缴纳保费。

（6）《1980 年小企业投资促进法》：这部法规修正了《1940 年投资公司法》中免除风险投资公司在 SEC 的注册和定期披露要求，并放宽其他限制，给予投资者更多的灵活性，以促进资本流向高科技、高成长产业。

（7）《1984 年内幕交易惩戒法案》：该法案授权 SEC 对内幕交易者按照牟利金额的 3 倍处以民事制裁，对于主动参与或没有采取措施阻止内幕交易的证券公司，SEC 可以给予停业 1 年或撤销注册登记的处罚。

（8）《1988 年打击内幕交易及证券欺诈法案》：该法案对内幕交易自然人的处罚金融提高到 10 万~100 万美元，对非自然人可处高达 250 万美元的罚款。刑事犯罪的最高刑期从 5 年延长到 10 年，还要求券商和投资顾问采取措施防止内幕交易。

（9）《1990 年证券实施救济及廉价股票改革法案》：该法案加大了 SEC 的执法权限，规定新的司法和行政救济措施，明确 SEC 对廉价股票市场的监管和执法权。

（10）《1990 年国际证券执法合作法》：这部法规授权 SEC 在调查和起诉跨国证券违法行为中与其他国家的监管机构开展合作。

（11）《1996年全国证券市场促进法》：这部法规规定管理资产不低于2500万美元的投资顾问适用联邦一级监管，管理资产低于2500万美元的投资顾问或注册投资顾问适用州法监管。

（12）《1999年金融服务现代化法案》：该法案确立了金融混业经营体制，放宽银行业、保险业和证券业的经营权限，允许通过设立金融控股公司的方式开展混业经营，出售任何金融产品和服务；明确由美联储对金融控股公司实施监管，货币监理署（OCC）监管银行子公司、SEC监管证券子公司、州保险厅监管保险子公司。同时赋予监管对象一定的选择权。

（13）《2002年萨班斯·奥克斯利法案》：该法案要求设立上市公司会计监察委员会，授权对为上市公司提供审计报告的公共会计师事务所实施注册、检查、调查、处分，加强中介机构的监管；要求上市公司高管对公司财务报告的准确性负责，规定增强的融资财务披露、防范分析师利益冲突的要求，加大救济力度并加重对违法犯罪行为的处罚。

（14）《2009年证券欺诈执行与复苏法》：这部法规明确证券欺诈规定的适用范围扩展到商品及衍生工具欺诈，禁止对联邦政府的欺诈扩展到不良资产救助计划及《经济刺激法》，并授予联邦政府对欺诈进行调查和起诉的权力。

（15）《2010年多德·弗兰可法案》：这部法规的主要内容一是完善金融监管体系，设立金融稳定监督委员会（FSOC），识别和防范系统性金融风险；二是扩大监管范围，填补监管漏洞；三是提高金融监管标准，减低金融机构"大而不能倒"的风险；四是完善公司治理和高管薪酬激励机制，加强金融机构自我约束；五是建立全覆盖的有序分享处置和清算安排，突出联邦存款保险的作用；六是成立金融消费者保护机构，加强金融消费者保护。

（16）《2012年创业企业融资法案》（JOBS法案）：该法案的主要内容一是简化小型公司IPO流程和注册要求；二是放宽私募证券的发行和转售的条件限制；三是规范使用网络平台从事公众小额网上集资；四是放宽私人公司进行小额公开发行的规模；五是提高公众公司在股东人数上的门槛；六是提高银行和金融控股公司转变为公众公司在股东人数上的门槛要求。

（17）《2013年沃尔克规则》：该规则一是禁止参与存款保险的商业银行或金融控股公司从事证券、衍生品、商品期货和期权为标的自营交易；二是限制银行投资对冲基金和私募基金（作为JOBS法案一部分，美国银行业被要求应在2015年7月21日前完全符合"沃尔克规则"）。

（18）2018年修订《沃尔克规则》：2018年5月，特朗普政府签署《经济增长、放松管制与消费者保护法》，重新修订"沃尔克规则"，放松对特定中小银行自营交易限制，资产规模小于100万元的社区银行，可免除"巴塞尔协议Ⅲ"的约束，系统性重要金融机构认定"门槛"从500亿美元升至2500亿美元等。

（19）2020年修订《沃尔克规则》：2020年6月25日美联储发布公告，允许银行通过基金结构从事某些交易，对允许交易内容提供了更明确的规定，并取消银行在其附属机构进行衍生品交易时必须持有保证金的要求。

最近20年间美国资本市场法律制度进行了4次较大的变化，每一次变化都是应美国经济和金融市场发展的现实性需求对监管规则进行修订，在放松监管和加强监管之间寻求平衡，在分业经营与混业经营之间不断寻求突破。1999年11月4日美国国会通过的《金融服务现代化法案》，引入"效率和竞争"的概念，废除了沿袭60年之久的《格拉斯·斯蒂格尔法案》，允许混业经营，标志着金融法律已经由规范金融活动、管理和防范金融风险，发展到促进金融市场主体联合、竞争和效率。2000年出台的《商品期货现代化法案》豁免了对场外市场交易的衍生品证券的监管，体现了适应市场发展、放松监管的取向。2002年安然事件爆发后出台的《萨班斯法案》，大幅提高了对上市公司治理的要求。2007年次贷危机爆发后出台的《多德·佛兰克法案》，加强了金融监管和投资者保护。另外，全球金融竞争成为资本市场法律制度现代化的内生动力。20世纪末以来，金融综合经营模式引发了多样化的金融产品创新，金融产品分类监管的传统金融监管模式受到挑战，主要金融大国不断完善金融市场、资本市场立法，力求构建以各种投资（金融）产品为对象的横向的金融法制。

在上述法律制度支撑下,美国形成健全的多层次资本市场体系,为处于不同发展阶段、不同生命周期的企业融资提供不同的制度供给。

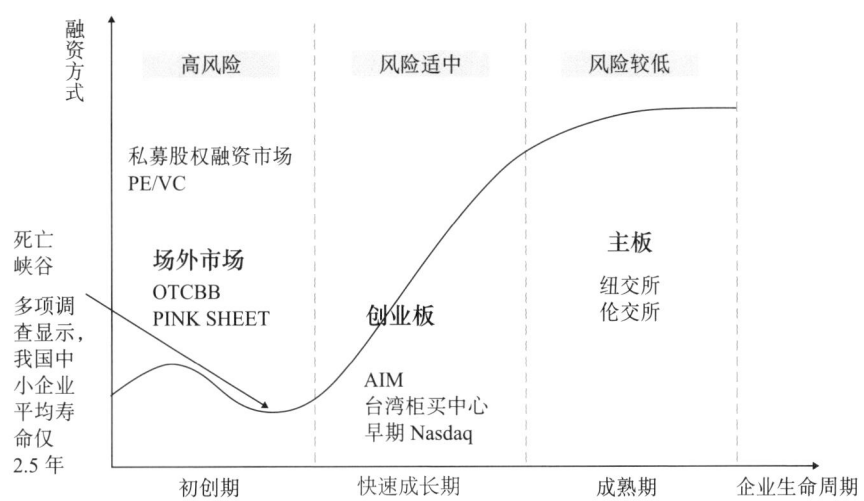

**图 1 企业生命周期与对应的融资方式**

**表 4　　　　　　　　　　美国多层次资本市场体系**

| 市场类别 | 市场类型 | 代表市场 | 特点 |
| --- | --- | --- | --- |
| 上市公司股票交易市场 | 交易所 14 家 | NYSE、NASDAQ 等 | 在 SEC 注册为交易所 |
| | 另类交易系统 76 家 | 电子通信网络和黑池平台 | 在 SEC 注册为经纪自营商及另类交易系统 |
| | 券商柜台市场 200 多家 | 做市商平台 | 在 SEC 注册为经纪自营商 |
| 非上市公司股票交易市场 | 场外市场 | 粉单市场和公告板市场 | 交易由做市组织完成,通过报价系统连接 |
| | 非标权益市场和私募市场 | 私募市场、第二板市场 | 针对客户需要提供个性化的交易服务 |

美国资本市场是一个立体的有深度的市场体系,有 14 个证券交易所、76 家另类交易系统(ATS)和 200 多家经纪自营商柜台交易平台。ATS 是指符合联邦证券法关于交易所定义,但是未注册为全国性交易所的交易系统。ATS 有两种运作模式:一是电子通信网络(ECN),其综合报价数据提供最优价格报单;二是"暗池",针对交易规模较大的机构投资者提供不对外披露报价和

交易信息，目的是避免大宗交易对市场价格形成冲击。截至 2017 年末，全美共有 3726 家券商、63 万从业人员、16 万个分支机构（不包括 14000 多家在 SEC 注册的投资顾问以及大量在州注册或豁免注册的投资顾问）提供上市证券的交易服务和非上市证券的场外交易服务，共同构成一个无缝隙的市场结构，既满足不同规模、行业、经营状况、盈利水平和发展阶段企业的融资需求，又有利于投资者判断市场风险状况，进而制定不同风险偏好的投资决策。

美国资本市场的制度体系形成于实践，制度的变革与创新来自理论与实践的变革与创新。刘鸿儒（2008）指出，证券市场监管并不是仅仅通过行使行政权力就能够做好的事情，还需要思想和理论。监管制度和机构的确立和重大演变需要建立在理念指导和大量调查研究的基础上，并且要体现被这些调查研究论证过的观点和想法。美国证券交易委员会前主席卡里经常提到一句话："没有思想的技巧是一种危险；缺乏技巧的思想只能是一团混乱。"美国证券制度体系的核心法规无一不是建立在充分调查研究的基础上。《1933 年证券法》的形成基础是佩科斯研究报告以及相关的国会听证会辩论，会议记录长达 12000 页。《1938 年詹德勒破产法修正案》《1939 年信托契约法》的基石是道格拉斯完成的长达 8 卷的调查报告。1940 年的《投资公司法》《投资顾问法》是以希斯主持的长达 5100 页的研究报告为基础的。1961—1964 年科恩主持的《资本市场专题研究报告》，其前瞻性把握了国际金融秩序的变革、放松管制和金融创新、上市公司并购浪潮、共同基金大发展等重要趋势，为证券市场监管提供了翔实的依据，推动了如证券市场重构、佣金改革、改进会计标准、强化上市公司行为监管、市场准入条件、销售行为、共同基金销售、交易所纪律程序等监管改革和措施出台，其重要作用在后来几十年中得到了充分证明。

### （三）金融危机的挑战和金融风险的防范

#### 1. 金融危机的挑战

金融危机的挑战与金融风险的防范是金融制度建设题中应有之义。一部国际金融史，既是一部金融创新史，也是一部金融危机史。过去400年，全球发生了至少68次较大规模的金融危机；过去100年，伴随着人类金融活动的不断深化，金融危机爆发的频次显著增多，超过此前300年的总和。金融危机是一个永恒的现象（金德尔伯格），但也并非无迹可寻，"历史不会重复自己，但会押着同样的韵脚"（马克·吐温）。基于过去800多年历史数据的研究发现，历次金融危机产生的共性表现有：资产价格大幅上升，债务负担加剧，经济增长率波动，经常账户赤字等。虽然每一次危机都是新的，但都是流动性危机。每一次金融危机的出现或多或少有以下共同特征。一是金融危机将不可避免、周而复始地发生。2007年次贷危机与20世纪二三十年代的大萧条都发生在重大技术革命之后，技术革新推动的经济繁荣必然出现周期性收缩，体现为生产要素变革的周期性。政府更替、经济情景和舆论民意影响公共政策带有周期性特征，金融监管政策经常在加强和放松之间摇摆。可以说，人类与生俱来的贪婪、恐惧、侥幸和群体盲目性，引起非理性繁荣与衰退的交替。二是资产流动性强弱决定经济周期的长短与频率。标的资产流动性越强，泡沫形成的速度越快，周期相对较短，反之周期较长。泡沫的形成直接或间接地同货币供应量、利率政策密切相关。三是金融危机具有高度的传染性、关联性与系统性。四是市场出清速度决定金融危机时长与复苏能力。金融危机的频发，既是金融活动的"动物精神"和金融体系的不稳定性使然，更是金融机构的内部治理和文化要素不健康驱动，特别是文化要素更深刻影响到审慎要求和道德要求（安青松，2022）。每一次金融危机都意味着政府与市场关系的严重失调，每一次金融危机都意味着金融监管的失败和随之而来的重大变革（刘鹤，2015）。

2008年11月，当全球金融危机呼啸而至之际，82岁的英国女王伊丽莎白二世访问伦敦经济学院，女王对聚集于此的全球精英学者们提出了一个尖锐的问题："既然这场危机的规模如此空前，那怎么会居然没有人预见到呢？""女王之问"直刺当代资本主义两大失灵的心脏：其一，西方资本主义经济在2007—2008年濒临崩溃，至今未能复苏；其二，金融危机持续发酵，而主流的经济学家却没能搞清楚这场危机的个中缘由（迈克尔·雅各布斯、玛丽安娜·马祖卡托，2017）。这场金融危机暴露了全球金融制度体系在运行和监管时的根本弱点，美联储前主席格林斯潘在国会接受质询时承认，金融监管所赖以建立的自由市场理论的重大缺陷和金融机构自我调节能力的全面崩溃令他"万分震惊，难以置信"。"有效市场假定"认为"各种组织，特别是银行，具有自利性，因此它们有最好的能力保护股东和企业的权益"，事实却与之相反，金融市场具有系统性的价格失真缺陷和风险，往往容易造成灾难性后果。

面对金融危机的挑战，通过对危机的深刻反思，金融制度体系在以下八个方面需要重新审视实践效果和重构理论基础。

（1）政府立场：救还是不救？当危机来临，政府干预会造成道德混乱，不干预会造成金融系统崩溃。应当看到，救助"大而不能倒"的系统重要性金融机构，在一定程度上可稳定市场信心，并阻止个体风险向系统性风险转化。次贷危机爆发后，金融稳定理事会（FSB）发布《降低系统重要金融机构的道德风险》报告，提出力求使所有具有系统重要性的金融机构、市场和工具都受到适当监管，其程度应与其在本地和全球范围内的系统重要性相一致。危机之后，美国、英国、荷兰等国家将危机中监管的教训转化为具体的改进措施，在金融监管技术和监管文化上迈出积极的改革办法。例如，荷兰央行发布了《行动计划：从分析到执行》《稳健文化七要素》，提出相比界定一家金融机构的合规程度而言，对金融机构战略的脆弱性及其企业行为、文化进行客观描述更为困难，监管变革不仅是改进监管办法中的技术环节，必须与金融机构的内部文化、决策程序和日常工作实践相结合。

（2）虚拟经济与实体经济：脱钩还是结合？虚拟经济是指资本以金融系统为依托进行的相关活动，对于发展实体经济具有三个方面积极作用：一是为社会投融资双方提供高效平台，集中分散资金，为实体经济提供长期资金来源，促进资本形成和集聚，实现资源优化配置；二是通过市场化的交易机制，实现资产的合理定价，通过价格信号引导社会资本流向生产效率较高的企业或者行业；三是提供风险共担、利益共享的市场机制，引导各类风险投资进入科技创新领域，促进科技成果的产业化进程。但是，如果虚拟经济脱离实体经济，过度自我膨胀和循环，会导致资产泡沫的形成，引发资源错配，造成经济体系相对交割混乱，从而加速实体经济长期空心化。马克思认为，生产力并不是源于市场交换过程，而是源于生产过程，市场交换本身并不能提升市场投入要素的生产力，是各类组织通过开发进而利用其所能控制的生产资源来提升生产力，开创性地批判了市场经济理论，并提出"不是虚拟经济支配实体经济，而是实体经济支配资本"，让资本为劳动服务、为劳动者服务。

**（3）会计政策：坚持传统还是"盯市"？** 传统会计选用历史成本计量原则作为会计计量的主要基础，但是存在无法全面准确地表达各会计要素的现时价值，也缺乏对未来各会计要素的价值估计，在信息相关性和及时性方面存在不足。20世纪70年代，美国在应对金融危机过程中形成公允价值概念。20世纪90年代，金融衍生工具产品的大量产生以及随之而来的金融风险，使得公允价值成为唯一能够被正式认可的计量属性。在应用公允价值计量中，主要依赖活跃市场的"盯市"原则，但这一原则在金融危机中暴露出不合理性。因为在交易量低、投机性和盲目性大、信息不对称情况下形成的市场价格不能反映实际的公允价值。2011年5月，国际会计准则委员会发布第13号国际财务报告准则《公允价值计量》，有针对性地完善和优化公允价值计量方法。

**（4）金融体系：直接融资还是间接融资？** 直接融资体系的风险包括：①市场信息、市场情绪和短期流动性的变化容易导致资产价格波动；②各项金融业务的界限模糊，金融机构在信息不透明条件下进行高杠杆操作，风险容易相互传染，导致系统性风险。间接融资体系的风险包括：①由于缺乏控制权市场，容易出现企业的"贷款软约束"，造成不良贷款积累，增加系统性风险；②在价格发现、资源配置等方面缺乏市场化机制，金融体系缺乏弹性和效率。金融体系的形成取决于实体经济的特性，随着经济发展金融体系将发生相应变化，直接融资体系与间接融资体系应形成互补关系。直接融资体系有利于建立以资本为核心的公司治理结构，形成企业发展的微观基础，同时有利于拓宽融资渠道，提高社会经济效益，提高经济发展质量。间接融资体系有利于形成企业所需要的资金供给，促进企业经营战略的稳定实施，节约交易成本和监管成本。对于间接融资体系过于庞大的经济体，必须高度重视发挥直接融资体系不可替代的优势，大力发展包括资本市场在内的各项直接融资工具，使市场决定资源配置的原则在金融资源分配中占据更重要的位置，形成直接融资和间接融资相结合的灵活高效的融资体系，提高金融体系的弹性、韧性和活力。

（5）监管与创新：如何避免市场失灵？金融创新是为了适应环境变化、规避金融管制而对传统的金融管理制度和操作方式进行变革，推出新的管理制度、操作方式、服务和工具，甚至形成新的市场行为。金融创新可以分为竞争性金融创新、合作性金融创新与监管性金融创新。强大的金融创新能力造就了美国在广度、深度、韧性、活力上领先全球的金融体系。过度金融创新是2008年金融危机爆发的重要原因之一，非审慎的住房抵押贷款、资产证券化、会计准则和资产管理等各领域层出不穷的金融创新工具最终积累了金融体系的巨大风险。美国金融危机调查委员会在《美国金融危机调查报告》中指出：把此次金融危机归罪于诸如贪婪和傲慢等人性的弱点未免过于简单，利用或根本不考虑人性的弱点才是危机产生的原因之一。金融创新过度与金融监管薄弱密切相关。金融监管未能及时跟上金融创新的步伐，未能充分评估和化解金融创新中存在的风险，才是危机产生的重要原因。

（6）政府与市场：干预还是不干预？随着经济金融化程度加深，政府对市场进行适当干预成为普遍共识，但是政府干预的边界、终点问题始终没有一致的答案。在次贷危机中，德国相对大部分发达经济体受到影响较小，得益于将竞争机制与国家干预相结合，既注重发挥个人自由度、创造性和竞争性，同时又用高税收、高福利的社会政策和社会保障调整市场竞争带来的贫富差距等社会扭曲。德国政府在危机中坚持市场在资源配置中的决定作用，坚持用引导市场主体行为的机制设计，给予市场主体分散决策的空间，而不是直接参与市场微观活动，破坏市场机制。政府对市场的干预应当以弥补市场失灵为目的，修复并完善市场机制的自我纠错功能及其对经济的自我调节功能，而不是人为地用非市场手段扭曲市场机制，破坏正常的市场秩序。这是因为政府决策中的信息不对称情况更为严重，从而加大政府决策失误的可能性。同时，公共权力进入竞争性的领域，将不可避免地对私人产生挤出效应、出现寻租问题。

（7）衍生品：发展还是不抑制？次贷危机爆发前，美国场外市场监管宽松，场外衍生品过度且无序地发展。相比之下，美国场内衍生品交易受到严格监管，透明度高，市场风险可测可控，在金融危机的冲击下依然保持总体平稳，发挥了稳定市场和风险管理的作用。危机之后，二十国集团在峰会上达成共识，要求加强场外衍生品市场的监管，并提出将场外市场的清算集中到场内。吸取次贷危机的教训，在标的选择上，可支持选择基础资产风险较小的产品；在场所选择上，积极发展场内衍生品市场，稳妥发展场外衍生品市场；在衍生的层次上，支持选择满足市场基础要求的结构相对简单的产品，限制衍生层级、不能搞多层级衍生。另外，衍生品应当制定严格的投资者适当性标准，衍生品只能卖给具备足够风险识别能力和承受能力的合格投资者。

（8）金融机构经营方式：分业还是混业？危机之后，美国出台了《多德·佛兰克法案》，并推出"沃尔克规则"，禁止参与存款保险的商业银行或银行控股公司从事证券、衍生品、商品期货和期权为标的的自营交易，限制银行投资对冲基金和私募股权基金，对原有的混业经营进行限制。从发展趋势看，金融机构的形式、金融业务的范围和金融产品的种类不断变化、日趋复杂，已经难以在不同业务之间做出明确的区分，不同程度的混业难以完全避免。为适应混业经营趋势，完善分业监管体制的可行性选择，应在分业监管框架下推进功能监管，按照同一业务统一监管的原则，实现同一业务在监管基础法律制度、监管标准、投资者适当性和投资者保护制度、监管执法检查等方面的统一。

2. 金融风险的防范

2017年7月第五次全国金融工作会议在宏观环境出现"三期叠加"（增

长速度换挡期、结构调整阵痛期、前期刺激政策消化期），宏观经济由"高增长"转向"新常态"，金融创新与金融监管矛盾突出的背景下召开。会议确定服务实体经济、防控金融风险、深化金融改革三大任务，成立国务院金融稳定发展委员会，构建"一委一行两会一局＋地方金融局"的新金融监管格局。防控金融风险是本次会议的主基调，会议提出"防范化解金融风险，特别是防止系统性金融风险，是金融工作的根本性任务，也是金融工作永恒的主题"。会议明确指出金融领域暴露出来的八大风险：金融杠杆率和流动性风险高、信用风险高、影子银行风险高、违法犯罪风险高、外部冲击风险高、房地产泡沫风险高、地方隐性债务风险高、部分国企债务风险高。会议分析金融风险产生的三个原因：一是周期性的，我国经济金融进入下行"清算"期；二是结构性的，实体经济供需失衡，金融业供需失衡；三是体制性的，一些市场主体行为出现异化，金融监管不适应不到位。会议确立"回归本源、优化结构、强化监管、市场导向"四项做好金融工作的重要原则。明确提出优化融资结构体系，打造适应实体经济发展的金融链，"资本市场是我国金融体系的短板，直接制约着去杠杆的进程"，"要把发展直接融资特别是股权融资放在突出位置，尽快形成融资功能完备、基础制度扎实、市场监管有效、投资者合法权益得到有效保护的多层次资本市场体系"。

　　金融风险依据是否能够分散化解可以分为系统性金融风险和非系统性金融风险。系统性金融风险又称为不可分散风险，通常认为是影响市场上所有金融资产价格的共同因素引起的不可规避的风险。非系统性金融风险又称为可分散风险，通常是影响某个或某组特定资产的因素引起的，某个公司或某个行业发生的小范围的风险。金融风险根据不同性质特征可以分为三类：一是"黑天鹅事件"，是指那些出乎意料、不可预测发生的小概率风险事件；二是"灰犀牛事件"，是指那些经常被提示却没有引起充分重视的大概率风险事件；三是"明斯基时刻"，是指在经过一段时期的经济平稳发展，负债不断提高至难以持续，债务风险突然爆发的资产价值崩溃的时刻（拐点）。第五次全国金融工作会议之后，防控金融风险成为金融工作的主基调。周小川在2018

年提示，如果经济中的顺周期因素过多，会导致市场过于乐观并造成矛盾的积累，从而在某一时间出现"明斯基时刻"。吴晓灵在2018年也表示，在泡沫中狂欢的日子不多了，做好潮水退却后的准备是每个国家、每个个人（每个企业）都要面对的现实。2017年在中国金融发展进程可以作为一个重要的分水岭，刚刚经历2015年股市异常波动和2016年"熔断"风波的中国资本市场在这一年实现了IPO常态化，与此同时国际国内金融体系交织出现各种新的发展动向，金融风险的五个外部性特征和四个内生性风险已见端倪。

金融业出现的五个外部性特征在持续影响和改变着金融发展生态。

**（1）全球金融业由"服务产业"出现"服务交易"的趋势。**新技术运用形成的算法交易、高频交易、程序化交易等新交易模式，强化交易策略和趋势，弱化对基本面的关注，逐渐脱离"服务产业"的本位。极端交易案例甚至导致资产价格的整体波动。2010年5月6日14时42分纽约证券交易所发生"闪电崩盘"（Flash Crash），道指暴跌9%，1万亿美元资产价值瞬间蒸发。美国证券交易委员会（SEC）调查6个月的结论是：代表各自所有者买卖股票的计算机程序在相互竞争的过程中失控了。2013年8月16日11时05分上海证券交易所发生"乌龙指交易"，上证指数1分钟内暴涨5%，59只权重股瞬间封涨停，原因是光大证券自营盘策略交易系统程序错误，导致在申赎ETF套利交易中，以234亿元巨额申购180ETF成分股，实际成交72.7亿元。2018年2月5日美股三大指数道琼斯、标准普尔500、纳斯达克出现暴跌，跌幅分别达到4.6%、4.1%、3.78%，道指在盘中一度创下史上最大跌幅。时任美国财政部长的史蒂文·努钦于2月7日在国会作证时称，算法交易已经控制了大多数的市场交易，通过编程方式基于特定的触发点买卖股票，是导致股市在过去几个交易日大幅下滑的原因之一。美国财经作家迈克尔·刘易斯在《高频交易：华尔街的速度游戏》中说："在美国各大券商都有属于自己的秘密交易平台，俗称'暗池'。这是一个隐蔽且被操纵的市场，高频交易员利用纳秒级（十亿分之一秒）的时间差，捕捉'猎物'，快速买入卖出，牟取暴利。"2019年算法交易已占到美国股市交易量的40%，在日本股市超过了50%。周小川（2019）认为，经济基本面并非高频的，因此高频交易比低频交易更容易脱离经济基本面。技术的发展改变金融交易的价值导向，金融业正逐步由产业服务的代理人异化为交易服务的委托人，金融不再是为产业经济提供资金融通、优化资源配置的服务者，可能异化为追求交易牟利的自我服务者。

**（2）商业银行体系收益固化推高实体部门经营成本。** 在上市公司利润结构中少数金融业上市公司占据半壁江山。2017年半年度报告显示，25只银行股共计盈利7746.36亿元，占上市公司利润总额的46%。2008—2017年10年间银行股业绩增长从未低于40%。金融业上市公司共计盈利8927.26亿元，占上市公司利润总额的53.23%。金融部门扩张长期高于经济增长，2006—2016年中国银行业总资产从44万亿元增长至232万亿元，增长5.3倍，同期经济产出增长3.4倍。截至2016年年底，实体部门债务余额（剔除地方融资平台重复计算部分）为168.8万亿元，一年利息支出为8.24万亿元，占GDP的比例为11.08%，超过GDP增长速度。经济增速下滑，杠杆率上升，新增GDP和每年付出的利息间缺口将增大。金融业的繁荣与"创新"增加了金融产品运作环节、拉长了金融服务的链条，提高了实体企业经营的资金成本。

**（3）金融体系中直接融资"短板"特征突出。** 2016年中国宏观债务杠杆率达到247%，同2008年相比上升104个百分点，企业部门债务和GDP的比例高达165%，在世界主要经济体中是最高的，其中，国有企业中的"僵尸企业"负面影响最大。银行业资产规模232万亿元，占全部金融资产的78%，而全球范围平均为39%。2016年末中国广义货币M2达155万亿元，是2007年的3.8倍，接近GDP的2倍。而金融体系中直接融资比例仅为23.8%。资本市场成为金融体系的短板，直接制约着去杠杆进程。

**（4）银行资金无序流动引发股市异常波动。** 学界普遍认为2015年中国股市异常波动是巨量场外配资入市引发的流动性、杠杆性、投机性危机。银行理财资金是场外配资主要来源之一，主要通过以下渠道入市：一是通过结构化信托产品入市,规模约 1.18 万亿~1.33 万亿元;二是通过基金子公司或券商资管产品入市,规模约 5500 亿~6000 亿元;三是通过两融收益权转让、股票质押回购、收益凭证等业务间接入市,规模约 1.3 万亿元。带有金融创新性质的 6 道杠杆,即结构化信托及配资运作模式、民间配资公司及互联网金融配资产品、基金子公司结构化资管产品、证券公司结构化资管产品、分级基金产品和证券公司其他创新型融资业务,加剧了银行理财资金入市的杠杆性、投机性,造成储蓄转化为投资进程中的行为异化。

(5) **金融部门冲击实体企业的案例时有发生**。2016 年在宝能系收购万科事件中,宝能系的收购资金主要来源于前海人寿万能险产品和 9 个资产管理计划。截至 2016 年 7 月,仅宝能一系就持有深万科 25.4%,持有深南玻 26.36%、中炬高新 24.92%、中国金洋 19.58%、韶能股份 15%、南宁百货 14.65%、华侨城 9.98%、合肥百货 6.72%、明星电力 5.02% 的股份。万宝之争本质是围绕控制权的收购和反收购之争,涉及企业家、职业经理人与大股东关系,一股独大与中小投资者利益平衡,金融工具目标定位等诸多深层次问题。如各方矛盾持续激化,风险失控,不仅万科这一资本市场龙头企业可能将毁于一旦,对完善中国上市公司治理结构,深化国有企业改革,发展混合所有制经济,乃至金融服务实体经济大局等都将产生负面影响,造成参与各方、中小投资者、资本市场乃至社会经济多输局面。

在金融业外部性风险特征不断积累的同时,在金融体系内部也出现了四个方面内生性风险。

(1) **影子银行规避监管风险**。按照金融稳定理事会(FSB)的定义,影子银行是指游离于银行监管体系之外、可能引发系统性风险和监管套利等问题的信用中介体系包括(各类相关机构和业务活动)。影子银行引发系统性风险的因素主要包括四个方面:期限错配、流动性转换、信用转换和高杠杆。FSB 在 2017 年全球影子银行监测报告中指出,全球金融资产规模总计 340 万亿美元,其中高风险资产影子银行 45 万亿美元,占总体的 13%,同比增速 7.6%;中国共计 7 万亿美元,占全球影子银行规模的 15%。

广义的影子银行包括同业理财及其他银行理财、银行同业特定目的载体投资、委托贷款、资金信托、信托贷款、非股票公募基金、证券业资管、保险资管、资产证券化、非股权私募基金、网络借贷P2P机构、融资租赁公司、小额贷款公司提供的贷款,商业银行保理公司保理、融资担保公司的在保业务、非持牌机构发放的消费贷款、地方交易所提供的债权融资计划和结构化融资产品。其中,同业特定目的载体投资和同业理财、理财投非标债权等部分银行理财,委托贷款、信托贷款、非股权私募基金、网络借贷P2P机构等业务,具有明显的影子银行特征,风险相对较高,属于狭义的影子银行。截至2016年年底,我国广义的影子银行规模超过90万亿元,狭义的影子银行规模亦高达51万亿元。我国的"影子银行"表现出以下特点:①以银行为核心,表现为"银行的影子",具有"银行中心化特征",而发达经济体的影子银行以共同基金、货币市场基金等非银行金融机构为核心,资金较少来源于银行体系;②以监管套利为目的,违法违规现象较为普遍,存在"无证驾驶""全民金融"现象;③存在刚性兑付或者具有刚性兑付预期,流行"保本保收益"的"抽屉协议";④收取通道费用的盈利模式较为普遍;⑤以类贷款为主,信用风险突出。

**(2) 资管业务混业经营风险**。2012年资产管理业务放松管制系列新政先后出台,国内资产管理机构快速发展,资产管理机构间业务产品逐渐混同,新的金融控股集团开始出现,互联网与金融加速融合,资产管理业务出现较为明显的混业经营趋势,各大资产管理机构业务犬牙交错。资产管理业务混业经营的实质,形成了多层嵌套、监管套利、杠杆不清、套利严重、投机频繁、投资者保护不力等问题。

**(3) 互联网金融无序发展风险**。互联网金融企业的金融属性界定不清晰,按机构进行分类监管的框架下许多互联网企业没有纳入监管,许多未被清晰定义的金融行为实质上提供着金融服务,形成法律风险。借助互联网平台非法集资、违规宣传销售金融产品、第三方支付出现挤兑等问题形成金融风险。2016年4月12日国务院办公厅印发《互联网金融风险专项整治工作实施方

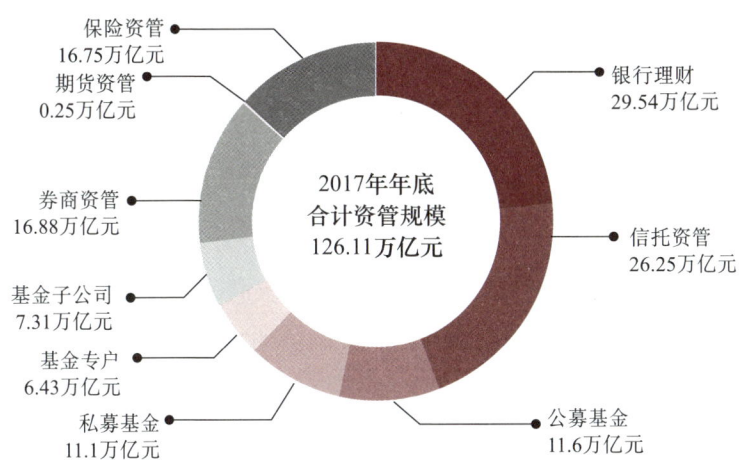

图 2　2017 年合计资管规模统计

案》(国办发〔2016〕21 号),重点整治四个方面的问题:①P2P 网络借贷和股权众筹业务;②通过互联网开展资产管理及跨界从事金融业务;③第三方支付业务;④互联网金融领域广告等行为。

**(4) 新兴金融业态高杠杆风险**。从 2003 年开始,阿里、京东、腾讯、小米等平台经济纷纷介入金融活动,通过资产证券化 (ABS) 回笼资金,然后将资金用于放贷,再打包成 ABS 产品出售,开展类金融业务。不受存款准备金、资本充足率等指标约束,循环放大杠杆。阿里旗下蚂蚁借呗,仅有 38 亿元注册资金,却在 2017 年年底已累计放贷 3000 多亿元。2020 年蚂蚁金服 IPO 被"叫停",2021 年开展平台经济治理。

针对金融业出现的五个外部性特征和金融体系形成四个内生性风险,防控金融风险有效途径,是从制度建设上落实"回归本源、优化结构、强化监管、市场导向"的原则要求。

其一,回归本源涉及四个层面的内容。一是金融回归内生于实体经济的本源。二是金融产品回归银行、证券、保险本来属性。"凯撒的归凯撒,上帝的归上帝",让银行产品回归商业银行属性,让证券产品回归证券基金属性,让保险产品回归保险保障属性,不能随意变性借道,防止规避监管、自我服务、自我发展、脱实向虚。三是金融机构要回归中介服务的角色定位。金融中介的职责是媒介交易和专业服务，根据资金供求双方的风险喜好与状况，以及对流动性的不同预期合理匹配资金，促进以信息和信用为基础的跨时间、跨空间、跨群体价值交换。四是金融市场回归公募与私募、直接融资与间接融资不同体系。避免发展方向错位、监管逻辑混乱、风险交叉传染，实现用公募的逻辑监管公募市场和产品，用私募的逻辑监管私募市场和产品。

其二，优化结构需坚持目标导向，着力解决高质量发展的迫切需求。一是怎样为分散不确定性创造金融产品，推动跨期限、跨产业、跨群体分散风险，增加有效投资；二是怎样为新兴产业发展提供金融支持，合理进行资产定价和权益保护；三是怎样适应绿色投资回报期长的特点，为中长期资金供给提供制度安排；四是怎样在产能过剩行业促进僵尸企业退出，推动存量资产重组。发挥金融机制价格发现、风险管理、流动性管理和促进资本形成的功能，为四个"怎样"提供金融解决方案，提高金融供给体系的质量和效率。

其三，强化监管需健全完善宏观审慎与微观审慎监管体系，强化功能监管、行为监管。宏观审慎监管的目标是防范和化解系统性金融风险，微观审慎与行为监管的目标是针对微观金融的三个风险源和两种不同的市场体系做出差异化监管安排。当前宏观金融的四个风险源是：影子银行规避监管风险，资管交叉混业经营风险，互联网金融无序发展风险和新兴金融企业过度杠杆风险。微观金融的三个风险源：一是来自融资者的欺诈风险；二是来自金融中介的道德风险和经营风险；三是来自投资者的无知、贪婪和短视风险。针对上述风险源，区分不同金融体系特点和做出差异化的监管机制设计：间接融资体系是让银行等机构帮助不懂金融的人管理钱财，监管的核心是金融机构担责，通过资本金、杠杆率、流动性、限制期限错配等方式控制金融机构的风险敞口。直接融资体系是让适当的投资者自己承担风险和收益，监管的核心是设计合适的机制，让投资者获得充分的信息，可以甄别风险，让适当的投资者承担适当的风险。

其四，市场导向是指发挥金融市场在资源配置中的决定性作用。金融市场是以信息和信用为基础驱动跨时间、跨空间、跨群体的价值交换市场，具有特殊的运行规律和市场属性,发挥金融市场在资源配置中的决定性作用,就要注重发挥金融市场的三大核心功能:一是市场决定资源配置;二是市场决定价格发现;三是市场决定风险管理。同时,高度重视金融市场特有的脆弱性(信用)、放大性(杠杆)和危机传染性(错配)三大属性,增强监管的系统性、穿透性、专业性,坚决守住不发生系统性金融风险的底线。

## 三、资本市场基本制度探索与实践

在中国资本市场30多年发展历程中,制度建设从借鉴复制起步,结合实践不断推陈出新,逐步形成中国特色的资本市场运行制度体系。这一过程就如中国改革开放40年来创造的经济奇迹一样,用西方经济学理论和发展路径是无法解释的。我国资本市场制度建设离不开"国情"的土壤和中国的"实际"。"一个没有掌握足够历史真相,没有足够历史感或者没有所谓历史经验的人,毫无可能理解任何时期(包括现今)的经济现象"(熊彼得)。本章以亲历者视角讲解资本市场制度建设的七个"故事",虽然不能涵盖资本市场基本制度的全部,但是更接近真实的逻辑和制度形成的真相,对于认识和把握资本市场运行制度的形成规律,可以起到"鉴于往事有资于治道"作用和举一反三、触类旁通的效果。

### (一)上市公司治理的国际借鉴与中国实践

中国上市公司治理结构和机制是在企业"改制上市"实践中形成的。从起源上不是基于西方的"委托—代理理论"(Principal-agent Theory)而构建。20世纪30年代,美国经济学家伯利和米恩斯洞悉企业所有者兼具经营者的做法存在的弊端,提出委托—代理理论,倡导所有权和经营权分离,企业所有者保留剩余索取权而将经营权让渡。"委托—代理理论"成为西方现代公司治理的逻辑起点。发端于20世纪80年代的中国国有企业股份制改造试点,其核心目标是建立资本形成和积累机制,虽然触及所有权和经营权分离,但并没有形成规范化的制度安排。20世纪90年代国有企业推行以建立现代企业制度为目标的改革，从扩大试点到全面推广，改革的基本做法是通过"减员增效、下岗分流、规范破产、鼓励兼并"对国有企业进行战略性重组，改革的核心目标是建立"产权清晰、权责明确、政企分开、管理科学"的现代企业制度。这是从中国的实际出发，突出强调"政企分开"而不是"所有权与经营权分离"。国有企业只有在"改制上市"时才真正面对"所有权与经营权分离"的现实问题，也就是公司治理问题。从这个逻辑推导，严格意义上讲，在中国探讨公司治理问题是从上市公司开始的。公司治理（Corporate Governance）又译为法人治理结构，是基于所有权和经营权分离、所有者与经营者因商事活动形成的委托代理契约关系。公司治理狭义上是指公司的股东、董事及经理层之间的关系；广义上是指利益者相关者之间的关系（包括员工、客户、供应商、债权人和社会公众等），以及有关法律法规和上市规则等。2016年诺贝尔经济学奖获得者奥利弗·哈特认为，由于人们的有限理性、信息不完全性及交易事项的不确定性，使得明晰所有权利的成本过高，拟定完全契约是不可能的，不完全契约具有必然性和普遍性。公司治理机制本质上就是在不完全契约环境下，事前制定的一种在未来对不确定性事件的商讨和决策机制。奥利弗·哈特在《不完全合同、产权和企业理论》中提出在两大条件下，公司治理的存在具有必然性：一是存在代理问题，即企业相关主体之间存在利益冲突；二是交易成本过大，使代理问题难以通过契约解决。

从20世纪90年代开始，由于经济全球化浪潮兴起，公司的法人治理结构越来越受到世界各国的重视。原世界银行行长James D. Wolfenson指出："对世界经济而言，完善的公司治理和健全的国家治理一样重要。"英国是全球现代公司治理运动的主要发源地。20世纪80年由于英国不少著名公司相继倒闭，引发了英国对公司法人治理结构问题的讨论，相继形成以三个非官方调查委员会主席命名的研究报告，即关于将内控规范纳入公司治理的《卡德伯瑞报告》、关于董事会薪酬的《格林伯瑞报告》以及关于公司治理原则的《汉普尔报告》，成为英国现代公司治理改革运动的三部曲。从全球视野看，源于法律制度、发展阶段、经济体制和文化传统的差异性，公司治理形成了五种不同的发展模式。（1）市场导向模式（英美模式）。英美模式的最大特点就是所有权较为分散，主要依靠外部力量对管理层实施控制。在这一模式下由于所有权和经营权的分离，所有权分散的股东不能有效地监控管理层的行为，即所谓的"弱股东，强管理层"现象，由此产生代理问题。（2）银行导向模式（日德模式）。公司股权较为集中，银行在融资和公司治理方面发挥着巨大的作用；强调内部控制，董事会主要由管理层构成，主要通过交叉持股和主办银行制度来实现对公司的监控；公司还需协调员工、银行、供应商、关联企业等诸多利益相关者的关系。（3）家族导向模式（东亚模式）。在大部分东亚国家（地区）公司股权集中在家族手中，形成家族控制型公司治理模式。控制性家族一般普遍地参与公司的经营管理和投资决策，形成家族控制股东"剥削"中小股东的现象。这一问题是这一地区公司治理的核心问题。（4）内部人控制模式（转轨经济模式）。内部人控制是转轨经济国家中公司治理的重要特征。即在法律体系缺乏和执行力度微弱的情况下，经理层利用经济转轨后所有者缺位"真空"对企业实行强有力的控制。（5）公司治理模式的趋同趋势。20世纪90年代以来，随着经济全球化和美英资本市场的全球影响，外部治理模式日益为各国仿效，公司治理模式呈现趋同趋势。

党的十八报告提出，经济体制改革的核心问题是处理好政府和市场的关系，必须更加尊重市场规律，更好发挥政府作用。在政府与市场的关系中，最重要的是政府是企业的关系，在一定意义上讲公司治理结构就是国家治理体系的微观体现。比较中美两国公司治理发展的不同路线，显而易见，在美国是政府监管逐步"走进"高度自治的公司，而中国是企业逐渐"走出"作为政府部门的"附属物"。美国公司的法人治理结构大致经历了五次变革，每一次变革都是"政府与企业关系"的一次调整，总的趋势是政府监管在适度"走进"企业。第一次变革（1901—1939年）是从自由企业制度到政府监管的介入，这一阶段前期是托拉斯制度促进企业的大型化，后期是反托拉斯限制大股东权利，使得公司控制权私人受益降低，导致大公司的股权分散化，股东股权治理弱化，管理层控制权得到加强。第二次变革（1950—1970年）是董事会中心主义的兴起和独立董事制度由诱致性制度变迁到强制性制度变迁，政府监管强制要求独立董事在上市公司董事会中占有一定比例。第三次变革（20世纪80年代）是通过立法关注利益相关者权益和上市公司社会责任。第四次变革（20世纪90年代）是机构股东行动主义盛行。第五次变革是（21世纪初）是出台《萨班斯奥克斯利法案》，解决法人治理结构中经营者、中介机构和分析师合谋问题，加强高级管理人员的法律责任，强化审计机构的独立性，加强信息披露。美国公司法人治理结构在100多年的时间里经历了五次大的变革，这100多年也是美国经济突飞猛进、综合国力稳居魁首的"黄金时代"，法人治理结构变革所激发的市场主体活力居功甚伟。改革开放40年来我国经济体制改革最重要的实践是"分权改革"，首先是政府高度集权向分散权利转型，其次是行政权与经济权逐步分离。我国企业就是在"分权改革"中逐步由政府部门的"附属物"，转变为独立法人实体和市场竞争主体，这是一次根本性转型，是转轨经济中企业组织形式、运行机制的创新和再造。

在中国，上市公司多元化、社会化的股东结构，使得"所有制与经营权分离"与"委托—代理问题"成为现实需要，上市公司治理制度必将也必然成为资本市场的核心制度支柱之一。我国上市公司治理制度经过30年的持续建设与实践，已形成相对完备的具有中国特色法人治理结构制度体系（见表5）。我国上市公司治理制度体系的国际借鉴主要来源于两个方面。一是在规则层面基本遵循经合组织（OECD）确立的以下基本原则：（1）公司治理框架应保护股东权利；（2）应平等对待所有股东，当权利受到侵害时，所有股东应有机会得到赔偿；（3）应确认公司利益相关者的合法权利，鼓励公司与他们开展积极的合作；（4）应确保及时、准确地披露所有与公司有关实质性事项的信息，包括财务状况、经营状况、所有权结构和公司治理状况；（5）董事会应确保对公司的战略指导，对管理层的有效控制，董事会应对公司和股东负责。二是在操作层面借鉴《罗伯特议事规则》（亨利·马丁·罗伯特，

1876，孙中山译为《民权初步》）确立的"三纲五常"理念。三纲是指三大权利：多数者权利（少数服从多数）、少数者权利（少数人动议权）、缺席者权利（事先告知与法定人数）。五常是指五项基本原则：一人一票、一时一件、一事一议、多数票决定、法定人数生效。

表5　　　　　　　　上市公司治理规范的法律制度形成与发展

| 时间 | 颁布机构 | 法律/法规 |
| --- | --- | --- |
| 1992年 | 体改委 | 《股份有限公司规范意见》 |
| 1994年 | 全国人大 | 《公司法》 |
| 1997年 | 证监会 | 《上市公司章程指引》 |
| 2000年 | 证监会 | 《上市公司股东大会规范意见》 |
| 2001年 | 证监会 | 《关于在上市公司建立独立董事制度的指导意见》 |
| 2002年 | 证监会经贸委 | 《上市公司治理准则》 |
| 2004年 | 证监会 | 《关于保护社会公众股东合法权益的通知》 |
| 2005年 | 全国人大 | 《公司法》修订纳入独立董事制度 |
| 2005年 | 证监会 | 《上市公司股权激励管理办法（暂行）》 |
| 2014年 | 证监会 | 《关于上市公司实施员工持股计划试点的指导意见》 |
| 2018年 | 证监会 | 《上市公司治理准则》修订 |

经合组织（OECD）认为：好的或者有效的公司治理制度是具有国家特性的，它必须与本国的市场特征、制度环境以及社会传统相协调。一般而言，有效的公司治理通常具有三个方面的典型特征：外部治理与内部治理的均衡性，制衡机制与协商机制的共和性，激励机制与分配机制的包容性。我国上市公司治理在实践中的表现往往是"形似神不至"，企业家对公司治理"敬而远之"，正是由于在上市公司治理实践中存在三个方面的差异：一是公司治理机制与国家治理体系的契合度存在差异；二是公司治理文化与传统商业文化的契合度存在差异；三是公司治理方式与粗放发展模式的契合度存在差异。中国上市公司治理制度的形成，从一开始就不是企业组织形式和企业文化传统的内生变量产物，而是由国有企业建立现代企业制度和改制上市的监管要求等外部力量推动，沿着经济转轨实践中强制性制度变迁的路径不断演进

形成。

在我国上市公司治理规范化进程中,强制信息披露制度建立和股权分置改革两大里程碑事件发挥了至关重要的作用。其一,信息披露制度,也称公示制度、公开披露制度,是上市公司为保障投资者利益、接受社会公众监督而依照法律规定将其财务及经营状况、公司治理结构及运行状况等信息向证券监管部门和证券交易所报告,并向社会公开或公告,便于投资者充分了解情况的制度。强制信息披露制度最早源于1844年英国合股公司法(The Joint Stock Companies Act 1844)确立的强制信息披露原则。1911年美国堪萨斯州《蓝天法》(Blue Sky Law)引入强制信息披露的理念。美国《1933年证券法》(又称证券真实法,Truth in Securities Law)最终完整确立了证券市场强制信息披露制度,成为世界各国证券市场监管立法的典范,该法在附件A中详细列举了发行人必须披露的包括公司治理的必要内容。1993年4月22日国务院发布实施的《股票发行与交易监管暂行条例》,是我国资本市场引入强制信息披露制度的第一部行政法规,明确建立首次公开发行股份招股说明书制度和上市后持续信息披露制度。1999年7月1日正式实施的《证券法》,在法律层面确立了我国资本市场的信息披露制度,明确上市公司的定期报告和临时报告制度,定期报告包括年度报告、半年度报告、季度报告;临时报告包括重大事件报告、权益变动报告、收购报告等。上市公司信息披露制度除以法定义务要求公司董事会和全体董事保证披露内容不存在任何虚假记载、误导性陈述或者重大遗漏,并对其内容真实性、准确性和完整性承担个别及连带责任,并明确的股东大会、董事会、监事会、经理层对披露信息应当履行的程序和义务,对促进上市公司治理规范运行起到督导作用。其二,股权分置改革完成促使公司治理的"委托—代理契约"真正确立。股权分置改革是"股份制进行的第二次改革"(厉以宁,2008),构建起公司治理的股东共同利益基础,实现了资本市场基础制度"从身份类别到契约平等"的重大转折,促使全体股东形成机会公平、规则公平和权力公平的"委托—代理契约",从公司治理的机理上解决"一股独大下的内部人控制"问题,消除控制性股东

（原非流通股股东）产生"道德风险"和"逆向选择"的制度性动机，为以管资本为主加强国有资产管理和国有资本运营形成制度基础。股权分置改革中形成的分散决策机制，使得 278 万人次的公众股东参与投票表决，唤醒了股东意识、股权意识、参与公司治理的意识。

在我国上市公司治理本土化进程中，形成了四个融合特色与四种机制保障的本土化特征。四个融合特色是指党的领导、《公司法》要求、国际惯例、企业文化，四位一体、有机融合构成上市公司治理的中国特色。四种机制保障是指外部审计制度、市场约束机制、行政监管体制、社会监督体系构成的上市公司治理的制度保障。具体来说，四个融合特色是我国上市公司治理制度的基本属性，是公司治理国际经验与中国实际相结合的产物。其制度形成的逻辑主线包括以下几个重要节点。（1）1994 年颁布《公司法》确立我国公司治理的基本结构和职能，同时明确党组织依据党章在公司开展活动；2002 年证监会与国家经贸委联合发布《上市公司治理准则》，明确上市公司治理的具体运行规则。（2）1999 年党的十五届四中全会通过《关于国有企业改革和发展若干重大问题的决定》，明确公司制是现代企业制度的一种有效组织形式。公司法人治理结构是公司制的核心。要明确股东大会、董事会和经理层的职责，形成各负其责、协调运转、有效制衡的公司法人治理结构。首次借鉴国际经验对公司治理结构及其运行机制进行明确表述。（3）2017 年习近平总书记在国有企业党的建设座谈会上的讲话指出，要把加强党的领导和完善公司治理统一起来，建设中国特色现代国有企业制度。中国特色现代国有企业制度，其"中国特色"体现在把党的领导融入公司治理各个环节，把企业党组织内嵌到公司治理结构之中，明确和落实党组织在公司法人治理结构中的法定地位，做到组织落实、干部到位、职责明确、监督严格、不能搞成摆设。在实际运行中，要处理好党组织和其他治理主体的关系，明确权责边界，做到无缝衔接，形成各司其职、各负其责、协调运转、有效制衡的公司治理机制。首次明确提出中国特色国有企业制度的特征和要求。2018 年证监会发布修订的《上市公司治理准则》第 5 条规定，在上市公司中，根据《公司法》

的规定,设立中国共产党的组织,开展党的活动,上市公司应当为党组织的活动提供必要条件。国有控股上市公司根据《公司法》和有关规定,结合企业股权结构、经营管理等实际,把党建工作有关要求写入公司章程。进一步明确上市公司治理与党的领导、党的建设的关系。(4)2018年12月中央经济工作会议指出,加快国资国企改革,坚持政企分开、政资分开和公平竞争原则,做强做优做大国有资本,加快实现从管企业向管资本转变。进一步界定建设中国特色国有企业制度需要把握的原则。

  四种机制保障是增强上市公司治理有效性的重要途径,是促进提升上市公司治理规范化运作水平的重要手段。(1)外部审计制度作为看门人机制,是以自己职业声誉为担保向投资者保证发行人质量,这类中介组织主要包括保荐机构、财务顾问、审计师、律师、证券分析师和信用评级机构等。看门人机制的核心功能是解决公司管理层与股东之间的信息不对称问题,并提升公司股价的准确度,为传统的公司治理机制提供一个良好的运行环境。公司法和会计法要求公司聘请外部审计机构来审计年度财务报表。上市公司聘请外部审计机构及审计费用须经股东审议决定并披露。(2)市场约束机制督促提升公司治理效率和质量的有效途径。体现在两个方面,一是控制权市场对公司治理形成了市场约束,我国资本市场早期的典型案例是"宝延风波""君万事件"。在国际上,公司控制权市场一直被认为是降低代理成本的重要外部约束机制,客观上对公司管理层起到了优胜劣汰的作用。对于敌意收购,即"不请自来"的收购者,在世界上主要发达市场均正视和肯定其对提高公司治理水平所起到积极作用,然而在中国,无论是监管者、上市公司,还是社会公众,对敌意收购的态度依然较为谨慎和消极。二是机构投资者参与形成上市公司治理的市场约束。美国沃顿商学院教授迈克尔·尤西姆认为,美国的公司治理制度正在从由经理人事实上执掌全权、不受监督的"管理人资本主义",向由投资者选择、监督经理层的"投资人资本主义"转变。20世纪90年代,美国5家大公司(IBM、GE、康柏、AT&T和捷运)的董事会在机构投资者的压力下,先后解聘了CEO,改变经营策略,成为"投资人资本主义"

的代表性事件。机构投资者对公司治理施加的积极影响有两个方面：一方面，抑制公司管理层滥用权力，机构投资者作为一种重要的制衡力量，制约了"内部人控制"；另一方面，促进提高公司绩效和推动公司治理实践。当然机构投资者参与公司治理，也可能出现追逐短期利益的"短视"行为，或者合谋损害其他投资者利益的行为。对此，理性态度是鼓励机构投资者参与公司治理，而不是"控制"公司，形成让经营者敬畏市场和投资者的制衡力量，促进公司价值增长。（3）行政监管体制是督导上市公司治理规范运作的重要保障。强有力的行政监管是中国资本市场治理体系的重要特征，在推动上市公司治理规范发挥了独特的作用，监管部门四次有组织开展上市公司治理规范专项行动，具有里程碑意义。第一次是2002年证监会与经贸委联合开展的上市公司建立现代企业制度检查专项工作；第二次是2004年证监会与国资委联合开展清理大股东占用上市公司资金问题；第三次是2007年股权分置改革基本完成，证监会开展上市公司治理专项活动，发现违反公司治理相关规则的问题10795个，完成整改10645个，整改率达98%；第四次是2020年12月11日证监会启动上市公司治理专项行动，经过两年的自查、整改和验收，发现问题8073个，推动整改了7702个问题，整改率超过95%，促进提升上市公司治理规范化水平。（4）社会监督体系是促进上市公司治理规范的外部制约。强制信息披露制度使得上市公司"三会"运作与董监高一言一行高度透明，并与公司股票价格波动密切相关。"阳光是最好的消毒剂，路灯是最好的警察"，社会各界包括媒体的高度关注成为上市公司治理规范的有效制约，同时形成公司建立良好声誉的重要窗口，通常良好的公司治理会在公司股票价格上得到相应的体现，反之公司治理"舞弊"和"丑闻"也更快曝光并接受惩罚。

在中国上市公司治理结构实行独立董事与监事会双层监督架构，在全球公司治理制度中独具特色。2001年，证监会发布《关于在上市公司建立独立董事制度的指导意见》，在上市公司治理中引入独立董事制度，其背景是监事会作用没有得到有效发挥，在公司治理中缺乏维护小股东权益的机制，因此规定独立董事重点关注维护小股东的合法权益。2005 年《公司法》修订实施时独立董事制度纳入法律规制。但是经过 20 多年的实践，独立董事制度的定位和职责一直面临尴尬的处境：一是独立董事与监事会存在着叠床架屋还是各司其职的争论；二是在职责上独立董事能否制衡"一股独大"（控制权私人利益）与"内部人控制"维护小股东权益受到质疑；三是把独立董事定位于"为进一步完善上市公司治理结构，促进上市公司规范运作"的作用过于"宏大"，有研究认为应当其弱化全能董事职责，强化其独立制衡作用（刘纪鹏，2022）。在实践中独立董事的作用被形象地描述成"花瓶董事""人情董事"与"专业董事""专家董事"。早在 1934 年，曾任美国 SEC 主席 36 年之久的法学教授威廉姆斯·欧·道格拉斯就断言：董事并不管事。而从独立董事在我国的实践历史来看，2004—2019 年的 16 年间，证监会共计出具 145 份针对独董因其所任职上市公司虚假陈述而作出的行政处罚文件，平均每年 10 份。2019 年超过 300 位董事辞职。自 2021 年 11 月 12 日康美药业首单特别代表人诉讼宣判，5 名独董承担上亿元的连带赔偿责任，截至 2021 年 11 月 20 日已有 18 家上市公司密集披露独董辞职公告。引起新一轮对独立董事职责和作用的争论，改革独立董事制度成为社会关注焦点。

### （二）股权分置改革的机制设计与分散决策

在我国资本市场 30 多年发展历程中，股权分置改革是推进有效市场与有为政府建设最为成功的实践。股权分置是在我国股票市场建立之初，涉及国有企业改制上市时，为照顾对传统公有制概念的"路径依赖"，采取了"存量不动，增量上市"的方法。随着股票市场的发展，又形成"公开发行前股份暂不上市流通"的新的"路径依赖"。这种状况被称为"股权分置"，一直持续到 2005 年股权分置改革前。虽然"股权分置"作为转轨经济中的一种过渡性制度安排，在资本市场成立之初为避开"姓资姓社"争论发挥了积极作用，但是随着市场化改革的深入却成为推进资本市场健康发展必须跨越的障碍。截至 2004 年年末，在 A 股市场上，1333 家上市公司中非流通股为 4462.59 亿股，流通股为2516.85亿股，分别占总股本的64%和36%。

解决股权分置问题源于1999年提出的"减持国有股充实社保基金"的工作思路。2001年6月国务院发布《关于减持国有股筹集社会保障资金管理暂行办法》，触及非流通股（74%为国有股）如何定价减持的核心问题，该办法实施以后引起市场持续大幅下跌、剧烈震荡；同年10月22日证监会宣布首发增发股票停止执行《关于减持国有股筹集社会保障资金管理暂行办法》第5条关于"国家拥有股份的股份有限公司向社会众投资者首次发行和增发股票时，均应按融资额的10%出售国有股"的规定。2001年11月证监会向全社会公开征集国有股减持方案，12月证监会组织收集整理社会各界形成的七大类方案（简称"七招十六式"），并公布社会各界方案达成的四点共识：一是国有股减持要形成多赢的局面；二是国有股减持要体现有利于资本市场长远发展和保持稳定的原则；三是实现新上市公司股份全部流通，消除股权分置扭曲，不再扩大现有非流通股的存量，不再增加新的"历史遗留问题"；四是要正视当前因国有股、法人股不流通而形成的流通股股价虚高问题，在考虑国有股减持方案时，应照顾各方面的利益，保护投资者权益，对投资者的损失给予合理的度量和补偿。总的精神是，国有股减持与流通应兼顾各方利益，争取多方共赢，对流通股股东进行合理补偿，充分考虑市场承受能力，维护市场稳定，积极发挥财务顾问的作用，采取稳妥的市场化方式，用充分长的实践，分期分批、逐步进行。上述四点共识实际上是将国有股减持问题，上升到政府与市场的关系和资本市场基础制度设计层面。当时社会各界形成的方案和共识聚焦解决"基于两类股份在不同时点取得成本差异而产生的补偿问题"。从金融属性上看，金融产品是跨时间、跨空间的价值交换，股票价格反映的是公司创造价值产生的预期收益，而不同于实物商品的价值交换，所谓补偿"流通股溢价"是一个违背金融常识而无解的"伪命题"。此后，2002—2004年国有股减持成为悬在A股市场头顶的"达摩克里斯之剑"，并导致股市连续3年持续下跌、萎靡不振。

2004年1月31日国务院出台《关于推进资本市场改革开放和稳定发展的

若干意见》（国发〔2004〕3 号），要求"积极稳妥解决股权分置问题"。证监会和国资委成立专题工作组进行研究，曾考虑"在非流通转让过程中以协议转让价格向流通股股东配售一部分股票"的方案，以较长的时间跨度逐步解决国有股减持的"定价"和"补偿"问题，这个方案仍然是沿用政府确定价格的思路。2005 年 4 月 29 日启动的股权分置改革，另辟蹊径从"处理好政府与市场的关系"出发进行机制设计①，以帕累托改进②为目标，形成"统一组织、分散决策"的改革方案，其要点是政府"统一组织"回归制定规则、维护秩序的本位，市场主体"分散决策"协商对价形成"权益交换"（对价）价格，价格形成的基础是"平衡预期收益"。股权分置改革由于尊重市场规律和金融属性，采用市场化和法治化的方法和路径，仅用两年时间就顺利解决 1300 多家上市公司股权分置问题。

分散决策是市场经济的核心原则，也是股权分置改革遵循的基本原则。股权分置改革的市场化特征体现在以下四个方面。一是以分散决策构建价格形成机制。股权分置改革构建的"统一组织，分散决策"机制，将政府主导、行政决策的国有股减持方案，转变为市场主导的两类股东依据规则进行平等协商，以平衡预期收益为对价基础进行充分沟通，最后以分类表决方式达成各类股东权益平等的改革目标。二是以机会公平促进合作博弈。在非流通股股东的提案机制与流通股股东的票决机制之间形成分权和制衡，即非流通股股东提出平衡预期收益的改革动议，与流通股股东协商形成共同利益方案，由参加相关股东会议流通股股东所持表决权的 2/3 以上通过，形成提案权、协商权和表决权之间的相互制衡，保障改革方案具有的股东共同利益基础。三是以平等协商解决多样性问题。在规则既定的条件下，尊重股东自由选择、

---

① 机制设计理论：由莱昂尼德·赫维奇等提出，在自由选择、自愿交换的分散化决策条件下，可以设计出一种经济机制解决信息成本和激励相容问题，使得经济活动参与者的个人利益和既定的社会或经济目标相一致。

② 帕累托改进：又称为帕累托优化或帕累托改善，以意大利经济学家帕累托命名，是指资源分配的一种理想状态，假定固有的一群人和可分配的资源，从一种分配状态到另一种状态的变化中，在没有使任何人境况变坏的前提下，使得至少一个人变得更好。

自愿交换的利益平衡安排，一司一策，1000 多家上市公司形成 1000 多个改革方案，增强了解决错综复杂的历史遗留问题的包容性。在改革中 134 家上市公司存在的 127 亿募集法人股问题，270 家上市公司存在的股东登记名不副实、法人股个人化问题，138 家上市公司存在的股东占用资金问题等疑难杂症得到妥善化解。四是以规则导向稳定市场预期。为防止改革完成后形成流动性冲击，在规则中预设"锁一爬二"的限售安排稳定市场预期，即改革后公司原非流通股股股份，自方案实施之日起，在 12 个月内锁定不得上市交易或者转让；持有上市公司股份总数 5% 以上的原非流通股股东，在锁定期满后，通过交易所集中竞价系统出售股份 12 个月内不得超过 5%，24 个月内不得超过 10%。由于主动加强流动性管理，有效稳定市场预期，在改革完成后市场稳定上涨，两类股东持股市值分别增长 3~5 倍，实现了帕累托改进的目标。

两类股东以协商对价安排平衡预期收益，是股权分置改革分散决策机制的核心环节和实践创新，也是消除"国有资产无偿赠予"产生政治风险的关键性制度安排。对价安排是一种对等有偿的允诺关系，本质上是非流通股股东和流通股股东以预期收益为平衡点的权利让渡，具体体现为非流通股股东以获得流通权的预期收益为标的，向当期利益受到影响流通股股东给付的代价。从理论上讲，对价水平的区间上限是非流通股股东获得流通权的预期收益（市值），下限是流通股股东因流通量预期变化引起的股票价值重估的预计损失。各上市公司根据自身实际情况"一司一策"形成多样化的对价安排方案，归纳起来主要有以下几种类型。（1）"送股"和"缩股"对价方案。该类方案的主要内容是通过调整公司股权结构，使流通股的每股价值与非流通每股价值基本一致。"送股"有两种形式：一是非流通股股东直接将其持有的非流通股支付给流通股股东；二是上市公司以资本公积（少数公司还采用盈余公积）向全体股东转增股本，非流通股股东将其获得的非流通股部分或全部赠予流通股股东作为对价。第一种方式下公司总股本不便，市盈率、市净率等各项财务指标没有发生变化；第二种方式下公司股本数量增减，每股收益被摊薄。"缩股"主要非流动股股东按一定比例缩小所持有的股份，公司总股本和原非流通股减少，每股收益提高。缩股属于减资行为，法定程序比较复杂、操作时间较长，较少上市公司采用此方案。（2）现金对价方案。该方案是指非流通股股东向流通股股东派送现金或非流通股股东把上市公司现金分红转付给流通股股东。定向分派现金方式下，公司股本总额、结构均未发生变化，非流通股股东承受一定的现金流压力。（3）权证支付对价方案。即非流通股股东通过向流通股股东派发权证的方式作为获得流通权的对价。权证是一种有价证券，也是一种风险资产。发行权证可以减少非流通股股东的现金压力，并在市场条件合适时降低对价成本。（4）资产重组对价方案。即非流通股股东通过非等价交换置入优质资产改善上市公司基本面和成长性作为获取流通权的对价。（5）承诺对价方案。在改革实践中，承诺对价包括延长禁售期、最低持股比例承诺、有条件出售承诺、预设增持股份承诺、股份追送承诺等。这些承诺中有些是特殊的期权或选择权，有些是所有权的组成部分，通常是非流通股股东和大股东以提高流通股股东对公司发展前景的信心而设定的流通股股东利益保护机制，少数业绩优良、声誉良好、治理规范的上市公司，以承诺为对价完成了股权分置改革。（6）混合对价方案。即改革方案根据上市公司具体情况和非流通股股东的实力混合使用各种对价方案，如"送股+其他方式"运用较为广泛。几乎所有非流通股股东其他对价安排的同时，还作出程度和种类不同的承诺，以增强流通股股东的信心和减少改革方案协商的成本。

股权分置改革实践中，政府部门的作用是构建市场导向的规则体系，保障"统一组织"的有序性、有效性。一是健全信息披露规则体系。在股权分置改革全程中，至少在非流通股股东之间协商形成动议，非流通股股东与流通股股东之间协商确定方案，相关股东会议对方案形成表决结果同时，上市公司董事会应当履行信息披露义务，并保证披露信息真实、准确、完整，为分散决策的有效达成提供信息支持。二是保障中小股东合法权益。设定程序要求在停牌期间完成网络投票、征集投票权、现场投票和支付对价，保障中小股东的知情权、投票权和收益权。三是保障改革具有广泛的股东基础。在改革进程中参与改革方案投票表决的社会公众股东超过278万人次，股权平等意识得以广泛普及。四是形成配套的税收政策、会计制度。股权分置改革中配套出台的相关政策发挥了激励改革的作用，在税收政策方面，因非流通股股东向流通股股东支付对价而发生的股权转让免征印花税；通过对价方式向流通股股东支付的股份、现金收入，免征应缴纳的企业所得税和个人所得税。在会计制度方面，允许改革企业设置"股权分置流通权"和"应付权证"科目分别核算各种对价方式取得的权益价值，平时不进行结转、不计提减值准备，待相关权益出售时予以结转。

在股权分置改革期间，为消除改革预期不稳定带来的市场波动，借鉴国际惯例、结合中国实际创新制度体系，配套推出股权激励制度、公司回购制度、股东自由增持制度、强制非全面要约收购制度；并按照国际通行的做法，建立上市公司回购股份、大股东增持股份、向券商提供流动性支持等市场化稳定股价机制。这种做法不同于香港、台湾的官方背景"基金"直接入市，而是由市场主体自觉采取预先安排好的机制进行短期护盘，市场主体自主投资并承担风险和收益，有效降低了政府信用风险和道德风险。同时股权分置改革在方案设计时，统筹兼顾在开放格局下，中国国情与国际规则的差异，协调好解决历史遗留问题和接轨国际惯例的关系，把改革边界严格界定为A股市场相关股东协商对价平衡预期收益，同时为H股全流通改革预留空间，清晰界定各类改革主体的权利和责任，有效避免角色错位和利益冲突。股权分置改革是我国资本市场走向规范化的重要起点，推动了我国股票市场出现转折性变化，使得资本市场的基础制度、股份公司的基本制度得以真正确立，为私募市场和私募基金、创业板和创新企业、股指期货和各类金融衍生品的创设和发展打开了空间，构建起权利公平、机会公平、规则公平的股权文化和公司治理的股东共同利益基础。2011年1月时任总理温家宝在第四次全国金融工作会上对股权分置改革工作进行了总结并给予充分肯定："特别是彻底解决了长期困扰资本市场发展的股权分置问题。股权分置是我国股票市场建立初期遗留的最大难题，一直制约股票市场的健康发展。2005年我们下决心启动股权分置改革，按照尊重市场规律，有利于市场稳定和发展，切实保护投资者特别是公众投资者合法权益的总体要求，采取统一组织、分散决策的办法，积极稳妥、循序渐进推进改革，目前已顺利完成。这项重大改革实现了非流通股在股票市场的逐步流通，理顺了两类股东的利益机制，创造性地解决了历史难题，推动了股票市场的转折性变化。股票市场功能不断健全，有力地支持了大型金融机构改制上市，支持了一大批国有骨干企业企业和民营企业的投融资活动，推动了基础设施、支柱产业和高新技术产业快速发展。"

### （三）上市公司退市制度渐进性目标与执行

退市制度是资本市场健康发展的基础性制度之一，是资本市场优胜劣汰、优化资源配置的重要机制，可以有效促进市场出清风险、提升市场信用、增强投资者信心。1994 年实施的《公司法》，确立以连续 3 年亏损为主要标准的强制退市制度，1999 年出现第一家因连续 3 年亏损的暂停上市公司（苏三山），2001 年出现第一家连续 4 年亏损的终止上市公司（上海水仙）。但是在此后 20 多年间，A 股市场年均退市公司数量不足 10 家（见图 3 至图 5），退市机制长期在低频次运行，优胜劣汰的渠道难以畅通，其中既有制度设计、

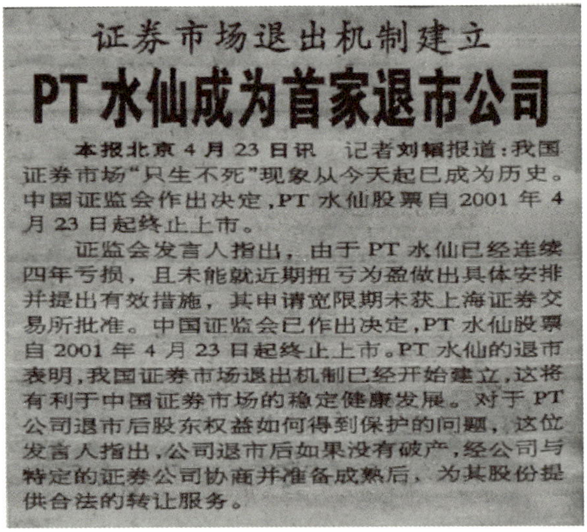

图 3　上海水仙退市

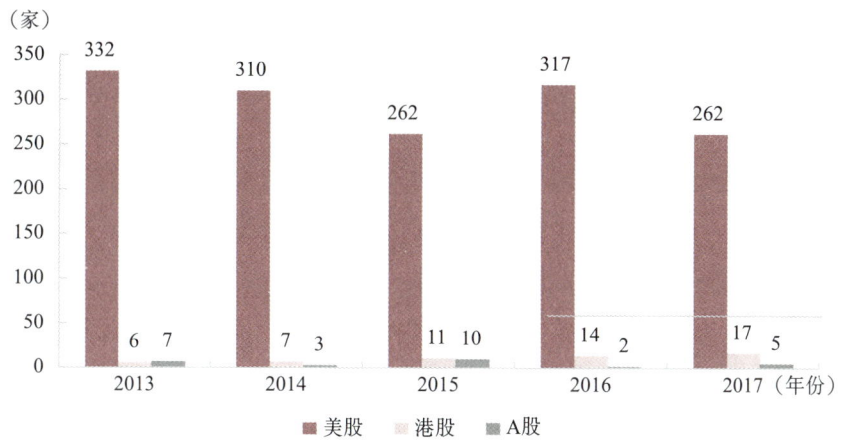

**图 4　美、港、A 股中退市公司数量对比**

数据来源：Wind，海通研究所。

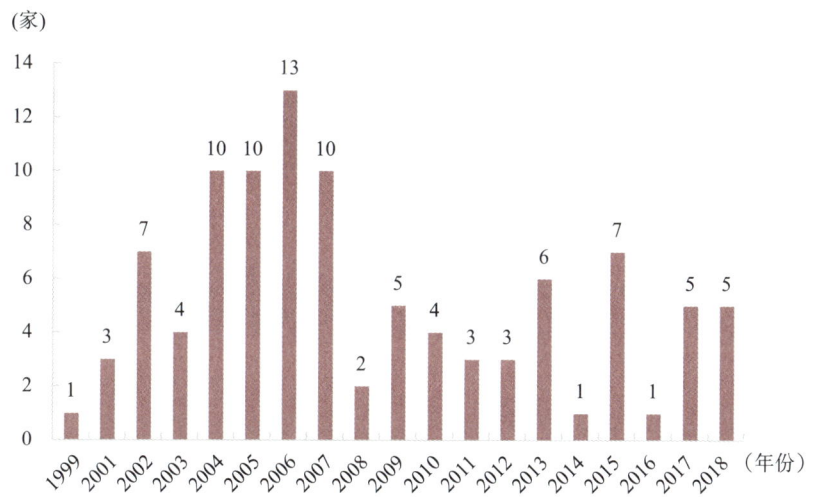

**图 5　我国历年退市企业数量**

数据来源：Wind，恒大研究所。

发展阶段、社会文化、投资者成熟度等多种因素使然，更重要的是政策目标需要在维护社会稳定、保护中小投资者利益和不成熟的投资文化之间找到平衡点。中国特色上市公司退市制度形成和发展的基本路径是：根据市场发展阶段、基础制度完善进度、投资者成熟程度建立渐进性的制度安排；与发行上市制度市场化（注册制）相适应，增强退市制度安排与机制设计的市场逻辑，增加市场化退市指标和市场选择功能权重，逐步减少行政干预；不断健全退市风险警示制度和投资者保护机制，稳步实现退市制度执行的常态化。

**1. 成熟市场国家退市机制运行的基本特点**

在成熟的资本市场，上市公司摘牌退市是常态化现象。在主要资本市场上退市公司数量多于 IPO 公司数量的情形屡见不鲜。2007 年至 2018 年 10 月，全球退市公司数量累计达到 21280 家，全球 IPO 数量累计达到 16299 家。WRDS 数据显示，1980—2017 年，美股上市公司数量累计达到 26505 家，退市公司达到 14183 家，退市公司数量占到全部上市公司的 54%，其中，纽约证券交易所退市 3752 家，纳斯达克退市 10431 家；剔除 6898 家存续状态不明的公司后，退市公司数量占到剩余 19607 家上市公司的 72%。美股公司退市时点一般在上市后的第三年和第四年。在纽交所已经退市的 7234 家公司中，多达 2862 家公司是在上市五年之内退市的，占所有退市公司数量的 39.6%。其中，上市后第三、第四年退市的公司最多，每年超过 800 家。根据已有数据进行推测，如果一家公司已经上市 9 年，则其未来退市的概率约为 20%；如果一家公司已经上市 14 年，则其未来退市的概率约为 10%。

就美股公司主要退市原因而言，56% 的美股公司因被并购退市，共计 7970 家公司是因为被其他公司并购而退市，占所有退市公司数量的一半以上。其中，又有接近一半是因另一家上市公司发起的、以上市公司股份作为对价、或是部分以上市公司股份作为对价的并购而退市。虽然对应的标的公司已经退市，但是其部分或全部资产仍然继续在市场中交易，并没有在实质上离开市场。这也是科技公司做大做强的一种重要方式。15% 的美股公司因财务问题退市，共计 2075 家公司因财务方面不符合相关要求自愿或强制退市。9% 的美股公司因股价过低而退市，共计 90 家美股公司因该原因退市。另有 760 家上市公司因为各种原因破产清算而退市。财务问题和股价过低的案例主要出现在传统产业；而金融和科技创新企业的退市主要以被合并为主。对比纽约证券交易所、纳斯达克和香港联合交易所的退市机制，可以发现许多共同点。

一是退市标准多元化。三家交易所设立的退市标准均包括定量标准与定性标准，而且纽交所与纳斯达克的定量标准分为股东数量、"市值＋营业收入"等多套标准，这赋予了交易所较大的裁量权和灵活性，多角度地保证上市公司质量与维护投资者权益。

二是退市流程清晰完善，且给予上市公司申诉权利。在退市流程里，三家交易所均设立了退市公司的申诉复核环节，纳斯达克还会给予退市公司宽限期对违反规则的行为进行整改。最大限度地维护了公司的上市资格，也没有滥用退市制度赋予交易所的权限。

三是配套的投资者保护制度完备成熟。美国和香港地区均设有严密的法律法规体系、系统的投资者保护机构体系，而且美国的集体诉讼制度和香港地区的准司法保护也强有力地维护了投资者权益。

四是自愿退市与强制退市相结合。在纽交所的退市公司中，约2/3为自愿退市，约1/3是强制退市。在纳斯达克的退市公司中，自愿退市与强制退市约各占一半。其中自愿退市原因主要为市值低估、二级市场低迷、上市成本较高等；强制退市原因主要为不能满足流动性指标等持续性上市标准。在港交所的退市公司中，自愿退市和转板占到全部退市公司的六成。

2. 我国资本市场退市制度的历史沿革及其特点

20多年来我国资本市场退市制度建设经历了三个渐进性转变。

（1）退市决定由行政主导到自律监管转变。1994年《公司法》第157、第158条规定由国务院证券管理部门决定暂停和终止股票上市。2001年2月证监会发布《亏损上市公司暂停上市和终止上市实施办法》，开启行政主导的强制退市制度。2005年《证券法》修订，退市制度从《公司法》规定纳入《证券法》规制。根据新修订的《证券法》第55、56条规定，上市公司暂停和终止上市由原来的行政主导决定，改由证券交易所以自律监管作出决定。

（2）退市条件由单一标准到多元标准转变。1994年《公司法》规定了四种退市情形：①公司股本总额、股权分布等发生变化不再具备上市条件；②公司不按规定公开其财务状况，或者对财务会计报告作虚假记载；③公司有重大违法行为；④公司最近三年连续亏损。2006年《证券法》增加：证券交易所上市规则规定的其他情形。由于其他条件难以定量定性，从1998年苏三山首家以PT方式暂停上市，到2001年4月PT水仙摘牌，实践中主要执行"三年连续亏损"这一退市标准。2012年4月证监会发布《关于改进和完善上市公司退市制度的意见》，进一步完善多元化退市标准体系，健全市场化转板机制：一是将非标准审计意见、净资产为负、没有营业收入且不能正常运行、股票交易严重萎缩等指标纳入退市标准；二是健全退市风险释放机制，设立"退市风险警示板""退市整理板"；三是进一步明确公司终止上市后的去向及安排，统一适用相同的信息披露要求和转让方式，允许退市公司自行选择全国性或者区域性股权市场、证券交易所设立的股份转让系统，每周安排2~3次股份转让；四是授权证券交易所依法建立终止上市公司重新上市制度。

（3）投资者保护从健全风险警示向强化权益保障转变。投资者保护是我国退市制度建设与执行的关键环节。不同退市情形中，投资者的基本诉求并不一致，投资者保护工作的核心目标也应有所区别。在上市公司因经营不善引发退市的情形中，应当遵循"买者自负"原则，由投资者自行承担相关损失，防止投资者保护机制沦为投资风险的"刚性兑付"工具，投资者保护工作的核心目标在于充分揭示退市风险，引导投资者理性投资，出现退市风险时，保障投资者充分的知情权、交易权，确保投资者有序、快捷地退出上市公司；在公司有虚假陈述行为并被强制退市的情形中，投资者可能会因虚假陈述行为导致利益受损，投保工作的核心目标在于保护受损害投资者的求偿权。

——退市风险警示机制的建立和完善。

①ST制度：为执行公司法有关退市规定，向投资者充分揭示风险，1997年证监会指导证券交易所出台上市公司状况异常期间的股票特别处理方式。

即对于上市公司连续两年亏损,或每股净资产低于面值,或发生其他异常状况导致投资者对该公司前景难以判断,可能损害投资者利益的情形,证券交易所对其股票实行另板公布和5%涨跌幅限制的特别处理。

②PT制度:1998年我国证券市场出现第一家连续三年亏损上市公司——苏三山,证监会按照《公司法》有关规定决定苏三山暂停上市。当时苏三山4万多股东对退市决定反应强烈,江苏省维稳压力很大。证监会依据《公司法》第143条"股东持有的股份可以依法转让"这一规定,为解决暂停上市公司股份转让问题,1999年指导证券交易所制定发布《上市公司股票暂停上市处理规则》,规定公司股票暂停上市期间,证券交易所为投资者提供"特别转让服务",即在公司股票简称前加"PT"并不在交易行情中显示,每周五开市申报转让委托,申报价格不超过上一次转让价格上下5%,收市后对有效申报按集合竞价方式撮合成交。

③*ST制度:2001年2月证监会发布《亏损上市公司暂停上市和终止上市实施办法》,并同时推出退市风险警示制度(*ST),向投资者突出揭示退市风险。

——投资者权益制度保障不足的原因分析。

2016—2021年,共50家公司被强制退市,其中28家在强制退市中曾被证监会行政处罚,包括财务类13家、交易类10家、规范类4家、重大违法类1家。大致测算,虚假陈述行为牵涉投资者172.19万人,投资者可能遭受损失817.62亿元。其中,乐视网(投资者人数20.38万,损失292亿元)和康得新(投资者人数17万,损失150亿元)两家影响最大,牵涉投资者人数合计37.38万,投资者可能遭受的损失合计442亿元,占28家损失总额的54.06%。**从诉讼情况看**,根据公开数据,有3家无任何投资者起诉,25家公司因虚假陈述被2761名投资者(占比0.16%)提起5796起民事赔偿诉讼;在被起诉的25家公司中,有16家起诉的投资者人数在10人以内,反映出投资者诉讼维权的积极性不高。**从判决情况看**,有18家仍在诉讼审判阶段,7家已被判决承担赔偿,但投资者主张的赔偿数额往往与法院的判赔金额存在一定出入。**从实际赔付情况看，**投资者实际获得的赔付金额，往往会比判赔金额低。如金亚科技案中，法院对 1287 名投资者的判赔金额为 4450.76 万元，但实际获赔金额为 2131.58 万元，不到判赔金额的一半。赔付效果最好的为欣泰电气案，通过先行赔付机制，接受赔付的适格投资者人数 11727 人，占适格投资者总人数的 95.16%，实际赔付金额 241981273 元，占应赔付金额 99.46%。强制退市中投资者权益保障不足主要有两个方面原因。

**①救济机制不够完善。一是**先行赔付制度虽能快速赔偿投资者，但未广泛落地实施。为更好保护投资者合法权益，我会在 2015 年积极推出先行赔付制度并写入《证券法》。从运行效果看，先行赔付能够快速、有效地赔偿投资者损失，但赔偿资金大都由券商等中介机构全额垫付，大幅超出其本应承担的责任份额，垫付人往往因最终责任人资不抵债，无法获得后续追偿，最终令次要责任人承担了首要责任人的赔偿结果。虽然《证券法》规定先行赔付适用于欺诈发行、虚假陈述或者其他重大违法行为，但实践中只在三起欺诈发行案中适用过，尚未做到常态化，未来推广也面临很多制约因素，例如中介机构的配合度及赔付能力等。**二是**既有诉讼方式各有局限。**从传统诉讼看，**虽然《民事诉讼法》及相关司法解释规定了单独诉讼、共同诉讼、支持诉讼等民事诉讼机制，但由于维权成本高、效率低、"集体行动难题"等现实困境，导致民事诉讼制度的救济功能难以有效发挥。**从代表人诉讼看，**普通代表人诉讼激励约束机制尚不健全，律师参与诉讼的积极性未被充分调动；特别代表人诉讼采取"默示加入、明示退出"的诉讼参加方式，虽能部分解决中小投资者"诉讼贵、维权难"的问题，但常态化运行还面临巨额赔偿如何落地、兼顾投资者保护与风险防控等难题，具体效果尚需实践检验。此外，在具体诉讼过程中，司法审判人员依赖行政处罚或刑事裁判处理案件的思维惯性依然存在。如在投服中心就獐子岛虚假陈述行为提起的支持诉讼中，虽然公司主动公告存在虚假陈述并被证监会作出行政处罚，但法院仍然以刑事审判尚未结束为由要求投资者撤回起诉。**三是**非诉纠纷解决机制有待进一步利用。虽然诉讼制度具有对当事人程序性权利保障更为充分、判决结果的强

制执行力更高等优点，但自身也存在周期长、成本高、灵活性不够等固有局限。与之不同，和解、调解、仲裁等非诉纠纷解决机制具有灵活性高、索赔周期短等优势。还需要进一步利用非诉纠纷解决机制，使投资者有更多的维权选择。

②**主要责任人赔偿能力不足**。实践情况表明，退市中的上市公司及大股东往往会陷入财务危机，处于破产边缘，其偿付能力严重不足。**从发行人看**，这些公司普遍存在资金占用、违规担保、资不抵债等情况，加之债务加速到期、交叉违约等情形，严重减弱其偿付能力，而其他有担保债权优先于无担保投资者索赔债权的法定偿付顺序，又会进一步加大投资者实际获赔的难度。**从控股股东、实际控制人看**，在其资产主要为股票的情况下，由于公司退市，股票市值大幅降低，资产往往严重缩水，且常存在大比例质押股票情形，资产质量不佳，难以覆盖赔偿金额。**此外**，责任人被采取行政、刑事强制措施导致名下资产被冻结、罚没或收缴等现象也较为普遍，在民事赔偿优先原则未能真正落地的情况下，违法者在缴纳行政罚款、违法所得后，无力再对投资者承担民事赔偿责任。受限于现有法律规定和财政制度，行政罚没款必须上交国库，无法直接用来补偿投资者，进一步制约着投资者的实际获赔金额。同时，还要看到，一些退市公司本身也是控股股东、实际控制人掏空上市公司财产等违法犯罪行为的受害者，但行政机关对于资金占用、违规担保行为的打击力度和规制手段不足，公安机关对背信损害上市公司利益行为的刑事追责和惩戒力度不够，以及司法机关对于禁止违法行为人转移资金、财产的诉前保全制度不完善等，在很大程度上也削弱了责任人的赔偿能力，加剧了"投资者虽赢得诉讼却无钱可赔"的困境。

③**投资者自我保护能力有待进一步提升**。近年来随着投资者教育工作的持续深入，投资者参与诉讼的积极性虽有提升，但实践中一些中小投资者依然对民事赔偿持观望态度，希望等待同类案件判决后再起诉，存在"搭便车"心理。投资者维权能力不高，对诉讼等维权路径的了解不够全面深入，普遍缺乏证据收集固定能力和诉讼专业知识。另外，投资者"炒小""炒差"等

非理性投资现象依旧存在，一些投资者在公司多次提示退市风险后，依然大量买入其股票，并不属于投资者可以获赔的范围。在 A 股市场 ST 板块的涨幅整体高于上证综指是常见现象，正是这种非理性投资行为的具体映射。如 *ST 济堂、*ST 新亿，在被证监会出具行政处罚事先告知书、公司多次提示存在重大违法强制退市风险后，公司股票还出现了连续涨停现象。

### 3. 上市公司退市制度执行的中国特色

一是动员机制。从 1994 年《公司法》颁布实施，到 2001 年 4 月中国证监会首次作出 PT 水仙退市决定，7 年间一边是纸上谈兵者主导舆情汹汹，指斥退市机制不畅、导致滥竽充数之害，一边是地方政府在政绩与维稳压力下不计成本"护壳""保壳"，退市制度建设与执行单兵突进，如"两边余一卒，负戟独徬徨"。2000 年全国人大常委会开展《公司法》执法检查活动，要求坚决执行《公司法》有关退市规定。2001 年证监会正式发布《亏损上市公司暂停上市和终止上市实施办法》。建立退市机制的"破冰"之旅在行政动员机制作用下起航。证监会主席亲赴 11 个省市动员；国务院要求上海市率先示范，最终上海市政府在 5 家符合终止上市条件的公司中，选择 PT 水仙一家摘牌，却动用 15 亿元财政资金挽救其他 4 家免于摘牌。

二是强制机制。在"新兴加转轨"市场发展阶段，市场化的主动退市和自动退市难以实现，强制退市成为主要方式，在我国社会保障体系不健全和投资者适当性、风险意识不具备条件下，带来了巨大的维护社会稳定压力。证监会与公安部联合发文维稳；各地政府要求司法部门采取"四缓"措施维稳，即在退市期间针对退市公司"缓立案、缓受理、缓审判、缓破产"。

三是检验机制。在转轨经济中，市场优胜劣汰成为"真假"市场经济的检验机制。由于上市资源的稀缺性和脱胎国有企业的特殊性，上市公司与原有体制保持着千丝万缕的关系，上市工作是地方政府推动的政绩，退市必然受到体制的牵制。退市机制本来市场选择的结果，在转轨经济中却成为政府与市场、中央与地方之间博弈，退市实践不断检验着政府与市场、政府与企业的边界。

四是保障机制。在新中国第一部《公司法》制定之初，如何保障上市公司质量就成为讨论的焦点，最终确定把"连续三年盈利"作为 IPO 和上市的法定条件，把"连续三年亏损"作为退市摘牌的法定条件。通过法律规定把经营盈亏作为保障上市公司质量的立法理念，在世界各国的公司立法中较为少见。这是我国经济体制由计划经济向市场经济转轨过程中的现实反映，也是中国特色上市公司质量保障体系的重要方面之一。

4. 上市公司退市制度的健全与完善

2020 年 11 月 2 日中央全面深化改革委员会第十六次会员审议通过《健全上市公司退市机制实施方案》，提出坚持法治化、市场化方向，完善退市标准，简化退市程序，拓宽多元退出渠道，严格退市监管，完善常态化退出机制。建立常态化退市机制，也必然需要以投资者适当性为基础，构建与投资者风险承受能力相匹配的交易机制，逐步降低高风险公司流动性，真正形成市场化的优胜劣汰机制。

（1）建立多维度的退市标准。一是要完善持续性经营指标，A 股现有的强制退市标准强调"三年连续亏损"，对应 IPO 上市标准中强调的会计指标，随着科创板上市标准的多元化，应从"市值+营业收入""市值+营业收入+经营性现金流"、持续性净利润等方面设立与上市标准匹配的退市标准。二是完善流动性指标，对于交易不活跃的上市公司给出退市警告，对投资者及时给出风险提示。三是完善合规性指标，除重大违法行为外，对于一些违法违规经营行为，也应对相关上市公司及时按照退市标准强制退市。

表6　　　　　　　　　　新旧退市标准比较

| | 旧标准 | 新标准 |
|---|---|---|
| 财务类 | 连续 3 年或 4 年亏损等 | 连续两年净利润亏损（扣非前后）且营收低于 1 亿 |
| 交易类 | 面值退市 | 1 元退市 |
| 规范类 | | 新增：20 个交易日市值低于 3 亿元；信披、运作存在重大缺陷；半数董事对年报半年报不保真 |

续表

| | 旧标准 | 新标准 |
|---|---|---|
| 违法类 | IPO 造假、财务造假等 | 明确财务造假判定标准 |
| 退市流程 | 连续三年亏损暂停上市,如次年转盈可恢复上市 | 取消暂停上市/恢复上市,连续两年触发财务类标准即退市 |
| 退市整理 | 退市整理期 30 个交易日 | 减至 15 个交易日,整理期首日不设涨跌停板,交易类退市不设整理期 |
| 风险警示 | | 一年触及财务类指标即 ST<br>适度扩大其他风险警示使用情形<br>深交所设"风险警示板",单日买入不得超过 50 万股 |

（2）设立严格的退市程序。一是要设置退市委员会决策机制,对严重影响上市地位、实施重大违法退市进行审议,做出独立的专业判断并形成审核意见。明确相关审议决定,如审议期限、做出退市决定等环节的期限。二是要给予当事人合理的救济途径和救济手段,维护其正当的程序保障权利,保障当事人的基本权利。三是要明确退市过程中的重要相关环节,即停牌、退市风险警示、暂停上市和终止上市等。

（3）健全投资者保护制度。一是积极拓宽投资者赔偿资金来源。研究探索拓宽证券投资者保护基金功能,并以此为主体建立资本市场中小投资者保护"资金池",对重大违法强制退市中未能足额受偿的投资者,在穷尽法院执行、破产清算、行政罚没款退库等法定救济手段后仍未获足额赔偿的部分,给予一定补偿,争取推动实现证券投保基金名实相符的效果。实施《关于证券违法行为人财产优先用于承担民事赔偿责任有关事项的规定》,推动行政罚没款优先用于民事赔偿,确保投资者损害赔偿机制更有实效。二是进一步完善民事救济制度机制。落实最高人民法院制定《关于审理证券虚假陈述侵权民事赔偿案件的若干规定》,取消行政前置程序,进一步畅通投资者维权途径;发布《欺诈发行上市股票责令回购实施办法（试行）》,强制欺诈发行人及相关责任主体从投资者手中买回股票;加快推动证券纠纷代表人诉讼、先行赔付、"示范判决 + 纠纷调解"等机制常态化运行;综合运用多元纠纷解决手段，充分利用"总对总"证券期货纠纷在线诉调对接机制，引导相关责任人自愿赔偿投资者损失，在前端化解矛盾。三是加大对背信损害上市公司利益行为的惩处力度。以制定《上市公司监督管理条例》为契机，为保障上市公司利益不受损，加大对公司控股股东、实际控制人资金占用、违规担保行为的法律责任和规制手段。同时，进一步加强与公安机关的沟通协调，并充分发挥检察机关驻证监会检察室工作机制优势，对背信损害上市公司利益的违法犯罪行为加大移送和惩处力度。通过多措并举，真正起到震慑作用，减少和防范损害上市公司利益、掏空上市公司等违法违规行为。

### （四）上市公司并购重组制度的市场化进程

并购重组是资本市场市场化配置资源的重要方式。并购重组是市场约定俗成的称谓，并非准确的法律概念。并购重组制度包括上市公司收购制度和上市公司资产重组制度。收购制度主要规范涉及公司股权结构的调整，其目标指向公司控制权变动，核心内容是"控制性股东导入"。重组制度主要规范涉及公司资产、负债及业务的调整，其目标是优化公司的资产规模和质量、产业或行业属性的调整，核心内容是"资产或者业务的导入"。

上市公司收购制度是指规范取得或者巩固对上市公司的控制权活动的制度安排，包括投资者直接收购上市公司的股份成为上市公司的控股股东；或者虽不是上市公司股东，但通过直接或者间接方式取得对上市公司控制权的行为。按照国际通行规则，上市公司收购制度由权益变动披露制度和要约收购制度两部分构成。我国上市公司收购制度主要依据1993年国务院颁布的《股票发行与交易管理暂行条例》和1999年实施的《证券法》，核心制度是收购人强制要约收购义务和持股权益变动强制信息披露义务（以下简称"两强制义务"）。上市公司权益变动披露制度的立法意图是增强渐进式收购（"爬行收购"）的透明度，通常以增加或减少持有股份达到总股本一定比例（3%、5%、20%、30%）为信息披露的起点，每增加或者减少相应持股的比例，权益持有人应当履行信息披露义务并规定一定的静止期（"点刹"安排），以保证投资者充分知悉公司控制权或主要股东可能发生的变动情况，从而做出相应的投资判断和决策。要约收购制度式是围绕控制权变动形成的保护投资者权益公平的制度安排，国际上有两种立法理念：一是以英国为代表的强制性全面要约收购制度，其监管目标是体现实质公平，要求收购人承担更多的收购成本，保障股东拥有公平分享控制权溢价的机会；二是以美国为代表的自愿要约制度，其监管目标是体现形式公平、程序公正、活跃市场。我国上市公司收购制度经历了三个发展阶段：（1）借鉴强制全面要约收购制度阶段，立法体现在1993年国务院发布的《股票发行与交易管理暂行条例》，1998年发布的《证券法》；（2）股权分置下强制全面要约收购制度阶段，立法体现在2002年9月证监会发布的第1版《上市公司收购管理办法》，其特点为要约价格双轨制；（3）股权分置改革完成后强制要约收购制度阶段，立法体现在2006年证监会发布的《上市公司收购管理办法（修订）》中，其特点为强制但不全面。本次修订根据股权分置改革形成的市场环境转折性变化，确立了现行收购管理办法的基本框架，共十章，分别确立了权益披露、要约收购、协议收购、间接收购以及要约豁免等六大制度框架体系。2008年、2012年、2014年对《收购办法》进行了修订，三次修改主要是对于豁免要约制度进行了一定的调整，将原本属于报证监会批准才可以豁免要约的行为，改为无需批准即可自动豁免。同时，2014年修订中，也将原管理办法中大量的报告义务改为公告义务。尤其是将原规定中关于收购报告的行政审批程序取消，收购人只需要履行公告义务即可，这大为缩短了收购事项的审批流程，更多的让市场对收购事宜进行消化。

2006年9月修订版《上市公司收购管理办法》正式实施，至2018年1月间，资本市场上出现的要约收购仅54起，其中部分要约27起，全面要约27起；部分要约中，24起为巩固上市公司控制权，2起为获得上市公司控制权，1起为引进战略投资者（贝因美，002570）；全面要约中，25起为履行法定要约义务，1起为终止上市公司上市地位（金马集团，000602），1起为履行股权分置改革承诺（东方锅炉，600786）。最近三年深市涉及控制人变更的案例达177起,为要约收购数量的三倍有余,这意味着大多数的实际控制人变更并未采用要约收购的方式。这显然与要约制度的本意有所背离。通常部分要约是主动要约,全面要约是强制要约,部分要约可分为获得上市公司控制权和巩固上市公司控制权两类,全面要约收购可分为履新法定要约义务和终止上市公司的上市地位。部分要约中为获取上市公司控制权的案例数量之少,反映了《收购办法》在帮助中小股东共享控制权溢价方面的作用有限;而全面要约中绝大多数为被动触发的现实也从侧面印证了中国上市公司的壳资源稀缺性。

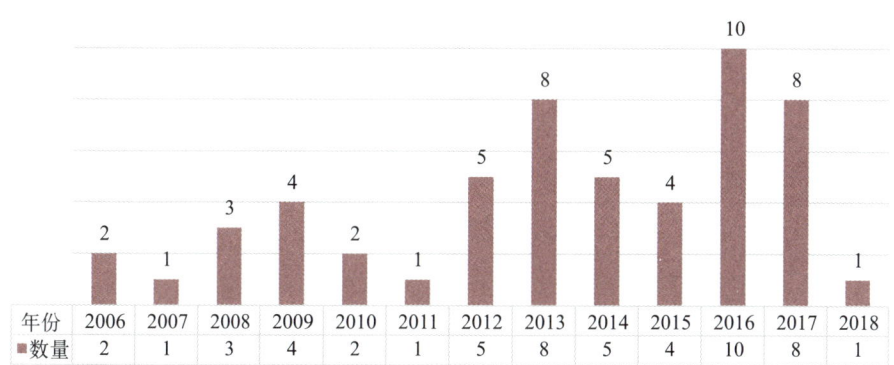

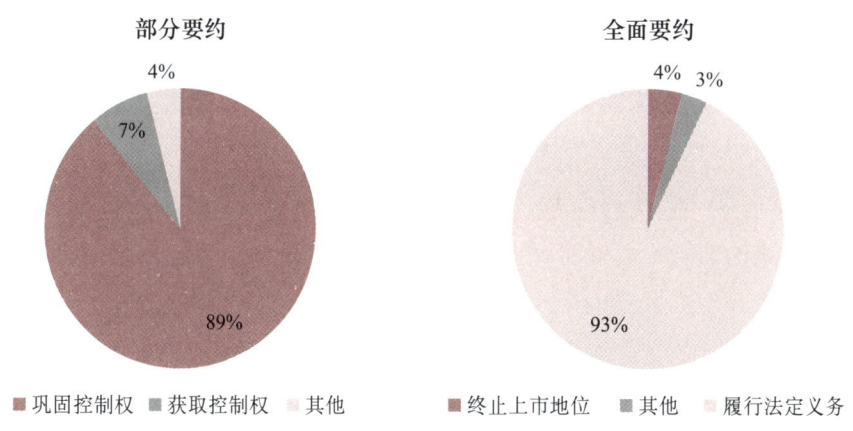

图6 历年要约收购实施数量

注:以要约收购报告书摘要公布时间为准。

上市公司重组制度是指规范上市公司及其控股或者控制的公司在日常经营活动之外购买、出售资产或者通过其他方式进行资产交易达到规定比例，导致上市公司的主营业务、资产、收入发生重大变化的资产交易行为的制度安排（"重大资产重组制度"）；主要规则是2008年证监会发布《上市公司重大资产重组管理办法》。上市公司收购与重组通常是组合实施，主要包括控制权转让（收购）、资产重组（购买、出售或者置换资产等）、股份回购、公司合并、公司分立等，对上市公司股权控制结构、资产和负债结构、主营业务及利润构成产生较大影响的活动。30多年来，我国资本市场并购重组制度建设经历了股权分置格局下、股权分置改革推进中和完善市场化制度安排三个重要阶段。

（1）上市公司在股权分置格局下的并购重组。在股权分置格局下，上市公司相同的普通股划分流通股和非流通股，造成同为普通股股东持有的股份"同股不同权，同股不同价"。由于权益不平等形成的两类股东，在上市公司并购重组活动中更容易产生负面激励和逆向选择；在"活股生活股，死股生死股"的监管政策导向下，控制权市场的形成和并购重组活动的动机受到制度制约。上市公司资产重组在1998年以前主要是作为一类重大事件进行临时报告和公告。1998年为缓解执行退市规定形成的维护社会稳定压力，监管部门发布26号文《关于上市公司置换资产、变更主营若干问题的通知》，对高风险上市公司通过重大资产重组改变主营业务行为进行规范。2000年监管部门发布75号文《关于规范上市公司重大购买或出售资产行为的通知》，将重大资产重组的监管，由事前审批改为事后备案，进一步鼓励面临退市风险公司通过重组化解危机。2001年为遏制虚假重组、推动实质性重组，监管部门发布105号文（《关于上市公司重大购买、出售、置换资产若干问题的通知》，以下简称105号文），将事后审批改为事中审批，并对重组的条件、信息披露、决策和申报程序等做出具体规定。这一阶段是资本市场并购重组制度的萌芽时期，制度引进与市场实践存在差异。由于股权分置产生的股份权益不平等，制约了控制权市场的形成；上市公司重组制度的政策目标主要是挽救危机公司、缓解退市压力。

（2）在股权分置改革推进中的并购重组。为适应股权分置改革形成的"同股同权，同股同价"的全流通市场格局及股份作为并购重组支付工具的出现，监管部门同步完善相关并购重组法规体系。2006年修订发布《上市公司收购管理办法》，将强制全面要约收购制度调整为强制要约收购制度，允许部分要约和比例要约，将原有《上市公司股东持股变动信息披露管理办法》相关内容并入其中，并进一步规范一致行动人行为。2008年监管部门制定发布《上市公司重大资产重组管理办法》《上市公司并购重组财务顾问业务管理办法》，全方位构建规范上市公司重大资产重组活动的制度安排，首次从规则层面确立上市公司发行股份购买资产交易方式，为并购重组交易的市场化、标准化、大型化奠定制度基础。这一阶段是我国资本市场并购重组制度系统性、体系化建设的重要时期，这些制度建设成果既体现股权分置改革的总体设计，也反映全流通市场发展的基本逻辑，初步形成市场化并购重组的整体制度框架。在股权分置改革方案设计中，曾提出建立存量股份转售制度，但是由于我国股票市场发行制度是基于增量发行而构建，存量发售制度一直未形成，为后来市场出现存量股份"清仓式减持""恶意减持"问题留下制度漏洞。

（3）在完善市场化制度安排的并购重组。随着股权分置改革的完成和资本市场基础制度的完善，并购重组成为资本市场配置资源的重要方式，但是由于市场化制度供给不足，在市场发展实践、制度建设和机制运行方面产生诸多问题和挑战。在市场发展实践方面，借壳上市案例频繁发生，但是缺乏具体制度规范，在既无明确概念定义也无清晰标准界定的情况下，导致严重的监管套利；并购重组中时常伴生内幕交易，但是举证难、认定难、惩戒不足，形成严峻的监管挑战；上市公司同业竞争、关联交易问题普遍存在、亟待解决，影响提高上市公司质量。在制度建设方面，资产、现金对价不能同步操作，并购融资受限；以股份对价并购重组制度尚不完备；上市公司收购制度、重组制度的适应性、适当性和有效性亟需进一步增强；上市公司合并、回购、分立、分拆制度不健全问题。在机制运行方面，尚未形成中介机构执业激励和约束机制，中介机构事责不对等、问责不到位、创新无动力；并购重组审核和停复牌工作标准化、公开化、流程化亟待完善。

2010年10月，为贯彻落实《国务院关于促进企业兼并重组的意见》（国发〔2010〕27号），监管部门形成推进完善资本市场并购重组的工作安排（以下简称"十项工作安排"）。主要推进完善了五个方面的制度建设。一是拓宽上市公司并购重组融资渠道。2011年监管部门修订《重组办法》，允许上市公司在发行股份购买资产时向特定对象发行股份进行融资。2012—2015年，上市公司通过配套融资的方式分别融资196.75亿元人民币、442.65亿元人民币、852.97亿元人民币、3140.46亿元人民币，呈现快速增长趋势。二是丰富并购重组支付工具，推广定向可转债运用。2014年监管部门修订《重组办法》，允许上市公司可以向特定对象发行可转债用于购买资产或者与其他公司合并。截至2019年8月末，已有33单并购交易公告使用定向可转债作为支付对价工具，涉及的并购交易金额达到了302.99亿元人民币。三是资产交易定价更加市场化。放宽发行股份购买资产定价的选择空间，可选择定价基准日前20、60、120个交易日均价作为市场参考价。允许交易各方基于交易实质、交易各方权利义务等因素协商约定标的资产价格，允许上市公司对不同交易对方支付不同的交易对价。取消了非同一控制下并购重组交易中强制交易对方做出业绩承诺要求，交易双方可基于商业判断对对赌条款进行灵活的设计，在保证各自基本利益诉求的基础上，更有利于并购重组完成后的后续整合。四是进一步放松管制，并购重组审核效率大幅提高。2013年监管部门对并购重组行政许可实施扶优限劣的审核分道制；2014年取消现金购买资产的行政许可；取消豁免要约行为的行政审批程序，改为自动豁免；取消收购报告的行政审批程序，改为收购人履行公告义务；2018年推出"小额快速"并购重组审核机制。通过简政放权，90%以上的并购重组交易已无须监管部门审核，发行股份购买资产类交易的审核周期，已由2012年的约160天缩短至2019年的约90天。在这一阶段，境内资本市场并购重组规模从2010年的634亿美元，增长到2018年的3000多亿美金；市场化并购重组快速发展，非同一控制下并购重组从 2010 年的逾 300 宗，增加到 2018 年的近 1900 宗，资本市场并购重组主渠道作用得以有效发挥。

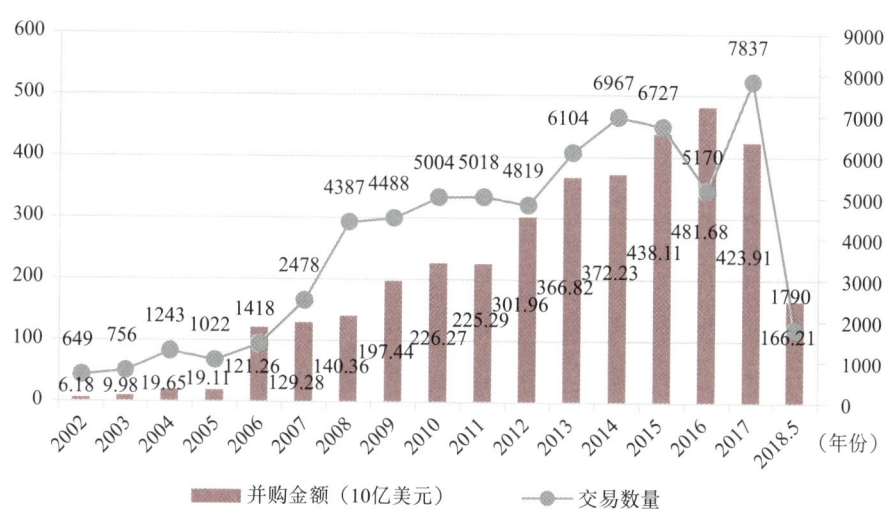

图 7　我国资本市场并购重组概况（2002 年至 2018 年 5 月）

### （五）证券发行制度改革的探索创新与突破

股票发行制度是资本市场的核心基础制度。股票发行是指符合发行条件的公司，以筹集资金为直接目的，依照有关法律、法规和规则，按照一定的程序、方式和要求，通过中介机构向投资人要约出售代表一定股东权益的股票的行为。股票发行通常以股票的首次公开发行（Initial Public Offering，IPO）为探讨主体，特指股份有限公司第一次向众多非特定的投资人出售新股或配售原老股东持有的股票的行为。从国际实践看，股票发行制度经历了从商事安排到行政许可、从分散规制到统一监管、从价值判断到信息披露的演变过程，以信息披露为中心是股票发行注册制的重要特征。股票发行活动，尤其是公开发行，因其涉及公众利益，必须有健全的市场机制和必要的政府管制予以规范，股票发行制度由规范股票发行活动的有效市场机制与有为政府管制的系统集成。其有效的市场机制主要通过股票发行价格及其股权收益变化和资金供求之间的公平竞争，调节股票市场的运行，引导资金流向，实现社会资源的优化配置，满足股票发行人和投资者的不同需要。有为的政府管制则由政府或其授权机构实施。一方面，国家立法机关、政府或其通过颁布股票发行、上市的法律、法规和规则，规定股票发行的具体条件、程序、方式，要求发行人在股票发行过程中有法可依，有章可循，并接受政府或有权部门的检查与监督；另一方面，通过股票发行审查、批准，对股票进行具体监督与控制，如发行人主体资格的确认与限制，中介机构资格认定及行为监管等。这些与股票发行有关的管制的具体形式和各种法律、规则的总和，构成股票发行制度。在探索建立中国特色现代资本市场的历史进程中，早期实行带有"计划经济"色彩的审核制，其特点是管发行额度、管发行家数、管发行价格；1999 年《证券法》施行后，实行带有"管制经济"特征的核准制，主要特点是管发行节奏、管发行价格、管发行规模，并推动了四次发行审核体制改革，不断优化发行审核工作机制，但是均未走出"一放就乱，一管就死"的怪圈。2020 年 3 月实施新修订的《证券法》，确立证券发行实行市场导向的注册制，开启我国股票发行制度建设新的一页。

### 1. 发行审核制度的历史沿革

1990 年上海深圳证券交易所相继成立，开启建立中国特色现代资本市场的历史进程。从 1993 年建立了全国统一的股票发行审核制度起至 2019 年上海证券交易所设立科创板并试点注册制的 26 年间，我国资本市场并先后经历了行政主导的审批制和市场化方向的核准制两个阶段。具体而言，审批制包括"额度管理"和"指标管理"两个阶段，而核准制包括"通道制"和"保荐制"两个阶段。

（1）审核制之"额度管理"阶段（1993—1995 年）。

1993 年 4 月 25 日，国务院颁布《股票发行与交易管理暂行条例》，股票发行实行审批制。在审批制下，股票发行由国务院证券监督管理机构根据经济发展和市场供求的具体情况，在宏观上制定一个当年股票发行总规模（额度或指标），经国务院批准后，国家计委根据各个省级行政区域和行业在国民经济发展中的地位和需要，将额度分配到各省、自治区、直辖市、计划单列市和国家有关部委。省级政府和国家有关部委在各自的发行规模内推荐预选企业，证券监管机构对符合条件的预选企业的申报材料进行审批。对企业而言，需要经历两级行政审批，即企业首先向其所在地政府或主管中央部委提交额度申请，经批准后报送证监会复审。证监会对企业的质量、前景进行实质审查，并对发行股票的规模、价格、发行方式、时间等作出安排。额度是以股票面值计算的，在溢价发行条件下，实际筹资额远大于计划额度，在这个阶段共确定了105亿发行额度，共有200多家企业发行，筹资400多亿元。

（2）审核制之"指标管理"阶段（1996—2000年）。

1996年国务院证券委员会公布《关于1996年全国证券期货工作安排意见》，实行"总量控制、限报家数"的指标管理办法。由国家计委、证券委共同制定股票发行总规模，证监会在确定的规模内，根据市场情况向各省级政府和行业管理部门下达股票发行家数指标，省级政府或行业管理部门在指标内推荐预选企业，证券监管部门对符合条件的预选企业同意其上报发行股票申报材料并审核。1997年增加了拟发行股票公司预选材料审核的程序，由证监会对地方政府或中央企业主管部门推荐的企业进行预选，改变了两级行政审批下单纯由地方推荐企业的做法，开始了对企业的事前审核。1996年、1997年分别确定了150亿股和300亿股的发行量，共有700多家企业发行，筹资4000多亿元。

（3）核准制之"通道管理"阶段（2001—2004年）。

1999年7月1日正式实施的《中华人民共和国证券法》确立了核准制的法律地位。1999年9月16日，证监会推出了股票发行核准制实施细则。新的核准程序包括：第一，省级人民政府和主管部委批准改制设立股份有限公司；第二，拟发行公司与有资格的证券公司签订辅导（保荐）协议，报当地证监局备案，辅导时间为期一年；第三，辅导期满，拟发行公司提出发行申请，证券公司依法予以推荐（保荐）；第四，证监会进行合规性初审后，提交发行审核委员会审议并投票表决形成审核意见，经证监会核准发行股份。核准制第一个阶段实行"通道管理":每家证券公司一次只能推荐一定数量的企业申请发行股票,即"过会一家,递增一家",后调整为"发行一家,递增一家",具有主承销资格的证券公司拥有的通道数量最多 8 条,最少 2 条。到 2005 年 1 月 1 日"通道制"被废除时,全国 83 家证券公司一共拥有 318 条通道。"通道制"改变了由行政机制遴选和推荐发行人的做法,使主承销商在一定程度上承担起股票发行的风险,同时也获得了遴选和推荐股票发行人的权利。

(4)核准制之"保荐管理"阶段(2004 年至今)。

2003 年 12 月,证监会发布《证券发行上市保荐制度暂行办法》并开始实施保荐制。"保荐制"起源于英国,全称是保荐代表人制度,是指有资格的保荐人推荐符合条件的公司公开发行证券和上市,并对所推荐的发行人的信息披露质量和所做承诺提供持续训示、督促、辅导、指导和信用担保的制度。其主要内容包括:建立保荐机构和保荐代表人的注册登记管理制度;明确保荐期限;分清保荐责任;引进持续信用监管和"冷淡对待"的监管措施等。保荐制度的重点是明确保荐机构和保荐代表人的责任并建立责任追究机制。与"通道管理"相比,保荐制度增加了由保荐人承担发行上市过程中连带责任的内容。保荐人的保荐责任期包括发行上市全过程,以及上市后的一段时期(如两个会计年度)。2004 年 5 月 10 日,首批共有 67 家证券公司、609 人被分别注册登记为保荐机构和保荐代表人。

### 2. IPO 发行节奏控制的演变历程

从 1994 年证监会发布"三大救市政策",把暂停 IPO 发行作为救市措施之一为起始,至 2017 年实现 IPO 常态化的 23 年间,IPO 发行节奏一直是作为调节股票二级市场涨跌的工具。其理论依据是市场供求平衡,实质上是对股票一级市场与二级市场的关系存在认识误区,二者不能简单归结为商品市场上的供求平衡关系。一级市场是二级市场存在的前提,没有一级市场的证券发行就没有二级市场的证券交易,同时二级市场为一级市场提供流动性,为一级市场的有价证券提供了变现的场所,二者是相互支撑、有机联动的统一体。在23年间A股IPO经历了9次暂停和9次重启，如表7所示。

表7　　　　　　　　　　A股历史上的IPO暂停与重启

| 次序 | 基本情况 | 背景 |
|---|---|---|
| 第一次 | 1994年7月至1994年12月，空窗期5个月，暂停上涨，A股期间涨幅+65.75%，重启下跌。 | 1994年7月28日上证指数连续长时间下跌后的再次暴跌8.43%。7月30日，监管层出台"三大救市政策"：年内暂停新股发行与上市；严格控制上市公司配股规模；扩大入市资金范围。 |
| 第二次 | 1995年1月至1995年6月，空窗期5个月，暂停上涨，A股期间涨幅+18.36%，重启下跌。 | 1995年年初国债期货行情火爆，股市持续低迷，3月"3·27事件"爆发。 |
| 第三次 | 1995年7月至1996年1月，空窗期6个月，暂停下跌，A股期间涨幅-12.60%，重启上涨。 | 1995年上市公司首次出现亏损，市场信心受到打击。 |
| 第四次 | 2001年7月至2001年11月，空窗期3个月，暂停下跌，A股期间涨幅-13.57%，重启下跌。 | 2001年6月22日国务院五部委联合发布《减持国有股筹集社会保障资金管理暂行办法》，引发市场强烈反应，股市自此狂泻不止。 |
| 第五次 | 2004年8月至2005年1月，空窗期5个月，暂停下跌，A股期间涨幅-7.86%，重启下跌。 | 2004年12月，中国证监会发布了《关于首次公开发行股票试行询价制度若干问题的通知》，IPO因新股发行制度改革而被暂停。 |
| 第六次 | 2005年5月至2006年6月，空窗期1年，暂停上涨，A股期间涨幅+49.53%，重启上涨。 | 2005年4月29日发布《关于上市公司股权分置改革试点有关问题的通知》，启动股权分置改革试点启动，IPO暂停。 |
| 第七次 | 2008年12月至2009年6月，空窗期8个月，暂停上涨，A股期间涨幅+43.09%，重启大跌。 | 2008年9月次贷危机爆发；2009年5月证监会发布了《关于进一步改革和完善新股发行体制的指导意见》，向社会公开征求意见，新一轮新股发行体制改革启动。 |

续表

| 次序 | 基本情况 | 背景 |
|---|---|---|
| 第八次 | 2012年10月至2014年1月,空窗期15个月,暂停探底反弹,重启探底反转。 | 监管层没有明确表态,IPO事实上处于暂停状况。A股走势持续背离欧美等主要经济体,IPO形成"堰塞湖",期间证监会组织对拟IPO公司进行财务检查。 |
| 第九次 | 2015年7月至2015年11月,空窗期4个月,暂停下跌,重启下跌。 | 股市异常波动,持续千股跌停;IPO重启后"熔断"试错。 |

由此可以看出,伴随着IPO的暂停和重启,市场基本延续变更前趋势,一定程度上成为上涨和下跌的加速器。2017年实现IPO常态化,这是监管理念上的重大变化。

### 3. IPO发行方式的市场化进程

IPO发行方式关系到定价机制和利益分配,经历了"网下—网上—网下和网上相结合"和"定价—竞价—询价"的演变过程,在放开发行价格、控制发行价格之间反复探索,经历了如下历史阶段。

(1)限量发售认购证(1991—1992年)。1991—1992年,新股发行采用限量发售认购证(预约单、抽签表)的方式,即定点或通过银行发售认购证,凭证摇号抽签,中签后可以购买一定量新股。这种发行方式显然有失公平,发行程序透明性差,发行机构出现私自截留申请表等徇私舞弊现象,严重违背了"三公"原则,引发了轰动一时的深圳"8·10事件"。

(2)无限量发售认购证(1992—1993年)。1992年12月17日发布的《国务院关于进一步加强证券市场宏观管理的通知》确认了无限量发售认购证摇号中签方式。这种方式基本避免了限量发行方式的供不应求和营私舞弊等弊端。但整个发行过程时间长、环节多,认购量不确定,工作量大;认购成本高,投资风险大,也对二级市场产生了不利影响。

(3)无限量发售认购表与储蓄存款挂钩(1993年)。1993年8月18日国务院证券委颁布《1993年股票发行与认购办法》,规定各级政府同当地人民银行商定,可按居民在银行定期储蓄存款余额的一定比例配售申请表,然后对认购的申请表进行公开摇号抽签,中签后按规定要求办理缴纳股款手续,或者开办专项定期定额储蓄存单业务,按专项储蓄存单上的号码进行公开摇号抽签。与储蓄存款挂钩的方式与"无限量发行认购证"相比大大减少了社会资源的浪费,降低了一级市场成本,并且可以吸筹社会闲资,吸引新股民入市。但是,一方面,出现高价转售中签表现象,投机性很强;另一方面,由于以实际的定期存款为基础配售,导致银行的存款量大大增加,引起巨额投机资金在定期、活期存款间转换,出现了存单折价转让或提前贴水兑现等现象。

(4)全额预缴、比例配售(1994年)。1994年,证券发售开始采用"全额预缴款、比例配售"的方式。投资人按照新股申购量所需资金全额预缴款项,发行人和主承销商根据每个投资人在所有申购总量中所占份额制定其配售新股的比例。根据申购余款在退还投资人时是否按照同期银行存款利率计算利息,又可分为"全额预缴、比例配售、余款即退"和"全额预缴、比例配售、余款转存"。"全额预缴款、比例配售"的方式与储蓄存款挂钩的方式相比,缩短了申购时间,提高了申购效率,巨额存款搬家的状况得到缓解。

(5)上网竞价发行(1994—1995年)。在1994年6月至1995年1月期间,上网竞价的方式曾短暂出现,其具体做法是:预先确定发行底价,投资者以不低于发行底价的价格申报,按照时间优先、价格优先的原则成交。这是一种市场化程度较高的新股定价方式,但由于当时市场尚不成熟,缺乏发现价格的能力,加之透明度差,新股认购的投机性太强,几只股票均在上市首日跌破发行价。1995年2月以后,新股发行未再采用上网竞价的定价方式。

(6)上网定价抽签方式(1995—1999年)。1995—1997年,新股发行主要采取上网抽签方式。投资者可在指定时间到其开户的证券营业部,按发行人和主承销商确定的发行价格填报申购股票的数量,并保证资金账户有相应数额的资金。登记公司将申购资金冻结在清算银行的申购专户中。主承销商根据股票发行量和有效申购量计算中签率,并组织摇号抽签,中签者成为公司股东。该方式保证了新股申购的公平性,且具有效率高、成本低等优点。

(7) 上网定价与战略配售相结合方式（1999—2000 年）。1999 年 7 月 28 日证监会发布《关于进一步完善股票发行方式的通知》（证监发行字〔1999〕94 号）对公司股本总额在 4 亿元以上的公司可采用一般投资者上网发行和对法人配售相结合的方式，用于法人配售部分的股票不得少于公开发行量的 25%、不得多于公开发行量的 75%，这使得战略投资者参与定价成为可能。2000 年 4 月 4 日证监会发文明确发行后总股本在 4 亿元以下的公司亦可采用上述方式发行股票，并取消用于法人配售部分的股票不得少于公开发行量的 25%、不得多于公开发行量的 75% 的限制，由发行人和主承销商自主确定对法人配售和对一般投资者上网发行的比例。这种方式为有利于健全一级市场发现价格功能和培育机构投资者，但也出现少数发行人将配售权作为特权买卖，一些机构不履行持股期限承诺，私下倒卖获配新股等问题。

(8) 二级市场配售。2000 年 2 月 13 日《关于向二级市场投资者配售新股有关问题的通知》（证监发行字〔2000〕5 号），将一定比例的新股由上网公开发行改为向二级市场投资者配售，投资者根据其持有上市流通证券的市值和折算的申购限量，自愿申购新股。

(9) 上网竞价发行方式。2001 年 5 月《新股发行上网竞价方式指导意见》，首次确定上网竞价是新股发行方式的一种必要补充。2001 年 9 月发布《超额配售选择权试点意见》，开启了"超额配售选择权"机制。

(10) 网下询价，战略配售、网下发行和网上发行相结合方式。2004 年 12 月 7 日《关于首次公开发行股票试行询价制度若干问题的通知》及配套文件《股票发行审核标准备忘录第 18 号——对首次发行公开询价对象条件和行为的监管要求》，正式推行询价制度，基本特征是建立一个面向机构投资者的询价机制，同时也形成了一个向机构投资者倾斜的发行模式，并且是以资金量的大小为配售新股的最主要原则。询价制采用累计投标询价方式向机构投资者（网下）配售一部分股票已确定新股发行价格，同时按该价格向公众（网上）发售其余股票。该制度最大的特点就是"资本优先"，理论上标志着 A 股市场进入了全流通时代，2006 年发布修订的《证券法》，取消了新股发行价格须经监管部门核准的规定。

（11）现行 IPO 发行方式——2009 年 6 月 10 日证监会发布《关于进一步改革和完善新股发行体制的指导意见》，6 月 17 日中国证券业协会发布《关于做好新股发行体制改革后新股询价工作的通知》，6 月 19 日沪深交易所发布《股票上网发行资金申购实施办法》。上述法规规则以"促进新股定价进一步市场化"为方向，改革体现在以下四个方面。一是完善询价和申购的报价约束机制，使新股发行定价能够反映市场价格。询价对象应真实报价，询价与申购报价应当具有逻辑一致性，主承销商应当采取措施杜绝高报不买和低报高买。二是优化网上发行机制，将网下、网上申购参与对象分开，对每一只股票发行，任何股票配售对象只能选择网下或网上一种方式进行新股申购，所有参与该股网下报价、申购、配售的对象均不再参与网上申购。三是对网上单个申购账户设定上限，原则上不超过网上发行股数的1‰。四是加强新股认购风险提示，提示所有参与人明晰市场风险，避免市场大起大落。

2010 年 8 月证监会发布《关于深化新股发行体制改革的指导意见》，改革内容主要体现在三个方面。一是网下申购提高中小型公司新股发行单个机构获配股份的数量，加大网下报价的责任机制。在具体操作上，不再对全部有效申购进行比例配售，而是由券商和发行人事前对网下配售确定配售数量，再通过随机摇号的方式确定一定数量的可获配机构。从而使得单个询价机构需要购买的股份数量和相应的资金会大幅增加，加大了定价者的责任，促进报价更加审慎和真实。二是扩大询价对象范围。主承销商可以自主推荐一定数量的具有较高定价能力和长期投资意向的机构投资者，参与网下询价配售。三是增强定价信息透明度，完善回拨机制和中止发行机制，规定首次发行的股票在中小企业板、创业板上市的，发行人及其主承销商可以根据初步询价结果确定发行价格，不再进行累计投标询价。

2012 年 4 月证监会发布了《关于进一步深化新股发行体制改革的指导意见》（证监会公告〔2012〕10 号），其核心内容如下。一是适当调整询价范围和配售比例，进一步完善定价约束机制。①扩大询价对象范围。主承销商可以自主推荐5~10名投资经验比较丰富的个人投资者参与网下询价配售。②提高向网下投资者配售股份的比例，建立网下向网上回拨机制。向网下投资者配售股份的比例原则上不低于本次公开发行与转让股份（以下称为本次发售股份）的50%。网下中签率高于网上中签率的2~4倍时，发行人和承销商应将本次发售股份中的10%从网下向网上回拨；超过4倍时应将本次发售股份中的20%从网下向网上回拨。③促进询价机构审慎定价。④加强对询价、定价过程的监管。⑤引入独立第三方对拟上市公司的信息披露进行风险评析，为中小投资者在新股认购时提供参考。二是增加新上市公司流通股数量，有效缓解股票供应不足，一是取消现行网下配售股份3个月的锁定期，提高新上市公司股票的流通性；二是在首次公开发行新股时，推动部分老股向网下投资者转让，增加新上市公司可流通股数量；三是老股转让所得资金须保存在专用账户，由保荐机构进行监管，遵循"慢走原则"转出资金。2013年11月30日，中国证监会发布了《关于进一步推进新股发行体制改革的意见》，其主要内容有：一是限定网下投资申购的家数上限；二是网下配售的股票中至少40%应优先向以公开募集方式设立的证券投资基金和由社保基金投资管理人管理的社会保障基金配售；三是新增允许发行人和主承销商向其他投资者进行配售；四是上调了网下向网上的回拨比例。

### 4. 注册制试点及其运行特征

实行注册制是建立有效市场和有为政府的实践探索。2013年11月党的十八届三中全会通过的《中共中央关于全面深化改革若干重大问题的决定》，提出"健全多层次资本市场体系，推进股票发行注册制改革"；2019年6月上海证券交易所设立科创板并试点注册制正式运行；2019年12月《证券法》修订，对证券发行制度作了系统修改完善，明确注册制作为证券发行的基础制度，并授权国务院对证券发行注册制的具体范围、实施步骤进行规定。2020年7月深圳证券交易创业板实施注册制改革试点；2022年3月第十三届全国人大第五次会议审议通过《政府工作报告》，明确"全面实行股票发行注册制，促进资本市场平稳健康发展"。2022年7月中央深改委审议通过《全面实行股票注册制工作方案》。我国资本市场全面实行股票发行注册制历经9年理论和实践的准备,已是水到渠成、箭在弦上。

注册制的基本制度由"一个核心,两个环节,三项市场化安排"构成。"一个核心",是指以信息披露制度为核心;"两个环节",是指交易所审核制度与证监会注册制度;"三项市场化安排",是指多元包容的发行上市条件、市场化新股发行承销机制、公开透明可预期的审核注册机制。从核准制向注册制的转变,不仅是审核重点、方式、分工的优化,也不仅是审核把关的一个"点"的改革,而是需要跨越三道关口:一是发行价格与节奏如何从集中决策向分散决策转变;二是如何通过强化全过程监管、推动中介机构归位尽责、健全市场化约束机制"三管齐下"把好发行人质量的入口关;三是如何在投资端协同改革为全面实行注册制提供支撑。跨越关口的关键是中介机构归位尽责,建立发行人质量、发行定价与节奏的市场化约束机制。

注册制需要从以下四个方面全新构建基本制度理念和体系。

一是重塑市场理念,股票市场的本质是对公司的成长性定价,而核准制是通过过往的报表判断企业的成长性,核心假设是公司过往的盈利能力能够在未来持续,但是受制于经济周期、行业周期、公司生命周期等多种因素影响,过去的好业绩通常不能代表未来的业绩;注册制需要用未来的眼光审视企业的成长性,增强对代表未来的新技术、新产业、新业态、新模式企业改制上市的包容性。

二是重建责任体系,在核准制下审核责任、中介责任、发行人责任三者按前重后轻配置,在注册制下三者是按前轻后重配置,需要重新界定中介、监管、市场的权责关系,重新设计发行人、投资者和中介机构的利益机制,把发行节奏的"阀门"交给中介的同时,把发行人质量的把关责任真正落实给中介,推动中介机构的工作重心从服务"可批性"向服务"可投性"转变,促进形成激励"质量竞争"、约束"数量竞争"的行业生态,真正做实把好入门关的第一道防线。

三是重构定价基础,推动投行业务与"卖方研究"有机结合,提高投资价值分析报告的质量和效用，进一步提升在选择优质企业、合理估值定价、路演推介说明的专业水准；借鉴国际优秀实践案例，加大券商通过"自己"的渠道向"自己"的投资者配售的比重，放宽"直投＋保荐"限制，在投资者、券商、发行人之间建立长期利益关联机制；在网下配售机制中建立长期投资者制度，鼓励基石投资者按照恒定市值法等长期投资策略进行投资；加大专业投资者在定价机制中的影响权重，适当放宽现有战略投资者范围，形成更为完善的市场化定价约束机制。

四是重塑信息披露体系，以信息披露为核心是实施注册制的基石，充分、有效的信息披露是落实"卖者有责，买者自负"理念的基础；在注册制下，信息披露理念将由以审核为中心的"免责式"信息披露，转向以投资者价值判断为中心的"精实化"信息披露，信息披露体系将更加突出发行人信息披露的第一责任，更加突出投资者价值判断的需求导向。

### 5. 注册制与核准制的制度比较

注册制的理念是保障处于不同发展阶段和水平的各类企业可以依法进行股权融资，注册制的本质是把发行人质量的选择权交给市场。注册制比较核准制具有更加显著的市场导向特征、更为强大的创新风险包容性、更为多元的资源配置适应性，具体表现在以下方面。

（1）注册制具有更加多元包容的发行上市条件，增强对新经济企业上市融资服务的普惠性。注册制与核准制的区别在于发行上市标准的多元包容性，有利于新经济企业及时获得资金支持，提高创新创业成功的概率，维持新经济企业和创新资本形成的规模与活力，为新经济的形成、成长、壮大提供发展新动能。在核准制下，监管部门为把好资本市场入口关对企业财务数据和生产经营进行实质性审核，关注重点主要集中在企业过往状况，对新经济企业的高成长性和生产经营的灵活性缺乏包容，部分"三创四新"企业被排除在外，风险投资、创业投资支持创新的原始动力受到抑制，进而影响到资本市场支持创新的效率和能力。科创板、创业板试点注册制，拓展营业收入、现金流、净利润和预计市值等新维度，多元化、多样化设置上市标准，包容对待尚未盈利成长型企业的融资需求，为不同发展阶段的科技企业上市融资畅通渠道，针对红筹企业和表决权差异安排的企业境内上市打开通道，支持不同类型的新经济企业获得上市融资的机会，对风险投资、创业投资支持创新的引领作用形成激励，更好地满足了存在各类特殊情况新经济企业的资金需求，三创四新企业在境内资本市场初步形成聚集效应。根据清科数据测算，风投创投机构在科创公司的投资以 IPO 形式推出时间占比从科创板开始前的54%提高至84%，其中52%通过科创板推出，且推出时间缩短13%。

（2）权责清晰的分散决策机制，形成促进优化资源配置的市场导向。注册制相比核准制更加注重市场在资源配置中的决定作用。通过"建制度、不干预、零容忍"，保障投资人有能力在获得信息的基础上做出投资判断，保证发行人将充分顾虑欺诈发行的法律责任和后果，形成市场价格可以有效反映发行人披露信息的信用基础，构建决策自主、风险自担、责任自负的市场生态，有效提高了资本市场的准入效率和质量。在核准制下，对发行人质量的甄别、选择、把关，在行政审核部门一个"点"上集中决策，往往事倍功半，甚至不堪重荷。实施注册制后，把行政主导的一个"点"上的集中决策，转变为相关市场主体的一条"线"上的分散决策，形成上游是风险投资、创业投资甄别、选择、培育，中介机构专业鉴证、尽调、保荐，中游是交易所审核把关、证监会注册许可，下游通过投资者市场化博弈定价、一二级市场价格波动修正定价形成约束机制，推动市场准入由行政主导的集中决策方式，变革为相关市场主体共同参与、共担风险的分散决策方式。监管部门的职责从直接负责审核准入，改为制订规则、维持秩序、监管行为，不直接为发行人质量背书；发行人质量由风投、创投机构甄别优劣、发现价值，投资银行通过辅导改制、尽职调查检验质量、发现价格，在发行销售阶段投资者基于投资银行的路演推介自主决策定价、投资来完成投融资活动，实现市场准入从"过关"式质量控制转变为全过程质量控制，通过分散决策有效提升资本市场的准入效率和质量，增强了资本市场对各类新经济企业的孵化作用，有力地促进形成创新驱动发展的新动能。

（3）均衡博弈的定价机制，促进要素资源向新经济领域加快集聚。注册制与核准制最重要的差异是发行价格的市场化导向。注册制改革的方向是形成市场化定价机制，更好地发挥价格信号在资源配置中的"指挥棒"作用，降低新经济企业上市融资的交易成本，提高新经济企业资源利用效率。从国内实际和国际实践看，近年来新经济企业的估值定价面临三个方面的挑战，需要通过进一步优化市场博弈机制才能有效围绕价值发现合理形成价格。一是核准制下新股定价存在扭曲，在原有的新股发行体制下，市盈率限价、上市首日涨跌幅等限制措施抑制了市场参与各方充分博弈的意愿，价格形成的市场化程度较低。二是数字化、绿色低碳经济等三创四新企业对传统估值方法提出挑战，对于高投入、轻资产的新经济企业，初期可能仍处于亏损状态且行业可比性低，无论是未来现金流预测还是利用可比公司估值都有较大困难。特别是数字经济条件下，对数据价值、数字资产、元宇宙等新业务形态如何估值值得进一步研究。三是二级市场投资者的"羊群效应"易形成估值泡沫，例如2000年前后，纳斯达克市场互联网企业上市的非理性繁荣最终演变成一场互联网泡沫。在科创板创业板试点注册制前期，吸取以往发行制度改革的经验教训，以较为严格的"高价剔除""四值孰低"等机制设计，对发行定价"三高"进行遏制，取得了明显的效果。但由于定价博弈不均衡，出现了"抱团压价"现象。2021年10月监管部门出台定价新规增强定价机制设计的弹性，"抱团压价"现象得到有效缓解，到2021年年末21个IPO项目出现破发，期间占比平均25.53%。破发现象常态化对发行定价"三高"问题形成市场化约束，迈出了市场化改革的重要一步。随着市场化的定价机制的逐步形成，定价博弈趋于均衡和理性，价格信号引导资源配置的效率进一步提升，市场决定资源配置的作用进一步凸显，将更好地促进要素资源向新经济领域加快集聚。

（4）高质量的信息披露促进信息对称和风险出清。以信息披露为核心的注册制，要求发行人充分披露投资者作出价值判断和投资决策所必需的信息，促进投资者围绕价值判断合理形成价格，有效发挥价格信号引导资源配置的作用。在注册制下，信息披露理念将由以审核为导向的"免责式"信息披露，转向以投资者价值判断为中心的"精实化"信息披露，更加突出发行人信息披露的主体责任，更加突出投资者价值判断的需求导向；更加强调公司治理的规范性、有效性，加强对实控人、关键人、责任人行为规范的督导；更加注重加强投资者适当性管理和保障"用脚投票"的市场约束机制，不断完善代表人诉讼制度，增强对发行人、中介机构民事赔偿责任的追索机制，有效抑制实控人、关键人、责任人的欺诈动机和行为，构建高质量的信息披露体系，促进消除投资者与发行人之间的信息不对称，促进出清发行人的经营风险、创新风险、财务风险，提升资本市场对新旧动能转换、经济转型升级的适应性。

2019年以来，科创板创业板试点注册制顺利实施，进一步释放了资本市场促进形成发展新动能的潜力。一是市场准入效率显著提升，新经济企业股权融资活跃。两板试点注册制，企业从申请受理到完成审核注册平均用时300天左右，较核准制之下减少近一半，上市融资效率明显提升。自科创板首批新股上市以来，截至2021年年底共计377家公司登陆科创板，募资总额5079.53亿元。其中，属于新经济企业密集的信息技术行业的公司125家，占比33.16%。创业板试点注册制至2021年年底，共计有262家企业IPO上市，融资总额2135.44亿元。2021年全年，在注册制下上市的公司达402家，占全部IPO家数的76.71%。二是新经济企业的市场认可度提升，市场化估值定价机制逐步形成。实施注册制以来，剔除上市时未盈利的企业，截至2021年年底，科创板上市公司的发行市盈率平均为64.55，中位数为41.62。创业板上市公司发行市盈率平均值和中位数分别为31.01和27.53。三是新经济上市公司优胜劣汰效应初显，市场约束机制逐步形成。目前，科创板已有9家公司完成定向增发10次，募集资金总额共205.91亿元。其中，首单适用简易程序的定增项目从受理到审批通过仅用时16天。一家公司在上市不到两年后因连续两年净利润亏损和营业收入下降已被实施退市风险警示。

### 6. 注册制是探索完善有效市场和有为政府的新实践

注册制改革的目标设定和路径选择，必须植根中国资本市场的实际。注册制改革所构建的市场化、法治化制度安排，必须植根中国的金融体系、监管制度、市场基础和行业文化，必须遵循注册制的基本内涵，借鉴成熟市场的优秀实践案例，体现中国特色和发展阶段的特征。注册制改革的目标方向和实践意义具体表现在以下方面。

（1）注册制是构建市场导向型金融体系的重要实践。注册制是由发行审核机制、价格形成机制、市场约束机制三位一体构成的生态系统，涉及一级市场发行承销、二级市场交易机制等一系列制度安排的系统链接。从注册制的基本内涵和国际实践看，注册制具有两个基本特征：一是以信息披露为核心，二是市场决定资源配置。以信息披露为核心的注册制，需要建立在三个基础之上：一是卖者有责，买者自负的市场生态；二是精准审核，全程问责的市场监管；三是市场约束有力，司法追责到位的市场环境。发挥市场在资源配置中的决定性作用，需要健全三个常态化市场机制发挥约束作用：一是退市机制常态化；二是跌破发行价格常态化；三是IPO发行失败常态化。从核准制向注册制转变，以强化发行人主体责任、中介机构专业责任、投资者自主决策责任，形成卖者有责、买者自负、自主投资、自担风险的市场机制，通过市场主体的分散决策实现价值判断、风险管理，发挥价格信号的引导作用促进优化资源配置。在注册制下，监管理念更加市场化、法治化，监管体制更加突出分工负责、分权制衡的特点，监管生态更加强调发行人、投资者、中介机构、审核部门、行业自律、监管部门归位尽责、各负其责。因此，全面实行注册制不是一个时点事件，而是一个时期事件，是渐进式、系统性的改革，需要全过程全节点完善流程、健全标准，推动市场各方逐步适应、逐步到位，实现发行人质量从集中一点把关向分散层层把关转变，发行价格确定从集中决策向分散决策转变。

（2）注册制提升资本市场服务高质量发展的适应性。实行注册制形成多元包容的发行上市标准，注重发挥市场在资源配置中的决定性作用，强化市场导向的价格形成机制，构建以信息披露为核心的监管规则体系，增强资本市场对转型升级风险、创新创业风险、动能转换风险的包容性，对促进转变发展方式、优化经济结构、转换增长动能具有更好的适应性。中国特色注册制必将坚持金融服务实体经济的宗旨，在充分发挥市场决定资源配置作用的同时，更加注重发挥政府作用，推动资本市场贯彻落实创新、协调、开放、绿色、共享的新发展理念，促进经济社会发展的平衡性、协调性、包容性，形成共同促进提高上市公司质量的合力。必将遵循中国特色资本市场的发展阶段和规律，加强对资本属性和运行规律的认识和把握，积极引导资本兴利除弊，克服资本"嫌贫爱富"的局限性，克制资本唯利是图的自利性，节制资本急功近利的短视性，抑制资本"脱实向虚"的投机性，发挥好资本市场在现代化经济体系中的枢纽作用，促进资本、科技与实体经济高水平循环。

（3）注册制是银行主导型金融体系优化调整的重要探索。银行主导型金融体系的形成，是我国改革开放40年取得的重大实践成果。根据央行的数据发布，根据央行网站发布的数据，截至2021年年末，我国金融机构总资产为381.95万亿元。其中，银行行业机构总资产为344.76万亿元，总量占比为90.26%；证券行业机构总资产为12.3万亿元，总量占比为3.22%；保险业机构总资产为24.89万亿元，总量占比为6.52%。金融业机构负债总为346.58万亿元，同比增长7.9%。其中，银行业机构负债为315.28万亿元，同比增长7.6%；证券业机构负债为9.35万亿元，同比增长24.4%；保险业机构负债为21.96万亿元，同比增长6.9%。上述数据表明，我国金融资源主要集中配置在银行体系，银行业在金融体系居于主导地位。截至2021年年底，社会融资规模累计增量为31.35万亿元，其中，对实体经济发放的人民币贷款增加19.94万亿元，总量占比为63.6%；非金融企业境内股票融资1.24万亿元，总量占比为3.9%。表明我国金融资源主要集中配置在银行体系，银行业在金融体系居于主导地位；建设现代化经济体系，推动创新驱动发展、高质量发展，打造具有更好适应性、竞争力、普惠性的现代金融体系，需要推动对金融体系进行结构性调整。实行注册制是金融供给侧结构性改革的重要举措，是对银行主导型金融体系功能发挥的健全和完善，是在银行主导型金融体系优化调整中，推动资本市场融资端、投资端深化改革，促进储蓄转化为有效投资，不断优化资本市场投资者结构，持续提升直接融资比重。

（4）注册制将更好地发挥行政监管的制度优势。我国资本市场诞生于计划经济体制向市场经济体制转轨的特殊时期，基础制度的构建以行政监管为主导，是中国特色资本市场的重要特征之一。行政主导的监管体系具有权责集中的特点，其优势是整齐划一、令行禁止，其劣势是"一管就死，一放就乱"，不利于市场活力和韧性的形成。实行以市场为导向的注册制，则需要以"放管服"改革为基础，在不断增强市场约束机制作用的同时，更加有效地发挥行政监管的作用，以分权、明责、制衡、平衡为目标，推动监管转型和形成监管合力，发挥行政监管统一规则、统筹协调、统领全局的中心作用，构建共建、共治、共享的治理生态，把上市公司"入门关"由原来偏重行政审核一个点，通过压实发行人的主体责任、中介机构的勤勉责任、投资者的适当性责任、审核部门的把关责任、监管部门的督导责任，形成全过程层层把关的"流水线"，促进发行人、中介机构、投资者各负其责，自律组织、监管部门、司法机构各司其职，市场约束、自律管理、行政监管协同作用，构建规则清晰、权责明确、治理有效、规范有序的监管体系，形成共同促进提高上市公司质量的合力。实行注册制需要以市场为导向，强化监管，进一步优化监管资源、职能、责任的适配性，避免监管冗余与真空并存、监管套利和不适应叠加的问题；坚持以规则为基础，减少行政干预，不断优化行政监管与证券交易所之间的分工与协作，落实证券交易所审核主体责任，提高注册、审核把关质量和衔接效率，注重发挥行业协会作为第三方自律组织的补位、平衡、传导作用，增强市场主体的活力、韧性和获得感。

（5）注册制将更注重保护投资者的合法权益。截至2021年年末，我国资本市场个人投资者达到1.97亿，占投资者总数的比例达到99.8%，占全国总人口的比例为12.8%，是世界上个人投资者参与程度最高的市场。虽然近年来机构投资者持股比例不断上升，平均值达到35.98%，但是个人投资者贡献了日均交易量的60%以上。在一定意义上看，保护中小投资者就是保护资本市场。注册制改革面对以散户为主的投资者结构，需要客观、辩证地处理好以下三个方面的问题。一是有效的市场优胜劣汰机制难以短期形成。散户在风险识别、包容和承受能力有很大的局限性，往往对劣质公司采取逆向选择，加剧市场风险的积聚。二是有效的市场约束机制需要持续养成。发行人恪守诚信义务，中介机构坚守勤勉义务，投资者遵守适当性义务，是形成市场约束机制形成的基础。三是有效的价格形成机制需要均衡博弈。市场在资源配置中的决定性作用，是通过市场充分博弈形成的价格信息引导实现的。在注册制改革试点中，采取"高价剔除""四值孰低"等机制设计，对发行定价"三高"问题进行遏制，取得了明显的效果；同时破发现象常态化的出现，对发行定价的市场约束机制进一步形成，发行定价市场化改革迈出重要步伐。

（6）突出专业责任全新塑造证券行业发展生态。注册制改革是资本市场基础性制度改革，既涉及监管理念、体制的深刻变革，也涉及证券行业机构能力和责任体系的重塑。从审核制、核准制到注册制，对证券行业机构的能力和责任要求不断在提高和加强。在注册制下，发行人、中介机构、监管部门的权责关系重新界定，发行人、投资者和中介机构的责任关联重新构建，证券行业机构以专业责任作为保证，成为发行人质量把关、发行定价和节奏把控的中枢，业务工作重心从服务"可批性"向服务"可投性"转变，行业发展生态从"数量竞争"向"质量竞争"转变。证券行业机构需要科学识变，准确应变，主动求变，围绕保荐、定价、承销三大能力的形成和提升，全新塑造投资银行的尽职调查、增值服务、研究分析、质量控制的业务逻辑，构建以发行人质量为纽带的利益协同体；健全三道防线的明责、定责、问责机制，以投行项目执行和专业责任履行为评价基础，构建从业人员专业声誉激励约束机制，形成有效的发行人质量市场化约束机制，真正做实把好"入门关"的第一道防线。

（六）投资者保护制度体系不断健全和完善

没有投资者的积极参与就没有资本市场的流动性机制，没有高素质的投资者也不会有资本市场的高质量发展。因此，在一定意义上，保护投资者就是保护资本市场。保护投资者合法权益重点通常具有三层含义：一是保护投资者风险承担的适配性；二是保护投资者权责对等的平衡性；三是保护投资者权利公平的普惠性。在资本市场实践中，通过建立投资者适当性管理制度以保护投资者风险承担的适配性，通过建立投资者权益保障机制以保护投资者权责对等的平衡性，通过建立投资者普及教育体系以保护投资者权利公平的普惠性。以信息披露为核心的注册制，需要形成卖者有责、买者自负的融资生态和市场有效、政府有为的投资环境，对健全投资者适当性管理制度、权益保障机制和普及教育体系提出了更高的要求和标准。在注册制下，既突出强调投资者维权，加强投资者合法权益的制度保护、行政保护、司法保护，也突出强调投资者教育，提高投资者对合法权益的自我认知、自我主张、自我维护。

没有无义务的权利，也没有无权利的义务。资本市场的运行机制是分散决策，前提是投资者合法权益得到有效保护，确保投资者在机会公平、规则公平、权利公平的条件下自主决策、自担风险，使资本市场分散风险的功能最大限度地发挥出来。知情权是投资者第一项基本权利，强制信息披露制度是确保投资者知情权的第一步，发行人披露的信息若需要使投资者能够理解，则需要监管付诸行动。美国证券交易委员会（SEC）拥有庞大的专业团队按行业开展发行审核工作，要求发行人信息披露详略得当、风险揭示全面准确、语言表达明白清晰，以高质量的信息披露保障投资者的知情权。在权益保障机制方面，证券集团诉讼制度、赔偿基金制度具有代表性。其中，证券集团诉讼制度的核心是"默示加入、明示退出"，法院对集团所作的判决，对未提出明确反对意见的集团成员均适用，一方面，中小投资者不必发起诉讼即可分享诉讼成果；另一方面，最大限度震慑市场中的不法行为。在赔偿基金制度下，SEC将行政罚没款项依法用于对相关投资者进行补偿，保障民事赔偿责任优先原则的实现。

美国政府部门在加强投资者合法权益保护制度建设与实施的同时，高度重视推进投资者普及教育和自我维权工作。多年来围绕投资者教育和维权，一个适应多层次资本市场需要、满足投资者多样化需求的投资者教育体系不断得以健全和完善,从多方面多维度推动投资者普及教育事业的发展。1994年SEC设立专门的"投资者教育及协助中心",负责举办和协调全国的投资者教育活动,受理投资者的咨询及投诉。美联储定期在每年4月的"金融扫盲月"通过各种途径提升国民的理财知识水平。美国金融业监管局通过多种形式开展防范金融欺诈的投资者教育,督导美国1.3万家注册投资顾问机构、41.6万注册投资顾问从业人员依法向3400万户投资者提供咨询和投资服务,并建立专门的针对投资顾问的客户投诉和争端解决机制。2003年美国颁布了《公平准确的信用交易法案》,把实施金融教育定为国家战略,致力于促进提高国民的金融素质,保护投资者免受欺诈。2008年次贷危机之后,美国政府依据《多德—弗兰克华尔街改革及消费者保护法》设立的金融消费者保护局,负责监管个人金融产品和服务,确保消费者决策时真正了解金融产品和服务,防止金融机构的掠夺性条款和欺诈行为,并专门设立金融知识办公室负责投资者教育工作。这些机构和组织相辅相成、相互协调,共同致力于提升美国投资者的金融素质,保护金融消费者合法权益。

保护投资者,尤其是中小投资者合法权益,一直是证券监管部门工作的重中之重。以个人投资者为主体是我国资本市场的最大特色,个人投资者的积极参与也是我国资本市场取得快速发展的基础。截至2022年1季度末,我国资本市场个人投资者数量达到2.02亿,占投资者总数的比例超过99.78%,占全国总人口的比例高达13%,是世界上个人投资者参与程度最高的市场。在中国资本市场保护中小投资者权益的任务更加重要,也一直是监管部门工作的重点。2004年12月证监会发布《关于加强社会公众股东权益保护的若干规定》(证监发〔2004〕118号),为在股权分置情形下形成抑制滥用上市公司控制权的制约机制,要求上市公司应当建立和完善社会公众股东对重大事项的表决制度,规定在事关社会公众股东切身利益的5类事项下,按照法律、行政法规和公司章程在经全体股东大会表决通过的基础上,须经参加表决的社会公众股股东所持表决权的半数以上通过方可实施,并倡导推行社会公众股东通过网络投票机制。在股权分置改革中,全程采取社会公众股东(即流通股股东)表决制度和网络投票机制,以最大限度地保障社会公众股股东权益。

2013年11月党的十八届三中全会审议通过了《关于全面深化改革若干重大问题的决定》,明确提出推进股票发行注册制改革。以注册制改革为背景,加强投资者保护的制度建设得以系统性推进。2013年12月国务院办公厅发布《关于进一步加强资本市场中小投资者合法权益保护工作的意见》(国办法〔2013〕110号),从健全投资者适当性制度、优化投资回报机制、保障中小投资者知情权、健全中小投资者投票机制、建立多元化纠纷解决机制、健全中小投资者赔偿机制、加大监管与打击力度、强化中小投资者教育、完善投资者保护组织体系等九个方面做出工作部署。2017年2月证监会发布《证券期货投资适当性管理办法》,明确将投资者分为普通投资者和专业投资者,要求证券期货经营机构"将适当的产品或者服务销售或者提供给适合的投资者,并对违法违规行为承担法律责任"。2018年11月最高人民法院与证监会印发《关于全面推进证券期货纠纷多元化解机制建设的意见》,决定在全国联合开展证券期货纠纷多元化解机制建设工作;2019年证监会与教育部联合印发《关于加强证券期货知识普及教育的合作备忘录》,具体部署和系统推进"将投资者教育逐步纳入国民教育体系"工作。

2020年3月,新修订的《证券法》正式实施,在法律层面确立证券发行注册制的同时,专章规定了投资者保护的内容,明确投资者分类管理、适当性管理、征集投票权、现金分红、先行赔付、纠纷调解、代表人诉讼等制度,特别是在代表人诉讼制度中引入"默示加入、明示退出"机制,加大对中小投资者权益的民事救济力度。同时新《证券法》大幅提升了证券违法行为的处罚力度,对于欺诈发行行为,从原来最高处募集资金百分之五的罚款,提高至处募集资金一倍的罚款;对于上市公司信息披露违法行为,取消原来的60万元上限,最高可处1000万元罚款。为贯彻落实新《证券法》关于加强投资者保护的有关规定,2021年9月国务院公布《证券期货行政执法当事人承诺制度实施办法》，2022年1月证监会发布《证券期货行政执法当事人承诺制度实施规定》，标志着我国证券期货领域开始采取行政执法和解模式。行政执法和解是在被调查的违法嫌疑人承认违法行为、承诺纠正违法行为、承诺赔偿损失的前提下，行政执法机构与违法嫌疑人签署和解协议，当人履行完毕承诺后，行政执法机构终止调查的执法模式。通过适用行政执法当事人承诺，当事人缴纳的承诺金可用于赔偿投资者损失，为投资者止损提供了及时有效的救济途径，同时行政执法和解有利于提升执法效率和节约监管资源。美国证监会在执法工作中，将和解结案列为案件成功解决的情形之一，和解结案率高达90%。与此同时，证监会先后修订发布《上市公司信息披露管理办法》，制定发布《关于加强注册制下督促证券公司从事投行业务归位尽责的指导意见》《关于注册制下提高招股说明书信息披露质量的指导意见》《关于完善上市公司退市后监管工作的指导意见》，进一步压实中介机构"看门人"责任，明确提高信息披露质量要求，强化上市公司、退市公司投资者保护的制度安排。

2020年7月最高人民法院发布《关于证券纠纷代表人诉讼若干问题的规定》，通过细化规定具体的程序规则，为正确实施法律，统一裁判尺度，提高证券集体诉讼质量和效率，提供具有可操作性的指引，保障证券代表人讼诉制度落地实施。2021年11月12日，广东省广州市中级人民法院作出康美药业特别代表人诉讼一审判决：康美药业实际控制人马兴田等高管被判赔偿投资者，52037名投资者获判赔款24.59亿元。康美药业实际控制人马兴田、许冬瑾、董事、副总、董事会秘书，财务总监庄义清、职工监事、副总温少生、监事马焕洲和审计机构广东正中珠江会计师事务所合伙人、签字会计师杨文蔚承担100%连带赔偿责任。独立董事江镇平、李定安、张弘承担10%连带责任，约2.459亿元；郭崇慧、张平承担5%连带责任，约1.2295亿元。该案标志着以"默示加入、明示退出"为特色的中国式集体诉讼司法实践落地，作为首例特别代表人诉讼载入中资本市场法治建设的史册。2021年8月最高人民法院办公厅和证监会办公厅联合印发《关于建立"总对总"证券期货纠纷在线诉调对接机制的通知》，实现"人民法院调解平台"与"中国投资者网在线调解平台"系统对接，为证券期货纠纷当事人提供多元调解、司法确认、登记立案等一站式、全流程在线解纷服务，最大限度为中小投资者维权提供便利和途径。2022年1月最高人民法院发布《关于审理证券市场虚假陈述侵权民事赔偿案件的若干规定》，进一步明确虚假记载、误导性陈述、重大遗漏等虚假陈述行为的界定，细化虚假陈述侵权民事赔偿责任的构成要件和追究机制，为人民法院对中小投资者实施民事救济提供具体操作指引。

2021年3月《刑法修正案（十一）》正式施行，修正案对欺诈发行将刑期上限由5年有期徒刑提高至15年，并将对个人的罚金由非法募集资金的1%~5%的表述修改为"并处罚金"，取消5%的上限限制，对单位的罚金由非法募集资金的1%~5%提高至20%~1倍；修正案对于信息披露造假将相关责任人员刑期上限由3年提高至10年，罚金数额由2万~20万元的表述修改为"并处罚金"，取消20万元的上限限制；明确将发行人控股股东、实际控制人组织、指使实施欺诈发行、信息披露造假，以及控股股东、实际控制人隐瞒相关事项导致披露虚假信息等行为纳入刑法规制范围；明确将保荐人纳入重大失实罪的犯罪主体，明确其他中介机构出具虚假证明文件、情节特别严重的适用更高一档的刑期，最高可判处10有期徒刑。2021年7月中央办公厅、国务院办公厅印发《关于依法从严打击证券违法活动的若干意见》，从完善法律责任制度体系、健全执法司法体制机制、加强跨境监管执法协作等方面做出系统部署安排。2021年9月18日最高检派驻证监会检察室正式挂牌，北京、上海金融法院相继成立。2022年4月最高人民检察院、公安部发布全面修订后的《关于公安机关管辖的刑事案件立案追诉标准的规定（二）》，对包括11种证券犯罪在内的78种经济犯罪案件立案追溯标准做出全面修改和补充，其中，欺诈发行案入罪门槛大幅下降，造成投资者直接经济损失数额累计在100万元以上，即可入刑；财务造假入刑标准在资产、利润等造假之外，新增收入指标，收入造假达到30%即可入刑。上述法律制度、实施机制的完善，充分反映了注册制改革背景下出现的新情况、新变化，进一步健全资本市场违法犯罪法律责任制度体系，夯实了惩治证券违法犯罪、保护投资者权益的法制基础。

虽然近年来保护投资者合法权益的制度体系不断健全完善，在以个人投资者为主体的投资者结构下，全面实行注册制需要高度重视以下四个方面的挑战。

（1）多元包容的发行上市标准将重塑价值体系。注册制与核准制的重要差别之一，是上市发行条件的包容性大幅提升，轻资产、高估值、非盈利的三创四新企业上市将成为常态，以往以经营盈亏为好坏标准、以资产规模为估值依据来评价发行人质量的价值观将发生重大变化。特斯拉创立17年、上市10年持续亏损，到2020年才首次实现年度盈利，市值从IPO时的200亿美元，升值到当下的1万多亿美元，成为资本市场孵化新经济的典型案例。从国际实践看，新经济企业的估值定价面临两大挑战。一是传统的估值方法不适用新经济企业，数字化经济、绿色低碳经济及三创四新企业以高投入、慢回报、轻资产、无形资产和人力资本密集为特征，初期可能为亏损状态且行业可比性低，无论是未来现金流预测还是利用可比公司估值都存在难度。二是二级市场投资者的"羊群效应"容易形成估值泡沫，例如2000年前后，纳斯达克市场互联网企业上市的非理性繁荣最终演变成一场互联网泡沫。因此，多元包容的发行上市标准将重塑投资者的价值判断、价值投资理念。

（2）市场优胜劣汰机制常态化将重构风险体系。上市公司优胜劣汰是保持发行上市标准、资本市场信用、上市公司质量的重要机制。2021年全年多元退市公司的数量达28家，创历史新高和前5年总和，但是与2021年481家IPO增量相比尚不平衡。相较而言，美股上市公司规模在20世纪80—90年代的较长时间里基本保持在6000家左右，在1997年一度达到8884家峰值，经过21年市场化的优胜劣汰，在2018年减少至4397家，近年来稳定在4000～5000家的规模。2021年末A股上市公司家数已达4685家，随着注册制改革的不断深入，上市公司家数将不断增长，相应的退市机制常态化也将逐步形成。公司股票退市是治理失效、经营失败、竞争淘汰、经济周期等多种风险交织的结果,难以避免对投资者造成经济损失。个人投资者由于对风险的认知、识别、管理及承受均有很大的局限性,难以面对退市风险正确行使权利,甚至对劣质公司采取逆向选择,进一步加大投资风险。因此,市场优胜劣汰机制常态化将重构投资者的风险认知、风险承担意识。

(3) 发行价格形成机制市场化将重置利益格局。注册制将与核准制的重大差异在于发行价格形成机制的市场化导向。注册制下发行价格的市场化形成既遵循内在的价值规律,也受随行就市因素的影响,具有一定的不确定性和波动性,对原有的利益格局必然形成的冲击和调整。以新股申购和新债申购(以下简称"打新")收益为例,在注册制改革试点中,首先打破以往"窗口指导"市盈率相对固定的定价模式,相对稳定的"打新"利益格局发生改变;其次在询价定价中采取"高价剔除""四值孰低"等机制设计,有效遏制发行定价的"三高"问题。但在2021年上半年出现了"抱团压价"现象,至7月网下投资者询价入围率高达84.03%;2021年10月监管部门调整"高价剔除""四值孰低"的相关机制安排,增强了定价的弹性和博弈的均衡性,至11月网下投资者询价入围率下降到56.56%。同时2021年四季度平均破发率达25.53%;2022年一季度随着市场波动的加大,破发率升高至65%左右。市场化的价格形成机制是市场主体分散决策博弈的结果,在外部因素扰动加大时具有不稳定性和非均衡性特点。随着破发现象的常态化和发行失败风险的出现,对投资者的风险意识、投资能力形成较大挑战,一级市场、二级市场形成的利益格局也将随之打破,以往墨守的"博入围""跟风炒作""追涨杀跌"的投资习惯将成既往,理性投资、价值投资、长期投资将成为必修课。

(4) 权责清晰的分散决策机制将重建责任体系。注册制以信息披露为核心,以落实"卖者有责、买者自负"为原则,突出强调发行人、投资者、中介机构、行业自律、审核部门、监管部门归位尽责、各负其责,客观上要求发行人恪守诚信义务,中介机构坚守勤勉义务,投资者遵守适当性义务,形成市场化的自律约束机制。注册制的实施是以权责清晰的分散决策机制为运行特征，发行人、投资者、中介机构之间形成新的权责关系和利益关联，客观上对投资者的素质和能力提出了更高的要求，自主决策、自担风险是投资者必备的基本能力，明了风险、承担风险、管理风险是投资者应有的基本素质，知悉权利、规范行权、依法维权成为投资者的合理行为。

个人投资者是A股市场流动性的重要提供者，在一定意义上，保护好个人投资者就是在保护资本市场运行生态的营养结构。近年来，随着注册制改革的不断深入，专业机构投资者持有的流通股市值占比从2019年年初的18%，上升至2021年年底的24.6%，境外机构投资者持有的流通市值占比达到4.5%，但是个人投资者仍然贡献了60%以上的交易量，其中持股市值50万元以下的中小投资者占到99%左右。中小投资者的金融知识、投资经验、专业能力相对不足，风险投资、理性投资、价值投资理念较为薄弱，作为投资者的明了风险、承担风险、管理风险的能力（"三险能力"）有待进一步提高，作为股东的知悉权利、规范行权、依法维权的意识（"三权意识"）有待进一步加强，在注册制改革中需要不断改善投资者的能力、素质结构，持续推动中国特色投资者保护的创新实践。

一是加强适当性管理促进改善投资者能力结构。科创板、创业板试点注册制以来，投资者能力结构发生了积极变化。科创板开户设置"50万元资产+两年投资经验"、创业板新开户设置"10万元资产+两年投资经验"的投资者适当性门槛。截至2021年6月底，787万名投资者开通了科创板交易权限，比2020年年底增长11.95%；546.32万名投资者开通了创业板交易权限，比2020年年底增长88.32%。投资经验更加丰富，截至2021年6月底，科创板中小散户、大户、私募基金、QFII等投资者盈利账户占比均为70%，反映出注册制下投资者盈亏分布更为均衡，博弈能力增强。从创业板数据看，截至2021年4月底，创业板注册制下新开户个人投资者平均交易经验为11.02年，高于同期创业板、深市主板投资者10.42年、4.58年的平均交易时间。投资者抗风险不断提升，创业板注册制下开通交易权限的投资者中，资产高于10万元的个人投资者占比为68.33%，高于创业板存量投资者、深市主板投资者43.82%、15.07%的水平。

二是丰富入市资金期配提升投资者专业化水平。随着注册制改革的不断深入，投资者素质的专业化程度不断提升。在科创板、创业板试点注册制中，网下询价对象取消了个人投资者，提升个人网上申购和上市交易的门槛，提高对机构投资者的询价能力、操作规范性要求，引导A股市场普通投资者向专业投资者转变；在注册制下发行配售向公募、社保、养老、企业年金、保险资金等资金倾斜，驱动了中长期资金的不断入市，中长期资金对应的配售对象数量和单个产品规模持续提升。截至2021年年底，证券公司受托管理的资产规模超过11万亿元；公募基金管理规模超过25.50万亿元。其中，权益类基金规模达到8.90万亿元，同比增长30%，持有流通A股流通市值达6.30万亿元；QFII持有股票类资产达1.17万亿元，创历史新高；2021年个人投资者全年交易量占比达65.3%，首次降到70%以下。不同期配的入市资金规模趋于均衡，各类投资者的专业化水平不断提升。

三是推动完善投资者维权机制和风险管理工具。推动健全证券纠纷代表人诉讼常态化机制，研究制定证券代表人诉讼工作指引，制定出台证券期货违法线索举报奖励办法；推动建立证券违法行为人财产优先用于承担民事赔偿责任的制度安排，明确违法行为人所缴纳的行政罚没款用于民事赔偿责任的具体工作机制，进一步完善投资者维权机制和救济方式。深化资本市场投资端改革，丰富风险对冲、风险管理产品和工具，深入开发和推广ETF产品，为个人投资者提供有效的避险工具；逐步推广做市商制度，发挥其价格发现和"稳定器"作用，减少市场非理性行为和"羊群效应"，保护中小投资者利益；进一步扩大公募基金投资顾问试点范围并推动转为常态化业务，大力推进证券公司财富管理业务转型，积极探索"买方投顾"业务的实现方式和有效途径，促进中小投资者依托专业化服务实现理性投资、价值投资；规范发展期货和衍生品交易，有序推出权益类互换合约、远期合约和非标准化期权合约及其组合的交易标的，为投资者提供更多的风险对冲工具和投资产品。

四是推动投资者普及教育提升投资者素质结构。实行注册制对投资者的

"三险能力"和"三权意识"提出了更高的要求,对投资者普及教育工作也提出了更大的挑战。根据证券业协会的调查数据,近40%的个人投资者"读不懂"上市公司年报中的财务指标等专业信息,近25%的个人投资者没有行使过表决权,近30%的个人投资者权益受损没有维权意识表达。基于上述情况,为稳步推进注册制改革,证监会部署开展"读懂上市公司报告"的投资者教育专项工作;证券业协会组织行业机构开展投资者教育进社区、进校园、进乡村"三进"活动,定期在全国20多个公共社区向中老年人群开展理性投资、防范非法集资和金融诈骗宣教;定点以"四合一"机制在校园向青年学生普及金融通识教育,在证券业协会和当地证监局支持、指导下,目前18家证券公司已在15个省市与35所高校合作,推动投资者教育纳入国民教育体系;定向在结对帮扶的323个脱贫县开展乡村振兴公益行动,投资者普及教育是重要内容之一。通过"三进"投资者普及教育活动,落实以人民为中心的发展思想,保障投资者的权利公平、规则公平、机会公平,提升资本市场服务高质量发展的适应性、竞争力和普惠性,引导不同人群的投资者正确认识自己、认识产品、认识市场,提高不同层次的投资者对合法权益的自我认知、自我主张、自我维护,培养新一代高素质的投资者,夯实资本市场行稳致远、高质量发展的基础。

(七)资本市场双向开放的路线途径与成效

开放一直推动我国资本市场改革发展的有效途径。资本市场的开放起源于20世纪90年代初,按照实体企业资本开放、证券金融资本开放、证券金融市场开放的渐进式路线,形成三个发展阶段(见图8)和八个领域的制度体系。八个领域分别为外资股发行监管制度、金融机构引进外资制度、合格境外投资者(QFII)制度、合格境内投资者(QDII)制度、人民币合格境外投资者(RQFII)制度、沪港通、深港通和沪伦通制度。在金融市场开放层面可分为三个时期:发行外资股时期(B股、H股、中概股),市场单向开放时期(QFII、QDII、RQFII、A股纳入MSCI、富时罗素、标普道琼斯等国际指数）和市场双向开放时期（沪港通、深港通和沪伦通）。在资本市场双向开放的进程中，境内监管部门积极参与国际金融治理，推动建立平等公正、合作共赢的国际规则体系和新格局。1995 年中国证监会加入国际证监会组织（IOSCO）①，现在是 IOSCO 理事会常务理事，主动参与证券期货领域各项国际规则和标准的制定，并在 IOSCO 框架下展开跨境监管合作。2017 年 9 月 8 日中国证监会加入 OECD 公司治理委员会，参与《G20/OECD 公司治理原则》的修订完善和推广实施工作，对标国际公司治理标准，提升上市公司发展质量。2017 年 12 月 7 日，国际货币基金组织和世界银行公布了中国"金融部门评估规划"（FSAP）更新评估核心成果报告，积极评价了中国证监会自首次 FSAP 评估以来在防控风险、加强监管、深化改革、推动发展等方面取得的主要成效，并特别指出中国在投资者保护和市场风险监测方面的先进做法值得其他市场借鉴。此外，我国还积极参与二十国集团（G20）、金融稳定委员会（FSB）、国际货币基金组织（IMF）、世界银行（World Bank）等多边框架下的合作。截至 2019 年 7 月底，我国已与 64 个国家或地区的监管机构签署监管合作备忘录。

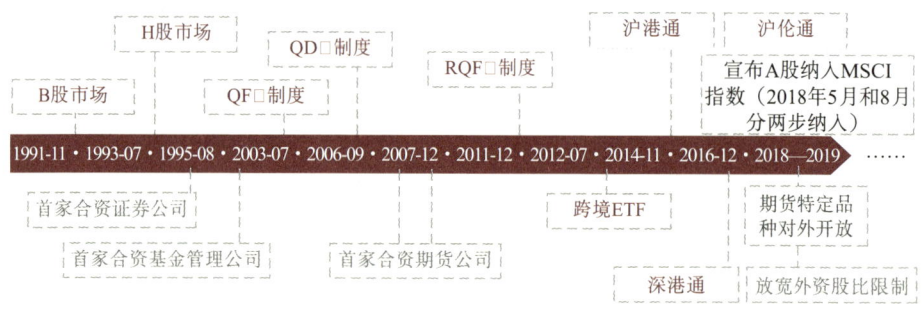

**图 8　我国资本市场开放阶段**

---

① IOSCO 成立于 1983 年，秘书处设在西班牙马德里，负责 IOSCO 日常事务。理事会是 IOSCO 单一决策主体，理事会下设八个标准制定委员会，分别负责发行人会计、审计与披露（C1）、二级市场监管（C2）、市场中介监管（C3）、执法与信息共享（C4）、投资管理（C5）、信用评级机构（C6）、大宗商品衍生品市场（C7）和个人投资者（C8）等方面的标准制定工作。此外，理事会还下设多边备忘录遴选小组、监督小组以及其他专项工作组。

**1. 稳步推进实体企业资本开放，不断提升服务实体经济的质量和效率**

以服务实体企业筹集资金为目标，形成外资股发行监管制度体系。外资股包括 B 股（境内上市外资股，即人民币特种股票）、H 股（境外上市外资股）、中概股（境外注册、境内经营、境外上市）。B 股市场是中国资本市场开放和实体企业利用外资的最早"试验田"，1992 年 2 月第一只 B 股上海电真空在上海证券交易所上市，走出我国通过资本市场利用外资的第一步。发行 B 股只是中国企业进入国际资本市场的一种过渡形式，对吸引外资和促进企业转换经营机制起到了积极作用，但是一个国家不可能长期并存两类股票，为避免对新生的 A 股市场造成冲击，B 股市场一开始设计就与 A 股市场相互独立，2000 年以后没有新增 B 股发行，从 1992 年至 2000 年最多时共计发行了 114 只 B 股。2001 年 2 月为激活长期低迷的 B 股市场，允许境内自然人以外币投资 B 股，截至 2021 年年末沪深两市存留 B 股仅 90 只。H 股的出现标志着中国企业真正进入国际资本市场。H 股是指注册地在内地、上市地在香港的中资企业股票。1993 年 7 月青岛啤酒第一家成功发行 H 股。1994 年 7 月国务院发布《关于股份有限公司境外募集股份及上市特别规定》（国务院令第 160 号），国务院证券委、国家体改委联合发布《到境外上市公司章程必备条款》，财政部发布《关于股份制试点企业股票香港上市有关会计处理问题的补充规定》，构成境内企业境外上市公司的基础制度规范。截至 2018 年 12 月底，经证监会核准在境外上市的境内企业有 269 家，累计融资 3625 亿美元；首单 D 股青岛海尔于 2018 年 10 月 24 日在中欧国际交易所上市交易，净融资额约 2.8 亿欧元；2021 年 12 月根据《证券法》，证监会会同有关部门对《关于股份有限公司境外募集股份及上市特别规定》提出了修改意见，研究起草了《国务院关于境内企业境外发行证券和上市的管理规定》（以下简称《管理规定》），并同步起草了《境内企业境外发行证券和上市备案管理办法》（以下简称《备案办法》）。《管理规定》明确对境内企业直接和间接境外上市活动统一实施备案管理，对境外上市备案管理与安全审查等机制做出衔接安排，对完善跨境证券监管合作、明确相关法律责任和增强制度的包容性做出规定。

《备案办法》明确备案管理适用范围及相关认定标准、备案主体备案程序和重大报告事项报告要求。

近年来监管部门持续深化境外上市审批制度改革，进一步提升服务实体经济的质量和效率。具体措施，包括以下四个方面。（1）优化H股再融资审核制度，"一次核准、分次发行"。2017年7月7日，中国证监会决定进一步优化境外再融资审核制度，明确H股公司境外再融资时可以采取"一次核准、分次发行"的方式。此前，境内外市场再融资监管制度差异客观上制约了H股公司再融资效率。香港方面，H股再融资通常不需要香港监管机构审批，公司在股东一般性授权范围内（不超过已发行H股的20%），可以利用"闪电配售"机制，隔夜完成发行。内地方面，H股再融资仍属于行政许可事项，尽管经过前期改革审核效率显著提升，但时间上仍不能满足H股公司利用"闪电配售"把握发行窗口快速进行融资的需求。H股公司（含A+H公司）向提出境外再融资申请时，可以申请"一次核准、分次发行"。获得核准后，在批复的额度和有效期（12个月）内，可以结合境外市场情况分次发行；每两次发行间隔不得少于三个月，每次发行不得少于核准额度的25%，未用完的额度在批复到期后自动失效。此举将有利于H股公司把握好境外市场发行窗口进行再融资，提高融资效率。（2）H股全流通试点工作顺利完成，全面推开H股全流通改革。为解决H股公司存量股份（包括境外上市前境内股东持有的存量股份、境外上市后境内增发的内资股以及外资股东受让境内股东所持股份形成的未上市外资股，以下简称"存量股份"）境外上市流通问题，经国务院批准，证监会于2018年开展了H股"全流通"试点，中航科工、联想控股、威高股份等三家公司27名股东持有的约71亿股存量股份获准转为H股，并在香港联合交易所上市流通。试点平稳完成，取得了良好效果。在试点基础上，经证监会和有关方面经认真研究和评估，认为H股"全流通"已具备全面推开的条件。2019年6月证监会宣布全面推开H股"全流通"改革。（3）D股改革。2018年6月，核准首家境内企业发行D股并到中欧所上市。境内监管方面，D股属于境外上市外资股范畴，适用《公司法》《证券法》《国务院关于股份有限公司境外募集股份及上市的特别规定》等法律法规；境外监管方面，D股上市、交易、托管及结算等适用德国及欧盟资本市场法律。证监会将依法依规积极支持境内优质企业到中欧所D股市场上市。如2018年6月6日，证监会核准青岛海尔股份有限公司发行D股并到中欧所D股市场上市；10月24日，青岛海尔正式在中欧国际交易所上市交易，净融资额约2.8亿欧元。（4）明确"新三板+H"两地挂牌/上市相关制度安排。2018年4月21日，全国股转公司与港交所签署合作谅解备忘录，明确了"新三板+H"两地挂牌/上市相关制度安排，新三板挂牌公司可在不摘牌情况下申请发行上市H股。目前，已有多家新三板挂牌公司向证监会提出发行上市H股的申请，包括部分生物科技企业。证监会依法依规对相关企业的申请履行受理和审核程序，已核准君实生物、成大生物、盛世大联三家企业。

**2. 渐进开放证券金融资本限制，不断提升金融服务的质量和效率**

证券金融资本的正式开放始于2001年12月中国加入WTO，承诺3年内允许外国证券公司设立合资证券公司，外资比例不超过1/3。实际上，早在1995年中国建设银行与摩根士丹利通过国务院特别审批程序成立了境内首家合资证券公司——中国国际金融有限公司。证券金融资本的制度性开放，以2002年7月证监会发布《外资参股证券公司设立规则》和《外资参股基金管理公司设立规则》为标志，两项规则分别规定外资参股境内证券公司和基金管理公司的持股比例上限为1/3，该比例在随后的规则修订中均放宽至49%。2013年中国中央人民政府与香港特别行政区政府、澳门特别行政区政府分别签署《〈内地与香港关于建立更紧密经贸关系的安排〉补充协议十》《〈内地与澳门关于建立更紧密经贸关系的安排〉补充协议十》，在此框架下，管理层进一步提高港资、澳资在上海、广东、深圳设立合资证券公司的持股比例可达51%。2018年4月证监会发布《外商投资证券公司管理办法》《外商投资期货公司管理办法》，将合资证券公司和期货公司的外资持股比例大幅放宽至51%，业务范围实行国民待遇；同时基金管理公司外资持股比例放宽至51%，不涉及对现有规则的修改。2019年7月2日李克强总理在夏季达沃斯论坛上宣布，原来规定的 2021 年取消证券期货行业外资股比限制提前至 2020 年实施。2019 年 7 月 20 日，国务院金融稳定发展委员会办公室公布了金融业进一步开放的 11 项举措，其中第 9 条将原定于 2021 年取消证券、基金、期货公司外资股比限制的时点提前至 2020 年。截至目前，在引进来方面，已有 13 家合资证券公司，44 家合资基金公司，2 家合资期货公司；在走出去方面，已有 32 家中国证券公司、24 家基金公司和 19 家期货机构在境外设立或收购经营机构；28 家 A 股上市券商中，有 10 家实现在 H 股市场上市。

**3. 证券金融市场开放从单向到双向，不断增强金融市场的活力和韧性**

证券金融市场开放是从单向开始逐步实现双向开放，经历了三个发展阶段。

（1）单向开放以 QFII 制度实施为标志。2002 年 11 月，证监会、人民银行联合发布《合格境外机构投资者境内证券投资管理暂行办法》，QFII 制度资 2002 年 2 月 1 日起正式实施。此后管理层逐步放宽申请资格及额度限制，降低保险公司、基金公司的资格准入门槛，进一步扩大申请范围至养老基金、慈善基金会、信托公司等境外机构，取消单家 QFII10 亿美元的投资额度上限，同时取消所有对现金、股票、债券等投资类别的比例限制。2011 年 12 月，证监会发布《基金管理公司、证券公司人民币合格境外机构投资者境内证券投资试点办法》，允许符合条件的基金公司、证券公司香港子公司作为试点机构开展 RQFII 业务，试点额度为 200 亿元，且获批机构投资股票及股票类基金的额度不得超过其募集规模的 20%。2013 年证监会进一步扩大试点机构类型至境内商业银行、保险公司等香港子公司或注册地及主要经营地在香港地区的金融机构，同时取消对股票投资的比例限制，以引入更多长期资金投资境内股市。QFII 和 RQFII 的投资额度在最初的试点阶段仅为 100 亿美元和 200 亿人民币，此后投资额度限制随着实际外资流入需求的增加而逐步提高。2019 年 9 月 QFII 和 RQFII 的投资额度限制全面取消。2020 年 5 月，央行和外观局联合发布新规，将 QFII 和 RQFII 制度合并统一管理，取消了外汇额度限制且增加了操作便利性，进一步增强了制度吸引力。截至 2020 年 5 月底，

308家QFII、额度1162.59亿美元；239家RQFII、额度7229.92亿人民币；已有四个商品期货合约作为境内特定品种，引入境外投资者。

在实施QFII制度的同时，自2003年开始推行QDII制度，逐步放开内地居民投资境外资本市场。规则体系形成于五个时期：一是2003年6月保监会发布《关于保险外汇资金投资境外股票有关问题的通知》，开启QDII试点先河；二是2006年4月中国人民银行、银监会、国家外汇管理局发布《商业银行开办代客境外理财业务管理暂行办法》，标志QDII制度从试点进入全面推广。三是2007年7月证监会发布《合格境内机构投资者境外证券投资管理试行办法》及《关于实施〈合格境内机构投资者境外证券投资管理试行办法〉有关问题的通知》，对QDII准入条件、产品设计、资金募集、境外投资顾问、资产托管、投资运作、信息披露等方面的内容及实施做出了详尽的规定，构建起基金管理公司、证券公司QDII完整的规则体系，2007—2013年QDII投资额快速增长。四是2013年起管理层为了限制资本外流，对QDII有所收紧，2015年3月至2018年2月未新批QDII投资额度。五是2018年为落实进一步扩大开放的要求，QDII投资额度重新出现增长。目前QDII投资于境外股票没有比例限制，而且可投资的国家或地区达33个，涵盖全球五大洲。截至2020年5月底，我国QDII数量达157只，获批投资额度共1039.83亿美元，其中银行类获批148.4亿美元，证券类获批468.8亿美元，保险类获批339.53亿美元。

（2）双向开放以境内外市场互联互通为标志。2014年4月10日，中国证监会、香港证监会决定原则批准上海证券交易所、香港联交所、中国结算、香港结算开展沪港股票市场交易互联互通机制试点，11月17日沪港通正式实施，至此，我国境内资本市场实现与香港地区资本市场的互联互通。试点初期，沪港通分别对香港投资上交所市场（沪股通）和内地投资者投资联交所市场（港股通）实施单向总额度管理，沪股通的总额度为3000亿元人民币，港股通的总额度为2500亿元人民币。2016年12月5日深港通开始实施，中国证监会和香港证监会宣布取消沪港通总额度限制，深港通不设总额度限制。

2018年5月1日起,沪股通及深股通每日额度从130亿调整为520亿元人民币,港股通从105亿调整为420亿元。截至2019年3月底,互联互通下总成交金额超过17万亿元。2019年6月17日沪伦通正式启动,华泰证券、中国太保成功发行发行全球存托凭证(GDR)在伦交所挂牌交易。2019年6月25日中日ETF互通正式开通,首批8只中日ETF互通产品在中日两国同步上市。

(3) A股纳入MSCI等国际指数是双向开放的重要里程碑。MSCI分别于2018年5月31日和8月31日收盘后分两步实施纳入A股,基于5%的纳入因子,共纳入中国A股的236只大盘股,这些A股约占MSCI新兴市场指数0.75%的权重。2019年3月1日,MSCI宣布将A股纳入因子从5%提升到20%,在2019年分3步实施,正式实施后,A股约占MSCI新兴市场指数3.3%的权重。第一步调整已于5月28日收盘后正式实施,A股纳入因子从5%提高到10%。富时罗素决定于2019年6月24日正式实施纳入A股,纳入因子25%,分三阶段实施。2019年6月纳入因子5%,2019年9月纳入因子提升至15%,2020年3月纳入因子提升至25%,涵盖大、中、小盘股票,预计将带来100亿美元资金净流入。2019年9月标普道琼斯决定实施纳入A股方案。截至2020年5月带来的新增被动跟踪资金规模分别为5616亿元、850亿元和824亿元,合计达7290亿元。

资本市场的双向开放,在多方面带来了积极的影响,表8总结了资本市场双向开放带来的积极影响。

表8　　　　　　　　资本市场双向开放带来的积极影响

| 积极影响 | 具体表现 |
| --- | --- |
| 支持国内经济发展 | 1. 推动中国经济融入全球市场,服务构建开放型经济新体制<br>2. 境外上市融资,支持企业获得资金支持,完善企业的公司治理 |
| 提升资本市场实力,实现共赢 | 1. 改善投资者结构<br>2. 促进证券期货机构在竞争中学习提高,增强自身实力和国际竞争力<br>3. 市场运行机制和监管规范逐步与国际标准接轨<br>4. 外资分享中国经济增长和收益 |

续表

| 积极影响 | 具体表现 |
|---|---|
| 推动人民币国际化进程 | 1. 资本市场对外开放与人民币国际化相辅相成，相互促进<br>2. QFII、互联互通促进资本双向跨境流动<br>3. RQFII 拓展海外人民币投资途径 |
| 渐进有序，防控风险 | 1. 我国资本市场始终坚持以渐进的、有序的方式推进对外开放<br>2. 防范资本跨境流动或外汇稳定的不利事件<br>3. 防范国际资本对我国市场产生巨大冲击的风险事件 |

## 四、建设中国特色资本市场的探索实践

### （一）上市公司是资本市场健康发展的基石

#### 1. 资本市场"晴雨表"功能与上市公司质量

上市公司既是投资者投资价值的源泉，也是资本市场发挥经济"晴雨表"功能的基础。理论上，价格围绕价值波动，因此股票价格的波动应当是对上市公司基本面现时的判断和未来的预期。研究表明，股票价格走势既有反映上市公司质量的内部性因素，也受到诸多外部性因素影响，其中，前者是长期性、决定性因素。首先，上市公司价值创造能力将反映在资本市场长期走势中。上市公司个股估值是指数估值的基础，影响个股基本面的因素同样对指数产生影响。长期来看，上市公司是否具备高质量的持续盈利能力和价值创造能力，对股指走势具有决定性影响。其次，上市公司在国民经济中的代表性，对股指走势与经济增长趋势的吻合度有重要影响。最后，上市公司基本面以外的因素也在影响股指走势。一方面是本国经济金融运行的背景因素，包括货币政策调整带来的流动性影响、本国的投资者结构和替代性的投资品供给等；另一方面是境外的输入性影响，近年来在全球经济不确定性增大的背景下，A股市场与境外主要股市风险联动的共振现象越发明显；全球贸易

摩擦、美国货币政策从超宽松回归正常化等,已成为输入性风险的重要来源。总体来看,制度成熟的资本市场能够相对较好发挥经济晴雨表的功能。以美国为例,过去50年里,标准普尔500指数走势与美国GDP增长趋势保持一致的时间区间占比接近70%。相比之下,30年来A股上证综指涨幅与GDP持续增长态势背离,"牛短熊长"的特征较为显著,经济"晴雨表"的功能没有发挥出来。研究显示,1990年以来,上证综指持续下跌超过一年的有8次,下行时间累计约16年,上行时间累计约12年,熊市周期时长占比58%。1994—2019年的25年间,上证综指年均涨幅8.5%;股指年均涨幅低于广义货币增长率、一线城市房价增长水平,仅略高于债券及银行理财收益。从成熟市场经验看,持续提高上市公司质量是资本市场更好地发挥"经济晴雨表"功能的决定性因素,上市公司在经济、治理、会计和信息等方面的质量直接影响"经济晴雨表"功能的发挥。

图9　2000—2019年中国GDP与上证综指走势

2009年开始美国股市开启了长达十年的牛市,与次贷危机之后美国经济复苏、就业、通胀、可支配收入、PMI等指标持续向好的趋势相一致。2009—2019年,美股上市公司数量基本稳定在4500家左右,2007—2018年美股上市公司总资产、总收入及净利润在此期间增长率在25%左右,年复合增长略高于2%,与美国GDP增速大致相当。上市公司业绩增长是美国股市十年牛市的基础,2018年全球企业的销售额为35万亿美元,较10年前增长19%;净利润达到2.8万亿美元,较10年前增长2.5倍;美国企业净利润10年间增长3.8倍,起到重要推动作用,10年前美国企业净利润在"全球份额"占25%,2018年提高到40%。美国企业的净利润率在2018年度首次达到9%,全球企业整体净资产收益率为13%,美国为18%,欧洲为13%,我国上市公司净资产收益率仅在10%左右。与此同时,支撑美股上市公司业绩增长的产业,已从制造业和零售业等实体产业转换成知识密集型产业。通过分析美国企业的资产结构可以看出,代表技术实力的专利及代表品牌影响力的商标权等无形资产达到4.4万亿美元,占总资产的26%,达到10年前的2倍以上,在2017年已超过了工厂及店铺等有形资产。通过对数字化产业的集中投资,美国已经形成了由知识产权等"无形资产"创造利润的产业结构。

表9　　　　美股上市公司2007—2018年业绩基本情况　　（单位:万亿美元）

| 项目 | 2007年 | 2018年 | 区间增长 | 复合增长 |
| --- | --- | --- | --- | --- |
| 资产总额 | 66.76 | 83.52 | 25.10% | 2.06% |
| 收入总额 | 17.98 | 22.79 | 26.76% | 2.18% |
| 净利润额 | 1.41 | 1.76 | 24.95% | 2.05% |

图10　中国公司市值500强门槛变迁

数据来源:21数据新闻实验室出品,统计截至2020年6月30日。

美股十年牛市期间信息技术行业业绩增长发挥领衔作用，其总收入由 2007 年的 1.52 万亿美元，增长至 2018 年的 2.17 万亿元美元，区间增长率 42.75%，复合增长率 3.29%，美国标准普尔 500 指数中的"信息技术企业"的海外销售收入占比达到 60%；信息技术行业的利润由 2007 年的 0.12 万亿元增长至 2018 年的 0.26 万亿元美元，区间增长 116.4%，复合增长率 7.27%；其利润贡献对美股市场整体贡献率由 2007 年的 8.65% 跃升至 2018 年的 14.98%，是美股市场除金融行业外第二大利润来源。此外，电信服务、医疗保健、可选消费在样本区间也分别取得 64.48%、61.91%、37.93% 的收入增长，其中电信服务即可选消费也成为美股市场稳定的利润源。截至 2018 年会计年度，按利润总额排名，前 5 为行业分别是金融（4583 亿美元）、信息技术（2640 亿美元）、能源（1751 亿美元）、电信服务（1724 亿美元）及可选消费（1624 亿美元）。

表 10　　　　　2018 年年末 A 股与美股上市公司部分数据比较

| 比较项目 | A 股上市公司 | 美股上市公司 |
| --- | --- | --- |
| 样本数量 | 3590 家 | 4475 家 |
| 资产规模 | 242 万亿元 | 575 万亿元 |
| 收入规模 | 44.69 万亿元 | 156.89 万亿元 |
| 利润规模 | 3.69 万亿元 | 12.13 万亿元 |
| 总体净利率 | 1.52% | 2.11% |
| 资产回报率 | 3.47% | 3.85% |
| 净资产收益率 | 9.68% | 11.9% |
| 现金分红金额 | 1.23 万亿元 | 5.69 万亿元 |
| 当年股票回购金额 | 617 亿元 | 7.52 亿元 |

与美国股市相比，我国股市经济"晴雨表"功能不显著，与上市公司行业及产业结构有密切关系。

首先，A 股体量与美股相比仍有较大差距。其一，截至 2018 年年末，美股资产总额折合人民币 575 万亿元，收入总额 157 万亿元，A 股对应值分别是 242 万亿元、45 万亿元。从上市公司家数看，至 2018 年年末 A 股上市公司数量仅为美股的 80.22%。从上市公司市值看，A 股总市值占 GDP 的比重由 2008 年的 38% 上升至 2018 年的 48%，而同期美国的比重是 187%；以市值与 GDP 比值衡量股市的相对体量，2018 年年末美股为 1.37、A 股为 0.47，A 股市场作为经济"晴雨表"的数量基础不足。其二，大型和超大型上市公司数量较少，以 2018 年年末的资产规模计，进入美股、A 股上市公司前 10% 的门槛分别是 1402 亿元人民币、340 亿元人民币；如以收入规模计，则分别是 659 亿元人民币、170 亿元人民币，A 股门槛相对较低。头部差距相较于平均差距更加明显，大型和超大型上市对于增强市场韧性、优化市场定价具有"定盘星"的作用，特别是对于科技创新类公司，成熟的大型上市公司估值的"锚定"作用、标杆作用更加突出。

表 11　　　　2007—2018 年美股与 A 股上市公司基本面比较　　　（单位：亿元）

| 对照项目 | | 美股上市公司 | A 股上市公司 |
| --- | --- | --- | --- |
| 平均资产 | 2018 年年末均值 | 1285 | 675 |
| | 区间增长率 | 25.97% | 151.79% |
| | 复合增长率 | 2.12% | 8.76% |
| 平均收入 | 2018 年年末均值 | 351 | 124 |
| | 区间增长率 | 27.64% | 110% |
| | 复合增长率 | 2.24% | 6.98% |
| 平均利润 | 2018 年年末均值 | 27 | 10 |
| | 区间增长率 | 25.82% | 57.9% |
| | 区间增长率 | 2.11% | 4.24% |

其次，A 股上市公司产业及行业结构与经济发展存在不匹配，"晴雨表"功能发挥存在结构性障碍。从 2018 年年末数据看，与美股上市公司对比看，A 股中工业收入贡献率一家独大，占比 24.30%，金融、可选消费及信息技术三个新经济代表行业贡献率合计 34.62%。美股上市公司主要行业贡献率分布较为均匀，新经济贡献率优于 A 股市场，与 2007 年相比，A 股与美股市场中

传统行业的贡献比例在逐步下降，新经济贡献率在持续上升，结构持续优化。但A股市场调整速度大幅落后于美股市场，主要体现在，A股能源行业贡献率由25.91%下降至15%，材料行业贡献率由17.23%下降至11.96%，但工业行业贡献率由20.37%增加至24.30%；同时，2007年以来A股工业上市公司由379家增至949家，增加数量为各行业最多。从量变来看，A股与民生密切相关的可选消费、医疗保健、电信服务及公用事业四大行业上市公司占比仍较低，2018年美股同类公司数量占比40.27%，A股仅为27.77%。提升此类公司占比，不仅是成熟市场经验，更是提升我国资本市场与经济发展契合度的实际需要。从质变来看，A股中代表未来经济发展方向的高科技行业仍然处于"粗放"发展阶段。以信息技术行业为例，美股市场已持续"去粗存精""去伪存真"，产生微软、谷歌、亚马逊等国际巨头，在收入水平快速提升的同时，上市公司数量则由2007年的837家下降至2018年的636家，70%以上的退市原因为被并购，通过并购做大做强、建立壁垒是信息技术行业发展的典型路线。A股市场信息技术行业上市公司数量由2007年的150家增长至2018年的589家，量变尚未结束，质变还未到来。

表12　　2018年年末A股与美股上市公司主要行业收入贡献比例

| 美股上市公司 | | | A股上市公司 | | |
| --- | --- | --- | --- | --- | --- |
| 序号 | 行业 | 收入占比 | 序号 | 行业 | 收入占比 |
| 1 | 能源 | 15.49% | 1 | 工业 | 24.30% |
| 2 | 金融 | 14.50% | 2 | 金融 | 15.05% |
| 3 | 可选消费 | 14.33% | 3 | 能源 | 15.00% |
| 4 | 医疗保健 | 10.77% | 4 | 可选消费 | 12.18% |
| 5 | 工业 | 10.42% | 5 | 材料 | 11.96% |
| 6 | 信息技术 | 9.53% | 6 | 信息技术 | 7.39% |
| 7 | 其他 | 24.96% | 7 | 其他 | 14.12% |

最后，A股上市公司行业收入与GDP增加值结构之间存在不匹配。从2018年的数据看，A股前五大行业收入贡献率合计84.27%，相应行业的2017年GDP增加值贡献率仅为55.69%；A股后五大行业中，收入贡献率合

计0.32%，但相应行业GDP贡献率则高达13.68%。从产业结构看，2018年A股上市公司三大产业收入占比分别为0.35%、63.12%、36.53%，同期GDP产业比例则为7.7%、39.7%、53.3%。A股上市公司中第二产业占比过高，第一、第三产业占比不足。若以第三产业占比作为标准，那么A股产业结构仍然停留在1998年水平（当年GDP第三产业占比为37%）。截至2018年12月底，我国境内上市公司家数达到3548家，总股本5.76万亿股，总市值43.5万亿元。总股本、总市值及募集资金数量在一定程度上反映资本市场对三大产业的支持程度：第一产业占比分别为0.68%、0.8%、0.76%，均未超过1%；第二产业占比分别为50.60%、56.34%和57.93%，其中制造业在第二产业中的三项比重分别为67.61%、77.56%、77.39%，重工业化倾向明显；第三产业占比分别为48.72%、42.86%和41.31%，低于其在国民经济中所占比重，其中金融和房地产业在第三产业中的三项比重分别达到70.58%、64.56%和51.54%，经济脱实向虚显现端倪，知识型、数字化产业程度偏低。产生上述现象的主要原因，一方面是传统工业经济在国民经济中的比重仍较大，产业结构偏重偏旧；另一方面是直接融资制度向重资产、大规模、国有企业倾斜使然。从我国上市公司产业分布看，第二产业在总股本、总市值和募集资金数量方面高于第三产业，且有逐渐强化趋势，与第二产业对GDP贡献度减弱的发展趋势不相符，在一定程度上反映我国资本市场优化资源配置功能偏弱，国家发展战略在资本市场上传导机制不畅，上市公司质量未能全面反映我国产业结构转型升级的成效，未能充分体现国家发展战略实施的方向。

表13　　　　2018年中国、美国的GDP及三大产业增加值对比

| GDP及三大产业 | | 中国 | 美国 |
|---|---|---|---|
| GDP（万亿美元） | | 13.6 | 20.494 |
| 第一产业 | 增加值（亿美元） | 9782.4 | 1641.88 |
| | 占GDP比重 | 7.19% | 0.8% |
| 第二产业 | 增加值（亿美元） | 55308.88 | 38151.44 |
| | 占GDP比重 | 40.65% | 18.6% |

**行思录：资本市场制度理论与实践**

续表

| GDP 及三大产业 | | 中国 | 美国 |
|---|---|---|---|
| 第三产业 | 增加值（亿美元） | 70960.6 | 165147.47 |
| | 占 GDP 比重 | 52.16% | 80.6% |

资料来源：由南生整理，2017 年人民币与美元平均汇率 6.6174∶1。

表 14　　A 股上市公司收入贡献与 GDP 增加值贡献对比

| 序号 | 行业 | 2017 年 GDP 增加值比例 | 2018 年 A 股收入比例 |
|---|---|---|---|
| 1 | 制造业 | 28.39% | 34.88% |
| 2 | 采矿业 | 2.55% | 14.98% |
| 3 | 金融业 | 7.87% | 14.96% |
| 4 | 建筑业 | 7.03% | 10.68% |
| 5 | 批发与零售业 | 9.85% | 8.76% |
| （内容省略） | | | |
| 15 | 公共管理与社会组织 | 4.13% | 0.12% |
| 16 | 卫生社会保障与福利 | 2.31% | 0.09% |
| 17 | 住宿与餐饮业 | 1.83% | 0.08% |
| 18 | 教育 | 3.63% | 0.03% |
| 19 | 居民服务和其他服务 | 1.78% | 0.00% |

A 股上市企业板块分布

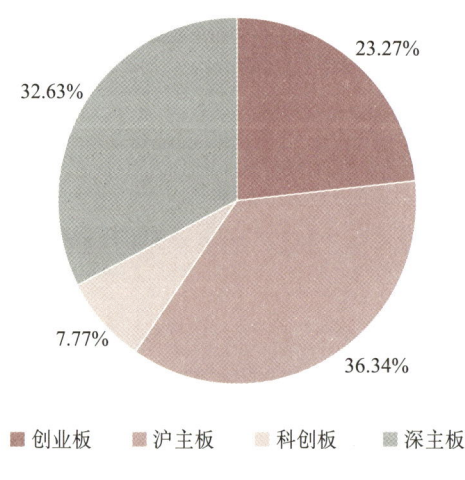

图 11　A 股上市公司的基本情况

| 证券代码 | 证券简称 | 上市日期 | 总市值 | 上市板 | 证监会行业 |
|---|---|---|---|---|---|
| 600519.SH | 贵州茅台 | 2001-08-27 | 22486.07 亿元 | 沪主板 | 酒、饮料和精制茶制造业 |
| 601398.SH | 工商银行 | 2006-10-27 | 16537.25 亿元 | 沪主板 | 货币金融服务 |
| 300750.SZ | 宁德时代 | 2018-06-11 | 15447.84 亿元 | 创业板 | 电气机械和器材制造业 |
| 601939.SH | 建设银行 | 2007-09-25 | 14600.64 亿元 | 沪主板 | 货币金融服务 |
| 600036.SH | 招商银行 | 2002-04-09 | 12877.25 亿元 | 沪主板 | 货币金融服务 |
| 601288.SH | 农业银行 | 2010-07-15 | 10219.50 亿元 | 沪主板 | 货币金融服务 |
| 002594.SZ | 比亚迪 | 2011-06-30 | 9335.74 亿元 | 深主板 | 汽车制造业 |
| 601318.SH | 中国平安 | 2007-03-01 | 9083.45 亿元 | 沪主板 | 保险业 |
| 601988.SH | 中国银行 | 2006-07-05 | 8949.39 亿元 | 沪主板 | 货币金融服务 |
| 601857.SH | 中国石油 | 2007-11-05 | 8876.52 亿元 | 沪主板 | 石油和天然气开采业 |

图 12　上市公司市值排名前 10 位

| 证券代码 | 证券简称 | 上市日期 | 首发募集资金 | 上市板 | 证监会行业 |
|---|---|---|---|---|---|
| 601288.SH | 农业银行 | 2010-07-15 | 685.29 亿元 | 沪主板 | 货币金融服务 |
| 601857.SH | 中国石油 | 2007-11-05 | 668.00 亿元 | 沪主板 | 石油和天然气开采业 |
| 601088.SH | 中国神华 | 2007-10-09 | 665.82 亿元 | 沪主板 | 煤炭开采和洗选业 |
| 601939.SH | 建设银行 | 2007-09-25 | 580.50 亿元 | 沪主板 | 货币金融服务 |
| 688981.SH | 中芯国际 | 2020-07-16 | 532.30 亿元 | 科创板 | 计算机、通信和其他电子设备制造业 |
| 601668.SH | 中国建筑 | 2009-07-29 | 501.60 亿元 | 沪主板 | 土木工程建筑业 |
| 601728.SH | 中国电信 | 2021-08-20 | 479.04 亿元 | 沪主板 | 电信、广播电视和卫星传输服务 |
| 601398.SH | 工商银行 | 2006-10-27 | 466.44 亿元 | 沪主板 | 货币金融服务 |
| 601318.SH | 中国平安 | 2007-03-01 | 388.70 亿元 | 沪主板 | 保险业 |
| 601658.SH | 邮储银行 | 2019-12-10 | 327.14 亿元 | 沪主板 | 货币金融服务 |

图 13　上市公司首发募集资金排名前 10 位

### 2. 资本市场功能发挥与上市公司质量

资本市场的核心功能是优化资源配置，并通过价格发现、风险管理功能促进资本形成和科技创新。上市公司是资本市场功能发挥的成果与体现，上市公司质量与结构反映一国经济的活力和韧性。发挥好资本市场在资源配置中的枢纽功能，需要在宏观层面健全政策传导机制，在微观层面提升上市公司质量，在制度建设层面进一步明确政策导向。

**行思录：资本市场制度理论与实践**

**图 14　最新中国公司市值 500 强行业分布**

资料来源：21 数据新闻实验室，统计截至 2020 年 6 月 30 日。

在宏观层面，上市公司质量代表先进生产力和国家竞争力。资本市场在资源配置、价格发现、风险管理等方面具有的特殊功能，可以作为国家创新驱动发展战略的重要实施平台，形成体现国家战略和发展理念的政策传导机制，推动上市公司成为科技引领发展的主力军。推动资本市场功能发挥与上市公司质量提升形成良性互动，应当从两个方面畅通政策传导机制。其一，以创新引领发展为导向，畅通资本、科技与实体经济的良性循环机制。建设现代化经济体系是我国发展的战略目标，实施创新驱动发展是实现国家发展战略目标的必由之路。上市公司是现代化经济体系的微观基础，是实施创新驱动发展战略的重要主体。实践中，美国、日本高新技术与资本市场高度协同发展，美国 1971 年创立的 NASDAQ 市场，对推动高能耗资本密集型产业阶段转入低能耗技术密集型产业阶段发挥了重要支持作用；与此同时，日本 20

世纪 70 年代开始大力扶持直接融资市场，支持电子计算机等高科技产业快速发展，"技术创新+资本市场"成为创新驱动发展的重要范式。第四次工业革命（21 世纪初至今），核心科技是人工智能、区块链、云计算、大数据，上市公司产业结构全方位向智能化、信息化、数据化转型升级，资本市场发挥对新经济的催生、孵化作用，新技术、新产业、新业态、新模式成为上市公司转变发展方式、优化经济结构、转换增长动能的强大动力。新技术革命和资本市场协同发展的历程表明，资本与产业之间互动与循环是以科技作为内核，产业围绕科技转，资本围绕科技转，技术革命催生与之相契合的资本市场，资本市场为追逐新产业实现的利润不断变革介入方式，使资本流入新兴产业实现价值升值，形成激发资本市场活力、增强资本市场韧性的重要源泉。

其二，以回归本源优化结构为逻辑，畅通服务实体经济、贯彻新发展理念的政策传导机制。中国特色资本市场的重要特征是为实体经济服务，建立以科技创新为牵引、支持实体经济发展的政策传导机制，是增强资本市场服务实体经济能力的有效途径。从历史经验看，每一次工业革命都源于颠覆性的科技革新，改变生产方式，提高生产效率，改善生活质量；每一次工业革命都会形成产业新格局，开启全球产业链的重构与竞争；每一次工业革命形成的产业新格局都会有与之相契合的资本市场发挥战略支撑作用，上市公司成为产业新格局的引领者；每一次上市公司产业结构转型升级都成为激发资本市场生机和活力的重要源泉。第一次工业革命（18 世纪 60 年代至 19 世纪 70 年代）的核心科技是蒸汽机，证券交易所在这一时期兴起并为工业经济的规模化起步提供强大支持，上市公司主要分布在纺织、冶金、机械制造、交通运输等产业。第二次工业革命（19 世纪 70 年代至 20 世纪 40 年代）的核心科技是电力的发明和运用，在这一时期投资银行体系应运而生并积极发挥资本中介作用，直接融资成为工业经济规模化、集约化发展的重要融资渠道，上市公司主要分布在电力、通信、石油、化工、汽车等产业。第三次工业革命（20 世纪 40 年代至 21 世纪初）的核心技术是原子能技术、计算机技术，在这一时期形成以风险投资、创业投资、产业投资、并购基金为代表的多层次资本市场体系，上市公司主要分布在电子信息、生物工程、航天航空、先进制造等产业。历史经验表明，上市公司质量结构代表着先进生产力成果和科技创新发展方向。中国特色资本市场的功能发挥，必然要求上市公司在结构上反映服务实体经济、贯彻新发展理念的价值导向，在发展上体现质量、效率、动力变革的成效，实现产业升级、价值提升、技术进步。

在微观层面，上市公司质量体现为经济质量、治理治理、会计质量、信息质量等方面，上市公司作为投资者投资价值的源泉，应当从经济效益、治理能力、会计基础和信息真实等方面全面提升质量。一是上市公司经济质量主要体现为持续盈利能力和价值创造能力。提高上市公司经济质量关键在于公司董事会加强战略管理，管理层诚实守信、勤勉尽责，努力提高公司竞争能力、盈利能力和创新能力。同时，各有关方面要营造有利于上市公司规范发展的环境，支持和督促上市公司全面提高发展质量。在成熟市场上，上市公司是市场机制选择的结果，优质企业通过竞争崭露头角，最终被专业投资者和中介机构筛选出来，推介到资本市场上融资并成为上市公司，市场在资源配置中发挥了决定作用。二是上市公司治理质量主要体现在法人治理结构的功能完善和协调运转，股东大会、董事会和经理层之间的制度安排清晰合理，监督制衡有效，能够保证规范经营和科学决策，各方权益得到充分保护。提升公司治理质量，行政监管和自律监管可以发挥积极作用。但在美国、英国等成熟市场，法院依据成文法和判例法，裁判涉及公司治理的民商事纠纷，以此平衡大股东、管理层和中小投资人等各方权益。三是上市公司会计质量体现在会计准则及其有效执行能够更真实、公允地反映经济实践，从而使投资者能够依据有效的财务会计信息做出投资决策。对于上市公司会计质量，除了完善会计准则制定体系外，同样重要的是构建有效的会计准则执行机制。以外部审计为代表的"看门人机制"，在督促会计准则有效执行、防止内部人做假账方面发挥了重要作用。四是上市公司信息质量主要体现为信息披露真实、准确、完整、及时。披露内容的充分性、一致性和可理解性，有助于解决投资者与管理层之间的信息不对称问题，为市场化博弈创造条件，促进资产合理定价和资源高效配置。保证高质量的信息披露，不仅需要证券监管机构依据法律授权细化规则标准，对发行人等信息披露义务人持续督导，严厉查处违法违规行为，还需要充分调动社会各方的监督约束力量。

在制度建设层面，上市公司的融资与并购重组制度体系中，应当从四个方面进一步明确政策导向。一是增强对新技术、新产业、新业态、新模式的支持。新技术变革带来了全球产业链的重构、分解和融合，形成大、中、小企业融合发展的新格局。互联网、大数据、人工智能和实体经济深度融合，推动我国产业迈向全球产业链中高端，传统的商业模式、消费理念、制造模式、生产方式将发生颠覆性变化，形成以科技作为内核的资本与产业之间的新循环。现行我国上市公司质量标准主要依据以资产评估计价为基础的资产负债表，难以包容以高智力、轻资产、重资本为特征的新产业、新业态、新模式，使得新技术创造的新价值、新动力、新动能，难以在资本市场形成良性互动循环。在上市公司质量的制度设计中应当增强包容性，注重激励产业结构的升级和科技附加值的提高。二是充分发挥市场机制作用促进上市公司做优做强。上市公司公共信用是促进资本形成的关键要素。近代资本市场经过100多年的发展，形成公司治理结构、看门人机制和信息披露制度等市场化的上市公司质量保障机制，其作用是维护上市公司公共信用，防止弄虚作假形成泡沫经济。政府监管介入上市公司质量保障体系的作用，主要是督导市场化保障机制有效运行，在机制出现道德风险或逆向选择时，采取执法行动保护投资者的合法权益不受损害。无论是公司治理结构、看门人机制还是信息披露制度，我国资本市场都面临着市场主体不成熟、基础制度不完善、市场监管不适应的挑战。因此，提高上市公司质量既要依靠有效市场机制促进优胜劣汰，更要发挥有为政府的督导作用。三是把握好强化监管与市场导向的关系。历史经验和发展实践表明，市场在资源配置中起决定性作用，提高上市公司质量应当尊重市场规律，坚持市场导向，遵循发展逻辑，更好地发挥政府作用，防止盲目把上市公司作为经济发展的政绩目标和扶贫救急的政策资源。政府在推动实体经济与科技创新协同发展、融合发展方面可以起到积极推动作用,通过政策引导市场预期,可以实现资源配置的效益最大化和效率最优化。准确把握好市场与政府的关系,厘清市场与政府的作用边界,让市场机制的价格信号和政府宏观调控共同作用于要素禀赋结构和需求结构,相互配合推进上市公司产业结构迈向全球产业链中高端,打造具有全球竞争优势的世界一流企业。四是防范化解科技创新在资本市场形成叠加共振风险。提高上市公司质量离不开科技创新带来的产业结构转型升级,科技创新展示了预期收益和创富机会,有利于激发资本市场活力,同时也容易造成资产"泡沫"和"虚假繁荣"。科技创新本身具有很大的不确定性,加上资本市场"高风险、高收益"的风险偏好,容易形成叠加共振风险。因此,在制度设计上要注意健全完善资本市场资源配置、资产定价、缓释风险的功能,切实防范化解科技创新在资本市场形成的叠加共振风险。提高上市公司质量,应当坚持回归本源优化结构,理顺资本市场服务实体经济的政策传导机制,抓住优化经济结构、强化科技创新、深化改革开放、加快绿色发展和参与全球经济治理体系变革带来的新机遇,发挥好资本市场枢纽功能,推动上市公司实现高质量发展,筑牢资本市场长期健康发展基石。

### (二)证券公司是资本市场功能发挥的枢纽

证券公司是资本市场最重要的中介机构,是促进资本形成和交易的组织者和执行者,是连接投资端与融资端的核心中介,是资本市场发挥枢纽功能的制度基础和逻辑主体。根据《证券法》(2019年12月修订,2020年3月实施)有关规定,设立证券公司应当具备《证券法》规定条件,并经国务院证券监督管理机构批准;未经批准,任何单位和个人不得以证券公司名义开展证券业务活动。经核准取得经营证券业务许可证的证券公司,可以从事证券经纪、证券投资咨询、与证券交易及投资有关的财务顾问、证券承销与保荐、证券融资融券、证券做市交易、证券自营及其他证券业务。依照上述立法本义,证券公司是依法设立、特许经营的金融机构。我国证券公司的发展历程,是在我国改革开放历史大背景下的具体场景之一,也是经济市场化改革的重要成果之一。伴随着计划经济体制向社会主义市场经济体制的转变，证券公司的发展经历了从无到有，由小到大，制度不断完善，规模不断壮大的发展历程。

**1. 我国证券公司发展的探索与实践**

我国证券经营机构萌芽于 20 世纪 80 年代，起步于商业银行、信托公司的证券营业部。以 1990 年 12 月上海、深圳证券交易所相继开业为肇始，逐步成为独立的公司制经营机构，1991 年 8 月 28 日中国证券业协会成立，标志着证券行业初具规模。在证券行业发展的 30 余年间，前 15 年披荆斩棘、蹒跚起步，野蛮生长后暴露出挪用客户保证金、违规经营等诸多问题，2004 年 8 月起进行了为期 3 年的证券公司综合治理，至 2007 年 8 月以确立客户资金第三方存管、构建净资本约束为核心的监管制度为标志走进发展的新篇章。接下来的 5 年是行业爬坡过坎、扭亏为盈，再 3 年的创新发展、业务拓展、规模扩张，至 2015 年在股市异常波动中暴露出行业发展的"短板"和"不足"。从 2017 年开始在管理层的督导下，证券行业进入合规风控"补课"、文化建设"补位"、专业责任"补钙"的新阶段。

**（1）证券公司起步发展阶段。**

证券经营业务的形成可溯源到 20 世纪 80 年代商业银行和信托公司的国债承销业务。1984 年 11 月，中国工商银行上海信托投资公司旗下静安证券营业部代理发行公司股票——"飞乐音响"和"延中实业"两只股票；1986 年 8 月，经中国人民银行沈阳分行批准，沈阳市信托投资公司正式成立，并向社会开办债券转让业务，为新中国成立后全国首家设立债券交易柜台的证券经营机构。同年 9 月，中国工商银行上海信托投资公司静安证券营业部也开始对其代理发行的"飞乐音响"和"延中实业"两只股票开展柜台挂牌交易，成为股票二级交易市场的雏形。早期的证券业务发端于商业银行和信托公司，但是随着证券业务实践的不断丰富，现代证券公司的雏形开始萌芽。1987 年 9 月，经中国人民银行批准，深圳市 12 家金融机构出资成立全国第一家专业性证券公司——深圳经济特区证券公司，并于 1988 年正式启动国债柜台交易。此后，为配合国库券在全国范围内的转让推广，由中国人民银行牵头陆续在各省市组建了33家证券公司。中国工商银行上海信托投资公司旗下静安证券营业部是当时全国最早运营的股票发行市场、交易市场和经营机构。1991年年末在中国证券业协会登记的各类证券经营机构会员达170家，但是这些证券经营机构的业务结构较为单一，资产规模相对较小，且缺乏机构独立性和业务专业化。

1990年12月上海、深圳证券交易所相继开业，为证券公司成为独立经营实体和市场主体提供了重要的经济环境。1992年党的十四大提出我国经济体制改革的目标是建立社会主义市场经济体制，以市场为导向的经济体制改革步入全新的历史时期，国有企业全面推行以公司制为代表的现代企业制度，为证券公司的业务发展提供了重要的政策环境。1992年由财政部、中国建设银行、中国工商银行、中国农业银行、交通银行和中国人民保险公司等联合发起的国泰证券10月5日在上海成立，华夏证券10月8日在北京成立，南方证券12月21日在深圳成立，这三大全国性证券公司的成立标志着全国性证券公司群体的兴起。与此同时，各地方政府也相继成立了区域性证券公司，如江苏证券公司、浙江证券公司、湖北证券公司等。1993年12月，国务院发布《关于金融体制改革的决定》，明确要求银行业、保险业、证券业与信托业实行"分业经营"的原则。1995年《商业银行法》颁布，进一步规定了分业经营的法律要求。1996年7月，人民银行发布《关于人民银行各级分行与所办证券公司脱钩的通知》，要求63家与人民银行有股权关系的证券公司在规定期限内与人民银行脱钩，并要求四大国有商业银行与所属信托投资公司挂钩，证券营业部转让给证券公司和信托投资公司。商业银行与证券公司分业经营的格局逐步定型，大量证券经营机构从银行、信托和财政体系中剥离出来，形成了专业独立的证券公司。截至1995年年底，在中国证券业协会登记的独立专业证券公司数量97家，各类证券经营机构营业网点数量达2600多家。1998年实施银证脱钩，审计署对88家证券公司同步进行全面审计。审计表明，证券行业当时挪用保证金、违规理财等行为比较普遍，资产质量较低，隐藏巨大历史风险。

1999年7月《中华人民共和国证券法》正式实施，首次以法律形式确立了证券公司依法设立、特许经营的法律地位，为证券公司开展证券经营业务健全了法律环境。根据当时的《证券法》规定，证券业、银行业、信托业和保险业分业经营、分业管理。设立证券公司，必须经国务院证券监督管理机构（即"证监会"）审查批准。同时，明确对证券公司实行分类管理，分为经纪类和综合类证券公司，由证监会按照其分类颁发业务牌照。综合类证券公司除可从事经纪类业务外，还可以从事自营业务、证券承销业务以及证监会核定的其他业务。按照《证券法》分业经营的要求，证券经营机构进一步规范整合，各类兼营机构逐步退出了证券业务领域，原有业务与网点整合转型为证券公司或其营业部。2001年12月，我国加入世界贸易组织（WTO），加大金融业开放是我国加入WTO的承诺内容之一，外资进入证券公司成为大势所趋。2002年6月，证监会发布《外资参股证券公司设立规则》，规定境外机构参股证券公司的比例不得超过1/3。根据该规则，华欧国际证券有限公司、长江巴黎百富勤证券有限责任公司和海际大和证券有限责任公司三家中外合资证券公司先后于2003年2月、11月和2004年11月在上海注册成立，外资均持股33%。

证券行业在起步发展阶段，由于相关法律法规、监管制度不健全，证券公司法人治理结构不完善，经营模式较为单一，业务领域较为局限，合规意识十分薄弱，抗风险能力不强，主要依靠证券市场行情上涨生存。在证券市场持续走低态势下，许多证券公司脱离证券业务经营，开始介入房地产投资、实业投资和违规融资活动，从而形成大量不良资产；部分证券公司的自营投资和委托理财业务形成严重亏损；证券公司挪用客户交易结算资金、违规资产管理等问题形成的风险逐渐暴露出来。特别是2001—2004年股市持续低迷，证券行业连续4年亏损，各种违规和风险问题集中暴露，资金链面临断裂，行业技术性破产，社会信誉跌至冰点。各种矛盾和问题的"水落石出"，全面触发证券公司的信用风险和发展危机，一些证券公司陷入困境后，投资者权益得不到有效保护的问题十分突出。2004年1月国务院发布《关于推进资本市场改革开放和稳定发展的若干意见》（即"国九条"），提出促进资本市场中介服务机构规范发展，提高执业水平，把证券、期货公司建设成为具有竞争力的现代金融企业。2004年8月证监会全面部署和启动证券公司综合治理工作。综合治理工作主要围绕摸清证券公司风险底数并督促整改、完善制度与建立机制、稳妥处置高风险公司并推进行业整合、完善法律制度并强化违法违规打击力度等四个方面进行。截至2017年8月底，为期3年的综合治理工作完成，有31家高风险公司被关停或被托管，其中南方证券、闽发证券等被关停，天一证券、金通证券等被托管。3年综合治理平稳化解了证券公司长期积累的风险和历史遗留问题，证券行业连续4年亏损势头得到初步遏止，证券公司的合规经营意识和风险管理能力得到加强，证券行业监管法规制度得以完善，初步建立了风险防范的长效机制。

与此同时，2005年10月全国人大审议通过《证券法》修订案，并于2006年1月正式实施。新修订的《证券法》对证券公司的设立条件进行了完善，尤其是对股东的资格做出了细化的规定；取消经纪类和综合类证券公司的分类，对证券公司实行按业务分类监管；明确规定证券公司客户的交易结算资金应当存放在商业银行，以每个客户的名义单独立户管理；要求监管部门对证券公司净资本、净资本与负债的比例、净资本与净资产的比例、净资本与自营、承销、资产管理等业务规模的比例、负债与净资产的比例，以及流动资产与流动负债的比例等风险控制指标作出规定，构建以净资本为核心的监管指标体系。2007年6月，证监会发布《证券公司分类监管工作指引（试行）》，明确以证券公司风险管理能力为基础，结合公司业务能力和市场规模，对证券公司进行重新分类，支持优质证券公司做大做强。根据指引规定，监管部门依据证券公司风险管理能力评价得分，将证券公司分为5类11级：A（AAA、AA、A）、B（BBB、BB、B）、C（CCC、CC、C）、D、E。

**（2）证券公司快速发展阶段。**

随着股权分置改革的顺利完成，我国资本市场基础制度得以完善，极大地拓展了资本市场发展的广度和深度，为证券行业的创新发展打开了空间、释放了动能。2008年6月，国务院颁布实施《证券公司监督管理条例》，从法规层面进一步明确以防范风险为根本内容的证券公司监管制度框架，从证券公司的设立与变更、治理结构、业务开展与风险控制、客户资产保护以及监督管理等方面明确了具体要求。2008年7月，证监会配套发布实施《证券公司合规管理试行规定》，进一步细化证券公司合规管理的具体内容、组织、环节、程序、责任和目标。健全完善证券公司规范运作的治理结构、合规风控和分类监管要求，为证券公司快速发展创造了积极条件。

2008年6月，证监会陆续发布《上市公司重大资产重组管理办法》《上市公司并购重组财务顾问管理办法》；2009年10月，深圳证券交易所推出创业板；2010年3月，证监会公布融资融券首批6家试点券商，融资融券业务进入市场操作阶段；2010年4月，沪深300股指期货合约正式上市交易；2013年1月，全国中小企业股份转让系统正式运营；2013年5月，上海证券交易所、中国证券登记结算有限责任公司联合发布《股票质押式回购交易及登记结算业务办法（试行）》，为开展股权质押式回购交易业务打开通道。上述市场体系、业务领域和产品结构的不断丰富，使得证券公司的经营范围从初创期的仅限于证券经纪、证券承销和证券自营三大传统业务，扩展到财务顾问、资产管理、融资融券、股票质押式回购、约定购回式证券交易、债券质押式报价回购交易、衍生品以及私募股权投资等多元化业务。同时，证券公司具体业务的内涵也得到拓展：保荐承销业务覆盖的企业群体既有国有企业，也有民营企业；既有大型企业，也有中小微型企业；既有传统企业，也有创新企业。证券经纪业务不仅为投资者提供主板交易咨询业务，还为其提供中小板、创业板、新三板交易咨询业务等。

为贯彻落实第4次全国金融工作会议精神和《国务院关于进一步促进资本市场健康发展的若干意见》（国发〔2014〕17号），提高证券公司核心竞争力，2012年8月，证监会印发《关于推进证券公司改革开放、创新发展的思路与措施》，从提高证券公司理财类产品创新能力、加快新业务新产品创新进程、放宽业务范围和投资方式限制、扩大证券代销金融产品范围、支持跨境业务发展、推动分支机构组织创新、鼓励证券公司发行上市和并购重组、拓展证券公司基础功能发展柜台业务、改革完善证券公司风险控制指标体系、探索长效激励机制、加强证券行业社会责任建设等11个方面并提出36项具体措施。2014年5月，证监会发布《关于进一步推进证券经营机构创新发展的意见》，就进一步推进证券经营机构创新发展，从建设现代投资银行、支持业务产品创新、推进监管转型三个方面提出了15条意见，涉及54项具体措施。在此背景下，证监会、证券业协会组织推动证券公司开展了包括融资及交易类、投资类、经纪类等在内的18项创新业务，其中，中国证券业协会组织开展直投基金、场外股权质押回购、收益凭证、股票收益互换、场外期权、区域性股权市场、互联网证券、场外证券业务等8项创新业务。随着我国资本市场广度和深度的拓展，证券行业创新驱动发展取得积极成效，2008—2014年证券公司迎来了业务拓展、规模增长的快速发展时期，截至2014年年末，证券公司家数、总资产、净资产、净资本、管理资产规模、从业人员数量分别达到120家、4.09万亿元、9205.19亿元、6791.60亿元、7.96万亿元、23.97万人，较2008年年末分别增长12.15%、240.83%、156.77%、135.25%、8561.59%、210.13%；2014年度证券公司分别实现营业收入、净利润2602.84亿元、965.54亿元，较2008年度分别增长108.06%、100.32%。

2015年股票市场发生异常波动，表明我国资本市场尚处于发展的初级阶段，具体表现为"不成熟的交易者、不完备的交易制度、不完善的市场体系、不适应的监管制度"。同时也暴露出证券行业在创新发展阶段存在重速度轻合规、重规模轻风控，忽视发展阶段、忽视发展质量、业务无序扩张、创新无章可循等问题，造成行业信用风险、流动性风险隐患。2017年7月，第五次全国金融工作会议提出金融工作的三大任务，打好防范重大金融风险攻坚战是其中之一；明确做好金融工作四项重要原则：回归本源、优化结构、市场导向、强化监管。从2017年起证券行业进入合规风控"补课"新阶段，证监会陆续发布或修订了《证券公司和证券投资基金管理公司合规管理办法》《证券公司风险控制指标管理办法》《证券期货投资者适当性管理办法》《证券公司全面风险管理规范》《证券公司投资银行业务内部控制指引》《证券公司合规管理实施指引》《证券公司压力测试指引》等一系列合规和风控的专门规范,特别借鉴《巴塞尔协议Ⅲ》对投资公司的监管要求,进一步完善了证券公司以净资本和流动性为核心的风控体系。中国证券业协会针对投行类尽职调查和承销行为,发布了《首次公开发行股票承销业务规范》《科创板首次公开发行股票承销业务规范》以及网下投资者管理的自律规则;针对公司债券承销、尽调和受托管理中存在的问题,发布了《公司债券承销业务规范》《公司债券承销业务尽职调查指引》《公司债券受托管理人执业行为准则》等;陆续暂停了"融资类"和"通道类"的股票收益互换业务、场外股权质押交易业务,放缓了互联网理财业务中的理财账户试点,进一步规范场外期权业务;针对场内股票质押业务出现的风险,证券业协会会同沪深交易所发布了股票质押业务相关规则。

  2018年4月,中国人民银行、中国银保监会、中国证监会、国家外汇管理局联合印发了《关于规范金融机构资产管理业务的指导意见》,按照产品类型制定统一的监管标准。2018年10月,证监会发布《证券期货经营机构私募资产管理业务管理办法》及《证券期货经营机构私募资产管理计划运作管理规定》,明确证券期货经营机构私募资管业务监管要求。随着一系列资管新规定的落地,证券行业资管业务通道化、管理职责不清、内部管控不力等问题得到明确规范,资管业务中刚性兑付、多层嵌套、杠杆畸高等乱象得到有效解决,标志着证券行业资管业务步入金融强监管时代。截至2019年年底,证券公司的风险覆盖率、资本杠杆率、流动性覆盖率、净稳定资金率分别为255%(监管要求是100%)、23%(监管要求是8%)、277%(监管要求是100%)、145%(监管要求是100%),四项核心风控指标优于监管要求,证券行业全面风险管理水平明显提高,为证券行业迈向高质量发展奠定制度基础。

## 2. 新发展阶段证券公司的挑战与机遇

尽管经过 30 多年的持续发展，我国证券行业无论是规模体量还是业务结构都取得了长足进步，但是总体上看仍处于低水平发展阶段，主要表现在以下方面。

**（1）证券行业整体发展尚处于较低水平。** 一是"大市场小行业"特征突出。截至 2021 年年末，全行业 140 家证券公司，总资产为 10.59 万亿元，净资产为 2.57 万亿元；实现营业收入 5024.10 亿元，实现净利润 1911.19 亿元。为客户开立 A 股资金账户数为 2.98 亿个，客户交易结算资金期末余额（含信用交易资金）1.90 万亿元；资产管理业务规模为 10.88 万亿元。与规模排名全球第二位资本市场的体量相比，证券行业相对弱小。二是"大金融小证券"特征显著。根据央行的数据发布，截至 2021 年年末，我国金融机构总资产为 381.95 万亿元。其中，银行业机构总资产为 344.76 万亿元，总量占比为 90.26%；证券业机构总资产为 12.3 万亿元，总量占比仅为 3.22%。同期社会融资规模累计增量为 31.35 万亿元，其中，对实体经济发放的人民币贷款增加 19.94 万亿元，总量占比为 63.6%；非金融企业境内股票融资 1.24 万亿元，总量占比为 3.9%。在盈利能力方面，行业平均净资产收益率为 7.84%，同比提升 0.56 个百分点，但与境内商业银行百分之十几的水平相比大为逊色。"大市场小行业""大金融小证券"的结构性失衡，使得证券经营机构的系统重要性不足，与其他金融机构难以形成公平竞争，极大地制约了资本市场枢纽功能有效发挥作用。

**（2）服务实体经济能力尚需提高。** 一是融资端存在结构性"短板"。2017—2021 年，我国直接融资占全国社会融资规模的比重保持在 12%～15%，与美日等发达国家 50% 以上的直接融资比重相比形成较大差距。在我国上市公司产业结构中，第二产业上市公司在数量、市值以及融资金额方面超过第三产业，与我国国民经济结构第二产业增加值（39%）低于第三产业增加值（53%）产生较大背离；30 多年来我国股票市场走势与宏观经济发展态势的契合度不到 30%，与美国同期 70% 的契合度形成鲜明对比。造成这种局面的主要原因是我国资本市场发行上市制度的包容性不够，在设立科创板并试点注册制之前，以新技术、新产业、新业态、新模式为代表的新经济企业不具备进入A股市场的条件，导致成长性良好的上市资源大量外流，使得资本市场激励创新的功能难以有效发挥，创新引领发展的价值创造没有在资本市场走势中得以体现。二是融资端与投资端存在结构性不匹配。主要表现为"大公募小私募"的资金结构与"大场内小场外"的市场结构并存，难以完全适配不同规模体量、不同发展阶段、不同生命周期企业的融资需求。根据中国证券投资基金协会数据统计，截至2021年年末，我国公募基金规模25.56万亿元，私募证券投资基金规模为6.13万亿元，私募股权投资基金规模为12.79万亿元，公募基金规模分别是私募证券投资基金的4.17倍、私募股权投资基金的2倍。我国资本市场在行政主导下走出了先场内后场外的发展模式，与国际成熟资本市场通常是先场外后场内发展路径大相径庭。研究显示，2021年度我国场内市场（含股票和债券）的融资额是场外市场的4.1倍，而在美国等国际成熟市场上场外市场规模远大于场内市场，其中约90%的衍生品、80%的债券交易是在场外市场完成的。

（3）**业务多元化发展有待加强**。一是业务结构趋同，且以重资本业务为主。2006年修订的《中华人民共和国证券法》对证券公司实行按业务分类监管，证券公司可以从事的业务包括证券经纪、投资咨询、财务顾问、承销保荐、证券自营、资产管理等。经过十余年的发展，证券行业的业务类型相对固定，逐渐形成了以重资本业务为主的收入结构。且不论是大型证券公司，抑或是中小型证券公司，都在追求"大而全"的发展战略，证券行业特色化经营、差异化发展的趋势不明显。根据证券行业2021年度经营数据，以证券投资业务、信用中介业务为主的重资本业务占据证券行业收入来源的绝大比例。近3年来，重资本业务收入占据行业收入比重均超过40%，表明证券行业与二级市场关联度较高，顺周期特征明显。不论大型证券公司，还是中小型证券公司，证券经纪业务、证券承销保荐业务收入均位居证券公司收入来源前列，表明证券行业差异化发展能力尚需加强。二是境内业务占比大，国际化发展能力有待提升。截至 2021 年年底，证券行业中共有 35 家证券公司在境外设立了证券子公司。2021 年度，上述证券公司境外业务收入（境外子公司合并口径）约占证券公司营业收入（合并口径）的 10%。其中，境外业务占比排名前两位的为中金公司、海通证券，该比例分别为 23.54%、20.83%，与国际一流投行相比尚存在较大差距，高盛集团跨境业务收入占比近 40%。可以看出，我国证券行业的国际化发展还有很长的一段路要走。

**（4）业务通道化问题亟待改变**。一是经纪业务通道化。证券经纪业务是证券公司传统的业务之一，也是支持其他证券业务开展的基础业务。长期以来，证券经纪业务的盈利模式比较单一，即证券公司为交易客户提供通道并收取佣金来实现收入。在这一盈利模式下，证券公司提供的服务也相对简单，仅限于转发交易指令。与国际投行相比，结算信用服务、柜台融券、特定交易模式服务、代理簿记和风控、交易系统及交易委托外包、综合托管服务等高附加值业务尚未开发。随着资本市场的发展以及金融科技的融合应用，证券经纪业务盈利模式面临严峻挑战。据统计，目前证券经纪业务平均佣金率水平仅为万分之 2.95。2019 年 10 月，美国最大的在线经纪商嘉信理财宣布将美国股票、ETF 和期权的在线交易佣金降至为零，其他经纪商纷纷跟进。在我国证券行业对外开放不断深入的时代背景下，国内证券经纪业务走上转型发展之路成为必然选择。二是投行业务通道化。投资银行业务是证券公司传统业务之一，也是证券行业重要收入来源之一。长期以来证券公司投资银行业务主要是满足监管部门对发行材料的合规审查，缺乏应当具备的价值发现能力、估值定价能力、风险管理能力和资源配置能力。随着上海证券交易所设立科创板并试点注册制，投资银行开始重视资本市场定价、销售能力等建设，但是当前证券行业依然存在通过价格战的方式抢占市场份额的情形，严重扰乱了证券行业的竞争秩序，破坏了证券行业的整体形象。根据 2021 年证券行业承销情况测算，股票市场平均主承销佣金费率为 2.15%，最小值为 0.06%；债券市场平均主承销佣金费率为 0.33%，最小值为 0.08%。收费水平低不仅未能体现投行工作的专业价值，也必然影响承销项目质量及客户服务水平。三是财富管理通道化。与国际成熟市场相比,国内证券行业财富管理业务脱胎于证券行业传统的经纪业务、资产管理业务,尚处于初级发展阶段,仍未走出业务驱动、销售驱动的发展模式。截至2021年年底,证券公司资产管理业务规模10.88万亿元;以通道类为主的定向资管规模仍占42%,位居首位,整体费率仅为0.21%,依然处于较低水平,与公募基金权益类的1.2%、固定收益的类0.6%左右的管理费率相比仍存在较大差距,反映出证券公司资产管理业务普遍缺乏主动管理、综合服务能力。

(5)**合规风控水平仍显不足**。一是合规意识与合规管理能力有待加强。在制度制定方面,部分证券公司存在合规管理组织架构设置不够科学合理、合规管理人员数量和岗位设置不符合法律规定要求、合规管理制度与流程不够细致明确、部分业务和流程未能实现合规流程全面覆盖等问题。在合规管理实践方面,部分证券公司存在事前合规审查让位于业务扩张和竞争压力,事中合规检查不足,事后合规问责不够等问题。二是风险管理意识与风险管理水平尚有提升空间。近年来,证券公司业务不断扩张发展,而风险管理水平与业务发展速度不匹配的现象仍然存在,部分证券公司风险管理水平明显滞后于业务发展的速度,不能有效落实全面风险管理的要求,甚至没有真正建立起全覆盖的风控系统和监测模型,"重业务发展,轻风险管理"的观念仍然存在,部分证券公司对流动性、系统性风险的防范意识不足,对稳健经营的理念认识不到位、落实不到位,造成经营风险隐患。

(6)**文化建设滞后于行业发展步伐**。与证券行业规模、资本实力、利润水平等"硬指标"的快速增长相比,行业文化的"软实力"发展相对滞后,与业务经营发展不平衡、不协调的问题十分突出,主要表现在以下方面。一是重业绩导向,轻发展质量。在经营模式上走激进路线,业务管控不足,风控合规薄弱,不重视文化建设和从业人员管理,视之为业务发展之余的"锦上添花"之举。二是过度短期激励,滋生急功近利习气。在"业绩为王"导向下,业务人员薪酬采取"二八""三七"等比例激励分成,公司仅收取"牌照费";对合规情况、职业道德、客户评价、服务质量等指标只在形式上

"充权重"；员工持股、股权激励等长效激励约束机制不健全。三是过责不相匹配，助长道德风险加大。其主要体现在：发现难，证券行业专业性高、业务类型复杂，违法失信活动隐蔽性强，难以主动发现；认定难，道德风险引发的违法违规行为，难以证明主观故意动机；追责难，相关法律法规规定较为原则化，缺乏具体行为界定及细化到人的明确罚则，难以有效遏制道德风险发生；责任轻，法律规定的问责处罚和司法惩戒不足，难以发挥惩前毖后、以儆效尤的效力。四是诚信体系滞后，声誉约束不足。行业诚信体系不健全，特别从业人员诚信记录不完整、不连贯，失信成本低，没有形成"一处失信，处处受限"的声誉约束机制。五是监管前瞻性不足，缺乏有效引导。在监管理念上侧重于"惩劣"，"奖优"相对不足，没有形成"好人举手"的正向激励机制；对公司治理、发展战略、经营模式、人员素质等潜在风险，缺乏有效的预防性监管手段。六是行业文化缺失，职业教育滞后。证券行业是新兴行业，没有形成行业共同的价值观、风险观、发展观；从业人员年轻化，缺乏系统的职业教育和道德教育，受利己主义、拜金主义等浮躁情绪影响，道德观念、法制观点和风险意识淡薄，个人行为失范时常酿成公司和行业的声誉风险事件。

国际经验表明，证券公司是否强大决定一国资本市场的发展水平、功能发挥和服务半径。没有充分发展的证券公司，就没有成熟发达的资本市场。当前资本市场改革全面深化推进，带来的市场容量扩容、市场结构优化、市场功能完善为证券行业创造了历史性发展机遇。截至 2022 年 6 月末，A 股市场总市值突破 94 万亿元，以增量口径衡量的直接融资占比超过 20%。高科技行业市值占比显著提升，达到约 37%。投资者结构逐步改善，境内机构投资者和外资持仓占流通市场比重提升至 23.5%。一方面，市场资源配置功能不断健全，市场化激励约束机制不断完善，资本市场并购重组主渠道作用不断强化。同时居民财富快速增长及资产配置结构转变催生巨大财富管理需求，2021 年中国居民财富总量达 687 万亿元。相较于部分发达国家或地区超 50% 的金融资产占比，目前我国居民金融资产配置占比为 30%，居民对股权和债权投资配置需求有巨大提升空间，证券行业财富管理进入全新发展阶段。另一方面，创新驱动战略对证券行业服务实体经济能力提出更高要求，需要进一步加强证券行业对新资产、新要素的研究定价能力，引导科技创新企业不断完善现代企业治理制度；更好地适应技术、数字等创新要素挑战，加快提升产品设计能力、专业定价能力和风险管理能力，为资本市场提供更好的投融资服务和交易服务。站在新的发展起点，按照高质量发展的目标和要求，证券公司不仅要做大规模，更重要的是做专做优做精做强，在支持创新驱动发展上具有更高的适应性，在服务国际国内双循环发展中具有更强的竞争力，在服务高质量发展上具有更好的普惠性。形成以下四个方面的发展导向。

（1）**坚持服务实体经济的发展定位，形成专业化、差异化、特色化行业发展格局**。面向双循环发展新格局，聚焦资产定价、产品创设、投融并重和风险管理等专业能力，彻底转变过去依赖牌照的通道业务模式，以客户为中心的业务体系，全面提升专业服务能力，建立起全面综合、高效协同的业务体系和支持体系，满足客户全方位、全生命周期的投融资需求；发挥境内外市场、场内外市场、公私募市场的业务协同和风险对冲的专业优势，打造境内外资源协同平台，建立长效的跨境联动机制与内部协同激励机制，加强对境外业务发展战略、合规风控的统筹管控，提升国际化经营管理能力，形成本地市场与跨境联动相辅相成的良性循环，满足实体经济多品种、跨区域的全球资源布局和资产配置需求，全面塑造证券公司的核心竞争力和国际竞争力。围绕服务实体经济积极开展业务、产品创新，为经济创新驱动发展和科技自立自强，提供更加多样化的金融工具，特别是审慎推进金融衍生品的创新发展，为增强市场流动性和提供风险管理工具创造条件。头部证券公司通过增资扩股、并购重组等方式进一步做大做强，面向国际竞争打造全能型投资银行；中小证券公司根据自身比较优势，提高细分领域专业能力，走精品化、专业化发展道路，培育差异化竞争优势，打造区域领军、单项冠军的精品投资银行，增强服务实体经济的适应性、竞争力和普惠性。

（2）**坚守合规底线和风险红线，不断提升公司治理水平和全面风险管理**

能力。首先，要健全与自身发展战略相适应的全面风险管理架构，实施事前、事中与事后的风险防范、监控与评价工作；建立有效的风控前置程序、完备的风险管理系统、强大的风险文化体系，将风险控制在源头，实施全生命周期管理，构建高效内部审计体系，形成审计监督长效机制，构建与自身业务发展相适应的风险计量模型，强化内部监督功能，夯实合规展业、行稳致远的制度基础。其次，不断完善与注册制相适应的责任体系是证券公司全面风险管理的重要内容。证券公司需要在培育发行主体、询价定价、保障交易、风险管理、投资者适当性管理等环节，重塑和强化识别选择发行人、估值和定价、风险管理以及组织交易等四方面责任，把全面风险管理落到实处，提升风险管理集团化、数字化、专业化和精细化水平，形成发行人质量、发行价格与节奏的市场化约束机制，全面加强自身的声誉风险管理和声誉资本建设。

（3）完善证券公司融资、投资、交易基础功能，健全投资银行全业务链服务体系。融资功能方面，需要适应注册制改革全面深化，重塑投资银行的业务逻辑，围绕保荐、定价、承销三大能力的形成和提升，全新塑造投行尽职调查、增值服务、研究分析、质量控制的业务逻辑，形成一体化、全能型、全业务链现代投行经营模式。全业务链投资银行，不再局限于传统投行承销保荐的业务视角，而是更加注重各业务条线在客户、业务、牌照、资金、风控等多方面的整合与协同，构建以客户为中心的业务模式，增强跨业务板块、跨母子公司的客户共享、业务协作和资源整合，设计、提供具有市场竞争力的综合金融解决方案。投资功能方面，需要注重发挥证券公司在产品设计、中介双方、组织交易、投研并重的特长，加强内外部资源的整合与协同，依托多层次、境内外、场内外资本市场价格发现、风险对冲的优势，全方位打造服务型资管业务特色和财富管理品牌，运用科技手段不断增强投资顾问服务水平和账户管理能力，以客户为中心全面提升综合金融服务能力和定制定向化服务能力。交易功能方面，以资本中介为核心构建涵盖场多层次市场运用、多维度金融服务、多元化产品供给的交易服务体系，充分发挥证券公司组织交易、风险管理的功能，增强资本市场发展的活力和韧性。

（4）加强专业能力、责任和行业文化、声誉建设，构建高质量发展的行业生态。其一，证券行业作为促进资本形成的核心中介，必须树立正确的价值观、义利观、风险观，推动中国特色证券文化建设，需要从文化层面积极消除资本的负面属性影响：一是克服资本"嫌贫爱富"的局限性，推动资本市场更好地服务中小微企业、区域经济协调发展，增强证券服务的适应性、竞争力和普惠性；二是克制资本贪婪无度的自利性，有效发挥资本市场的枢纽功能，贯彻落实创新、协调、开放、绿色、共享的发展理念，增强履行社会责任的思想自觉、行动自觉；三是克服资本急功近利的短视性，树立可持续发展的观念，围绕服务实体培养工匠精神、专业精神和长期主义，建立健全长期长效激励机制；四是抑制资本"脱实向虚"自我创新的投机性，恪守金融服务实体经济的宗旨和天职，有效管控资本无序扩张，牢固树立合规、诚信、专业、稳健的文化理念。其二，从专业责任、行业责任、社会责任等方面全面塑造证券行业责任体系。创新运用管理性规则、指导性规则以及示范实践等多种规则形式，进一步厘清中介机构职责边界，压实中介机构责任，引导证券公司发挥好"看门人"作用；组织开展保荐机构、承销机构、评级机构、财务顾问等执业能力评价，引导形成专业为本、信誉为重、责任至上、质量制胜的执业生态。丰富完善行业社会责任的内涵和外延，将贯彻落实新发展理念、参与社会公益和社会减贫、促进乡村振兴和共同富裕等纳入社会责任考核体系，推动巩固脱贫成果从"扶贫"向"扶智"转变，促进乡村建设从"输血"向"造血"转变，引领行业公益行动从"被动"向"主动"转变，形成全业务链参与帮扶、全方位发挥优势、全领域整合资源的普惠金融合力，进一步增强证券行业机构服务人民共享发展成果的社会责任。其三，声誉作为证券公司长期培育积累的无形资产，不仅是证券公司核心竞争力的构成要素，也是确保行业可持续发展能力的重要战略资源。一是组织行业积极探索有效的声誉风险管控机制，建立完善声誉风险治理架构，引导证券公司加强声誉风险管理和声誉资本建设。二是健全从业人员执业声誉激励与约束机制，建立分类分层管理名单，引导从业人员树立和坚持正确的价值观，形成诚实守信、勤勉尽责的内生动力和自我约束力，不断提高道德水平和专业能力，引导行业形成诚实守信、勤勉尽责的发展生态。

## （三）建设有效市场与有为政府的实践探讨

### 1. 政府与市场关系的经济学思考

我国资本市场是在经济体制从计划经济向市场经济转轨过程形成和发展起来的，科学界定政府与市场的边界和关系，推动建立有效市场与有为政府是资本市场实践的初衷和方向。如何建设有效的市场？首先要科学认识和界定政府与市场的关系。市场经济的真正诞生是以工业革命为起始，系统研究市场经济是从亚当·斯密开始，19世纪马克思、西斯蒙第等经济学家则将市场经济研究推向新高度。工业革命导致英国诞生了最早的市场经济，也迎来了世界上最早的经济危机。1788年人类爆发了第一次经济危机，1793年爆发了第二次经济危机，1797年爆发了第三次经济危机，此后经济危机与市场经济一直如影随形，探讨政府与市场的边界和作用也因之成为经济学的核心命题。亚当·斯密被称为"现代经济学之父"，1776年他在《国富论》中描述市场关系时最早提出了"看不见的手"和"自利利他"两个概念，同时指出政府的作用不在市场之内，而在市场之外界定和保护产权。亚当·斯密认为政府发展经济的两个目标：第一，给人民提供充足的收入或生计，或者更确切地说，使人民能给自己提供充足的收入或生计；第二，给国家或社会提供充分的收入，使公务得以进行。总之，其目的在于富国裕民。回顾历史，主流的经济学从来都不是市场原教旨主义，像瓦尔拉斯、马歇尔这些古典经济学家看待市场都是很客观的，在他们看来"看不见的手"和"自利而利他"只是市场关系的典型形态而不是全部情形。市场是中性的，市场经济有好的，也有不好的。市场经济不好的一面通常被归结为"市场失灵"。美国经济学家弗朗西斯·M.巴托于1958年在《市场失灵分析》一文中最早提出"市场失灵"的概念，并指出导致市场失灵的原因主要是外部性、公共物品、合成谬误、分配不公以及信息不充分等。在政府与市场的关系上，经济学分为"自由派"与"干预派"，其背后实际上是"性恶论"与"性善论"的分野。自由市场派的出发点认为人性是恶的，政府干预派的立足点认为人性是善的。自由市场派坚持"性恶论"，在他们的眼里，政府和人民都是恶的，政府所做的都是坏事，都是为自己扩张权利，所以不应该把权利交给政府，同样人民也是恶的，民众都是懒惰的，都是爱占公共便宜的，是不值得给予任何福利与同情，因此自由市场派在经济上反对国有企业，反对政府干预与调控，也反对最低工资、反对福利社会。这一派观点以英国经济学家弗里德里希·奥古斯特·哈耶克为代表。他在其《通往奴役之路》一书中指出，在中央计划经济里，计划者永远不能获取足够的资讯以正确的分配资源（被称为经济计算问题），有效的资源交换和使用只有可能经由自由市场上的价格机制加以维持；并在其《致命的自负》一书中表示，价格是唯一一种能使经济决策者们透过隐性知识和分散知识相互沟通的方式，如此一来才能解决经济计算问题。弗里德曼和斯瓦茨在他们的里程碑式著作《美国货币史》中，以大量数据说明，截至20世纪60年代，美联储的货币政策非但没有稳定经济的运行，反而直接造成了经济的周期波动。施莱弗等经济学家的研究也证明，假定政府是理性经济人同时又缺乏有效的公众监督时，政府干预的成本有可能超过"市场失效"所带来的损失。

政府干预派坚持"性善论"，他们假定政府是"无所不能与慈善的"或"聪明且意愿良好的"，他们认为民众都是勤劳善良的，即使民众生活出了问题，也是因为政府没有发挥好作用，而并非人民的懒惰与贪婪，因此他们主张政府干预经济生活，主张政府应该在经济发展、经济稳定、社会福利方面发挥重要作用。与哈耶克同时期的英国经济学家约翰·梅纳德·凯恩斯是这一派观点的代表人物，他在其著作《就业、利息和货币通论》中主张政府应当采取扩张性的经济政策，通过增加需求促进经济增长。萨缪尔森在其经典教材《经济学》中提出关于政府与市场的关系的看法，他认为"关于政府成就和政府不灵的争论再一次提醒我们，合理划分市场和政府的界限是一个长期而持久的课题。在刻画自由放任的市场机制和民主政府的规制干预之间的黄金分割线的问题上,经济学是能够帮助社会的必不可缺的基本工具。一个好经济应当是且必须是有限制的混合经济,那些希望将政府缩减为警察加灯塔的人只能生活在梦幻的世界中,每个有效率并且讲人道的社会都会要求混合经济的两面——市场和政府都同时存在。如果没有市场或者没有政府,现代经济运作就孤掌难鸣。"萨缪尔森在其《经济学》第19版中进一步道出了市场经济的真相:"在经历了两个多世纪的时间和思考之后,我们逐渐认识到'看不见的手'这一学说的适用范围和现实的局限性。我们发现存在着'市场失灵',并且市场也不总是产生最有效率的结果。市场失灵的一种情况是垄断以及其他形式的不完全竞争。'看不见的手'的第二种不灵表现为市场的外溢性或外部性:正面的外部性包括科学发现等,而负面的外溢效果包括环境污染。每个有效率并且讲人道的社会都会要求混合经济的两面——市场和政府都同时存在。"

其次是准确认识和贯彻市场经济的基本理念。市场经济的核心理念主要包括价格机制、有限责任、分散决策、自由交换等。价格机制是市场经济的基本机制,更是资本市场发挥资源配置功能的神经中枢。资本市场功能能否有效发挥和实现,主要看市场化的价格机制是否真正发挥作用。30多年来股票市场发行制度从审核制到核准制,股票一级市场发行价格从审批定价到指导定价,没有走出行政干预价格形成的逻辑,没有真正建立股票发行价格的市场化形成机制。在此期间针对股票二级市场交易价格发生了7次"干预"的行动:(1)1994年,证监会公布"三大救市政策",遵照供求关系原理试图以减少股票供给干预股市低迷;(2)1997年,《人民日报》发表特约评论员文章"正确认识股票市场",配合"十二道金牌"干预股市暴涨;(3)1999年,《人民日报》发表社论"坚定信心规范发展",配套"6项政策措施"力图以增加资金供给干预股市低迷;(4)2005年4月,股权分置改革启动,由于预期不明市场快速下跌,6月6日跌至最低点998.23,央行通过再贷款方式向部分证券公司提供流动性支持,首次以市场化操作方式干预股市下跌；（5）2007年10月16日，股市创历史最高纪录6124点，政府提高印花税率方式干预过快上涨；（6）2015年，股市异常波动，出现千点下跌和千股跌停，政府动员各类资金"入市"并出资通过中证金融公司直接购买股票"托市"，延缓股市暴跌势头；（7）2016年1月为防止股市异常波动，监管部门推出股市"熔断"机制（以沪深300指数为基准，设置5%和7%两档阈值，涨跌均触发熔断），在一周内两次触发熔断，并于2016年1月7日出现全天交易不足30分钟的极端情形，随后被迫终止实施"熔断"机制。我国股票市场历史上7次针对二级市场交易交易的干预行动有得有失，有的是出于稳定市场预期和投资者信心的需要势所必然、理所当然。从方法论而言基本遵循"一般均衡理论"的基本原则并赋予中国特有的行政运作方式。"一般均衡理论"被西方经济学家称为经济学的"大宪章"，在现代经济学历史上，没有任何一个人的理论比瓦尔拉斯的"一般均衡理论"对经济学的影响更深刻、更持久。瓦尔拉斯的一般均衡理论，不仅停留于微观经济学，而且渗透到了宏观经济学和货币经济学中。瓦尔拉斯在"一般均衡理论"基础上，主张在分配领域中需要用公正原则来取代效用原则，进而提出政府有责任保障货币供应稳定、维护国家经济安全、建立教育体系、限制投机活动、立法提高工人地位，并为有效竞争提供一个有利的生态环境。在一定意义上为建立有为政府提供了理论支持。与此同时，也需要反思政府干预是否损害市场经济核心原则，如价格机制、有限责任、分散决策、自由交换等。最后需要强调的是，在现代金融体系中资本市场与商业银行遵循不同的发展逻辑，政府有为需要遵循直接融资体系与间接融资体系的不同监管逻辑，形成与市场主导型金融体系相适应的监管理念、发展理念。正如习近平同志指出："资本市场的市场属性极强，规范要求极高，必须以规则为基础，减少行政干预，充分发挥市场在资源配置中的决定性作用。"分散决策、分担风险、有限责任、自由交换等基本理念是资本市场市场属性和金融属性的主要体现，资本市场具有不同于商品市场的价格形成机理，同时也具有不同于商业银行的风险管理逻辑。价格机制是资本市场的核心，有效的价格机制是建立在市场的必要流动性的基础上，投资决策分散、投资偏好多样、多空机制平衡是保持市场流动性的前提条件，只有减少行政干预才能保证有效的市场价格机制和必要的市场流动性正常发挥作用。

**2. 完善我国资本市场基础制度的理论思考**

在党的领导下不断形成和完善顶层设计和基础制度，是资本市场的中国特色和发展规律。2015年股市异常波动之后，习近平总书记明确提出"发展资本市场是中国的改革方向"；2018年中美贸易摩擦升级，习近平总书记强调指出"资本市场在金融运行中具有牵一发而动全身的作用"，进一步确立资本市场在我国建立现代化经济体系中的地位和作用。党的十八大以来，党中央举旗定向，为建设什么样的资本市场指示方位、指明方向。

（1）十八届三中全会提出，健全多层次资本市场体系，推进股票发行注册制改革。

（2）十九届四中全会提出，加快完善资本市场基础制度，健全具有更高适应性、竞争力、普惠性的现代金融体系。

（3）十九届五中全会提出，全面实行股票发行注册制，建立常态化退市机制，提高直接融资比重。

（4）2018年12月的中央经济工作会议提出，资本市场在金融运行中具有牵一发而动全身的作用，要通过深化改革，按照市场化法治化要求，打造一个规范、透明、开放、有活力、有韧性的资本市场，提高上市公司质量，完善上市公司退出机制，加快推进股票发行注册制改革，推动在上交所设立科创板并试点注册制尽快落地。要完善交易制度，优化交易监管。要引导更多中长期资金进入，发挥资本市场资源配置、资产定价、缓释风险的重要作用。

（5）2019年12月的中央经济工作会议提出，加快金融体制改革，完善资本市场基础制度，提高上市公司质量，健全退市机制，稳步推进创业版和新三板改革。

（6）2020年12月的中央经济工作会议提出，健全金融机构治理，促进资本市场健康发展,提高上市公司质量,打击逃废债行为。

(7)2021年中央经济工作会议提出,要抓好要素市场化配置综合改革试点,全面实行股票发行注册制。

(8)2022年10月二十大报告提出,健全资本市场功能,提高直接融资比重。

在新的发展阶段,党中央、国务院为怎样建设资本市场进一步明晰理念、明确目标、谋定规划。

(1)基本理念:"资本市场的市场属性极强,规范要求极高,必须以规则为基础,减少行政干预,充分发挥市场在资源配置中的决定性作用"(习近平)。

(2)路径选择:资本市场是我国金融体系的"短板",表现为"不成熟的交易者、不完备的交易制度、不完善的市场体系、不适应的监管";"散户多是我国股市的基本特点,炒作心理强是大户的重要特征,制度不完善是我们的现实情况,改变这种现象需要一个过程。在这个背景下,我国股市发展不可能也没有条件照搬西方模式"(习近平)。

(3)原则目标:"要把发展直接融资放在重要位置,形成融资功能完备、基础制度扎实、市场监管有效、投资合法权益得到有效保护的多层次资本市场体系";"如果实体经济发展不好,上市公司质量不过关,股价严重背离真实价值,股市走向脱离经济的基本面,就会形成泡沫,而泡沫最终必然破灭。任何时候都不能忘记,必须把发展实体经济和培养有核心竞争力的优秀企业作为制定和实施经济政策的出发点,真正打牢我国社会主义市场经济的微观基础"(习近平)。

(4)方法方向:国务院金融稳定发展委员会提出了"建制度、不干预、零容忍"的工作方针,指出资本市场关联度高,对市场预期影响大,资本市场对稳经济、稳金融、稳预期发挥着关键作用;要坚持市场化取向,加快完善资本市场基本制度,发挥好资本市场枢纽功能。

当前我国资本市场基础制度不成熟不完备主要表现在以下五个方面。

(1)管制依然较多。股票发行环节市场化价格形成机制尚未成熟定型,交易环节仍存在较严格的涨跌幅限制；市场主体准入和日常监管方面还存在管得过多过细的问题。

（2）制度稳定性不够。对基础制度建设缺乏理念性指导、系统性规划，执行中缺乏透明度、稳定性、一惯性，一些基础制度频繁修改、理念摇摆，缺乏可预期性。

（3）制度空白仍然存在。尤其在私募监管、场外衍生品、程序化交易、跨市场风险、跨境业务风险等方面制度建设相对滞后。

（4）制度平衡性不足。多空平机制不健全，做空机制相对比较薄弱，引导长期资金入市缺乏吸引力；重融资轻投资、重场内轻场外、重股票轻债券等没有根本解决。

（5）跨领域制度协同不到位。主要是税收、会计、外汇管理等方面制度协调衔接不够。

资本市场基础制度建设首先要坚持市场化、法治化取向，客观反映资本市场发展的客观规律，注重与我国资本市场的发展阶段、发展实际和特殊结构相适应，围绕促进提升资本市场配置资源的质量和效率，增强资本市场功能发挥的活力和韧性，需要从以下四个方向加强制度建设与创新。

**（1）提高市场效率**。针对我国多层次资本市场发展不充分、不平衡问题，应当统筹处理好五个方面的关系：即直接金融与间接金融的均衡发展关系、场内市场与场外市场的协同发展关系、投资功能与融资功能的协调发展关系、中介机构能力与责任的对等匹配关系、激励创新与防范风险的适度相容关系。着力解决交易所市场中长期资金不足、中小投资者股权意识淡薄、机构投资者投资行为短期化等结构性问题，推进全市场注册制改革，提高直接融资的效率和质量，补齐服务新技术、新产业、新业态、新模式企业的短板；在大力发展公众化、标准化交易所市场的同时，推动规范发展期货市场、证券公司柜台市场、场内外衍生品市场，补齐服务中小微企业的短板，全面提升多层次资本市场服务实体经济的能力和效率。

**（2）提高制度效率**。金融制度是经济社会发展中重要的基础设施。资本市场的市场属性极强，规范要求极高，必须以规则为基础，减少行政干预、充分发挥市场在资源配置中的决定作用。提高资本市场的制度效率，需要坚持并贯彻四个原则：一是坚持公开、公平、公正原则，把"三公"原则一以贯之作为资本市场制度制定的基本准绳，始终把提高透明度作为资本市场制度创设与创新的基石。二是坚持市场化、法治化原则，把分散决策、分担风险作为机制设计的基本遵循，注重发挥行政监管与自律管理刚柔互补的优势，形成原则导向与规则导向有机结合的制度体系，减少行政管制与干预。三是坚持一贯性、稳定性原则，以制度的确定性缓释市场预期的不稳定性，以政策信号的连贯性增强市场可预期性，避免将应急处理措施制度化，稳定市场预期、增强投资者信心。四是坚持有效性、适应性原则，努力提高制度供给的有效性和促进创新发展的适应性，增强IPO标准的包容性、交易机制的流动性、再融资制度的便利性、股权激励制度的适当性、并购重组制度的灵活性等，提升资本市场制度供给体系的质量和效率。

（3）提高创新效率。我国资本市场在不到30年时间就跻身世界前列，这一成就是靠创新取得的。在建立之初，我国资本市场采用电子撮合竞价、全面无纸化、全额保证金、直接持有账户、T+1交收清算等先进技术和制度安排，对我国资本市场的发展壮大起到了关键性支持作用。打造一个规范、透明、开放、有活力、有韧性的资本市场，需要坚持守正创新，适应发展更多依靠创新、创造、创意的大趋势，推动金融科技运用与资本市场发展的深度融合，着力解决大市场小行业、大金融小证券、大场内小场外、大公募小私募、大管制小自律等结构性问题，围绕服务实体经济的中心任务，打通证券与期货、境内与境外、场内与场外、期货与期权、商品与金融等五个循环，促进资本市场与实体经济良性循环，推动资本、科技与实体经济高水平循环；优化现行交易制度，引入差异化交易制度，稳步推进融券和转融券市场化改革，规范发展场内外衍生品交易，促进资本市场多空机制平衡，进一步研究释放资本市场激励创新的功能优势，增强资本市场吸引中长期资金入市的制度红利。

**（4）提高监管效率**。资本市场是一个内涵丰富、机理复杂的生态系统。行政监管效能高是我国资本市场的体制优势，但是行政监管的"刚性"，在一定程度影响市场活力和韧性的形成。从国际经验看，监管部门要减少干预，做到管得少管得好，关键是要形成有效的市场约束机制。美国证券交易委员会（SEC）通常是充当最后"裁判人"角色，而交易所、美国金融业监管局（FINRA）、美国公众公司会计监督委员会（PCAOB）等自律组织负责一线监管，保荐人、会计师、律师被赋予"看门人"职责负责专业、合规把关，加上司法诉讼机制的有力震慑，形成既能保持市场活力、又能保护市场韧性的良好生态，这是铸就美国资本市场全球竞争力的重要一环。因此，构建行政监管、自律规范、公司治理、中介监督、司法惩戒五位一体，各司其职、各负其责的综合监管体系，形成行政监管精准、自律管理到位、中介把关有效、司法惩戒有力、企业文化健康的系统合力，促进投资者合法权益得到有效保护。充分发挥市场主体自我约束、自律规范、声誉维护、治理制约的作用，形成建设规范、透明、开放、有活力、有韧性的资本市场的良好生态，促进提升金融供给体系的质量和效率。

理念是行动的先导，发展理念是发展实践的基础。资本市场监管不是通过简单行使行政权力就能实现，而是需要形成市场导向的理论和理念作为基础，资本市场制度建设亦然。资本市场制度建设需要遵循以下四个方面的共性逻辑和市场理念。

一是尊重法律制度，坚持依法治市。以个人投资者为主体是我国资本市场的最大特色，个人投资者的积极参与也是我国资本市场取得快速发展的基础。截至2022年1季度末，我国资本市场个人投资者数量达到2.02亿，占投资者总数的比例超过99.78%，占全国总人口的比例高达13%，是世界上个人投资者参与程度最高的市场。虽然近年来机构投资者持股比例不断上升，平均值达到35.98%，但是个人投资者贡献了日均交易量的60%以上，个人投资者是A股市场流动性的重要提供者，在一定意义上，保护好个人投资者就是在保护资本市场运行生态的营养结构。没有无义务的权利，也没有无权利的义务。在参与人群如此广泛、利益如此多元、金融属性如此特殊、市场属性如此复杂的条件下，建设中国特色现代资本市场必须依靠依法治市，只有完善法制才能对投资者合法权益形成制度保护、行政保护、司法保护，只有健全法治才能提高投资者对合法权益的自我认知、自我主张、自我维护。

二是尊重市场规律，按市场规则办事。IPO常态化、退市常态化、发行定价市场化是资本市场的基本运行规则。IPO常态化代表的是发行人权利的适当性，退市常态化代表的是市场机制的有效性，发行定价市场化代表价格机制的实用性，我国资本市场经过30多年的艰难探索实践，这些市场规则才得到广泛接受、得以逐步确立。按市场规则办事本身包涵更好发挥政府的作用。在2008年金融危机中，时任美联储主席本·伯南克及其团队采取一切可用的工具，甚至采取违背经典西方经济学理论的救助方案，遏制金融危机蔓延，促使美国乃至世界经济得以持续运转和快速复苏。本·伯南克及其团队产生"行动的勇气"的源头，是几十年来美国学界一直把研究1929—1930年经济危机作为专门学科和经济学研究的"圣杯"，从中孜孜不倦地汲取养分，吃一堑长一智，极大地提升了他们客观认识市场规律、更好发挥政府作用、按市场规则办事的新境界。马克思主义者的理论逻辑是让历史为理论服务，我们更需要以求真务实的态度，从中国资本市场30多年发展实践中、从国际现代资本市场100多年发展实践中，博采众长，去伪存真，推陈出新，真正树立市场观念，客观认识市场规律，坚定按市场规则办事的监管理念。

三是尊重金融属性，坚守风险底线。金融是经营风险的特殊行业，资本市场内生的分散决策、分担风险、跨期配置资源和预期发现价值等机制，既有为新兴产业发现价格和管理风险的功能，有利于促进资本、科技和实体经济高水平循环，又有风险外溢、信用脆弱、价格失真和危机传染等属性，发挥功能与防范风险是资本市场制度建设不可偏废的两点论。坚持宏观审慎与微观审慎并重的监管原则，强化行为监管，严密监测、防范、化解不可分散、不可消除的系统性风险，既要防范不可预测的"黑天鹅"，又要防范熟视无睹的"灰犀牛"，特别是在市场繁荣时期警惕明斯基时刻；有效管控可分散、可消除的非系统风险，防止风险错配和流动性错配，注意保持市场流动性机制和分散决策机制的有效性；在处置风险时注重"精准拆弹"的方法和技巧，特别关注时间维度和空间维度，防止预期的一致性造成买方的集体消失，重点应对内外风险因素共振带来的系统性风险。在推进资本市场制度改革时注意应对好四个方面的风险挑战：一是经济下行的宏观环境与持续去杠杆的压力下，导致"融资泛滥"的风险；二是全方位配套改革，防止政策措施"叠加共振"的风险；三是市场化改革"单兵突进"，在制度成熟定型磨合期，缺乏市场共识的风险；四是放松管制的改革取向，在监管适应性不足的情况下，出现"一放就乱"的风险。

四是尊重专业精神，按专业主义行事。打造一个规范、透明、开放、有活力、有韧性的资本市场，加强资本市场专业化建设是前提和基础。资本市场专业化建设体现在平衡监管目标、稳定市场预期和保护投资人的技巧上，专业化是提升制度适应性、技术先进性、规则稳定性和市场竞争力的内在要求。境内"独角兽"企业能够到境外上市，得益于美国通用会计准则（GAPP）专门创设的"VIE会计准则"，即可变利益实体准则。"独角兽"在森林中生长，遵循优胜劣汰的森林法则，政府的作用只是在它走出森林时提供专业化通道的机制设计。在新的发展阶段，我国资本市场是创新驱动发展战略的重要实施平台，是落实新发展理念的重要传导机制。为新兴产业、科技创新进行风险定价，为分散不确定性、跨期配置资源创设金融产品，为绿色发展、共享发展提供中长期有效投资，为过剩产能退出、存量资产盘活推动并购重组，需要必要专业能力按专业主义办事，结合实际制订专业的金融服务方案。养成尊重专业的竞争氛围，健全专业规范的执业标准，培养忠专实的人才队伍，形成专业制胜的激励机制，是推动我国资本市场专业化建设的有效途径。

# 下篇

# 思敬篇

> 道有险夷顺势起，心无妄念任云流

　　人的自由而全面发展是社会发展与个人发展的和谐统一。建设有效市场与有为政府是实现社会目标与个人目标和谐统一的有效途径。注册制遵循市场规律和金融属性构建以信息披露为核心的制度体系，更好发挥价格信号引导资源配置的作用，形成激发人的创新创造创业活力的动力机制，是在完善中国特色社会主义市场经济体系中，建设有效市场和有为政府的重要实践。中介机构特别证券经营机构归位尽责是实行注册制的关键环节，也是资本市场在新发展格局中发挥枢纽功能的中枢要件；形成文化引领、专业致胜、声誉至上、责任至重的发展生态，是证券行业高质量发展的必由之路。躬逢变革大时代，"大道行思，取则行远"，本篇收录笔者自2020年以来的17篇行思所得，以供同行交流。

# 做专做强做优做精　坚守服务实体初心
## ——资本市场三十周年《金融时报》专访

2020年是"十三五"规划收官之年，也是资本市场建立30周年。30年来，资本市场从无到有、从小到大，实现了跨越式发展。证券业作为资本市场改革发展的实践成果，与资本市场一道破浪前行，在规模实力、服务实体能力、规范发展等方面取得了颇为亮眼的成绩。

2021年是"十四五"规划的开局之年，新形势、新阶段、新格局对证券业发展提出了新要求，同时也提供了新机遇。那么，如何评价证券业过去的发展成绩？注册制改革又将继续为证券业带来哪些变化？作为行业自律组织，中国证券业协会又要如何发挥好自律先行一步的积极作用？带着这些问题，《金融时报》记者日前采访了中国证券业协会党委书记、会长安青松。

安青松认为，打造一个规范、透明、开放、有活力、有韧性的资本市场，必须建设高质量的投资银行。投资银行高质量发展，不仅是做大规模，更重要的是做专做强、做优做精，在支持创新驱动发展上具有更高的适应性，在服务双循环新发展格局中具有更强的竞争力，在践行新发展理念上具有更好的普惠性。

《金融时报》：资本市场30年，证券业取得了哪些发展成就？

安青松：三十而立，我国证券业伴随着资本市场的发展，从无到有，从不成熟到逐步健全机制、能力，在资本实力、服务质量、规范水平、市场竞争力等方面均取得显著成效。

一是坚持规范稳健发展，规模实力盈利能力实现大幅提升。截至2020年11月底，证券行业共有137家证券公司，总资产、净资产、资产管理规模分别达到8.99万亿元、2.28万亿元和10.97万亿元，分别是2008年年底综合治理结束之后的4.2倍、5.6倍和132.7倍；2019年度证券公司实现营业收入3604.83亿元、净利润1230.95亿元，分别是2008年度的2.9倍、2.6倍。与此同时，证券公司产业形态逐渐丰富，由传统的经纪、投行、自营业务，向资管、融资融券、衍生品、场外业务、境外业务等多元化发展，能够有效满足市场参与者的直接投融资需求、交易需求。

二是坚守初心勇担使命，服务实体经济发展取得扎实成效。截至2020年11月底，我国直接融资占比达12.6%，以股票、债券为主的直接融资方式成为实体经济补充资本金和流动性，降低企业融资成本的有益渠道。2008年以来，证券公司为近12万亿元股票及25万亿元交易所债券提供承销保荐服务，为逾13万亿元上市公司并购重组交易提供财务顾问服务。

三是完善规则体系建设，合规管理风控水平获得全面提升。30年来，在监管部门、自律组织、证券公司等多方的共同努力下，行业制度体系日益完善，逐步形成了以证券法等法律为核心，以行政法规为基石，以部门规章为主体，以协会、交易所、中国结算等自律规则为补充的制度框架体系。证券公司也基本构建起有效的合规管理体系。

四是持续强化声誉管理，社会责任履行成效获得广泛认可。证券行业广泛开展投资者教育活动，截至2019年年底，全国共有证券公司建设的国家级投资者教育基地34家。此外，证券行业积极服务国家脱贫攻坚战略，充分发挥自身专业优势，为贫困地区经济发展注入新动力。5年来，101家证券公司结对294个国家级贫困县，帮助贫困地区企业融资2596亿元，公益性支出保持持续增长。目前，证券行业结对帮扶的274个贫困县已实现脱贫摘帽。疫情期间，证券行业第一时间捐赠物资超过5.3亿元，累计承销疫情防控公司债券104只，融资1057亿元。截至2020年6月底，54家证券公司成立了120个支持民营企业发展资管计划和81个子计划，出资规模707.72亿元，切实纾解民营企业及其股东流动性困难。

五是推进行业文化建设，"合规、诚信、专业、稳健"文化持续积淀。2019年11月，证券基金行业文化建设动员大会召开，为证券行业文化建设指明了方向。证券公司围绕"合规、诚信、专业、稳健"的行业文化理念,进一步提炼形成自身核心价值观,将行业文化建设内嵌于公司治理、人员管理、风险管理等各个方面。

六是强化金融科技应用,证券金融服务效率得到明显提升。资本市场诞生之初,证券行业就与科技应用有效聚合,通过电子化实现交易无纸化。证券行业业务发展与科技应用协同推动。近年来,证券行业持续强化金融科技赋能,加大在前沿科技方面的投入,加速行业数字化转型。目前,证券行业积极利用金融科技提供并优化远程开户、在线交易、智能投顾、智能客服等服务,有效扩大了证券服务的覆盖面。尤其是在本轮疫情防控中,金融科技应用程度进一步加深,有效抵御住疫情对资本市场和证券业务的冲击,保障了市场的平稳运行。据统计,2017—2019 年,证券行业在金融科技领域的投入累计达 550 亿元。截至 2019 年年底,金融科技人才达 13241 人,为行业数字化转型提供了强有力的智力保障和支持。

七是不断深化对外开放,跨境金融服务能力获得显著增强。证券行业主动对标国际资本市场先进实践,完善证券业务国际化布局,在与国际一流机构的竞争与合作中,提升跨境服务能力和国际竞争力。截至 2020 年年底,已有 34 家证券公司获准在境外设立子公司,15 家证券公司实现 H 股上市。近年来,证券公司境外业务收入稳步提升。据统计,2019 年度,以海通证券、中金公司为代表的证券公司境外业务收入占比业已超过 20%。我国证券行业在国际金融体系中正发挥越来越重要的作用。

《金融时报》:证券业在适应新发展阶段、贯彻新发展理念、服务新发展格局方面,需要加强哪些方面工作?

安青松:打造一个规范、透明、开放、有活力、有韧性的资本市场,必须建设高质量的投资银行。投资银行是促进资本形成和交易的组织者和执行者,是连接投资端与融资端的核心中介,是资本市场发挥枢纽功能的制度基础和逻辑主体,投资银行是否强大一定程度上决定一国资本市场的发展水平、功能发挥和服务半径。没有高质量发展的投资银行,就没有成熟发达的资本市场。投资银行高质量发展，不仅是做大规模，更重要的是做专做强、做优做精，在支持创新驱动发展上具有更高的适应性，在服务双循环新发展格局中具有更强的竞争力，在践行新发展理念上具有更好的普惠性。在新发展阶段应当持续加强以下方面工作。

一是必须坚持服务实体经济的发展定位。以落实金融供给侧结构性改革为主线，主动适应发展更多依靠创新、创造、创意的大趋势，贯彻落实新发展理念，坚持守正创新，推动证券业优化业务结构、提升服务质量，为经济创新驱动发展和科技自立自强提供更加多样化的金融工具，着力畅通资本、科技和实体经济的高水平循环，着力为实体经济和居民财富增长提供更高质量、更加精准的金融服务。

二是必须提升证券公司全面风险管理水平。这不仅需要证券公司健全与其自身发展战略相适应的全面风险管理架构，实施事前、事中与事后的风险防范、监控与评价工作，而且要不断完善与注册制相适应的责任体系，重塑和强化证券公司在培育发行主体、询价定价、保障交易、风险管理、投资者适当性管理等环节的责任，形成发行人质量、发行价格等方面的市场化约束机制，全面加强自身的声誉风险管理和声誉资本建设。

三是必须提升全业务链投资银行服务能力。证券公司需要切实树立以客户为中心的理念，更加注重各业务条线在客户、业务、牌照、资金、风控等多方面的整合与协同，围绕保荐、定价、承销三大能力，重塑投行尽职调查、增值服务、研究分析、质量控制的业务逻辑，更加注重打造境内外资源良性循环机制，增强国际化经营管理能力，从而建立起一体化、全能型、全业务链的现代投资银行，满足客户全方位、全生命周期的投融资需求。

四是必须守正笃实推进证券业文化建设。结合我国国情及证券公司实际，借鉴国际最佳实践，推动出台《证券行业文化建设十要素》，从观念、组织、行为三个层次，提炼推广证券公司文化建设的关键要素，积极推动证券公司文化建设与公司治理、发展战略、发展方式和行为规范深度融合，引导文化建设与专业能力建设、人的全面发展、历史文化传承和党建活动要求有机结合，促进提升证券公司"软实力"。

《金融时报》："十四五"规划建议中提出"全面实行股票发行注册制"，您认为注册制改革将给证券业带来哪些变化？

安青松：注册制改革是"牵一发动全身"的系统性、基础制度变革，不仅要进一步完善审核注册机制，也需要配套建立发行质量、发行价格等方面的市场化约束机制，中介机构归位尽责是机制设计的关键节点。从核准制向注册制转变，证券业需要科学识变，准确应变，主动求变，围绕保荐、定价、承销三大能力的形成和提升，全新塑造投资银行的尽职调查、增值服务、研究分析、质量控制的业务逻辑，自觉构建有效的发行人质量约束机制，真正做实把好入门关的第一道防线。

一是树立市场理念。投资银行核心功能是为成长性企业提供增值服务，通过股票市场为公司成长性发现价格。在核准制下，主要依据会计报表判断企业价值，核心假设是公司过往的盈利能力能够在未来持续，但是受制于经济周期、行业周期、公司生命周期等多种因素影响，过往业绩通常不能完全代表发展前景；在注册制下，需要全新树立资本市场理念，深度发掘实体经济高质量发展的价值内涵，增强对新技术、新产业、新业态、新模式企业的价值发现，提高上市公司总量、质量在国民经济中的代表性。

二是健全责任体系。在注册制下需要重新界定中介、监管、市场的权责关系，重新设计发行人、投资者和中介机构的利益机制，合理界定会计师的报表审计责任和投资银行的发行保荐责任，把发行节奏的"阀门"交给中介机构的同时，把发行人质量的把关责任真正落实给中介机构，推动中介机构的工作重心从服务"可批性"向服务"可卖性"转变，促进形成激励"质量竞争"、约束"数量竞争"的行业生态，真正做实把好入门关的第一道防线。

三是夯实定价基础。推动投行业务与"卖方研究"有机结合，提高投资价值分析报告的质量和效用，进一步提升在选择优质企业、合理估值定价、路演推介说明的专业水准；借鉴国际最佳实践，加大券商通过"自己"的渠道向"自己"的投资者配售的比重，在投资者、券商、发行人之间建立长期利益关联机制；探索在网下配售机制中建立长期投资者制度，鼓励基石投资者按照恒定市值法等长期投资策略进行投资；加大专业投资者在定价机制中的影响权重，探索适当放宽现有战略投资者范围，形成更为完善的市场化定价约束机制。

四是完善信披体系。信息披露是注册制的核心，充分、有效的信息披露是落实"卖者有责，买者自负"理念的前提；在注册制下，信息披露理念将由以审核为中心的"免责式"信息披露，转向以投资者价值判断为中心"精实化"信息披露，信息披露体系将更加突出发行人信息披露的第一责任，更加突出投资者价值判断的需求导向。

《金融时报》：在推进注册制改革进程中，中国证券业协会如何发挥好自律先行一步的积极作用？

安青松：实行注册制是资本市场全面深化改革的创新实践，也是资本市场推进"放管服"改革的重要举措。在现代化经济体系中，有效的市场和有为的政府之间，自律发挥着重要的中间组织作用。自律管理是证券行业治理体系的重要组成部分，在促进资本市场健康发展、行业机构规范经营、从业人员合规展业等方面发挥特殊作用。在推进市场导向的注册制改革进程中，自律先行一步是减少行政干预的前提和基础，自律管理所发挥的预防性监管作用，有利于促进提升市场的活力和韧性。

2020年3月正式实施的新《证券法》，进一步明确了协会职能定位，强化了协会的行业自律组织属性，完善了协会的法定职责，为协会履职尽责提供了基本遵循和法治保障，提出了更高法律要求。为贯彻落实新证券法有关规定，2020年8月中国证监会印发《关于进一步加强中国证券业协会自律管理职责的意见》（以下简称《意见》），明确进一步发挥协会"自律、服务、传导"职责，增强协会自律管理功能，推动完善自律管理规则体系，不断优化自律管理与行政监管协同配合机制，更好地服务资本市场治理体系建设和证券行业高质量发展。《意见》的发布将进一步提升行业自律的主动性、特殊性和预防性作用，促进形成市场化的自律约束与声誉激励机制。

注册制改革的关键是建立有效的市场化约束机制，中介机构归位尽责、勤勉尽责、专业负责、忠实履责是核心环节。《意见》在强化证券发行、承销、保荐业务自律管理方面，明确提出了三项工作任务：一是健全完善网下投资者注册登记制度，压实证券公司对网下投资者适当性的核查责任；二是加强保荐、承销业务自律规范，探索建立证券业务相关主体勤勉尽责示范标准，促进形成能力和责任相匹配的权责清晰、运转协调、相互制约、各负其责的"看门人"机制；三是加强保荐承销机构执业行为自律规范，开展保荐机构、承销机构、评级机构、财务顾问执业能力评价，推广示范实践等。

下一步，协会将认真贯彻落实《意见》要求，充分发挥自律组织的共建、共治、共享平台作用，更加突出前瞻性引导、预防性规范作用，"抓两头带中间"，建立自律导向的市场化激励约束机制，为注册制改革和资本市场全面深化改革作出应有贡献。

（本文刊于《金融时报》2020年12月25日特别专栏。）

### 行思录：资本市场制度理论与实践

资本市场 30 周年，从在上市公司北京天桥担任董事会秘书起算，在资本市场从业经历已届 27 年，从少年到白头，以梦为马，自强不息，未负韶华。2020 年 12 月 28 日证监会召开"资本市场 30 周年座谈会"，受颁发"资本市场建设者"纪念章。作为在证监会系统工作 25 年的"老兵"，五十之年，忽焉已至，不由感慨系之，诗以抒怀。

《小重山·致敬资本市场 30 周年》
三十功成半合分，当时何所急，价格争。
聚首谈笑有风生，人未老，天寒夜色深。
举杯邀月明，流云逐心事，去无声。
忆昔簋街街头饮，已三更，座中皆豪英。

《岁月感怀》

（一）
怀远访陈事悠悠，人间故道满目搜。
满地堆积霜降木，数枝横斜青石头。
暮鼓萧萧惊红叶，晨钟阵阵压旧楼。
四海为家谁与问，初心不改说风流。

（二）
月至下弦人未央，秋涛波涌泛清江。
流沙万般依愿止，奔曦半百照秋霜。
临风把酒情致远，弄影吹笛意苍黄。
山色空濛无声处，朝乾夕惕日月长。

# 砥砺耕耘三十载　笃行致远开新局
## ——中国证券业协会三十周年《第一财经》专访

伴伴随着改革开放的春潮，1991年8月28日，中国证券业协会在人民大会堂宣告成立，这是我国证券业成长历程中的标志性事件之一。30年来，协会发挥了行业自律组织应有的重要作用。30年春风化雨、春华秋实。回望来时的路，协会取得了哪些成绩？资本市场和证券业在发展过程中积累了哪些经验？带着这些问题，第一财经采访了中国证券业协会党委书记、会长安青松。

第一财经：2021年是中国共产党成立100周年，同时也是中国证券业协会成立30周年。30年来，协会作为证券行业自律组织，伴随我国资本市场走过了波澜壮阔的峥嵘岁月，也伴随证券行业走过了从筚路蓝缕到高质量发展的探索历程。请问协会在推动行业高质量发展方面有哪些经验？

安青松：30年来协会恪守法律赋予的职责，团结和依靠全体会员，秉持"自律、服务、传导"宗旨，集中行业智慧和力量，从市场全局和行业实际出发，推行自律管理，改善营运环境，促进创新发展，推动和见证了行业从无到有、从小到大，实现跨越式发展的历程，发挥了行业自律组织应有的作用。特别是党的十八大以后，协会在履行自律、服务、传导职责上锐意进取，工作重心向推动改善行业发展环境、畅通服务传导机制、构建良好发展生态转变。

证券公司是资本市场最重要的中介机构，没有高质量发展的证券行业就没有成熟发达的资本市场。在中国证券业协会第七次会员大会上，证监会易会满主席用"六个必须"，即必须坚定贯彻落实新发展理念、必须聚焦实体经济提升服务能力、必须坚持走专业化发展之路、必须持续强化风控和合规意识、必须切实提升公司治理的有效性、必须守正笃实推进证券业文化建设，对高质量发展进行了一个高度概括的表述。这"六个必须"是我国证券业30多年探索发展的宝贵经验总结，也是未来中国证券业走向高质量发展应该坚持和巩固的基本经验。

协会在推动行业高质量发展方面积极发挥作用，主要体现在"聚焦三个关键，落实四个坚持，发挥好三个作用"上。首先是聚焦"三个关键"：一是要提高政治站位，贯彻落实新发展理念；二是依靠会员发展，凝聚会员力量，构建共建共治共享平台；三是凝聚行业智慧，发挥好专业委员会作用，推动行业为实体经济服务。其次是落实"四个坚持"：一是坚持守正创新发展，着力为实体经济和居民财富增长提供更高质量、更加精准的金融服务；二是坚持合规风控底线，不断健全证券公司与其自身发展战略相适应的全面风险管理架构；三是坚持提升专业能力，尤其是全业务链投资银行服务能力；四是坚持推进行业文化建设，不断提升证券公司文化"软实力"。最后是发挥好"三个作用"：一是完善自律体系，夯实行业高质量发展基础；二是转变服务方式，改善行业高质量发展环境；三是创新传导机制，丰富行业高质量发展实践。通过从这三个方面的努力，协会的自律、服务和传导职能得到进一步的提升。

**第一财经**：中国证监会易会满主席在协会第七次会员大会上指出，证券行业高质量发展取得了良好开端。请您谈谈党的十八大以来行业高质量发展取得了哪些成绩。

**安青松**：30年来，协会伴随着行业共同成长。党的十八大以来，在中国证监会的指导和行业的支持下，协会聚焦服务推动行业高质量发展，证券行业服务能力和水平进一步增强，行业规模和资本实力稳步增长，市场竞争力和行业形象逐步改善，行业高质量发展迈出重要步伐。

一是服务实体经济发展取得扎实成效。为实体经济服务是我国证券业发展的一大特色，2012年以来，证券公司为超10万亿元股票及19万亿元交易所债券融资提供承销保荐服务，为逾5万亿元上市公司并购重组交易提供财务顾问服务，以股票、债券为主的直接融资方式成为实体经济补充资本金和流动性、降低融资成本的重要渠道。同时，证券行业围绕科技自立自强、民企纾困、绿色发展、"一带一路"等主题积极创新产品服务。

二是行业规模实力和盈利能力实现大幅提升。截至2021年6月30日，证券公司总资产为9.72万亿元，净资本为1.86万亿元，受托管理资金本金总额10.45万亿元；证券从业人员近36万人，专业素质持续提升，呈现高学历、年轻化、专业化特征。同时，证券公司业务形态逐渐丰富，由传统的经纪、投行、自营业务，向资管、融资融券、衍生品、场外业务、跨境业务等多元化发展，能够有效满足市场参与者的直接投融资需求和交易需求。

三是合规管理风控水平获得全面提升。行业逐步形成以《证券法》等法律为核心、以法规规章为底线、以自律规则为导向的全面风险管理体系，合规理念逐步贯穿各业务环节，整体呈现稳健发展势头。近年来经受住了新冠肺炎疫情等多重考验，对通道业务、股票质押、债券违约等重点领域风险做到了早谋划、早行动，取得了较好效果，为打好防范化解重大金融风险攻坚战作出了积极贡献。证券公司风险覆盖率、杠杆率、净稳定资金率等指标均优于监管标准。

四是行业机构履行社会责任成效显著。行业积极参与抗击疫情，助力企业发行"疫情防控债"1652亿元，捐赠物资超过5亿元；助力民营企业纾困，发起支民资产管理计划累计规模990亿元；广泛开展投资者教育活动，共建设国家级投资者教育基地34家。证券公司结对帮扶307个国家级贫困县全面脱贫"摘帽"。

五是行业文化建设实践呈现良好势头。2019年11月，行业召开文化建设动员大会，提出"合规、诚信、专业、稳健"的文化理念，在全行业逐步形成共识并付诸积极行动。2021年2月，协会发布推广《证券行业文化建设十要素》，从观念、组织、行为三个层次，提出落实文化建设理念的具体行动指引，得到了全行业的积极响应。截至2021年8月，共有116家证券公司报送了《证券公司文化建设配套制度和改进计划》，112家证券公司更新报送了

《文化建设工作推进与落实情况》；60多位证券公司董事长、总经理接受访谈，发表文化建设研究文章102篇，加强行业文化建设理论研究和宣传引导，推动文化建设与公司治理、发展战略、发展方式和行为规范深度融合，与专业能力建设、人的全面发展、历史文化传承和党建活动有机结合，促进提升证券公司的文化"软实力"和核心竞争力。

第一财经：2021年2月25日，中国证券业协会荣获全国脱贫攻坚先进集体称号，这是党中央、国务院对证券行业践行扶困济贫社会责任、担当脱贫攻坚初心使命的肯定和勉励。在获得荣誉的背后，协会发挥了怎样的作用，取得了怎样的成效，下一步有怎样的考虑？

安青松：担当社会责任是证券业高质量发展的中国特色，也是践行以人民为中心发展思想的初心使命。党的十八大以来，在中国证监会党委的坚强领导下，协会组织、引导、凝聚行业力量，发挥专业优势，开展产业扶贫、科技扶贫、教育扶贫、健康扶贫、消费扶贫，成绩斐然。一是发挥动员组织作用，凝聚行业合力。2016年8月，协会发起"一司一县"结对帮扶行动倡议，号召每家证券公司至少结对帮扶一个国家级贫困县。二是发挥支持引导作用，注入金融活水。2017年9月，协会发起"一县一企"行动倡议，号召证券公司发挥专业优势，解决贫困地区产业发展融资难、融资贵的问题，培养县域经济的支柱产业。三是发挥激励导向作用，激发主体活力。协会制定发布《证券公司脱贫攻坚等社会责任履行情况专项评价指标》，构建正向激励机制，发挥政策导向作用。四是发挥服务传导作用，增强行动自觉。2020年协会组织开展"五个一"宣传活动，以一张脱贫攻坚成绩单、一本精准扶贫案例集、一部扶贫实践纪录片、一位扶贫攻坚典型人物、一份证券公司县域经济发展研究报告，总结"一司一县""一县一企"帮扶成果，极大地激发行业机构的责任担当、行动自觉、荣誉意识。

截至2020年年底，102家证券公司结对帮扶的307个国家级贫困县全部实现脱贫"摘帽"；帮助18家贫困地区企业上市融资超过126亿元；支持贫困地区通过债券、产业基金等方式融资2500多亿元；设立公益基金和产业基金超100个，规模200多亿元；帮助销售贫困地区农产品4.53亿元；帮助贫困学生7.65万人次、贫困家庭6.35万户；开展资本市场教育培训1200多场，培训12万多人；公益性支出17.98亿元。此外，协会自2013年起连续8年向定点帮扶的山西省隰县派驻3任挂职干部，引进帮扶资金近1亿元，实施20多个帮扶项目，帮助隰县顺利实现脱贫"摘帽"。

2021年5月22日，在第七次会员大会上，协会向行业发出倡议，号召行业机构巩固拓展结对帮扶成果，接续推进乡村振兴新发展。下一步，协会将深入学习、贯彻落实习近平总书记七一讲话精神和在全国脱贫攻坚总结表彰大会上的讲话精神，在中国证监会的指导和证券行业的支持下，持续巩固"一司一县"结对帮扶成果，推动金融服务低碳绿色经济体系建设，助力实现"碳达峰 碳中和"目标。

**第一财经：** 在纪念建党百年华诞的光荣时刻，中共中央授予中国证券业协会第一党支部"全国先进基层党组织"称号，您作为协会党委书记并以普通党员身份参与了第一党支部的组织生活，请谈谈您的体会和感受。

**安青松：** 在百年华诞的重要历史时刻，中共中央授予中国证券业协会第一党支部"全国先进基层党组织"称号，这是党中央给予协会基层党组织的崇高政治荣誉，是对在中国证监会党委领导下协会党建工作成绩的肯定和褒奖，也是对协会第一党支部党员干部立足本职、默默奉献的鼓励和激励。获此崇高的政治荣誉，寄托了党中央对协会发挥党建引领、担当政治责任的殷切期望。协会全体党员干部将倍加珍惜荣誉，更加坚定信念，在中国证监会党委领导下，投身中国特色证券业高质量的伟大实践，锤炼党性，担当使命，弘扬社会主义核心价值观，践行以人民为中心的发展思想，厚植合规、诚信、专业、稳健的文化底蕴，承担起引导行业形成健康发展生态的政治责任。

在协会第一党支部我是一名普通党员，参加组织生活是党员的义务，也是党员的本分；同时作为协会党委书记，参加第一党支部组织生活，也是自己联系群众、抓基层党组织建设和提升党性修养的实践平台。通过参加协会第一党支部的组织生活，历练了自己切实做到"两个维护"、带头提升"政治三力"、推动党建与业务有机融合的本领。一个支部是一座堡垒，一名党员是一面旗帜。协会第一党支部全体党员在投身脱贫攻坚伟大实践中，淬炼党性、思想建党；在资本市场践行以人民为中心的发展实践中努力提升"政治三力"；在强化政治意识的探索实践中凝聚力量，高举旗帜。荣誉即责任，荣誉即使命，协会全体党员将以更加振奋的精神、更加高昂的士气，奋进新时代，踏上新征程，为打造规范、透明、开放、有活力、有韧性的资本市场积极贡献力量，努力为中国特色社会主义伟大事业、中华民族伟大复兴作出更大贡献！

第一财经：中国证券业协会第七次会员大会2021年5月22日在北京成功举行，您作为新一届协会会长，请问下一步协会在履行《证券法》规定职责、推动行业高质量发展以及协会自身建设方面有哪些考虑？

安青松："十四五"是证券行业迈向高质量发展的重要机遇期，协会将在中国证监会党委的领导下，持续引导行业聚焦三个关键，落实四个坚持，发挥好三个作用，通过形成会员共识实施自律管理，通过增进会员共信形成声誉约束，通过协同会员行动提升行业形象，推动行业机构的归位尽责、勤勉尽责、专业履责；发挥好自律组织的预防性监管、缓冲性监管、包容性监管的作用。

证券业协会是履行法定职责的自律组织，在建设中国特色资本市场实践中承担重要使命。下一阶段，协会将重点开展以下工作：一是推动行业高质量发展，促进资本市场发挥枢纽功能。组织行业研究制定高质量发展规划和行动方案；引导行业坚持回归本源、优化结构、强化监管、市场导向原则，坚守中介服务、投资银行服务定位，不断提升服务居民财富管理的能力。二是引导行业守正创新，增强服务实体经济和科技创新能力。健全完善自律规则和业务规范体系，发挥好自律管理的补位作用，持续推动行业合规风险管理体系建设，加强从业人员自律管理；建立市场化声誉激励与约束机制，促进提升行业机构执业质量。三是督促行业履行社会责任，持续推进行业文化建设。推进行业文化建设，构建良好发展生态；推动行业机构履行社会责任，服务国家创新驱动战略、服务区域经济协调发展。四是加强协会治理结构和能力建设，全面提升自律服务传导效能。规范治理结构，提升自律管理质效；加强党的建设，推动党建高质量发展；推进协会文化建设，增强员工队伍凝聚力。

第一财经：股权分置改革被称作资本市场发展的一座丰碑，这场被时任中国证监会主席尚福林称为"开弓没有回头箭"的改革，打破了股权分置的"坚冰"。您作为时任中国证监会股权分置改革领导小组办公室专职副主任，能否谈一下股份分置改革作为我国资本市场全局性、基础性制度变革的经验与启示？

安青松：在资本市场30多年发展历程中，股权分置改革是一场影响深远的市场化改革，作为亲历者有四个方面的体会可供借鉴和思考。

一是要尊重市场规律。股权分置改革之所以被称为是市场化改革，其中一个重要特征就是尊重市场规律。大家都说市场化是我们制度建设的目标，但到底何为市场化？其实，市场化最核心的一条就是尊重分散决策。股权分置改革是要将非流通股转为流通股，实现同一类股份同股同权。在早期的探索中，没有从制度变迁的角度考虑，而是简单按存量股份出售处理，并且采取行政定价、统一决策的方式减持国有股。这就难以平衡市场各方利益，引起市场长期低迷。2005年4月启动的股权分置改革，是以市场基础制度改革为出发点，采取了统一组织、分散决策的路径取得了成功，充分体现了尊重市场规律的重要性。

二是要尊重金融属性。在早期探索中，曾经向全社会广泛征集国有股减持方案，比较集中的看法是流通股和非流通股取得成本不一致，因此非流通股上市必须补上成本差价，但是差价怎么算又莫衷一是。实际上这是一种传统的会计核算的观念，背离金融跨期配置资源的属性，即股票作为金融产品，其价值是基于未来的预期收益，而不是报表账面价值。因此，在改革机制设计中，两类股东协商对价的内容是平衡预期收益，而不是"取得成本差价"（今天还有学者误解这一点）。在改革实践中，出现不少以公司业绩承诺作对价、大股东注入优质资产作对价的方案,充分反映了改革方案尊重金融属性的特点。

三是要尊重契约原则。在股票市场设立之初,非流通股的形成,是基于招股说明书订立的"暂不上市流通"的约定。当时有人提出把流通股和非流通股分立,建成两个不同交易规则的市场行不行?如果这种想法实现,既违背了股份制的基本原理,也违背了股票市场的基础契约。因此,在股权分置改革中,遵循契约原则由当事人双方协商解决由于契约改变的利益平衡问题,在协商过程中以规则保护、程序保障所有当事人意思表达的权利,最大程度尊重了契约原则。

四是要尊重专业精神。股权分置改革涉及千家万户利益,非流通股的形成错综复杂,改革方案千变万化,市场预期起伏波动,改革方案的设计既需要明确规则和稳定预期,又需要具有广泛的包容性和普适性,改革规则的制定要求非常专业、周全、细致。提案机制、表决机制、信息披露、停复牌安排、"锁一爬二",等等,包括在改革过程中维护市场稳定的措施,以向市场主体提供流动性支持和制度供给为主,充分体现了尊重专业、按专业办事的精神。

**第一财经**:您自1995年起便在证监会上市公司监管部门工作,见证了上市公司规范发展的历程。回顾过去,您对上市公司监管哪些事印象最深刻?当前,提升上市公司质量作为资本市场深化改革的重要一环,未来上市公司高质量发展您有哪些经验可以分享?

**安青松**:从中国资本市场诞生之时开始,党中央国务院就高度重视提高上市公司质量。1992年中国证监会成立之初,证监会首任主席刘鸿儒同志就提出了"上市公司是资本市场健康发展的基石"的观念。推动提高上市公司质量一直是监管部门努力的方向。2004年"国九条"对提高上市公司质量工作提出工作部署和要求,在2005年《国务院批转证监会关于提高上市公司质量意见的通知》(国发〔2005〕34号,简称34号文)中,进一步明确促进提高上市公司质量的工作方法、路径和职责分工。2020年国务院发布《关于进一步提高上市公司质量的意见》（国发〔2020〕14号），进一步明确新发展阶段提高上市公司质量的目标和方向。提高上市公司质量是中国特色资本市场发展重要的理论基础之一。国际证券监管当局很少强调提高上市公司质量，只有在以人民为中心发展的中国资本市场，才通过强调提高上市公司质量，突出保护全体投资人的合法权益。

上市公司质量内涵丰富，包括经济效益、会计基础、治理能力和信息真实等方面，因此，上市公司质量至少包四个维度：一是经济质量，即经济效益；二是披露质量，即信息披露的质量；三是治理质量，即公司治理的质量；四是会计质量，真实、公允地反映经济实践。从以上四个维度看，监管部门能够直接发挥作用的是提高上市公司的信息披露质量，"给投资者一个真实的上市公司"，是我国上市公司监管的工作目标，也是全球证券监管部门共同努力的方向。对于上市公司的经济质量、会计质量、治理质量，需要各部门、全社会力量共同动员、共同推进形成合力，不仅需要证券监管机构依法履职，发挥监管导向作用，也需要社会各方共同完善制度安排和执行体系，构建提高上市公司质量的良好生态。

从30年的发展历程来看，我国上市公司在结构上可能还存在着一些不足，影响到资本市场"晴雨表"功能的发挥。在我国上市公司中，传统行业的上市公司比重偏大，而代表经济增长趋势的新经济上市公司占比相对较低。近年来这种状况已有很大的改观，特别是设立科创板，两板并试点注册制取得突破，新经济上市公司队伍不断壮大，上市公司结构发生了积极变化。这种积极变化可能还会有一个过程，资本市场促进资本、科技与实体经济高水平循环的枢纽功能日益增强，支持科技创新、自立自强的作用更加突出。当然这不代表资本市场不吸纳传统经济，传统经济在资本市场发挥"压舱石"的作用。

第一财经：2021年4月8日，国务院金融稳定发展委员会第五十次会议强调，继续加强资本市场基础制度建设，促进资本市场平稳健康发展。我国资本市场30多年发展取得的辉煌成绩，制度建设是贯穿其中的主线。您具有

30 年证券从业经历，能否谈一下资本市场制度建设的认识？

安青松：国务院金融委提出的"建制度、不干预、零容忍"九字方针，为资本市场基础制度建设指明了方向。加强资本市场基础制度建设，个人理解有四个方面值得思考。

一是要坚持市场化。所谓的市场化，就是制度设计要遵循市场规律和市场逻辑，要注重发挥市场机制的作用。在行政主导的治理体系中，尤其要在制度层面做到"不干预"，最大限度保障分散决策、自主决策，从而实现卖者有责、买者自担，真正发挥资本市场配置资源、管理风险的作用。

二是要坚持法治化。资本市场的市场属性极强，规范要求极高，必须以规则为基础，切实落实公开公平公正原则，增强投资者的信心。规则预期确定是法治化的基础，如果没有稳定的规则预期，就没有稳定的市场预期，就难以实现资本市场的长期稳定健康发展。

三是要坚持专业化。资本市场是一个内涵丰富、机理复杂、利益多元的规则系统，更加强调专业的人做专业的事，奉行专业主义，恪守专业精神，遵循市场规律行事，按照金融市场属性办事，才能保障资本市场行稳致远、长治久安。

四是要坚持实践立场。我国资本市场是在借鉴国际经验的基础上建立起来的，在规则制定中大量援引了来自英美法系、日本和中国香港的规则，但这些规则能否发挥有效作用，需要经过实践的检验。尊重本国市场的发展阶段和发展实践是一条重要的原则，不能故步自封，也不能跨越阶段，不顾实践照搬照抄。近期国务院金融委提出要把中国特色资本市场作为重大课题研究，就是一切从实践出发的立场和观点。

（本文刊于《第一财经》2021 年 8 月 28 日特别栏目。）

三十而立，其道大光。值此中国证券业协会成立三十周年之际，党中央、国务院授予协会"全国脱贫攻坚先进集体"称号的至高荣耀。中国脱贫，这是彪炳史册的人间奇迹，这是照耀时代的一道亮光。题诗纪念。

《致贺中国证券业协会成立三十周年》
梧桐夜雨菊初黄，碧海风轻任徜徉。
万道浮波归明月，三十磨染初心常。
群贤毕至谈笑宴，少长咸集续华章。
看似寻常江河水，星光满载帆正扬。

《千秋伟业：中国脱贫》

（一）
山河表里焕然新，怜我斯民艰与辛。
暮雨千山慈航路，春风万里无量心。
细涓成水沧浪静，微粒聚峰岱宗钦。
久久为功善成事，欲知高下辨古今。

（二）
千秋史册生计残，万户萧疏饥民寒。
一百年来天地改，三千里地碧波宽。
法称务实出尽锐，道用精准除疾顽。
安得广厦千千万，始信人间处处欢。

# 优化业务结构　提升服务质量
## ——《经济日报》建党百年特刊专访

自上交所、深交所开业以来，我国资本市场走过了波澜壮阔的峥嵘岁月，不仅助力经济腾飞，培育了一大批上市企业成长为行业龙头，也为广大投资资者拓宽了投资渠道，创造了财富。中国证券业服务实体经济发展的能力不断提升，在国际金融体系中发挥越来越重要的作用。2021年是中国共产党成立100周年，是开启历史新征程，朝着第二个百年奋斗目标进军的新起点。在建党百年这个重要历史节点，经济日报记者采访了中国证券业协会党委书记、会长安青松。

**经济日报**：回首我国证券业发展历程，您认为有哪些重要发展经验？

**安青松**：证券公司是资本市场最重要的中介机构。30年来，证券业在建设中国特色社会主义市场经济的时代大潮中应运而生，乘势而发，在发展中国特色资本市场的伟大实践中一步一步成长壮大。尤其是近4年来，证券行业牢记服务实体经济的职责使命，帮助各类企业完成股权融资超过5万亿元、债权融资超15万亿元、并购重组交易额超3万亿元；积极参与设立科创板并设点注册制，在创业板改革、新三板改革、投资端改革、提高上市公司质量、保护投资者权益等重大改革任务中发挥了积极作用。始终坚持守正创新，围绕科技自立自强、民企纾困、绿色发展、"一带一路"建设等主题积极创新证券金融服务；聚焦满足居民日益增长的财富管理需求，丰富投资产品，改善账户服务体验，受托管理管理资产规模超过10万亿元。

证券行业高质量发展取得良好开端，探索形成了一些基本做法和工作导向，主要体现在"四个坚持"。

一是坚持守正创新发展。服务实体经济是证券行业发展宗旨本质，行业机构应当始终恪守服务实体经济的发展定位，以贯彻落实新的发展理念为主线，围绕实体经济需要优化业务结构、提升服务质量，推进金融供给侧结构性改革；突出为经济创新驱动发展和科技自立自强提供更加多样化、更加精准的金融服务，着力畅通资本、科技和实体经济的高水平循环。

二是坚持合规风控底线。合规经营始终是证券公司生存发展不可逾越的底线，风控能力是证券公司健康发展行稳致远的保障，行业机构应当始终把合规风控放在更加突出的位置，不仅要健全与其自身发展战略相适应的全面风险管理架构，建立有效的风控前置程序、完备的风险管理系统、强大的风险文化体系，更要不断完善与注册制相适应的责任体系，形成发行人质量、发行价格等方面的市场化约束机制，切实加强自身的技术、资本、流动性、声誉等方面的风险管理。

三是坚持提升专业能力。专业服务能力是行业机构安身立命之本。证券公司应当依靠自身的专业能力、比较优势，走出一条精品化、特长化的发展道路。尤其是在当前应当主动适应注册制改革的需要，提升全业务链投资银行服务能力，加强各业务条线的整合与协同，围绕保荐、定价、承销三大能力，重塑投行尽职调查、增值服务、研究分析、质量控制的业务逻辑，建立起一体化、全能型、全业务链的现代投资银行，满足客户全方位、全生命周期的投融资需求。

四是坚持推进文化建设。行业文化是价值观、风险观、发展观的综合体现，是行业机构的"软实力"和核心竞争力。证券公司应当牢固树立以人民为中心的发展思想，贯彻落实"合规、诚信、专业、稳健"的文化理念，厚植"忠、专、实"的文化底蕴，倡导新风气、树立新形象，持续积淀和涵养行业生态，为行业高质量发展注入新动能、提供新支撑。

经济日报：党的十八大以来，证券行业高质量发展取得的成绩有哪些？

安青松：党的十八大以来，证券行业坚持稳中求进、规范发展，服务能力和水平进一步增强，行业规模和资本实力稳步增长，市场竞争力和行业形象逐步改善，行业高质量发展迈出重要步伐。

一是服务实体经济发展取得扎实成效。证券行业牢记服务实体经济的使命，2012年以来，证券公司为超10万亿元股票及19万亿元交易所债券融资提供承销保荐服务，为逾5万亿元上市公司并购重组交易提供财务顾问服务。截至2021年3月末，我国直接融资占比达12.45%，以股票、债券为主的直接融资方式成为实体经济补充资本金和流动性、降低融资成本的重要渠道。

二是行业规模实力和盈利能力实现大幅提升。截至2020年年底，行业总资产达8.9万亿元，净资本1.82万亿元；证券从业人员近35万人，专业素质持续提升，呈现高学历、年轻化、专业化特征。同时，证券公司业务形态逐渐丰富，由传统的经纪、投行、自营业务，向资管、融资融券、衍生品、场外业务、跨境业务等多元化发展，能够有效满足市场参与者的直接投融资需求和交易需求。

三是合规管理风控水平获得全面提升。行业逐步形成以《中华人民共和国证券法》等法律为核心，以法规规章为底线，以自律规则为导向的全面风险管理体系，合规理念逐步贯穿各业务环节，整体呈现稳健发展势头。证券公司风险覆盖率、杠杆率、净稳定资金率等指标均优于监管标准。近年来经受住了新冠肺炎疫情等多重考验，对重点领域风险做到早谋划、早行动，取得较好效果，为打好防范化解重大金融风险攻坚战作出积极贡献。

四是行业机构履行社会责任成效显著。行业积极参与抗击新冠肺炎疫情，助力企业发行"疫情防控债"1652亿元，捐赠物资超过5亿元；助力民营企业纾困，发起支民资产管理计划累计规模990亿元；广泛开展投资者教育活动，共建设国家级投资者教育基地34家。2016年开始，102家证券公司结对帮扶307个国家级贫困县，2020年全面脱贫"摘帽"。2021年2月协会代表行业获得全国脱贫攻坚先进集体称号，是党中央、国务院对证券行业践行扶困济贫社会责任，担当脱贫攻坚初心使命的肯定和鼓励。

五是行业文化建设实践呈现良好势头。2019年11月，行业召开文化建设动员大会，提出"合规、诚信、专业、稳健"的文化理念，在全行业逐步形成共识并付诸积极行动。协会发布推广《证券行业文化建设十要素》，从观念、组织、行为三个层次，提出落实文化建设理念的具体行动指引，得到了全行业的积极响应。截至2021年6月，共有116家证券公司报送了《证券公司文化建设配套制度和改进计划》，112家证券公司更新报送了《文化建设工作推进与落实情况》。

经济日报：随着中国金融改革开放的深入，我国证券业提升国际竞争力和高质量发展，要从哪些方面发力？

安青松：2021年是"十四五"规划开局之年，在新的发展阶段，贯彻新发展理念，构建新发展格局对证券行业提出了新的更高要求。没有高质量发展的证券行业就没有成熟发达的资本市场。易会满主席在中国证券业协会第七次会员大会的讲话中，高度凝练地总结了证券行业高质量发展应当具备基本特征，即必须坚定贯彻落实新发展理念、必须聚焦实体经济提升服务能力、必须坚持走专业化发展之路、必须持续强化风控和合规意识、必须切实提升公司治理的有效性、必须守正笃实推进证券业文化建设，"六个必须"高屋建瓴地指明了证券业提升国际竞争力和高质量发展的发力方向。证券行业应当围绕"六个必须"，进一步凝聚高质量发展的共识，落实"十四五"规划要求，主动增强支持创新驱动发展的适应性，持续提升服务双循环发展新格局的竞争力，不断拓展服务实体经济发展的普惠性，制定行业高质量发展的时间表、路线图、行动方案，推动行业发展与国家发展蓝图更加紧密联系、更加深度融合，建设高质量的投资银行和财富管理机构取得更加丰硕成果。

2021年是中国共产党的百年华诞，作为优秀基层党组织队伍的一员，中国证券业协会伴随资本市场走过了30年的发展历程。"十四五"是证券行业迈向高质量发展的重要机遇期，协会将在证监会党委的领导下，聚焦提高政治站位，贯彻落实新发展理念；聚焦依靠会员发展，构建共建共治共享行业治理平台；聚焦凝聚行业智慧，发挥好专业委员会传导作用；通过形成会员共识实施自律管理，通过增进会员共信形成声誉约束，通过协同会员行动提升行业形象，推动工作重心从注重服务"业务塑造"转向更加注重"生态营造"。发挥好自律管理柔性监管、预防性监管、包容性监管的优势，为打造一个规范、透明、开放、有活力、有韧性的资本市场，作出行业应有的贡献。

（本文刊于《经济日报》2021年6月21日特别报道栏目。）

百年华诞，百年风华。值此建党 100 周年之际，中国证券业协会第一党支部被党中央授予"全国先进基层党组织"称号的崇高荣誉，协会上下无上荣光，倍感振奋。1991 年 6 月 28 日在建党 70 周年前夕加入中国共产党，忆往昔书生意气赤子情怀，忽忽焉在党已届 30 年，笃行逐梦，未负韶华，诗以感怀。

《建党伟业：百年华诞》
五四星火国有殇，南湖孤舟泛微光。
五星横空耀广宇，一点浩气绥东方。
万里行藏升炬火，三十在党锐锋芒。
刚柔致远式弘大，劳止生民乐小康。

《纪念长征胜利三军会师》
万里征程片刻休，会师光耀古城头。
长空雁断霜晨月，大渡河惊寒夜舟。
人我实名堪把握，是非空相待绸缪。
道有险夷顺势起，心无妄念任云流。

《"长津湖"感怀》
山河辽阔望神州，战火远离革马收。
独有精神通日月，敢将英气炳千秋。
旌旗猎猎国初立，忠烈悠悠地与俦。
放眼纷纭百千业，开局当作万世谋。

# 实行注册制促进形成高质量发展新动能

在新的发展阶段，创新是引领发展的第一动力，推动高质量发展需要形成创新驱动的新动能。国际经验表明，资本市场是促进形成发展新动能最有效率的金融体系。实行注册制是中央经济工作会议和政府工作报告确定的资本市场改革目标和任务，是探索完善有效市场和有为政府的创新实践，将推动更好地发挥资本市场的枢纽作用，促进资本、科技与实体经济高水平循环，加快形成推动高质量发展的新动能。

## 一、资本市场对促进形成新动能发挥枢纽作用

新经济是新动能形成的实现形式，以创新、创造、创意为重要特征，以新技术、新产业、新业态、新模式为普遍形态。资本市场对新经济成长性和风险的定价机制、对技术创新和企业家精神的激励机制、对公司治理和投融资活动形成的市场约束机制，以及分散决策形成的风险共担与利益共享机制，对适应创新、创意、创造大趋势，推动传统产业与新技术、新产业、新业态、新模式有机融合等方面，具有更高的适应性、普惠性和竞争力，有利于畅通资本与实体经济的良性循环，促进新旧动能转换和新经济更好地发展。

### （一）为新经济畅通风险投资循环、促进创新资本形成

新经济是以科技创新为主导的全新经济形态。从时间维度看，技术创新有累积效应和路径依赖，传统的成本收益分析不利于创新，创新活动的成本比较容易量化，但未来的收益有很大的不确定性。作为不确定环境中进行跨期配置资源的工具，资本市场对科技创新具有天然的风险偏好。在企业初创

期或者技术研发阶段，资金需求具有高投入、高风险、回报周期长的特点，外部融资需要有较强的容错和风险承受能力。风险投资投入长期资金、承担较高风险换取企业股权，并在企业上市后退出的商业模式与之更为契合，成为孵化新经济企业的重要资金来源。美国资本市场的深度与广度世界领先，一个重要的作用是畅通了风险投资与科技创新的良性循环，使得风险投资在促进创新的同时也取得了丰厚的回报。研究表明，风险投资与生俱来的筛选效应和监督效应，能够分辨出具有潜力的新经济企业，并可以利用自身优势帮助企业取得商业成功和市场效益，如为新经济企业链接所需的商业人才、市场资源和管理经验等，帮助企业通过市场检验、优化公司治理、规范财务管理、提高透明度，从而为新经济企业上市融资创造条件。根据清科数据测算，科创板注册制试点以来，风投创投机构在科技公司的投资规模明显提升，2018年、2019年、2020年分别为6466.5亿元、7279.7亿元和8925.2亿元；截至2021年年底，国内私募基金已投本金达8.7万亿元，其中25%投向高新技术企业；科创板和创业板上市的公司中，有私募股权和创投基金支持的公司比例分别超过80%和60%。

## （二）为新兴产业合理定价、引导资本向新经济集聚

科技进步是经济增长新动能形成的关键因素。从空间维度看，创新具有集聚和扩散效应。资本市场通过交易形成公司股票价格、发现公司增长价值，同时通过价格信号引导投资者将更多资金投向具有更高成长性的新兴产业，激励更多该产业中的潜在进入者投入生产和研发活动，从而发挥优化资源配置的作用，激发市场主体活力，促进各类要素资源向更高价值的产业领域集聚。由于新经济企业往往代表较为先进的生产力且成长潜力大，因此投资者通常对新经济企业给予较高估值，对新经济发展产生正向的市场激励。20世纪初，美国信息技术产业蓬勃发展，成为推动美国经济强劲增长的重要动力，纳斯达克市场主动拥抱信息科技企业，进一步助推美国经济结构从传统重化工业向信息服务业转变。截至2021年年底，纳斯达克市场信息技术行业上市

公司市净率为 13.68，是各行业平均值的 2.8 倍。仅苹果、微软、谷歌、亚马逊、特斯拉和脸书 6 家大型科技企业的市值已达 11.05 万亿美元，占纳斯达克市场总市值的 28.37%。从中美两国科创企业上市的实践看，高估值是共同特征之一，其中，既有资本市场对未来价值发现形成的价格信号和横向跨期风险分担形成的预期管理，共同作用形成的创新激励机制；也有市场参与者的羊群效应和"动物精神"导致的非理性繁荣。历史经验显示，改变人类生产力的技术进步，例如铁路、电气化、计算机和互联网都曾经历过资产泡沫的洗礼和磨砺，市场价格在通过充分博弈之后，逐步回归理性和价值，持续引导要素资源向新兴产业集聚。特斯拉是资本市场孵化新经济的典型案例，其创立 17 年、上市 10 年持续亏损，到 2020 年才首次实现年度盈利，其市值从 IPO 时的 200 亿美元一路上涨，当下已超过 1 万亿美元。

（三）为新经济企业科技创新、经营管理形成激励机制

新兴产业的兴起与资本市场紧密相关。资本市场在为分散不确定性创造金融产品，推动跨期限、跨产业、跨群体分散风险，增加有效投资；在为新兴产业发展提供金融支持，合理进行资产定价和权益保护；在适应绿色投资回报期长的特点，为中长期资金供给提供制度安排，具有不可替代的竞争优势。从北美大陆掀起铁路建设热潮，到工业化、电气化时代，再到 21 世纪全球化、信息技术时代，资本市场已经成为推动生产力变革的重要力量。科技创新是一个从技术研发到科技成果转化的长期过程，往往伴随新经济企业生命周期的各个阶段。因此，一个有效的创新体系需要时间与空间两个维度形成正向激励和扶持机制。创新的不确定性与高风险特征使得股权融资优于债权融资。尤其是传统产业与新经济融合发展，创新创业企业走向成长成熟期后，需要灵活运用 IPO、再融资、公司债、衍生品等资本市场工具保持市场优势或进行风险管理，并加强公司治理。一方面，人才是新经济发展的核心，将股票、期权等作为薪酬体系的组成部分成为科技公司吸引并留住人才的重要方法。2021 年，以首次实施公告日计，科创板 133 家公司实施了 148 个股

权激励计划，实施股权激励的公司数量占比达35.28%。另一方面，在技术迅速迭代、市场环境不断变化的环境中，通过并购重组注入创新动力、维持技术优势，或者拓展产业链、构建产业生态，成为科技企业有效降低研发成本，保持核心竞争力的重要途径。

## 二、实行注册制对促进形成新动能具有更好的适应性

当前我国经济正处于转变发展方式、优化经济结构、转换增长动力的攻关期，新旧增长动能转换面临较高的不确定性，提高资本市场对新经济的包容度是实现创新驱动发展的重要途径。注册制的理念是保障处于不同发展阶段和水平的各类企业可以依法进行股权融资，注册制的本质是把发行人质量的选择权交给市场。我国资本市场全面实行注册制，健全市场主导的现代金融体系和横向跨期风险分担机制，对转型升级风险、创新创业风险、动能转换风险具有更强的包容性，对促进转变发展方式、优化经济结构、转换增长动能具有更好的适应性。

### （一）多元包容的发行上市条件，增强对新经济企业上市融资服务的普惠性

注册制与核准制的区别在于发行上市标准的多元包容性，有利于新经济企业及时获得资金支持，提高创新创业成功的概率，维持新经济企业和创新资本形成的规模与活力，为新经济的形成、成长、壮大提供发展新动能。在核准制下，监管部门为把好资本市场入口关对企业财务数据和生产经营进行实质性审核，关注重点主要集中在企业过往状况，对新经济企业的高成长性和生产经营的灵活性缺乏包容，部分三创四新企业被排除在外，风险投资、创业投资支持创新的原始动力受到抑制，进而影响到资本市场支持创新的效率和能力。科创板、创业板试点注册制，拓展营业收入、现金流、净利润和预计市值等新维度，多元化、多样化设置上市标准，包容对待尚未盈利成长

型企业的融资需求,为不同发展阶段的科技企业上市融资畅通渠道,针对红筹企业和表决权差异安排的企业境内上市打开通道,支持不同类型的新经济企业获得上市融资的机会,对风险投资、创业投资支持创新的引领作用形成激励,更好地满足了存在各类特殊情况新经济企业的资金需求,三创四新企业在境内资本市场初步形成聚集效应。根据清科数据测算,风投创投机构在科创公司的投资以 IPO 形式推出时间占比从科创板开始前的 54% 提高至 84%,其中 52% 通过科创板推出,且推出时间缩短 13%。

## (二) 权责清晰的分散决策机制,形成促进优化资源配置的市场导向

注册制相比核准制更加注重市场在资源配置中的决定作用。通过"建制度、不干预、零容忍",保障投资人有能力在获得信息的基础上做出投资判断,保证发行人将充分顾虑欺诈发行的法律责任和后果,形成市场价格可以有效反映发行人披露信息的信用基础,构建决策自主、风险自担、责任自负的市场生态,有效提高了资本市场的准入效率和质量。在核准制下,对发行人质量的甄别、选择、把关,在行政审核部门一个"点"上集中决策,往往事倍功半,甚至不堪重荷。实施注册制后,把行政主导的一个"点"上的集中决策,转变为相关市场主体的一条"线"上的分散决策,形成上游是风险投资、创业投资甄别、选择、培育,中介机构专业鉴证、尽调、保荐;中游是交易所审核把关、证监会注册许可,下游通过投资者市场化博弈定价、一二级市场价格波动修正定价形成约束机制,推动市场准入由行政主导的集中决策方式,变革为相关市场主体共同参与、共担风险的分散决策方式。监管部门的职责从直接负责审核准入,改为制订规则、维持秩序、监管行为,不直接为发行人质量背书;发行人质量由风投、创投机构甄别优劣、发现价值,投资银行通过辅导改制、尽职调查检验质量、发现价格,在发行销售阶段投资者基于投资银行的路演推介自主决策定价、投资来完成投融资活动,实现市场准入从"过关"式质量控制转变为全过程质量控制,通过分散决策有效提升资本市场的准入效率和质量,增强了资本市场对各类新经济企业的孵化

作用，有力地促进形成创新驱动发展的新动能。

### （三）均衡博弈的市场化定价机制，促进要素资源向新经济领域加快集聚

注册制与核准制最重要的差异是发行价格的市场化导向。注册制改革的方向是形成市场化定价机制，更好发挥价格信号在资源配置中的"指挥棒"作用，降低新经济企业上市融资的交易成本，提高新经济企业资源利用效率。从国内实际和国际实践看，近年来新经济企业的估值定价面临三方面挑战，需要通过进一步优化市场博弈机制才能有效围绕价值发现合理形成价格。一是核准制下新股定价存在扭曲，在原有的新股发行体制下，市盈率限价、上市首日涨跌幅等限制措施抑制了市场参与各方充分博弈的意愿，价格形成的市场化程度较低。二是数字化、绿色低碳经济等三创四新企业对传统估值方法提出挑战，对于高投入、轻资产的新经济企业，初期可能仍处于亏损状态且行业可比性低，无论是未来现金流预测还是利用可比公司估值都有较大困难。特别是数字经济条件下，对数据价值、数字资产、元宇宙等新业务形态如何估值值得进一步研究。三是二级市场投资者的"羊群效应"易形成估值泡沫，例如2000年前后，纳斯达克市场互联网企业上市的非理性繁荣最终演变成一场互联网泡沫。在科创板创业板试点注册制前期，吸取以往发行制度改革的经验教训，以较为严格的"高价剔除""四值孰低"等机制设计，对发行定价"三高"进行遏制，取得了明显的效果。但由于定价博弈不均衡，出现了"抱团压价"现象。2021年10月监管部门出台定价新规增强定价机制设计的弹性，"抱团压价"现象得到有效缓解，到2021年年底21个IPO项目出现破发，期间占比平均25.53%。破发现象常态化对发行定价"三高"问题形成市场化约束，迈出了市场化改革的重要一步。随着市场化的定价机制的逐步形成，定价博弈趋于均衡和理性，价格信号引导资源配置的效率进一步提升，市场决定资源配置的作用进一步凸显，将更好地促进要素资源向新经济领域加快集聚。

## (四) 高质量信息披露促进信息对称和风险出清,增强对新旧动能转换的适应性

信息披露是资本市场信用体系的基石。充分、有效的信息披露是落实"卖者有责、买者自负"理念的基础,以信息披露为核心的注册制,要求发行人充分披露投资者作出价值判断和投资决策所必需的信息,促进投资者围绕价值判断合理形成价格,有效发挥价格信号引导资源配置的作用。在注册制下,信息披露理念将由以审核为导向的"免责式"信息披露,转向以投资者价值判断为中心的"精实化"信息披露,更加突出发行人信息披露的主体责任,更加突出投资者价值判断的需求导向;更加强调公司治理的规范性、有效性,加强对实控人、关键人、责任人行为规范的督导;更加注重加强投资者适当性管理和保障"用脚投票"的市场约束机制,不断完善代表人诉讼制度,增强对发行人、中介机构民事赔偿责任的追索机制,有效抑制实控人、关键人、责任人的欺诈动机和行为,构建高质量的信息披露体系,促进消除投资者与发行人之间的信息不对称,促进出清发行人的经营风险、创新风险、财务风险,提升资本市场对新旧动能转换、经济转型升级的适应性。

2019 年以来,科创板创业板试点注册制顺利实施,进一步释放了资本市场促进形成发展新动能的潜力。一是市场准入效率显著提升,新经济企业股权融资活跃。两板试点注册制,企业从申请受理到完成审核注册平均用时 300 天左右,较核准制之下减少近一半,上市融资效率明显提升。自科创板首批新股上市以来,截至 2021 年年底共计 377 家公司登陆科创板,募资总额 5079.53 亿元。其中属于新经济企业密集的信息技术行业的公司有 125 家,占比 33.16%。创业板试点注册制截至 2021 年年底,共计有 262 家企业 IPO 上市,融资总额 2135.44 亿元。2021 年全年,在注册制下上市的公司达 402 家,占全部 IPO 家数的 76.71%。二是新经济企业的市场认可度提升,市场化估值定价机制逐步形成。实施注册制以来,剔除上市时未盈利的企业,截至 2021 年年底,科创板上市公司的发行市盈率平均为 64.55,中位数为 41.62。创业

板上市公司发行市盈率平均值和中位数分别为 31.01 和 27.53。三是新经济上市公司优胜劣汰效应初显，市场约束机制逐步形成。目前，科创板已有 9 家公司完成定向增发 10 次，募集资金总额共 205.91 亿元。其中首单适用简易程序的定增项目从受理到审批通过仅用时 16 天。1 家公司在上市不到 2 年后因连续两年净利润亏损和营业收入下降已被实施退市风险警示。

## 三、建设中国特色注册制促进形成高质量发展新动能

新经济代表经济增长新动能。在双循环新发展格局中，新经济担当国家发展与安全的重要使命，资本市场服务新经济的能力成为大国博弈的竞争焦点。全面实行注册制是金融供给侧结构性改革的重要内容，是打造一个规范、透明、开放、有活力、有韧性资本市场的关键步骤。需要从以下方面健全完善注册制的机制体制，更好地发挥资本市场促进形成高质量发展新动能的枢纽作用。

一是正确认识和把握注册制基本属性和运行规律。注册制是由发行审核机制、价格形成机制、市场约束机制三位一体构成的生态系统，涉及一级市场发行承销、二级市场交易机制等一系列制度安排的系统链接。从注册制的基本内涵和国际实践看，注册制具有两个基本特征：（1）以信息披露为核心；（2）市场决定资源配置。以信息披露为核心的注册制，需要建立在三个基础之上：（1）卖者有责，买者自负的市场生态；（2）精准审核，全程问责的市场监管；（3）市场约束有力，司法追责到位的市场环境。从核准制向注册制转变，市场在资源配置中的决定作用更加显著，原来由行政主导的发行人质量、发行定价与节奏的集中决策管理，将通过压实发行人主体责任、中介机构专业责任，在投资者权益得到有效保护的前提下，形成卖者有责、买者自负、自主投资、自担风险的市场机制，通过市场主体的分散决策实现价值判断、风险管理，发挥价格信号的引导作用促进优化资源配置。在注册制下，监管理念更加市场化、法治化，监管体制更加突出分工负责、分权制衡的特

点，监管生态更加强调发行人、投资者、中介机构、审核部门、行业自律、监管部门归位尽责、各负其责。因此，全面实行注册制不是一个时点事件，而是一个时期事件，是渐进式、系统性的改革，需要全过程全节点完善流程、健全标准，推动市场各方逐步适应、逐步到位，实现发行人质量从集中一点把关向分散层层把关转变，发行价格确定从集中决策向分散决策转变。

二是从实际和国情出发建设中国特色的注册制。中国特色注册制必将坚持金融服务实体经济的宗旨和天职，在充分发挥市场决定资源配置作用的同时，更加注重发挥政府作用，推动资本市场贯彻落实创新、协调、开放、绿色、共享的新发展理念，促进经济社会发展的平衡性、协调性、包容性，形成共同促进提高上市公司质量的合力。必将遵循中国特色资本市场的发展阶段和规律，加强对资本属性和运行规律的认识和把握，积极引导资本兴利除弊，克服资本"嫌贫爱富"的局限性，克制资本唯利是图的自利性，节制资本急功近利的短视性，抑制资本"脱实向虚"的投机性，发挥好资本市场在现代化经济体系中的枢纽作用，促进资本、科技与实体经济高水平循环。必将配套推进放管服改革，处理好政府和市场的关系，进一步优化监管资源、职能、责任的适配性，避免监管冗余与真空并存、监管套利和不适应叠加问题，坚持市场属性，以规则为基础，减少行政干预，不断优化行政监管与证券交易所之间的分工与协作，落实证券交易所审核主体责任，提高注册、审核把关质量和衔接效率，注重发挥行业协会作为第三方自律组织的补位、平衡、传导作用，增强市场主体的活力、韧性和获得感。

三是突出专业责任全新塑造证券行业发展生态。注册制改革是资本市场基础性制度改革，既是涉及监管理念、体制的深刻变革，更是证券行业机构能力和责任体系的重塑。从审核制、核准制到注册制，对证券行业机构的能力和责任要求不断在提高和加强。在注册制下，发行人、中介机构、监管部门的权责关系重新界定，发行人、投资者和中介机构的责任关联重新构建，证券行业机构以专业责任作为保证，成为发行人质量把关、发行定价和节奏把控的中枢，业务工作重心从服务"可批性"向服务"可投性"转变，行业发展生态从"数量竞争"向"质量竞争"转变。证券行业机构需要科学识变，准确应变，主动求变，围绕保荐、定价、承销三大能力的形成和提升，全新塑造投资银行的尽职调查、增值服务、研究分析、质量控制的业务逻辑，构建以发行人质量为纽带的利益协同体；健全三道防线的明责、定责、问责机制，以投行项目执行和专业责任履行为评价基础，构建从业人员专业声誉激励约束机制，形成有效的发行人质量市场化约束机制，真正做实把好"入门关"的第一道防线。

（本文刊于《中国金融》2022年第10期。）

# 资本市场制度建设的经验探讨

以 1990 年 12 月深交所、上交所开业为标志,我国资本市场走过了 30 年峥嵘岁月。"三十而立",资本市场从无到有,发展成为全球市值规模第二大股票市场,制度建设是贯穿其中的主线。从历史经验看,我国资本市场的发展离不开"国情"的土壤和中国的"实际"。

## 一、上市公司治理的中国实践

经济合作与发展组织认为:好的或者有效的公司治理制度是具有国家特性的,它必须与本国的市场特征、制度环境以及社会传统相协调。我国的公司制度一开始就不是企业发展方式和企业文化的内生产物,而随着计划经济体制向社会主义市场经济体制转轨,逐步从政府部门的附属物逐渐脱离出来,成为独立的法人实体和市场竞争主体。资本市场成为推进中国特色公司治理的最重要、最先进的实践平台。30 年来,上市公司治理的中国化特征不断成熟定型,体现在以下五个方面:一是与信息披露制度同等重要,构成资本市场信用的核心支柱之一;二是在建立现代企业制度、发展混合所有制经济两大领域形成示范实践;三是通过建章立制规范"新三会"运作、股权分置改革构建共同股东利益基础、发展机构投资者参与公司治理,推动上市公司治理水平、实践优于其他企业;四是形成党的领导、《公司法》、国际惯例、传统文化四位一体,有机融合,形成上市公司治理的中国特色;五是构建信息公开、外部审计、市场约束、社会监督、行政监管五套保障机制,促进上市公司治理各主体各司其职、各负其责、相互制衡、协调运转。

## 二、股权分置改革的市场化经验

股权分置是中国资本市场建立初期遗留的最大难题,一直制约资本市场的健康发展。2005年4月启动的股权分置改革,采取增量改革的思路,以帕累托改进为目标,形成非流通股股东与流通股股东通过协商对价平衡预期收益的改革方案,最终仅用两年时间就顺利解决1300多家上市公司的股权分置问题,使得资本市场的基础制度、股份公司的基本制度得以真正确立,股权分置改革成为我国资本市场走向规范化的重要起点。

股权分置改革的市场化特征体现在四个方面。一是以分散决策构建价格形成机制。股权分置改革构建的"统一组织,分散决策"机制,将政府主导、行政决策的国有股减持方案,转变为市场主导的两类股东依据规则进行平等协商,以平衡预期收益为对价进行充分沟通,最后以分类表决方式达成各类股东权益平等的改革目标。二是以机会公平促进合作博弈。在非流通股股东的提案机制与流通股股东的票决机制之间形成分权和制衡,即非流通股股东提出平衡预期收益的改革动议,与流通股股东协商形成共同利益方案,由参加相关股东会议流通股股东所持表决权的2/3以上通过,形成提案权、协商权和表决权之间的相互制衡,保障改革方案具有的股东共同利益基础。三是以平等协商解决多样性问题。在规则既定的条件下,尊重股东自由选择、自愿交换的利益平衡安排,一司一策,1000多家上市公司形成1000多个改革方案,增强了解决错综复杂的历史遗留问题的包容性。四是以规则导向稳定市场预期。为防止改革完成后形成流动性冲击,在规则中预设"锁一爬二"的限售安排稳定市场预期,即改革后公司原非流通股股份,自方案实施之日起,在12个月内锁定不得上市交易或者转让;持有上市公司股份总数5%以上的原非流通股股东,在锁定期满后,通过交易所集中竞价系统出售股份12个月内不得超过5%,24个月内不得超过10%。由于主动加强流动性管理,有效稳定市场预期,在改革完成后市场稳定上涨,两类股东持股市值分别增长3~

5倍。股权分置改革的成功实践可以得出三个启示：一是尊重市场规律，以分散决策构建价格发现机制；二是遵循金融属性，以预期收益平衡股东利益；三是遵守法治原则，以规则公平保障协商机制有效。股权分置改革推动资本市场走向规范发展的康庄大道，构建起公司治理的股东共同利益基础，为私募市场和私募基金的发展、多层次市场体系的形成、金融期货及衍生品市场的建设打开了成长空间。

## 三、退市制度的中国特色

1994年实施的《公司法》，确立以连续3年亏损为主要标准的强制退市制度，1999年出现第一家因连续3年亏损的暂停上市公司（苏三山），2001年出现第一家连续4年亏损的终止上市公司（上海水仙）。20多年来，A股市场累计退市公司数量不到140家（包括重组退市）。我国资本市场退市机制不畅通，重要原因是需要在维护社会稳定、保护中小投资者利益和不成熟的投资文化之间找到平衡点。在退市制度中必须考虑建立中小投资者保护机制，是我国资本市场退市制度的最大特色。从1998年起陆续推出了ST、PT、*ST制度等一系列旨在保护中小投资者的制度安排。1998年针对即将出现的连续三年亏损上市公司，推出了ST制度（Special Treatment），即对异常财务状况和其他异常状况，导致投资者难以判断公司前景，权益可能受到损害的上市公司股票实行"特别处理"，具体措施是对上市公司在交易所挂牌上市公司的股票以及衍生品种的交易行情另行公布，该股票的报价日涨跌幅限制为5%等。1999年针对出现的暂停上市公司推出PT制度（Particular Transfer），即在每周五为暂停上市公司投资者安排股份特别转让制度（2001年后取消），保障暂停上市公司投资者持有股份具有基本的转让渠道。2001年针对即将出现的连续4年亏损上市公司推出*ST制度（退市风险警示制度），把特别处理分为警示存在终止上市风险的特别处理（以下简称"退市风险警示"，即*ST）和其他特别处理（延用ST标志），向投资者突出揭示终止上市风险。上述措施安排是针对我国 A 股市场散户多、交易制度不成熟的状况,为保护中小投资者做出的特殊制度安排。建立常态化退市机制,也必然需要以投资者适当性为基础,构建与投资者风险承受能力相匹配的交易机制,逐步降低高风险公司流动性,真正形成市场化的优胜劣汰机制。

## 四、并购重组制度的适应性实践

并购重组是资本市场市场化配置资源的重要方式,包括上市公司收购和上市公司资产重组活动。30 年来,我国资本市场并购重组经历了股权分置格局下、股权分置改革推进中和完善市场化制度安排三个重要阶段。

在股权分置格局下,上市公司相同的普通股划分流通股和非流通股,造成同为普通股股东持有的股份"同股不同权,同股不同价"。这一阶段是资本市场并购重组制度的萌芽时期,制度引进与市场实践存在差异。由于股权分置产生的股份权益不平等,制约了控制权市场的形成;上市公司重组制度的政策目标主要是挽救危机公司、缓解退市压力。

在股权分置改革推进中,为适应股权分置改革形成的"同股同权,同股同价"的全流通市场格局以及股份作为并购重组支付工具的出现,根据实践需要逐步形成市场化的并购重组规则体系,发行股份购买资产、换股收购、吸收合并等成为并购重组主要方式,资本市场在企业兼并重组中的主渠道作用初步显现。在股权分置改革方案设计中,曾提出建立存量股份转售制度,但是由于我国股票市场发行制度是基于增量发行而构建,存量发售制度一直未形成,为后来市场出现存量股份"清仓式减持""恶意减持"问题留下制度漏洞。

在股权分置改革基本完成后,并购重组市场在发展实践、制度建设和机制运行方面出现的诸多问题和挑战,为进一步完善相关市场化制度安排,监管部门推动形成完善资本市场并购重组的十项工作安排(以下简称"十项工作安排"),主要创新点有五个方面:一是拓宽上市公司并购重组融资渠道,允许发行股份购买资产配套融资；二是丰富以股份作为对价的并购重组支付工具，推广定向可转债运用；三是构建更加市场化的资产交易定价机制；四是进一步放松管制，提高并购重组审核效率；五是实行并购重组审核"分道制"，支持产业并购、强强联合，促进提高上市公司质量。十项工作安排是推进市场化并购重组的顶层设计和整体解决方案，按照十项工作安排确立的改革方向，监管部门陆续推出了多项改革措施，进一步规范推动市场化的并购重组实践。伴随着我国资本市场基础制度的不断完善，资本市场并购重组主渠道功能不断增强，在促进经济结构调整和发展方式转变方面发挥了积极作用。

## 五、注册制改革的创新与突破

注册制改革涉及三个层面：一个核心、两个环节、三项市场化制度安排。"一个核心"是以信息披露为核心，要求发行人成分披露投资者处处价值判断和投资决策所必需的信息，确保信息披露真实、准确、完整。"两个环节"就是将审核注册分为交易所审核和证监会注册两个环节，各有侧重，相互衔接。"三项市场化安排"为设立多元包容的发行上市条件、建立市场化的新股发行承销机制、构建公开透明可预期的审核注册机制。从核准制向注册制转变，不仅是审核重点、方式、分工的优化，也不仅是审核把关的一个"点"的改革，需要跨越三道关口。一是发行价格与节奏如何从集中决策向分散决策转变；二是如何把好发行人质量的入口关；三是如何在投资端协同改革为全面实施注册制提供支撑。跨越关口的关键是中介机构归位尽责，建立发行人质量、发行定价与节奏的市场化约束机制。

分步推进、全面实施注册制，需要全新构建资本市场运行生态，体现在以下方面。一是重塑市场理念，股票市场的本质是对公司的成长性定价，而核准制是通过过往的报表判断企业的成长性，核心假设是公司过往的盈利能力能够在未来持续，但是受制于经济周期、行业周期、公司生命周期等多种因素影响，过去的好业绩通常不能代表未来的业绩；注册制需要用未来的眼光审视企业的成长性，增强对代表未来的新技术、新产业、新业态、新模式企业改制上市的包容性。二是重建责任体系，在核准制下审核责任、中介责任、发行人责任三者按前重后轻配置，在注册制下三者是按前轻后重配置，需要重新界定中介、监管、市场的权责关系，重新设计发行人、投资者和中介机构的利益机制，把发行节奏的"阀门"交给中介的同时，把发行人质量的把关责任真正落实给中介，推动中介机构的工作重心从服务"可批性"向服务"可卖性"转变，促进形成激励"质量竞争"、约束"数量竞争"的行业生态，真正做实把好入门关的第一道防线。三是重构定价基础，推动投行业务与"卖方研究"有机结合，提高投资价值分析报告的质量和效用，进一步提升选择优质企业、合理估值定价、路演推介说明的专业水准；借鉴国际最佳实践，加大券商通过"自己"的渠道向"自己"的投资者配售的比重，放宽"直投+保荐"限制，在投资者、券商、发行人之间建立长期利益关联机制；在网下配售机制中建立长期投资者制度，鼓励基石投资者按照恒定市值法等长期投资策略进行投资；加大专业投资者在定价机制中的影响权重，适当放宽现有战略投资者范围，形成更为完善的市场化定价约束机制。四是重塑信息披露体系，以信息披露为核心是全面实施注册制的基石，充分、有效的信息披露是落实"卖者有责，买者自负"理念的基础；在注册制下，信息披露理念将由以审核为中心的"免责式"信息披露，转向以投资者价值判断为中心的"精实化"信息披露，信息披露体系将更加突出发行人信息披露的第一责任，更加突出投资者价值判断的需求导向。

（本文刊于《中国金融》2021年第1期。）

# 以注册制改革为牵引推动中国特色投资者保护新实践

实行注册制是探索完善有效市场和有为政府的创新实践,保护投资者合法权益是建设有效市场和有为政府的原则和目标。以信息披露为核心的注册制,不断强化市场在资源配置中的决定作用,需要形成有效的市场约束机制和公司治理结构;加强投资者保护和提高投资者素质,保障投资者的权利公平、规则公平、机会公平,必然成为注册制改革的重要一环和关键步骤。

## 一、加强投资者保护是实行注册制的前提和基础

没有投资者的积极参与就没有资本市场的流动性机制,没有高素质的投资者也不会有资本市场的高质量发展。因此,在一定意义上,保护投资者就是保护资本市场。保护投资者合法权益重点通常具有三层含义:一是保护投资者风险承担的适配性;二是保护投资者权责对等的平衡性;三是保护投资者权利公平的普惠性。在资本市场实践中,通过建立投资者适当性管理制度以保护投资者风险承担的适配性,通过建立投资者权益保障机制以保护投资者权责对等的平衡性,通过建立投资者普及教育体系以保护投资者权利公平的普惠性。以信息披露为核心的注册制,需要形成"卖者有责,买者自负"的融资生态和市场有效、政府有为的投资环境,对健全投资者适当性管理制度、权益保障机制和普及教育体系提出了更高的要求和标准。在注册制下,既突出强调投资者维权,加强投资者合法权益的制度保护、行政保护、司法保护,也突出强调投资者教育,提高投资者对合法权益的自我认知、自我主

张、自我维护。

没有无义务的权利，也没有无权利的义务。注册制发源于美国《1933年证券法》，该法案诞生于1929年大危机之后，政府介入华尔街治理的大背景之下，针对完全自由发行、损害投资者利益的一种纠偏举措，是加强发行监管的制度安排，毋庸置疑注册制是强监管的产物。注册制是在有效保护投资者合法权益的基本前提下，充分实行公平竞争的原则，以最大限度地发挥市场的功能。在信息披露监管方面，美国证券交易委员会（SEC）拥有庞大的专业团队按行业开展发行审核工作，要求发行人信息披露详略得当、风险揭示全面准确、语言表达明白清晰，以高质量的信息披露保障投资者的知情权。在权益保障机制方面，证券集团诉讼制度、赔偿基金制度具有代表性，其中，证券集团诉讼制度的核心是"默示加入、明示退出"，法院对集团所作的判决，对未提出明确反对意见的集团成员均适用，一方面中小投资者不必发起诉讼即可分享诉讼成果，另一方面最大限度震慑市场中的不法行为。在赔偿基金制度下，SEC将行政罚没款项依法用于对相关投资者进行补偿，保障民事赔偿责任优先原则的实现。

美国政府部门在加强投资者合法权益保护制度建设与实施的同时，高度重视推进投资者普及教育和自我维权工作。多年来围绕注册制的实施，一个适应多层次资本市场需要、满足投资者多样化需求的投资者教育体系不断得以健全和完善，从多方面多维度推动投资者普及教育事业的发展。1994年SEC设立专门的"投资者教育及协助中心"，负责举办和协调全国的投资者教育活动，受理投资者的咨询及投诉。美联储定期在每年4月的"金融扫盲月"通过各种途径提升国民的理财知识水平。美国金融业监管局通过多种形式开展防范金融欺诈的投资者教育，督导美国1.3万家注册投资顾问机构、41.6万注册投资顾问从业人员依法向3400万户投资者提供咨询和投资服务，并建立专门的针对投资顾问的客户投诉和争端解决机制。2003年美国颁布了《公平准确的信用交易法案》，把实施金融教育定为国家战略，致力于促进提高国民的金融素质，保护投资者免受欺诈。2008年次贷危机之后，美国政府依据

《多德—弗兰克华尔街改革及消费者保护法》设立的消费者金融保护局，负责监管个人金融产品和服务，确保消费者决策时真正了解金融产品和服务，防止金融机构的掠夺性条款和欺诈行为，并专门设立金融知识办公室负责投资者教育工作。这些机构和组织相辅相成、相互协调，共同致力于提升美国投资者的金融素质，保护金融消费者合法权益。

## 二、注册制背景下加强投资者保护的制度建设

2013年11月党的十八届三中全会审议通过了《关于全面深化改革若干重大问题的决定》，明确提出推进股票发行注册制改革。以注册制改革为背景下，加强投资者保护的制度建设得以系统性推进。2013年12月国务院办公厅发布《关于进一步加强资本市场中小投资者合法权益保护工作的意见》（国办发〔2013〕110号），从健全投资者适当性制度、优化投资回报机制、保障中小投资者知情权、健全中小投资者投票机制、建立多元化纠纷解决机制、健全中小投资者赔偿机制、加大监管与打击力度、强化中小投资者教育、完善投资者保护组织体系等9个方面做出工作部署。2017年2月证监会发布《证券期货投资适当性管理办法》，明确将投资者分为普通投资者和专业投资者，要求证券期货经营机构"将适当的产品或者服务销售或者提供给适合的投资者，并对违法违规行为承担法律责任"。2018年11月最高人民法院与证监会印发《关于全面推进证券期货纠纷多元化解机制建设的意见》，决定在全国联合开展证券期货纠纷多元化解机制建设工作；2019年证监会与教育部联合印发《关于加强证券期货知识普及教育的合作备忘录》，具体部署和系统推进"将投资者教育逐步纳入国民教育体系"工作。

2020年3月新修订的《证券法》正式实施，在法律层面确立证券发行注册制的同时，专章规定了投资者保护的内容，明确投资者分类管理、适当性管理、征集投票权、现金分红、先行赔付、纠纷调解、代表人诉讼等制度，特别是在代表人诉讼制度中引入"默示加入、明示退出"机制，加大对中小

投资者权益的民事救济力度。同时新《证券法》大幅提升了证券违法行为的处罚力度，对于欺诈发行行为，从原来最高处募集资金百分之五的罚款，提高至募集资金的一倍；对于上市公司信息披露违法行为，取消原来的60万元上限，最高可处1000万元罚款。为贯彻落实新《证券法》关于加强投资者保护的有关规定，2021年9月国务院公布《证券期货行政执法当事人承诺制度实施办法》，2022年1月证监会发布《证券期货行政执法当事人承诺制度实施规定》，通过适用行政执法当事人承诺，当事人交纳的承诺金可用于赔偿投资者损失，为投资者止损提供了及时有效的救济途径。与此同时，证监会先后修订发布《上市公司信息披露管理办法》，制定发布《关于加强注册制下督促证券公司从事投行业务归位尽责的指导意见》《关于注册制提高招股说明书信息披露质量的指导意见》《关于完善上市公司退市后监管工作的指导意见》，进一步压实中介机构"看门人"责任，明确提高信息披露质量要求，强化上市公司、退市公司投资者保护的制度安排。

　　2020年7月最高人民法院发布《关于证券纠纷代表人诉讼若干问题的规定》，通过细化规定具体的程序规则，为正确实施法律，统一裁判尺度，提高证券集体诉讼质量和效率，提供具有可操作性的指引，保障证券代表人讼诉制度落地实施。2021年11月12日，广东省广州市中级人民法院作出康美药业特别代表人诉讼一审判决：康美药业实际控制人马兴田等高管被判赔偿投资者，52037名投资者获判赔款24.59亿元。标志着以"默示加入、明示退出"为特色的中国式代表人诉讼司法实践落地，作为首例特别代表人诉讼载入中资本市场法治建设的史册。2021年8月最高人民法院办公厅和证监会办公厅联合印发《关于建立"总对总"证券期货纠纷在线诉调对接机制的通知》，实现"人民法院调解平台"与"中国投资者网在线调解平台"系统对接，为证券期货纠纷当事人提供多元调解、司法确认、登记立案等一站式、全流程在线解纷服务，最大限度为中小投资者维权提供便利和途径。2022年1月最高人民法院发布《关于审理证券市场虚假陈述侵权民事赔偿案件的若干规定》，进一步明确虚假记载、误导性陈述、重大遗漏等虚假陈述行为的界定,细化虚假陈述侵权民事赔偿责任的构成要件和追究机制,为人民法院对中小投资者实施民事救济提供具体操作指引。

2021年3月《刑法修正案(十一)》正式施行,对欺诈发行,修正案将刑期上限由5年有期徒刑提高至15年,并将对个人的罚金由非法募集资金的1%~5%的表述修改为"并处罚金",取消5%的上限限制,对单位的罚金由非法募集资金的1%~5%提高至20%~1倍;对于信息披露造假,修正案将相关责任人员刑期上限由3年提高至10年,罚金数额由2万~20万元的表述修改为"并处罚金",取消20万元的上限限制;明确将发行人控股股东、实际控制人组织、指使实施欺诈发行、信息披露造假,以及控股股东、实际控制人隐瞒相关事项导致披露虚假信息等行为纳入刑法规制范围;明确将保荐人纳入重大失实罪的犯罪主体,明确其他中介机构出具虚假证明文件、情节特别严重的适用更高一档的刑期,最高可判处10有期徒刑。2021年7月中央办公厅、国务院办公厅印发《关于依法从严打击证券违法活动的若干意见》,从完善法律责任制度体系、健全执法司法体制机制、加强跨境监管执法协作等方面做出系统部署安排。2021年9月18日最高检派驻证监会检察室正式挂牌,北京、上海金融法院相继成立。2022年4月最高人民检察院、公安部发布全面修订后的《关于公安机关管辖的刑事案件立案追诉标准的规定(二)》,对包括11种证券犯罪在内的78种经济犯罪案件立案追溯标准做出全面修改和补充,其中,欺诈发行案入罪门槛大幅下降,造成投资者直接经济损失数额累计在100万元以上,即可入刑;财务造假入刑标准在资产、利润等造假之外,新增收入指标,收入造假达到30%即可入刑。上述法律制度、实施机制的完善,充分反映了注册制改革背景下出现的新情况、新变化,进一步健全资本市场违法犯罪法律责任制度体系,夯实了惩治证券违法犯罪、保护投资者权益的法制基础。

## 三、充分认识注册制下加强投资者保护的新挑战

以个人投资者为主体是我国资本市场的最大特色,个人投资者的积极参

与也是我国资本市场取得快速发展的基础。截至2022年1季度末，我国资本市场个人投资者数量达到2.02亿，占投资者总数的比例超过99.78%，占全国总人口的比例高达13%，是世界上个人投资者参与程度最高的市场。在以个人投资者为主体的投资者结构下，稳步推进注册制改革，需要应对好以下四个方面的挑战。

### （一）多元包容的发行上市标准将重塑价值体系

注册制与核准制的重要差别之一，是上市发行条件的包容性大幅提升，轻资产、高估值、非盈利的三创四新企业上市将成为常态，以往以经营盈亏为好坏标准、以资产规模为估值依据来评价发行人质量的价值观将发生重大变化。特斯拉创立17年、上市10年持续亏损，到2020年才首次实现年度盈利，市值从IPO时的200亿美元，升值到当下的1万多亿美元，成为资本市场孵化新经济的典型案例。从国际实践看，新经济企业的估值定价面临两大挑战：一是传统的估值方法不适用新经济企业，数字化经济、绿色低碳经济及三创四新企业以高投入、慢回报、轻资产、无形资产和人力资本密集为特征，初期可能为亏损状态且行业可比性低，无论是未来现金流预测还是利用可比公司估值都存在难度；二是二级市场投资者的"羊群效应"容易形成估值泡沫，例如2000年前后，纳斯达克市场互联网企业上市的非理性繁荣最终演变成一场互联网泡沫。因此，多元包容的发行上市标准将重塑投资者的价值判断、价值投资理念。

### （二）市场优胜劣汰机制常态化将重构风险体系

上市公司优胜劣汰是保持发行上市标准、资本市场信用、上市公司质量的重要机制。2021年全年多元退市公司的数量达28家，创历史新高和前5年总和，但是与2021年481家IPO增量相比尚不平衡。相比而言，美股上市公司规模在20世纪80—90年代的较长时间里基本保持在6000家左右，在1997年一度达到8884家峰值，经过21年市场化的优胜劣汰，在2018年减少至

4397 家，近年来稳定在 4000～5000 家的规模。2021 年年末 A 股上市公司家数已达 4685 家，随着注册制改革的不断深入，上市公司家数将不断增长，相应的退市机制常态化也将逐步形成。公司股票退市是治理失效、经营失败、竞争淘汰、经济周期等多种风险交织的结果，难以避免对投资者造成经济损失。个人投资者由于对风险的认知、识别、管理及承受均有很大的局限性，难以面对退市风险正确行使权利，甚至对劣质公司采取逆向选择，进一步加大投资风险。因此，市场优胜劣汰机制常态化将重构投资者的风险认知、风险承担意识。

（三）发行价格形成机制市场化将重置利益格局

注册制将与核准制的重大差异在于发行价格形成机制的市场化导向。注册制下发行价格的市场化形成既遵循内在的价值规律，也受随行就市因素的影响，具有一定的不确定性和波动性，对原有的利益格局必然形成的冲击和调整。以"打新"收益为例，在注册制改革试点中，首先打破以往"窗口指导"市盈率相对固定的定价模式，相对稳定的"打新"利益格局发生改变；其次在询价定价中采取"高价剔除""四值孰低"等机制设计，有效遏制发行定价的"三高"问题。但在 2021 年上半年出现了"抱团压价"现象，至 2021 年 7 月网下投资者询价入围率高达 84.03%；2021 年 10 月监管部门调整"高价剔除""四值孰低"的相关机制安排，增强了定价的弹性和博弈的均衡性，至 2021 年 11 月网下投资者询价入围率下降到 56.56%。同时 2021 年 4 季度平均破发率达 25.53%；2022 年 1 季度随着市场波动的加大，破发率升高至 65% 左右。市场化的价格形成机制是市场主体分散决策博弈的结果，在外部因素扰动加大时具有不稳定性和非均衡性特点。随着破发现象的常态化和发行失败风险的出现，对投资者的风险意识、投资能力形成较大挑战，一级市场、二级市场形成的利益格局也将随之打破，以往墨守的"博入围""跟风炒作""追涨杀跌"的投资习惯将成既往，理性投资、价值投资、长期投资将成为必修课。

### (四) 权责清晰的分散决策机制将重建责任体系

注册制以信息披露为核心，以落实"卖者有责，买者自负"为原则，突出强调发行人、投资者、中介机构、行业自律、审核部门、监管部门归位尽责，各负其责，客观上要求发行人恪守诚信义务，中介机构坚守勤勉义务，投资者遵守适当性义务，形成市场化的自律约束机制。注册制的实施是以权责清晰的分散决策机制为运行特征，发行人、投资者、中介机构之间形成新的权责关系和利益关联，客观上对投资者的素质和能力提出了更高的要求，自主决策、自担风险是投资者必备的基本能力，明了风险、承担风险、管理风险是投资者应有的基本素质，知悉权利、规范行权、依法维权成为投资者的合理行为。

## 四、持续推动中国特色投资者保护的创新实践

个人投资者是 A 股市场流动性的重要提供者，在一定意义上，保护好个人投资者就是在保护资本市场运行生态的营养结构。近年来，随着注册制改革的不断深入，专业机构投资者持有的流通股市值占比从 2019 年年初的 18%，上升至 2021 年年底的 24.6%，境外机构投资者持有的流通市值占比达到 4.5%，但是个人投资者仍然贡献了日均交易量 80% 左右，尤其是持股市值 50 万元以下的中小投资者占到 99% 左右。中小投资者的金融知识、投资经验、专业能力相对不足，风险投资、理性投资、价值投资理念较为薄弱，作为投资者的明了风险、承担险、管理风险的能力（"三险能力"）有待进一步提高，作为股东的知悉权利、规范行权、依法维权的意识（"三权意识"）有待进一步加强，在注册制改革中需要不断改善投资者的能力、素质结构，持续推动中国特色投资者保护的创新实践。

一是加强适当性管理促进改善投资者能力结构。科创板、创业板试点注册制以来，投资者能力结构发生了积极变化。科创板开户设置"50 万元资产 + 两年投资经验"、创业板新开户设置"10 万元资产 + 两年投资经验"的

投资者适当性门槛。截至2021年6月底，787万名投资者开通了科创板交易权限，比2020年年底增长11.95%；546.32万名投资者开通了创业板交易权限，比2020年年底增长88.32%。投资经验更加丰富，截至2021年6月底，科创板中小散户、大户、私募基金、QFII等投资者盈利账户占比均为70%，反映出注册制下投资者盈亏分布更为均衡，博弈能力增强。从创业板数据看，截至2021年4月底，创业板注册制下新开户个人投资者平均交易经验为11.02年，高于同期创业板、深市主板投资者10.42年、4.58年的平均交易时间。投资者抗风险不断提升，创业板注册制下开通交易权限的投资者中，资产高于10万元的个人投资者占比为68.33%，高于创业板存量投资者、深市主板投资者43.82%、15.07%的水平。

二是丰富入市资金期配提升投资者专业化水平。随着注册制改革的不断深入，投资者素质的专业化程度不断提升。在科创板、创业板试点注册制中，网下询价对象取消了个人投资者，提升个人网上申购和上市交易的门槛，提高对机构投资者的询价能力、操作规范性要求，引导A股市场普通投资者向专业投资者转变；在注册制下发行配售向公募、社保、养老、企业年金、保险资金等资金倾斜，驱动了中长期资金的不断入市，中长期资金对应的配售对象数量和单个产品规模持续提升。截至2021年年底，证券公司受托管理的资产规模超过11万亿元；公募基金管理规模超过25.50万亿元，其中权益类基金规模达到8.90万亿元，同比增长30%，持有流通A股流通市值达6.30万亿元；QFII持有股票类资产达1.17万亿元，创历史新高；2021年个人投资者全年交易量占比达65.3%，首次降到70%以下。不同期配的入市资金规模趋于均衡，各类投资者的专业化水平不断提升。

三是推动完善投资者维权机制和风险管理工具。推动健全证券纠纷代表人诉讼常态化机制，研究制定证券代表人诉讼工作指引，制定出台证券期货违法线索举报奖励办法；推动建立证券违法行为人财产优先用于承担民事赔偿责任的制度安排，明确违法行为人所缴纳的行政罚没款用于民事赔偿责任的具体工作机制，进一步完善投资者维权机制和救济方式。深化资本市场投资端改革，丰富风险对冲、风险管理产品和工具，深入开发和推广ETF产品，为个人投资者提供有效的避险工具；逐步推广做市商制度，发挥其价格发现和"稳定器"作用，减少市场非理性行为和"羊群效应"，保护中小投资者利益；进一步扩大公募基金投资顾问试点范围并推动转为常态化业务，大力推进证券公司财富管理业务转型，积极探索"买方投顾"业务的实现方式和有效途径，促进中小投资者依托专业化服务实现理性投资、价值投资；规范发展期货和衍生品交易，有序推出权益类互换合约、远期合约和非标准化期权合约及其组合的交易标的，为投资者提供更多的风险对冲工具和投资产品。

四是推动投资者普及教育提升投资者素质结构。实行注册制对投资者的"三险能力"和"三权意识"提出了更高的要求，对投资者普及教育工作也提出了更大的挑战。根据证券业协会的调查数据，近40%的个人投资者"读不懂"上市公司年报中的财务指标等专业信息，近25%的个人投资者没有行使过表决权，近30%的个人投资者权益受损没有维权意识表达。基于上述情况，为稳步推进注册制改革，证监会部署开展"读懂上市公司报告"的投资者教育专项工作；证券业协会组织行业机构开展投资者教育进社区、进校园、进乡村"三进"活动，定期在全国20多个公共社区向中老年人群开展理性投资、防范非法集资和金融诈骗宣教；定点以"四合一"机制在校园向青年学生普及金融通识教育，在证券业协会和当地证监局支持、指导下，目前18家证券公司已在15个省市与35所高校合作，推动投资者教育纳入国民教育体系；定向在结对帮扶的323个脱贫县开展乡村振兴公益行动，投资者普及教育是重要内容之一。通过"三进"投资者普及教育活动，落实以人民为中心的发展思想，保障投资者的权利公平、规则公平、机会公平，提升资本市场服务高质量发展的适应性、竞争力和普惠性，引导不同人群的投资者正确认识自己、认识产品、认识市场，提高不同层次的投资者对合法权益的自我认知、自我主张、自我维护，培养新一代高素质的投资者，夯实资本市场行稳致远、高质量发展的基础。

（本文刊于《清华金融评论》2022年6月刊，总第103期。）

# 建设中国特色证券行业文化

文化建设是资本市场健康发展的重要支柱，也是证券行业高质量发展的内涵要求。我国资本市场经过 30 年的持续发展，行业文化形成厚积薄发；以 2019 年 11 月证券基金行业文化建设动员大会为新的起点，行业文化塑造蔚然成风。经过两年的实践推动，证券行业文建设逐渐形成四个方面的鲜明特征和中国特色。

## 一、践行新发展理念成为行业文化建设的主题内容

理念是行动的先导。新发展理念是高质量发展的核心要义，是证券行业高质量发展的战略引领。证券行业文化建设必然也必须要以贯彻落实新发展理念为主题内容，将创新、协调、开放、绿色、共享发展理念，内化于心，外化于行。

一是积极融入创新驱动发展战略，服务科技、资本与实体经济高水平循环。证券公司是资本市场最重要的中介结构，通过价值发现、改制辅导、保荐承销、财务顾问等专业服务，促进创新资本形成和科创企业自立自强。注册制改革以来，证券公司服务 329 家"硬科技"企业登陆科创板，实现 IPO 融资超 4000 亿元；服务 226 家成长型创新创业企业登陆创业板，实现 IPO 融资超 1748 亿元，培育了一批拥有核心技术创新能力的优质企业。同时，证券公司承销发行创新创业公司债 85 只，服务创新创业型企业融资近 400 亿元，充分运用融资工具创新，为科技创新企业拓宽融资渠道注入"源头活水"。

二是围绕金融供给侧结构性改革，服务区域经济、中小微企业、民营经济协调发展。证券行业聚焦解决中西部地区、中小微企业、民营企业"融资

难、融资贵"问题,助力提升发展的平衡性、协调性、包容性。截至 2021 年年底,证券公司服务超 7000 家中小企业在新三板挂牌;近年来,证券公司服务新三板企业通过股票发行融资超 2600 亿元。截至 2021 年年底,沪深两市共有民营上市公司 2752 家,占比 61.88%,为壮大民营经济实力发挥了重要的金融中介作用。同时,证券公司创新金融工具,助力民营企业纾困,截至 2021 年 6 月末,证券公司管理的支民资管计划及其子计划累计投出超 1000 亿元,切实纾解了民营企业及其股东的流动性困难。证券公司承销发行扶贫公司债和乡村振兴债(含 ABS)超 600 亿元;2020 年通过新三板市场发行融资的涉农企业共 40 家,融资金额 20 亿元,助力脱贫攻坚和乡村振兴国家战略,更好地服务区域经济协调发展全局。

三是打造可持续发展新动能,服务构建绿色低碳循环发展经济体系。证券公司积极践行 ESG 投资原则,对标对表新的发展理念,赋予 ESG 中国内涵和中国特色,推动以新发展理念为引领的 ESG 在中国的生动实践,为实现"碳达峰碳中和目标"作出证券行业应有的贡献。截至 2021 年 6 月 30 日,在环保类公用事业及新能源类电气设备行业中,共有 440 家公司已在 A 股市场完成 IPO 上市融资,首发募集资金 3446.24 亿元;在上交所上市的绿色指数达 63 只,绿色债券、绿色资产支持证券、绿色 ETF 合计规模达 2749.59 亿元。近年来,作为绿色债券主承销商或绿色资产证券化产品管理人,证券公司承销发行 235 只产品,服务企业融资超 3000 亿元。2021 年上半年,37 家证券公司作为绿色公司债券主承销商或绿色资产证券化产品管理人(沪深交易所市场)共承销发行 43 只产品,融资 671.53 亿元。

四是发挥内外联动的枢纽作用,促进形成对外开放新体制和双循环发展新格局。证券行业在深化资本市场对外开放中,不断提升综合金融服务能力和国际竞争力,截至 2021 年 2 月末,证券公司跨境资本业务规模超 3000 亿元;2020 年度证券公司境外业务收入占比业已超过 20%。在"走出去"方面,目前已有 34 家证券公司获准在境外设立子公司,15 家证券公司实现 H 股上市;10 家证券公司取得跨境业务试点资格。近年来,证券公司服务"一带一路"沿线企业等境外机构,在交易所市场成功发行熊猫债券超500亿元。"引进来"方面,外资证券公司展业提速。2021年我国共有外资参、控股证券公司17家,其中,外资控股证券公司9家,在建设更高水平开放型经济新体制进程中发挥重要桥梁作用。

五是发挥财富管理的平台作用,增强服务人民共享发展成果的社会责任。截至2021年6月底,证券公司受托管理资产规模超10万亿元。证券公司积极投身脱贫攻坚战,截至2020年年底,证券公司结对帮扶307个国家级贫困县,积极开展基础扶贫、产业扶贫、新村扶贫、能力扶贫、生态扶贫,助力结对帮扶贫困县全部实现脱贫摘帽。自发布"一司一县"结对帮扶倡议以来,证券公司累计公益性支出达27.6亿元,有效发挥公益慈善作为第三次分配的积极作用,促进社会普惠公平和共同富裕。

## 二、防范金融风险成为行业文化建设的重要使命

一部金融史就是一部危机史。在过去的1/4世纪里,国际上平均每年会发生六场或大或小的金融危机。金融危机的频发,既是金融活动的"动物精神"和金融体系的不稳定性使然,更有金融机构的内部治理和文化要素不健康驱动,特别是文化要素更深刻地影响到审慎要求和道德要求。金融危机带来的重要启示是,企业文化可能会反映出金融机构内部的种种风险,监管者不能仅仅关注金融机构的偿付能力和流动性,而忽视金融机构的行为和文化中隐藏的风险。总结2008年国际金融危机的深刻教训,欧美金融监管机构逐步将加强文化建设作为防范金融风险的重要手段。2009年,荷兰中央银行制定《稳健文化的七要素》,作为落实行为和文化问题的具体指引,全面考量目标主体是否权衡利益平衡行事、行为是否具有一致性、内部管理的开放性、决策过程的透明度、榜样的示范性、制度的实用性以及问责执行力等方面,为防范金融风险形成示范实践。

为推动"合规、诚信、专业、稳健"的文化理念落实落地,中国证券业

协会依托行业文化建设委员会，借鉴国际经验，凝聚行业共识，制定发布了《证券行业文化建设十要素》。从观念、组织、行为三个层次提出文化建设的十个关键要素，即在观念上要秉持守正创新、崇尚专业精神、坚持可持续发展，在组织上要融合发展战略、强化文化认同、激发组织活力，在行为上要平衡各方利益、建立长效激励、加强声誉约束、落实责任担当。倡导证券公司围绕十要素向心发力、深耕细作、久久为功，守正笃实推进证券业文化建设，把文化建设与公司治理、发展战略、发展方式和行为规范深度融合，与人的全面发展、历史文化传承、党建工作要求和专业能力建设有机结合，促进形成健康的价值观、发展观、风险观，为资本市场长期稳定健康发展，提供价值引领、精神支撑和制度基础。目前，"文化建设十要素"已成为证券公司有效落地文化建设的指导性文件。同时，也是中国证券业协会组织开展证券公司文化建设实践评估的主要依据之一。

## 三、防止资本负面性形成行业文化建设的中国特色

资本是推动实体经济发展的关键要素，同时也具有典型的"两面性"，资本脱离实体经济无序扩张，就会损害金融消费者权益，放大道德风险。美国开国元勋杰斐逊最早预见："华尔街是人性堕落的大阴沟"；百年老店巴林银行毁于一个交易员的贪婪无度；次贷危机肇事于"阳光下任何东西都可以证券化"的华尔街信条，资本的无序扩张最终导致美国排行第四、五位的两大投资银行雷曼兄弟、贝尔斯登身败名裂。资本具有促进生产要素集聚、优化资源配置的功能，一方面，资本的正常有序流动对于科技进步和经济高质量发展具有重要推动作用；另一方面，资本逐利的本性也容易形成贪婪无度、急功近利的企业文化。资本只有回归服务实体经济的本源，坚守资本市场的人民性，才能有效防止资本负面属性，兴利除弊、扬善抑恶。

证券行业作为促进资本形成的核心中介，必须树立正确的价值观、义利观、风险观，围绕服务实体经济的宗旨，形成中国特色的证券文化，积极引

导资本趋利避害，促进经济社会发展的平衡性、协调性、包容性。推动中国特色证券文化建设，需要从文化层面积极消除资本的负面属性影响。一是克服资本"嫌贫爱富"的局限性，推动资本市场更好服务中小微企业、区域经济协调发展，增强证券服务的适应性、竞争力和普惠性。二是克制资本贪婪无度的自利性，有效发挥资本市场的枢纽功能，贯彻落实创新、协调、开放、绿色、共享的发展理念，站稳资本市场的人民立场，行业自觉自发、主动作为履行社会责任。三是克服资本急功近利的短视性，树立可持续发展的观念，围绕怎样为实体经济管理风险、增加有效投资；怎样为新兴产业合理定价、促进资本形成；怎样为绿色发展提供中长期资金供给；怎样在实现碳达峰碳中和目标中促进产业结构调整和清洁能源革命等方面，培养工匠精神、专业精神和长期主义，建立健全长期长效激励机制。四是抑制资本"脱实向虚"自我创新的投机性，恪守金融服务实体经济的宗旨和天职，有效管控资本无序扩张，牢固树立合规、诚信、专业、稳健的文化理念，更好地促进资本、科技与实体经济高水平循环。

## 四、促进人的全面发展成为行业文化建设的实践方向

"文以载道，以文化人"是文化建设的核心要义。人是事业发展的核心力量，促进人的全面发展是文化建设的根本任务。只有增进人的文化认同，行业文化、公司文化才能落地生根，发挥强基固本的作用。自行业文化建设动员大会以来，协会充分发挥自律传导作用，积极贯彻落实中国证监会发布的《建设证券基金行业文化防范道德风险工作纲要》各项部署，持续推进行业文化建设落实。首先是以制度建设强基，推动合规、诚信、专业、稳健的文化理念，嵌入业务流程、内部控制、合规管理之中，成为人才执业管理的基本要求，以制度承载道德理念、固化良好品行、强化价值引领；健全诚信体系、声誉管理体系、社会责任评价体系，督促人才珍惜执业声誉、厚积声誉资本。其次是以生态培养固本，通过推广文化建设十要素，从观念、组织、行为层

面增进文化认同,促进人才的全面发展;培育证券从业人员的工匠精神、专业精神、投资者服务意识及良好职业操守,增强证券从业人员敬畏市场、敬畏法治、敬畏专业、敬畏风险的意识。最后是以文化形成致远,持续开展文化建设实践的展示、评估、示范工作,督促行业积极履行社会责任,使向上向善的精神追求,成为证券从业人员的鲜明标识和共同气质;使国之大者的理想情怀,成为证券行业服务人民、服务实体经济的源头活水和行动自觉。

两年来,行业文化建设百花齐放、气象万千。116家证券公司公布展示文化建设配套制度建设与提升计划;50多家证券公司将文化建设纳入公司章程;53家证券公司明确在绩效考核中增加文化建设相关指标,79家证券公司设立了文化建设专项经费;71家证券公司董事长、总经理接受媒体访谈,发表文化建设研究文章近200篇。34家证券公司被评为2020年度行业文化建设A类、B类公司,获得证券公司分类评价加分。2020年102家证券公司结对帮扶的307个国家级贫困县全部实现脱贫摘帽,协会代表行业荣获党中央、国务院授予的"全国脱贫攻坚先进集体"称号;近期,52家证券公司发起"证券行业促进乡村振兴公益行动",巩固、深耕、扎根"一司一县"结对帮扶,践行新发展理念,促进乡村振兴,促进共同富裕,首期承诺公益投入达3.3亿元。

证券行业伴随着资本市场的发展不断成长进步,在砥砺前行中不断厚植发展力量和文化基因。两年来,行业文化建设实践成果丰硕、方兴未艾,合规、诚信、专业、稳健的文行业化理念潜移默化、深耕细作,行业文化建设的共识持续凝聚,共信不断增强,行动更加协同,为打造一个规范、透明、开放、有活力、有韧性的资本市场,营造良好的发展生态,担当起行业应有的职责使命。

(本文刊于《清华金融评论》2021年12月刊,总第97期。)

# 金融科技为证券业高质量发展注入新活力

近年来，金融科技的快速发展，为证券业高质量发展注入新的活力，并深刻改变了我们的工作方式、学习方式、生活方式和生产方式。数字化是科技运用的基础，证券行业是最早开发运用数字化技术的领域。随着数字化技术的转型升级，证券业的经营方式、服务业态和商业模式将发生更为深刻的变革。

## 一、金融科技在证券市场的运用场景广泛

美国作为金融科技（FinTech）一词的诞生地，技术与金融的融合创新不断发展，以技术优化金融业务流程、推进金融产品创新、变革金融服务模式已蔚然成风。金融科技在美国证券市场应用的价值链有五个区间，分别是一级市场、交易前、交易执行、交易后、交易支持。其中，人工智能和机器学习应用于产生交易信号和处理交易，区块链应用于交易后的抵押物管理、证券租赁、现金权益清算和结算等，大数据技术应用于定价、风控、征信、评级等。

人工智能（AI）的主要应用方向包括投资组合管理、智能投顾、风险评估、监管和合规等领域。在投资组合管理领域，AI支持的投资系统可以完全自主识别和执行交易，分析包含市场价格、交易量、宏观数据、企业财务报表等大量数据并自主做出市场预测，选择最佳交易策略。在智能投顾（Robo-advisor）领域，智能投顾1.0主要是传统人工投顾服务在资产配置环节的自动

化，一般拥有投资者风险测评、投资组合购买等功能，底层资产以分资产类别的、静态配置 ETF 指数追踪基金为主，实现自上而下的资产配置策略。智能投顾 2.0 则在 1.0 基础上，获取并分析客户及全市场产品大数据，机器服务与人工服务进一步深度结合，为客户提供全面的、全生命周期的金融服务，基于客户目标及市场变化进行客户资产组合的动态优化、个性化定制。

  区块链的应用场景在不断拓展。区块链技术凭借去中心化、不可篡改和加密安全性等特点，在数字货币、资金清算、金融资产交易、证券发行、智能合约等领域体现出巨大应用潜力。在数字货币方面，如金融机构间结算币 JP Morgan Coin、稳定加密货币 USD Coin 以及 Facebook 的 Libra 项目，应用于即时结算客户间的支付交易，降低交易对手风险和结算风险。在交易清算结算方面，区块链分布式记账的特点，被应用于减少中介环节、简化结算流程。如 R3 公司引入联盟链、共识机制增强信用，其区块链平台 Corda 舍弃了全网广播模式，仅要求每一笔交易的参与方对交易进行验证和记录，提高了交易的吞吐能力。如纳斯达克交易所与区块链技术公司 Chain 合作开发区块链股权交易系统 Linq，将股权交易市场标准结算时间从 3 天降至 10 分钟，结算风险降低 99%，大幅降低了资金成本和系统性风险。据奥纬咨询公司（Oliver Wyman）估计，全球金融业每年清算结算的总成本约在 650 亿~800 亿美元，运用区块链技术有望在 2020 年减少约 200 亿美元。

  大数据的应用主要集中在风控、定价、营销、监管等方面。如美国信用评分公司 ZestFinance 以大数据技术为基础，采集了社交网络信息、用户登记信息，甚至用户的写作习惯、阅读习惯等非传统数据信息，用以考察借款人借款行为背后的线索及线索间的关联性，最终给出消费者信用评分。如美国金融业监管局（FINRA）利用大数据技术对美国 100% 的股票交易实时数据、90% 的债券数据、70% 的商品交易数据进行电子化分析处理，达到监督会员、防范风险的目的。

  中美两国金融科技发展呈现三个方面的不同特征。一是创新主体不同。美国金融科技创新的主体是初创企业。全球 30 家估值 10 亿美元以上的金融科技初创公司,美国有 19 家,尽管公司规模相对较小,但数量众多、创新能力强。我国金融科技创新的主力是互联网巨头企业,如阿里巴巴、腾讯、京东等,凭借其技术、人才、数据、资金等优势介入银行、证券、保险等细分市场并取得领先地位。二是分布领域不同。美国金融科技的领域分布比较广,对企业和客户的服务也相对较为均衡,在支持传统业务领域提升效率的同时,覆盖了传统金融体系遗漏的客户和市场领域。我国传统金融服务本身供给不足,金融科技主要在支付、消费信贷等传统金融机构难以覆盖的领域抢占先机。三是核心优势不同。美国金融科技发展的优势表现为在大数据、云计算、区块链和人工智能等核心技术上的领先优势,以及依托技术创新带来的业务模式及产品创新。我国金融科技的优势则是依托互联网公司的导流和场景化应用以及具有巨大增长潜力的市场需求,使金融产品和服务得以规模化发展,市场范围不断拓展。

## 二、金融科技深刻改变证券行业发展生态

金融科技创新深刻改变着证券行业的发展生态。国际一流投行通过科技应用实现了业务运营和业务模式的转型和创新,为客户提供量身打造解决方案,真正实现以客户为中心,提升客户体验,主要表现在以下三个方面。一是通过科技为业务赋能,实现内部工作流程自动化,提高运营效率。以高盛为例,在交易业务流程中,其纽约总部在 200 名电脑工程师的协助下,大部分交易由算法自动完成,"一名计算机工程师取代了四名交易员"。在投行业务流程中,75 名数据科学家开发的"Deal Link"平台,将 IPO 业务分解为 127 个步骤,把包括法律合规审查、填表、生成报告等在内的 50% 以上业务流程自动化。并购业务中利用机器学习分析 SEC 的监管文件、帮助理解客户股东之间的复杂关系;利用 Reorg Research 平台实现尽职调查智能化。二是通过科技实现业务模式创新,提升客户体验。如高盛通过多个金融科技应用平台创新业务模式,实现了从产品业务模式向平台业务模式的转型:Marquee 平

台提供市场价格信息、投资研究、交易监测服务；Symphony 数据与通信平台为客户提供基于云计算的加密即时通信，帮助机构客户进行安全沟通、定价和报价；Zephyr 平台实时进行债务资本架构分析，提升与客户互动解决复杂问题的效率。三是通过科技运用改变组织架构、人才结构，降低运营成本，重复性、标准化、程序化的岗位数量大幅减少。在华尔街，机器正在取代大量高薪人士的工作：高盛股票交易员从 2000 年的 600 名减少至 2 名，2019 年前 9 个月员工的平均收入为 24.6 万美元，不到 2009 年同期 52.7 万美元的一半；花旗宣布在 5 年内用人工智能代替近 1 万名投行部门员工，占投行员工总数的 50%。从对员工技能要求的角度来看，擅长沟通、逻辑与创造的专业服务人才，以及人工智能技术人才受到投行的欢迎。如高盛机构客户证券部门的量化团队在十年前招聘的仅仅是擅长风险建模与定价的分析师，现在则更为关注擅长机器学习等人工智能技术人才。

中国证券市场从起步开始，就运用互联网技术的高起点，实现电子化自动撮合交易、实时数据远程传输和无纸化中央登记结算等全域数字化发展。以数字化为基础，证券科技大致经历了 3 个阶段的运用场景提升，第一个阶段是 1993—2000 年的"互联网＋证券登记结算"，运用场景表现为提升证券交易效率，实现证券网上登记、交易、结算；第二个阶段是 2000—2014 年的"移动互联＋证券交易"，运用场景体现在改变交易模式，广泛使用移动互联网交易平台；第三个阶段是 2014 年至今的"金融科技＋智慧券商"，运用场景体现为改善服务生态，以大数据、人工智能、云计算、区块链重构券商经营模式、机制与管理。特别是 2017 年以来，证券业探索利用大数据、云计算、人工智能等技术，在业务领域和组织管理方面推进数字化转型取得积极成效。2017—2019 年证券业在金融科技及信息技术方面的投入不断加大，信息技术投入由 159.86 亿元上升到 205.1 亿元，占营业收入的比重也由 4.9%上升到 8.07%。随着科技运用的发展，证券行业数字化转型升级，呈现出以下三个方面的新特征。

一是数字化转型成为公司发展战略的重要组成部分。数字化转型是技术与业务运营的深度融合，是利用数字化技术推动企业商业模式、组织架构、观念文化等进行系列变革的过程。根据中国证券业协会2020年的调查显示，目前已有92%的证券公司启动了数字化转型，并制定数字化发展战略。95%的证券公司在2020年增加了数字化转型方面的投入，其中有16%的证券公司投入增幅在100%以上。此外，为适应数字化转型的需要，证券公司通过组织架构调整配套数字化转型成为趋势。部分公司成立专门的数字转型负责部门或金融科技子公司，承担金融科技的自主研发建设任务，统筹公司数字化业务需求和运营流程优化。

二是数字化转型重点领域正从经纪业务逐步向全业务领域扩展。目前，大部分证券公司除了针对零售业务客户开展以客户为中心、线上线下全生命周期数字化管理与服务流程数字化再造、场景化精准营销等为代表的数字化财富管理能力建设外，机构业务、资管、投行、风控等业务上均已出现数字化转型的落地场景。机构业务方面，部分公司正在探索重塑跨投研、托管外包、交易、销售、风控一体化的机构数字化综合金融服务能力，构建新的机构业务生态；投行业务方面，通过承揽承做阶段的智能化合规管理，协同、定价、销售、风控一体化的智慧大投行能力建设，在完成全流程业务线上化、数字化的基础上，向智慧投行方向发展；资管方面，AI智能化订单管理、智能盯盘、智能风控、极速交易的专业化智能交易能力建设，正驱动资管业务从原有的传统型资管向数字化资管转型。根据中国证券业协会的调查统计，截至2021年6月，在经纪业务、中后台、投资银行、资产管理、自营业务、研究业务等方面实施数字化转型的证券公司，占比约为89%、64%、43%、30%、29%和26%。

三是中台服务能力成为数字化转型的重点领域。证券公司中台不仅仅是一个技术系统，也是公司共享能力汇集点，是将总部各业务条线以业务牌照为划分的输出，通过中台的流程再造和资源、流量汇集，改为以客户为中心的最终输出，可以降低资源的重复投入，为高效支持业务变革提供技术基础。中台共享能力的建设能为前台业务经营模式和业务流程的再造提供了落脚点，大数据、人工智能、云服务为证券公司提供更加便捷的建设路径，更加有效的系统实现模式，极大地提升了生产力。

## 三、证券行业数字化转型升级方兴未艾

科技创新推动数字化转型升级的价值有目共睹。权威机构调查显示，善用大数据与分析的企业，在开发客户和市场洞察方面比一般企业优秀3倍；在根据分析结果实现流程和决策自动化方面比一般企业高出至少2倍，数字化转型升级已经为证券行业带来了一场"范式性革命"。从国际经验看，证券行业运用金融科技，实施数字化转型，不但拓宽了业务边界，改变了业务开展、风险控制、合规监管的方式，同时催生了智能投顾、智能投研、金融云等新型服务或产品，有效提升了用户的服务体验，大大降低了运营成本，提高了市场整体的运行效率。以摩根大通为例，在实施数字化战略并加大线上产品投入力度之后，客户净推荐指数增加19%，客户保留率增加10%，客户刷卡消费增加118%，存款和投资份额增加40%。

从国内情况看，经过几年的发展，证券行业数字化转型升级，已取得初步成效。

一是提升了核心竞争力。证券公司数字化、智能化变革的核心，是以数据和流程为核心的精细化运营。与数据相对应的，是公司需要进行的一系列中后台的改造，实现智能化数据解析结果的共享和面向各业务部门的数据整合，为各业务条线的协同与联接提供基础，进而全面提升公司核心竞争力。统计表明，近年来，证券公司信息技术投入与公司营业收入、利润增长高度正相关，行业信息技术排名靠前的公司均在行业排名中处于前列，增加技术投入有效提升了公司核心竞争力。

二是改善了客户体验。数字化转型强化了"以客户为中心"的服务理念，可以有效解决客户日益增长的个性化需求与证券行业人力局限的核心矛盾。同时，数字化转型是将金融服务从之前单纯的输出变成金融服务闭环，让客

户借助金融产品，获得更加便捷的金融服务，例如提供一站式的服务平台，保障用户能够实时在线得到全方位、全场景的服务。

三是重塑了行业竞争格局。目前，部分证券公司通过构建覆盖财富管理、投资银行、机构与交易、投资管理等业务板块的一体化架构平台，积极实践金融科技与数字化转型，打造一流的数字化证券公司。也有公司着力发展在线数字化服务等业务，对互联网证券公司模式进行探索。数字化转型不但促进了综合实力强的证券公司进一步强化竞争优势，也为中小证券公司提供了差异化发展、"弯道超车"的可能。

四是改变了行业发展生态。数字化转型促进了证券行业与金融科技公司的合作。国内已有多家证券公司与阿里、腾讯等科技公司开展合作，借助其技术实力共同拓宽证券业务服务场景，提升自身服务的质量与效能。同时，行业监管部门也正加快监管的数字化转型步伐，强调鼓励和规范、引导创新，从政策战略、法律规范以及数字化建设等多个层次进行顶层设计。

五是提高了应急处置能力。证券行业的应急处置能力在新冠肺炎疫情期间经受了考验。得益于金融科技的应用和数字化转型，疫情期间，证券公司采取非现场办公、推出智能化投资咨询服务业务等方式，在维护系统安全和保障员工健康的同时，保障了证券市场和证券业务的正常运营，切实保护了广大投资者的利益。协会调研显示，与2019年12月相比，2020年2—3月，证券公司非现场业务办理量增长了20%，APP使用率平均提升27.9%，在线投顾付费签约客户数增长145.5%。

在数字化浪潮方兴未艾的新形势下，推动证券业数字化转型升级，实现动力变革、效率变革、质量变革，是推动我国证券行业高质量发展的有效途径。尽管证券行业在数字化转型中已取得初步成效，但与我国银行业或境外领先机构相比，在数字技术应用领域仍存在较大差距，究其原因，一是证券行业整体实力较弱，创新力量相对集中在交易所和大券商。二是对证券科技的重要性认识不够，人力、资金投入不足。根据艾瑞咨询的数据显示，2019年中国金融机构信息技术总投入金额达1770.9亿元，银行业信息技术投入金额达1214.8亿元，占比68.6%，证券业信息技术投入金额达205.01亿元，占比11.58%，相比银行业差距不小。在技术人才方面，2019年年底，证券行业信息技术人才占行业注册人员数量的3.75%，远低于国际一流投行的水平。三是试错成本高。证券公司在强监管之下开展业务运行和信息系统建设，面对新技术，往往只能在测试环境试错。四是证券科技的运用和创新主要集中在传统业务转型，缺少针对金融产品、金融交易技术的创新。与国际同行相比也存在不小差距，根据美国CIO杂志对全球著名投行和资产管理机构的调研，金融科技投入占行业总收入的比重大致在3%~7%，国际一流投行的投入大大超过行业平均值。在科技人员配备上，国际一流投行占比亦明显高于行业平均水平，高盛超过了30%，摩根士丹利约为10%。两相比较，我国证券行业提升科技运用水平和创新能力，尚有较长的路要走。

## 四、金融科技为行业文化带来新的挑战及应对

以大数据、云计算、人工智能及区块链等技术为代表的金融科技具有降低信息不对称、易于甄别风险主体等弱化传统道德风险的效果。但是由于金融科技自身属性，其在金融市场运用的过程中也可能产生新型道德风险。一是金融科技技术端可能发生新型道德风险。鉴于金融科技本身的技术性和专业性，如果金融技术人员试图在金融科技工具中设置漏洞，非专业人士将难以察觉。金融科技技术人员对于技术的高度控制可能在两个方面产生道德风险，一方面是设置不公平算法，另一方面是窥探客户隐私，未经许可收集数据。二是金融科技业务应用端可能发生新型道德风险。如在智能投顾领域，网络的虚拟性、不同算法产生投资组合的复杂性，形成了新的信息不对称。由于信息披露不到位，智能投顾运营者可能会利用这些信息差异从事违反受信义务的活动。在交易领域，金融科技的广泛应用，对传统金融交易标的、定价、流程和对价等产生巨大冲击，披着金融科技应用外衣下的新型交易方式存在巨大道德风险。此外，金融科技的广泛运用，机器完成的交易比重在

上升，基于上市公司基本面的交易在减少，助长经济活动脱实向虚；ETF快速发展，占美日等国证券交易量接近一半，形成同向运动和"羊群效应"，减少了差别化、多样化，对市场流动性形成挑战；智能投顾注重短期高频，忽视中长期，影响系统稳定性，这些潜在系统性风险不断诱发"黑天鹅"事件。

高盛、摩根士丹利等国际一流投行高度重视金融科技发展对公司文化建设、员工道德规范的冲击，经过多年的摸索，形成了比较成熟的经验。

在完善规则体系方面，国际一流投行十分重视建立完善的道德风险防范规则体系，如制定《道德守则》（各公司道德规则名称不同，仅以此名称为例，以下简称《守则》），明确董事会成员、高级管理人员和全体员工在履职时应遵循的具体行为标准。各公司《守则》具体内容不尽相同，但是普遍涵盖了以下六个方面。一是利益冲突。明确规定了在公司与客户之间、客户与客户之间、公司与员工之间等关系中潜在的利益冲突的解决方案和具体措施。二是反腐败。明确规定了禁止一切形式的贿赂和腐败。要求员工在与外部商业伙伴和政府官员交往中，如涉及礼物、招待时，必须履行严格的程序。三是机密信息。明确员工对在业务过程中接触到的合作公司、客户、潜在客户、监管机构的未披露信息负保密责任，即使离职仍需履行保密义务。四是信息披露。要求所有涉及向监管机关、公众提供信息的人员，必须保证信息的准确、公正、完整、及时、可理解。五是公司资产。明确员工有义务合理使用与保护公司及合作方的有形和无形资产（包括现金、证券、业务计划、客户和员工信息、知识产权等）。六是政治活动。要求员工保证个人合法参与政治活动。各公司要求员工在遵守《守则》的基础上，必须同时遵守所有适用的法律、法规和规章，包括内幕交易、财务报告、利益冲突、反洗钱、反欺诈、反贿赂和反腐败有关的法律法规，以及公司相关业务规则、合规办法、员工手册、保密办法等相关规定。

在公司文化建设方面，国际一流投行十分重视公司文化建设，形成明确核心价值观要求员工遵守。各公司的文化各具特色，但都视客户为公司生存之本，将客户利益置于首位。摩根士丹利的公司文化体现为四个核心价值观：

客户为先、为所应为、卓尔不群、回馈社会。高盛的公司文化体现为14条"高盛经营原则":客户利益永远至上,最重要的三大财富是员工、资本与声誉,违反保密原则及不当利用机密信息是不可原谅的,公正诚信是立业立身之本等。打造核心价值观是公司文化建设的重要,统一的价值观使公司员工在判断自己行为时具有统一的标准。在具体业务中,当遇到法律法规及公司制度无明确规定的情况时,公司文化成为员工判别正误、决定自己行为、防范道德风险的重要准绳。

在健全组织体系方面,形成两个方面的最佳实践。一是健全员工教育培养体系。从员工招聘环节开始,即注重严把道德关;谨慎考察每一名候选人,不仅关注其技能、业绩和潜力,更看重其处事原则和价值观,以及以往诚信和道德记录;通过开展入职培训、后续职业培训以及个人承诺等方式,要求员工必须确认知晓并承诺遵守《守则》,以及所有适用的法律法规和公司制度;在人才培养相关规则中,明确将员工的诚信、道德情况作为重要考察指标。在薪酬制度中偏重长期激励方式,避免员工短期化行为。对于违反职业道德的员工,根据《守则》及相关规定从严处罚。二是健全道德风险监督管理体系,形成了行之有效的"责任到人"机制。首先,注重明确员工责任,要求员工开展业务时遵循"三层决策法"。第一层是"对照规则"。要求员工严格对照《守则》、适用法律法规和公司相关业务规则进行业务决策,确保决策符合各项规则要求。第二层是"对照文化"。随着金融科技的高速发展,公司与员工在快节奏、复杂的创新环境中,随时面临各种崭新的独特的情况,《守则》及其他规则无法预测性地涵盖可能遇到的全部问题。员工在无法基于规则作出业务决策时,应对照公司文化,根据公司文化的价值观及"与公司文化一致"的原则作出决策。第三层是"报告求助"。如员工"对照规则""对照文化"仍难以作出业务决策,或发现了存在道德风险问题时,应立即向直接主管或合规法务人员报告求助。员工如未及时报告,则可能会承担隐瞒道德风险的责任,甚至负监管和刑事责任。其次,注重明确主管责任。公司各级主管除负责业务工作外,还负有监督所管理人员的业务活动和行为的责任，以确保其所管理人员遵守适用的法律法规和公司制度，并在有问题时及时采取适当的措施。没有合理采取适当措施的监督者会因未适当监督而承担责任，甚至负监管和刑事责任。最后，明确其他相关人员责任。各公司规定了道德风险监督管理体系中其他相关人员的责任，主要涉及风控、合规、法务人员，以及与道德风险问题直接相关的委员会、办公室等工作人员。如摩根士丹利，在业务部门设置了冲突管理官，成立了全球冲突办公室，负责处理利益冲突问题；成立了反腐败小组，负责处理涉及腐败问题等。健全道德风险监督管理体系，实现了对道德风险的标准化、流程化管理，让员工易于理解执行，公司易于监督管理，使道德规范和公司文化在员工履职过程中切实得以落实。

在应对金融科技对公司文化形成和员工道德规范的冲击上，自律组织可以发挥更多传导正能量的作用。FINRA作为美国证券行业权威自律组织，制定了《商业荣誉标准和交易原则》（Rule2010号，下文简称《原则》），作为会员公司及从业人员道德及职业行为管理的总规则。《原则》全文仅有由22个英文单词组成的一句话，即"会员在开展业务时应遵守高标准的商业荣誉以及公正和公平的交易原则"。FINRA通过建立强大的道德与执业行为自律规则体系、开展严格的文化道德与执业行为检查调查、对违反职业道德行为采取严厉的处罚措施，推动行业形成良好的公司文化、行业文化，有效防控行业道德风险，推动行业良性发展。

2021年2月，中国证券业协会针对金融科技形成的行业新型道德风险，特别是行业滋生的过度激励、短期激励倾向，工匠精神、专业精神缺失，投资者保护意识、职业道德意识淡化以及脱实向虚趋势等问题，借鉴国际最佳实践，广泛凝聚行业共识，发布推广《文化建设十要素》，从行为、组织、观念三个层次，提出证券行业文化建设的十个关键要素，即平衡各方利益、建立长效激励、加强声誉约束、落实责任担当、融合发展战略、强化文化认同、激发组织活力、秉承守正创新、崇尚专业精神、坚持可持续发展。倡导证券共识围绕此十要素向心发力、深耕细作、久久为功，守正笃实推进行业文化建设，持续积淀和涵养行业生态，把文化建设与公司治理、发展战略、发展方式和行为规范深度融合，与人的全面发展、历史文化传承、党建文化要求和专业能力建设有机结合，促进形成健康的价值观、发展观、风险观，为资本市场长期稳定健康发展提供价值引领、精神支撑和制度基础。

（本文刊于《金融科技15讲》，人民日报出版社2021年6月第一版，杨涛主编。）

# 注册制是探索完善有效市场和有为政府的重要实践

全面实行股票发行注册制，是中央经济工作会议和政府工作报告确定的目标和任务。建设中国特色的注册制，探索完善有效市场和有为政府，促进形成高质量发展新动能，是资本市场的重要使命。

注册制是构建市场导向型金融体系的重要实践。从注册制的基本内涵和国际实践看，注册制具有两个基本特征：一是以信息披露为核心；二是市场决定资源配置。以信息披露为核心的注册制，需要建立在三个基础之上：一是"卖者有责，买者自负"的市场生态；二是精准审核、全程问责的市场监管；三是治理有效、司法追责的市场环境。从核准制向注册制转变，市场在资源配置中的决定性作用更加显著。在注册制下，监管理念更加市场化、法治化，监管体制更加突出分工负责、分权制衡的特点，监管生态更加强调发行人、投资者、中介机构、审核部门、行业自律、监管部门归位尽责，各负其责。注册制的核心是处理好政府和市场的关系，是在关键领域探索建立有为政府和有效市场的重大实践。实行注册制需要以市场为导向，强化监管，进一步优化监管资源、职能、责任的适配性，避免监管冗余与真空并存、监管套利和不适应叠加的问题；坚持以规则为基础，减少行政干预，不断优化行政监管与证券交易所之间的分工与协作，落实证券交易所审核主体责任，提高注册、审核把关质量和衔接效率，注重发挥行业协会作为第三方自律组织的补位、平衡、传导作用，增强市场主体的活力、韧性和获得感。

注册制是更好服务高质量发展的制度安排。实行注册制形成多元包容的发行上市标准，注重发挥市场在资源配置中的决定作用，强化市场导向的价格形成机制，构建以信息披露为核心的监管规则体系，增强资本市场对转型升级风险、创新创业风险、动能转换风险的包容性，对促进转变发展方式、优化经济结构、转换增长动能具有更好的适应性。实行注册制必将坚守服务实体经济的宗旨和使命，强调资本市场的人民性，推动资本市场贯彻落实新的发展理念，促进发展的平衡性、协调性、包容性。实行注册制必将遵循中国特色资本市场的发展阶段和规律，强调约束资本的负面性，积极引导资本兴利除弊，克服资本"嫌贫爱富"的局限性，克制资本唯利是图的自利性，节制资本急功近利的短视性，抑制资本"脱实向虚"的投机性，发挥好资本市场在现代化经济体系中的枢纽作用，促进资本、科技与实体经济高水平循环。

注册制是银行主导型金融体系优化调整的重要探索。银行主导型金融体系的形成，是我国改革开放 40 年取得的重大实践成果。根据央行的数据发布，截至 2021 年年底，我国金融机构总资产为 381.95 万亿元，其中，银行业机构总资产为 344.76 万亿元，总量占比为 90.26%；证券业机构总资产为 12.3 万亿元，总量占比仅为 3.22%。同期社会融资规模累计增量为 31.35 万亿元，其中，对实体经济发放的人民币贷款增加 19.94 万亿元，总量占比为 63.6%；非金融企业境内股票融资 1.24 万亿元，总量占比为 3.9%。表明我国金融资源主要集中配置在银行体系，银行业在金融体系居于主导地位；建设现代化经济体系，推动创新驱动发展、高质量发展，打造具有更好适应性、竞争力、普惠性的现代金融体系，需要推动对金融体系进行结构性调整。实行注册制是金融供给侧结构性改革的重要举措，是对银行主导型金融体系功能发挥的健全和完善，是在银行主导型金融体系优化调整中，推动资本市场融资端、投资端深化改革，促进储蓄转化为有效投资，不断优化资本市场投资者结构，持续提升直接融资比重。

注册制将更好发挥行政监管的制度优势。我国资本市场诞生于计划经济体制向市场经济体制转轨的特殊时期，基础制度的构建以行政监管为主导，是中国特色资本市场的重要特征之一。行政主导的监管体系具有权责集中的特点，其优势是整齐划一、令行禁止，其劣势是"一管就死，一放就乱"，不利于市场活力和韧性的形成。实行以市场为导向的注册制，则需要以"放管服"改革为基础，在不断增强市场约束机制作用的同时，更加有效地发挥行政监管的作用，以分权、明责、制衡、平衡为目标，推动监管转型和形成监管合力，发挥行政监管统一规则、统筹协调、统领全局的中心作用，构建共建、共治、共享的治理生态，把上市公司"入门关"由原来偏重行政审核一个点，通过压实发行人的主体责任、中介机构的勤勉责任、投资者的适当性责任、审核部门的把关责任、监管部门的督导责任，形成全过程层层把关的"流水线"，促进发行人、中介机构、投资者各负其责，自律组织、监管部门、司法机构各司其职，市场约束、自律管理、行政监管协同作用，构建规则清晰、权责明确、治理有效、规范有序的监管体系，形成共同促进提高上市公司质量的合力。

注册制将更注重保护投资者的合法权益。截至 2021 年年底，我国资本市场个人投资者数量达到 1.97 亿，占投资者总数的比例达到 99.8%，占全国总人口的比例为 12.8%，是世界上个人投资者参与程度最高的市场。虽然近年来机构投资者持股比例不断上升，平均值达到 35.98%，但是个人投资者贡献了日均交易量的 80%。在一定意义上看，保护中小投资者就是保护资本市场。注册制改革面对以散户为主的投资者结构，需要客观、辩证地处理好以下三个方面的问题。一是有效的市场优胜劣汰机制难以短期形成。散户在风险识别、包容和承受能力有很大的局限性，往往对劣质公司采取逆向选择，加剧市场风险的积聚。二是有效的市场约束机制需要持续养成。发行人恪守诚信义务，中介机构坚守勤勉义务，投资者遵守适当性义务，是形成市场约束机制形成的基础。三是有效的价格形成机制需要均衡博弈。市场在资源配置的决定作用，是通过市场充分博弈形成的价格信息引导实现的。在注册制改革试点中，采取"高价剔除""四值孰低"等机制设计，对发行定价"三高"问题进行遏制，取得了明显的效果；同时破发现象常态化的出现，对发行定价的市场约束机制进一步形成，迈出了发行定价市场化改革的重要一步。

注册制将全新打造证券行业高质量发展生态。注册制改革是资本市场基础性制度改革，既是涉及监管理念、体制的深刻变革，更是证券行业机构能力和责任体系的重塑。从审核制、核准制到注册制，对证券行业机构的能力和责任要求不断在提高和加强。在注册制下，发行人、中介机构、监管部门的权责关系重新界定，发行人、投资者和中介机构的责任关联重新构建，证券行业机构以专业责任作为保证，成为发行人质量把关、发行定价和节奏把控的中枢，业务工作重心从服务"可批性"向服务"可投性"转变，行业发展生态从"数量竞争"向"质量竞争"转变。证券行业机构需要科学识变，准确应变，主动求变，切实树立以客户为中心的理念，更加注重各业务条线的整合与协同，打造一体化、全能型、全业务链的现代投资银行，满足客户全方位、全生命周期的投融资需求；围绕保荐、定价、承销三大能力的形成和提升，全新塑造投资银行的尽职调查、增值服务、研究分析、质量控制的业务逻辑，构建以发行人质量为纽带的利益协同体，以投行项目执行质量评价为基础，压实三道防线的专业责任，构建从业人员专业声誉机制，建立有效的发行人质量市场约束机制和发行价格市场化形成机制，提升价格信号引导资源配置的质量和效率，提升资本市场对新旧动能转换、经济转型升级、创新驱动发展的适配性，形成促进高质量发展的新动能。

实行注册制是探索完善有效市场和有为政府的创新实践，中介机构发挥好"看门人"作用是实现"政府退一步，市场进一步"的前提和基础，中国证券业协会作为第三方自律组织，主动发挥监管的补位、平衡和传导作用，通过推动行业文化建设、责任体系建设、执业声誉建设、专业能力建设，促进行业机构形成归位尽责、勤勉尽责、专业制胜、声誉至上的发展生态，努力为稳步推进注册制改革固本强基、铺轨筑路。

（本文刊于《中国证券》2022年第5期卷首。）

# 推动证券业高质量发展的共识与实践

2021年是我国资本市场建立30周年。三十而立，春华秋实，中国证券业伴随着中国经济的腾飞和资本市场的发展，迈入了高质量发展的新阶段。为广泛凝聚推动证券业高质量发展的共识，2019年以来，中国证券业协会与中国证券报合作，邀请了60多位证券公司董事长、总经理，围绕高质量发展与文化建设主题，分享思想感悟、总结实践经验和提出政策建议。中国证券报开辟专栏，全文刊发证券公司高管们的真知灼见，向全社会展示新时代证券业发展的新方位，证券业贯彻落实新发展理念的新成果；中国证券业协会会刊《中国证券》定期发布证券公司高管们的实战经验，在行业传导守正创新的正能量，交流服务实体经济的真本领。两年来，经过各方共同的努力，推动证券业高质量发展，正在形成行业的思想共识和行动自觉，体现在以下四个方面。

打造一个规范、透明、开放、有活力、有韧性的资本市场，必须建设高质量的投资银行和财富管理机构。投资银行是促进资本形成和交易的组织者和执行者，是连接投资端与融资端的核心中介，是资本市场发挥枢纽功能的制度基础和逻辑主体，投资银行是否强大决定一国资本市场的发展水平、功能发挥和服务半径。没有高质量发展的投资银行，就没有成熟发达的资本市场。投资银行高质量发展，不仅是做大规模，更重要的是做专做优做精做强，在支持创新驱动发展上具有更高的适应性，在服务国际国内双循环发展中具有更强的竞争力，在服务高质量发展上具有更好的普惠性。

推动证券行业高质量发展，必须坚持服务实体经济的发展定位。以落实金融供给侧结构性改革为主线，主动适应发展更多依靠创新、创造、创意的大趋势，紧紧围绕为投资者和融资者提供金融中介服务的总需求，推动证券行业优化服务结构、提升能力和质量，着力畅通资本、科技和实体经济的高水平循环，着力为实体经济和居民财富增长，提供更高质量、更加精准的金融服务。证券行业实现高质量发展，要转变过去依赖牌照的通道业务模式，形成以客户为中心的业务体系，在服务实体经济过程中，全面提升专业服务能力。同时，要注重提升守正创新能力，围绕服务实体经济积极开展业务、产品创新，为经济创新驱动发展和科技自立自强，提供更加多样化的金融工具，特别是审慎推进金融衍生品的创新发展，为增强市场流动性和提供风险管理工具创造条件。

推动证券业高质量发展，必须提升证券公司全面风险管理水平。一是健全与其自身发展战略相适应的全面风险管理架构，实施事前、事中与事后的风险防范、监控与评价工作；建立有效的风控前置程序、完备的风险管理系统、强大的风险文化体系，将风险控制在源头，实施全生命周期管理，强化内部监督功能，构建与自身业务发展相适应的风险计量模型，夯实证券公司合规展业、行稳致远的制度基础。二是不断完善与注册制相适应的责任体系，是证券公司全面风险管理的重要内容。证券公司需要在培育发行主体、询价定价、保障交易、风险管理、投资者适当性管理等环节，重塑和强化识别选择发行人、估值和定价、风险管理以及组织交易等责任，形成发行人质量、发行价格与节奏的市场化约束机制，全面加强自身的声誉风险管理和声誉资本建设。

推动证券业高质量发展，必须提升全业务链投资银行服务能力。全业务链投资银行，不再局限于传统投行承销保荐的业务视角，而是更加注重各业务条线在客户、业务、牌照、资金、风控等多方面的整合与协同，构建起全面综合、高效协同的业务体系和支持体系，满足客户全方位、全生命周期的投融资需求，加快向综合性的现代投资银行迈进。一是适应注册制改革趋势，重塑投资银行的业务逻辑。围绕保荐、定价、承销三大能力的形成和提升，从通道化、被动管理向专业化、主动管理转型，全新塑造投行尽职调查、增值服务、研究分析、质量控制的业务逻辑，形成一体化、全能型、全业务链现代投行经营模式。二是增强资源协同能力，真正建立以客户为中心的业务模式，增强跨业务板块、跨母子公司的客户共享、业务协作和资源整合，设计、提供具有市场竞争力的综合金融解决方案。三是增强国际化经营管理能力。围绕形成双循环新发展格局，打造境内外资源协同平台，形成本地市场与跨境联动相辅相成的良性循环，满足实体经济多品种、跨区域的全球资源布局和资产配置需求；与此同时，还要建立长效的跨境联动机制与内部协同激励机制，加强对境外业务发展战略、合规风控的统筹管控，提升国际化经营管理能力。

推动证券业高质量发展，必须守正笃实推进证券业文化建设。自2019年11月行业文化建设动员大会召开以来，经过一年的持续推进，各证券公司在形成文化理念、加强组织领导、完善工作机制、加强人员管理、优化考核激励、加大培训宣导、履行社会责任等方面取得了积极进展。100多家证券公司将合规理念融入到公司文化理念之中，倡导和推进合规文化建设；90余家证券公司提出诚信经营为本，构建良好的诚信文化环境；70余家证券公司提出专业创造价值的理念，积极塑造专业文化，增强公司核心竞争力；80余家证券公司将稳健经营作为公司发展理念，坚持稳中求进、行稳致远。下一步，协会将结合国情实际，借鉴国际最佳实践，推动出台《证券行业文化建设十要素》，从观念、组织、行为三个层次，提炼推广证券公司文化建设的关键要素，积极推动证券公司文化建设与公司治理、发展战略、发展方式和行为规范深度融合，引导文化建设与专业能力建设、人的全面发展、历史文化传承和党建活动要求有机结合，促进提升证券公司的文化"软实力"。

推动证券业高质量发展，是贯彻落实党的十九届四中全会提出的"健全具有更高适应性、竞争力、普惠性现代金融体系"的重要组成部分；是贯彻落实党的十九届五中全会通过的"十四五"规划建议中提出的"全面实行股票发行注册制"的关键环节。证券行业在凝聚思想共识的同时，应当主动作为，担当使命，把推动高质量发展当做自觉行为，为监管部门推进注册制改革，发挥自律先行一步的积极作用，为构建资本市场良好发展生态作出应有的贡献。

（本文取材于2020年12月2日中国证券业高质量发展论坛演讲稿。）

# 金融开放与证券业高质量发展

金融开放是健全具有更高适应性、竞争力、普惠性的现代金融体系的重要途径,是打造一个规范、透明、开放、有活力、有韧性的资本市场的内生动力,为证券业高质量发展创设了新的空间和新的机遇。

## 一、金融开放促进提升资本市场的枢纽作用

在以国内循环为主体、国内国际双循环相互促进的新发展格局下,金融开放是对内放松管制、对外放开限制的更高水平开放,是以健全具有更高适应性、竞争力、普惠性的现代金融体系为目标的开放。建设市场导向型金融体系是新发展格局下金融开放的重要方向,市场导向型金融体系具有三个方面的特征:一是对推动形成实体经济、科技创新、人力资源、现代金融协同发展的产业体系,促进我国产业迈向全球价值链中最高端具有更高的适应性;二是对培育依靠创新驱动的内涵型增长,形成需求牵引供给、供给创造需求的更高水平动态平衡具有更强的竞争力;三是对提高金融供给体系的质量和效率,形成直达实体经济的金融传导机制具有更好的普惠性。

资本市场是市场导向型金融体系的基础构成。资本市场在优化资源配置,推动资本、科技和实体经济高水平循环具有枢纽作用,体现在四个方面:一是投融资交易的枢纽,资本市场具有促进资本形成、发现价格、管理风险的重要功能,是市场化配置要素资源的有效途径,是增加居民财产性收入的重要渠道;二是经济信息传导的枢纽,资本市场形成的价格信号是引导经济运行的"风向标",是促进价值发现和价值增长的"动力机",同时资本市场是畅通金融资源直达实体经济的"直通车",促进储蓄转化为投资和消费的"顺

风车",可以有效激发市场主体创新活力,促进金融与实体经济的良性循环;三是风险定价管理的枢纽,资本市场作为风险定价的重要机制和风险管理的重要平台,是稳增长、调结构、降杠杆、防风险的重要手段,尤其是在为新兴产业发展提供金融支持,对新业态、新技术合理进行资产定价和权益保护,为分散不确定性创造金融产品,推动跨期限、跨产业、跨群体分散风险,增加有效投资等方面发挥枢纽功能;四是引导预期稳定的枢纽,资本市场的"晴雨表"和价格信号功能,直接反映经济景气度、投资者信心变化,同时资本市场连通千行百业,牵系千家百户,对经济、社会、政治等方面的预期管理具有重大影响,在稳经济、稳金融、稳预期中发挥重要作用。

## 二、金融开放开拓证券业高质量发展新空间

金融开放对于资本市场来说有两层意义:一是资本市场对内开放,以推进注册制改革为标志;二是资本市场对外开放,以证券业放开外资限制为标志。

2021年3月正式实施的新《证券法》,确立推行注册制作为资本市场的核心基础制度,是一场以放松管制为特征的、具有里程碑意义的改革。在资本市场30年的发展历程中,经历市场化改革"单兵突进"的艰难探索,发行审核体制从带有"计划经济"色彩的审核制下,实行管额度、管数制、管通道,到带有"鸟笼经济"特点的核准制下,实行管发行节奏、管发行定价、管发行规模,终于在而立之年迈出了市场化改革的坚定脚步。以注册制改革为标志的金融开放,将推动投资银行向市场化纵深发展,为证券业高质量发展开拓新空间,体现在五个方面。一是投资银行业务将回归本源。围绕定价、保荐、承销三大能力的形成和提升,投资银行业务能力将从通道化、被动管理向专业化、主动管理转型,价值发现能力、价格发现能力、尽职调查能力、客户服务能力、研究分析能力等将成为投资银行的核心竞争力。二是财富管理业务将成熟定型。证券公司的买方中介能力将由传统的通道业务、渠道服

务，向全生命周期、全价值链的综合金融服务转型，促进居民储蓄转化为有效投资，进一步增强资本市场长期资金供给的专业化、多样化、稳定性。三是投资者结构将持续优化。各类基金机构、银行理财、保险、信托等机构投资规模的不断壮大，推动改善资本市场投资者结构，促进提高价格信号的引导作用和资源配置效率，构建资本市场发展良好生态。四是资本市场创新将突出导向。资本市场创新将紧紧围绕服务实体经济中心目标，彻底摒弃照搬照抄、玩弄技术的金融创新，突出服务经济高质量发展导向和人民日益增长的财富管理导向，积极开发个性化、差异化、定制化的金融产品，不断丰富居民投资产品，满足居民日益增长的投资需求。五是资本市场体系将配套健全。逐步形成直接金融与间接金融均衡发展，场内场外市场协同发展，投资功能和融资功能协调发展，中介机构能力与责任对等匹配，激励创新与防范风险适度相容的良好市场生态。

更高水平的开放促进提升我国证券业发展质量。全面取消证券公司外资股比例限制，是我国证券行业双向开放新的起点。证券业是提供专业服务的竞争性行业，通过参与国际市场竞争，对于改进服务水平、增强服务实体经济能力，更好地服务经济高质量发展具有重要意义，也是证券经营机构自身锻炼成长的重要机会。2021年以来，中国资本市场对外开放的步伐不仅没有因新冠肺炎疫情而放缓，反而进一步加快。证券基金期货机构外资股比限制提前全面放开。截至2020年8月底，我国外资参、控股证券公司17家，其中，外资控股证券公司9家。国际一流投资银行在客户综合服务、产品创新，尤其是机构客户服务体系、跨境投融资服务以及全球资产配置等方面具有丰富的业务经验，国内业务综合全面、资本实力雄厚、风险管理能力领先的大型证券公司有望在竞争中借鉴其业务模式与服务经验，实现自身跨越式发展，跻身国际一流投行队伍。同时放宽外资企业、外资资产管理机构准入，加快资本市场对境外投资者的开放程度，为境内证券公司在投行、研究、机构经纪、托管服务等业务领域带来新的发展机遇。

## 三、金融开放带来证券业高质量发展新机遇

### (一) 担当促进"双循环"新使命

当前,我们所面临的是百年未有之大变局,国际经济、政治、科技等各个领域正在发生深刻的变化。习近平总书记在 2021 年 7 月 30 日召开的中共中央政治局上强调,必须加快构建以国内大循环为主体、国内国际"双循环"相互促进的新发展格局。在此背景下,证券行业面临新的发展机遇,证券公司作为资本市场最重要的交易中介、信息中介和资本中介,在构建"双循环"新发展格局中发挥促进作用:一是通过自营投资或资产管理业务,大力发展私募股权(PE)及风险资本(VC)业务,为实体经济中具有创新能力和科研能力的创投企业或高科技企业提供最亟需的资本;二是主动适应国际局势与市场的变化,开发符合实体经济需要的新产品、新服务,帮助实体经济主体应对各种挑战;三是寻找有助于实体经济主体海外发展的机会,如海外投资、并购、上市、融资等,设计相应的"一站式"的投融资方案,助力中国经济主体在"一带一路"沿线及其他地区的业务拓展;四是积极践行"影响力投资",积极推广"ESG"及可持续金融理念,通过资产管理、证券承销、研究销售等业务,促进上市公司、被投资企业或非上市企业在经营管理中加强环保(E)、社会责任(S)及公司治理(G),鼓励并协助企业发行"绿色债券",鼓励投资者投资于符合 ESG 理念的上市公司或相关主题的基金与 ETF,助力中国经济转型升级,实现可持续发展;五是顺应金融科技的发展,提升自身的数字化水平,在新一轮信息技术革命和资本市场开放的过程中保持自身的竞争力,同时为实体经济主体提供高效、便捷的创新型产品与服务,致力于打造一个更具黏性的服务平台与生态系统,全方位、多维度地服务实体经济主体。

### (二) 推进更深层次双向开放

与国际投行相比,我国证券公司的国际化程度仍较低,综合金融服务能力不足,需要在自身能力提升上加大力度,同时也需要政策扶持。具体建议包括:一是支持证券公司开展海外并购,加快国际市场布局,在我国证券公司"走出去"过程中给予因地制宜的政策支持;二是鼓励证券公司业务创新,丰富产品和服务类型,提供更加符合当地国家和地区国情及客户需求的产品和服务;三是进一步放宽证券公司融资渠道,提升负债管理能力。

### (三) 加强监管支持与对外合作

具体建议包括:适当放宽证券公司境外发债在额度、结汇等方面要求;允许境内证券公司利用更多手段管理跨境资金,给予更灵活的跨境结算和境内外资金管理政策;支持和鼓励符合条件的证券公司开展外汇相关业务,对于符合条件的证券公司基于客户需求或自身风险对冲需要,授予结售汇业务牌照和银行间外汇市场会员资格,鼓励其在风险可控的前提下开展自身及代客即期结售汇业务,参与外汇即期和衍生品市场的交易;逐步放宽具备相应能力的证券公司直接参与国内外金融衍生品市场交易的限制,不断加大外汇、利率、信用等跨境衍生产品的创新力度,丰富交易工具和手段,以满足境内外客户多样化的跨境资产配置和风险管理需求;加强金融监管当局的高层交流与合作,为证券行业双向开放创造良好的外部环境。

(本文取材于2020年9月5日青岛全球财富管理论坛演讲稿。)

# 践行新的发展理念推动证券业高质量发展

理念是行动的先导。新发展理念是高质量发展的行动纲领。"十四五"是实现高质量发展的关键时期，努力践行新的发展理念是证券行业高质量发展的必由之路。近年来，证券行业在践行新发展理念推动高质量发展迈出重要步伐。

## 一、证券业践行新的发展理念取得积极成效

党的十八大以来，证券行业积极践行创新、协调、开放、绿色、共享发展理念，推动高质量发展取得积极成效。

一是积极融入创新驱动发展战略，服务科技、资本与实体经济高水平循环。证券公司通过价值发现、改制辅导、保荐承销、财务顾问等投行服务，促进创新资本形成和科创企业自立自强。特别是注册制改革以来，证券公司服务329家"硬科技"企业登陆科创板，实现IPO融资超4000亿元；服务184家成长型创新创业企业通过注册制登陆创业板，实现IPO融资超1400亿元，培育了一批拥有核心技术创新能力的优质企业。同时，证券公司充分运用创新创业债等创新融资工具，为科技创新企业拓宽融资渠道，注入"源头活水"。2017年以来，证券公司承销发行85只创新创业公司债，服务企业融资近400亿元。

二是围绕金融供给侧结构性改革，服务区域经济、中小微企业、民营经济协调发展。证券行业聚焦解决中西部地区、中小微企业、民营企业"融资

难、融资贵"问题，发挥资本市场配置资源的枢纽作用，引导金融资源流向重点领域和薄弱环节。截至2021年10月，证券公司服务超7000家中小企业在新三板挂牌；2017年以来，服务新三板企业通过股票发行融资超2600亿元。截至2021年10月，沪深两市共有民营上市公司2752家，占比61.88%，证券公司为壮大民营经济实力发挥了重要的金融中介作用。同时，证券公司创新金融工具，助力民营企业纾困，截至2021年6月末，证券公司管理的支民资管计划及其子计划累计投出超1000亿元，切实纾解了民营企业及其股东的流动性困难。2017年以来，证券公司承销发行扶贫公司债和乡村振兴债（含ABS）超600亿元；2020年通过新三板市场发行融资的涉农企业共40家，融资金额20亿元，助力脱贫攻坚和乡村振兴国家战略，更好地服务区域经济协调发展全局。

三是打造可持续发展新动能，服务构建绿色低碳循环发展经济体系。证券公司充分发挥中介机构优势，运用股权融资、债权融资等形式为绿色企业及绿色项目提供融资支持。截至2021年6月30日，在环保类公用事业及新能源类电气设备行业中，共有440家公司已在A股市场完成IPO上市融资，首发募集资金3446.24亿元；在上交所上市的绿色指数达63只，绿色债券、绿色资产支持证券、绿色ETF合计规模达2749.59亿元。2017年以来，作为绿色债券主承销商或绿色资产证券化产品管理人，证券公司承销发行235只产品，服务企业融资超3000亿元。2021年上半年，37家证券公司作为绿色公司债券主承销商或绿色资产证券化产品管理人（沪深交易所市场）共承销发行43只产品，融资671.53亿元。

四是发挥内外联动的枢纽作用，促进形成对外开放新体制和双循环发展新格局。证券行业在深化资本市场对外开放中，不断提升综合金融服务能力和国际竞争力，截至2021年2月底，证券公司跨境资本业务规模超3000亿元。在"走出去"方面，目前已有34家证券公司获准在境外设立子公司，15家证券公司实现H股上市；10家证券公司取得跨境业务试点资格；2020年度证券公司境外业务收入占比业已超过20%。2017年以来，证券公司服务"一带一路"沿线企业等境外机构,在交易所市场成功发行熊猫债券超500亿元。"引进来"方面,外资证券公司展业提速。目前我国外资参、控股证券公司17家,其中,外资控股证券公司9家,在建设更高水平开放型经济新体制进程中发挥重要桥梁作用。

五是发挥财富管理的平台作用,增强服务人民共享发展成果的社会责任。截至2021年6月底,证券公司受托管理资产规模超10万亿元。2017年以来,证券公司积极投身脱贫攻坚战,截至2020年年底,证券公司结对帮扶307个国家级贫困县,积极开展基础扶贫、产业扶贫、新村扶贫、能力扶贫、生态扶贫,助力结对帮扶贫困县全部实现脱贫摘帽。自发布"一司一县"结对帮扶倡议以来,证券公司累计公益性支出达27.6亿元,有效发挥公益慈善作为第三次分配的积极作用,促进社会普惠公平和共同富裕。

## 二、证券业助力实现碳达峰、碳中和目标在积极行动

回望2020年,新冠肺炎疫情对经济社会的发展带来了巨大的冲击,也启发我们反思人与自然的关系,亟需进行自我革命,加快形成绿色发展方式和生活方式。2020年9月,习近平总书记在第七十五届联合国大会上代表中国政府向世界做出庄严承诺,中国将力争2030年前二氧化碳排放达到峰值,努力争取2060年前实现碳中和。碳达峰、碳中和目标是推动经济社会绿色转型和深化金融供给侧改革的重要方向。实现碳达峰碳中和目标是构建人类命运共同体重要思想的伟大实践,是一场深刻的清洁能源革命、生产技术革命、社会治理革命,对我国现代化经济体系的建设质量和发展方向必将带来深远的影响。

资本市场具有为绿色产业发现价格、管理风险,为绿色发展提供中长期金融服务的优势,在构建绿色低碳循环发展经济体系中具有枢纽功能,在促进实现"碳达峰、碳中和"目标中扮演着重要角色。证券行业是资本市场最重要的中介机构,是助力"碳达峰、碳中和"目标的重要金融力量。构建绿

色低碳循环发展经济体系，是"十四五"规划的重要目标任务。围绕助力双碳目标的实现，证券行业积极行动起来，开展了以下方面工作。

一是加强碳中和经济理论研究发挥价值引领作用。证券行业发挥贴近市场、面向未来、发现价格、注重实践的研究特色，结合碳中和经济的规律属性，深入分析电力、钢铁、建材、交运、化工、石化、有色等高排放行业面临的现状，探索行业碳中和的实现路径，围绕控排行业的转型提供创新的绿色金融产品和服务方案，为打造绿色经济产业链、价值链、供应链提供价值引导。

二是着力构建绿色投融资体系，促进绿色价值发现、绿色溢价形成、绿色投资实现。行业机构发挥金融创新载体优势，不断创新丰富绿色金融产品，推动绿色股权、绿色债券、绿色投资基金、绿色指数、绿色信贷、绿色保险、绿色信托和碳金融产品等多层次绿色投资工具体系建设；积极参与并推动各种资产类别的绿色指数开发与绿色指数跟踪产品创新；助力绿色产业基金的发展，为绿色产业基金从创业投资、产业投资、资产持有提供全生命周期的金融中介服务。

三是积极推动碳金融市场体系建设，促进碳价格的市场形成机制和碳排放权的市场化配置。碳金融市场虽处于较早期的发展阶段，但市场潜力巨大。行业机构发挥设计交易机制、管理资金配置、提供流动性、推动产品开发、价格发现等优势，积极引导资金流向，激励参与主体，增强减排动力，积极创新包括碳基金、碳债券、碳排放权抵质押融资、碳资产回购、碳资产托管、碳远期等多种碳金融产品，在推动碳金融市场体系的建立中扮演着重要的角色。

四是担当社会责任，接力乡村振兴促进共同富裕。近期，行业机构积极响应协会发出的"巩固拓展结对帮扶成果，担当推进乡村振兴使命"倡议，以传承行业"一司一县"脱贫攻坚精神为宗旨，按照"统一组织、独立运作、协同行动、提升形象"原则，酝酿发起促进乡村振兴公益行动，致力于践行创新、协调、绿色、开放、共享发展理念，开展助学、助老、助残、助医、助困等公益行动,助力乡村产业振兴、人才振兴、文化振兴、生态振兴、组织振兴,促进共同富裕和共享发展成果。

五是履行绿色责任,推广低碳理念丰富绿色实践。行业积极明确自身碳达峰、碳中和目标,多家证券公司发布行动方案,积极履行推动绿色发展的社会责任。推行绿色低碳理念,实施低碳办公和无纸化办公,节约办公能源资源,提升员工的节能意识,让绿色办公成为新常态。积极倡导员工绿色生活,鼓励绿色出行,提升全体员工节约、环保意识。并开展培训、志愿服务、健步走等特色活动,丰富绿色实践。

2021年是实施"十四五"规划的开局之年,立足新发展阶段,如何把资本市场深化改革与经济绿色低碳转型有机结合起来,既是证券行业的机遇也是挑战。构建绿色低碳循环发展经济体系,应借鉴ESG国际最佳实践,对标对表新的发展理念,赋予ESG的中国内涵和中国特色,推动以新发展理念为引领的ESG在中国的生动实践,为实现"碳达峰碳中和目标"作出证券行业应有的贡献。

(本文取材于2021年亚太金融论坛演讲稿。)

# 建设适应高质量发展的证券人才队伍

人才是事业发展的关键因素。证券公司是资本市场最重要的中介机构，打造一个规范、透明、开放、有活力、有韧性的资本市场，需要建设一支德才兼备的高素质的证券人才队伍。

## 一、证券行业人才队伍专业化建设初见成效

证券行业是提供智力服务、专业服务的金融中介，专业化程度要求高。截至2021年10月底，行业登记从业人员数量超过36万，行业人才的平均年龄为35.4岁，青年人才占比超过60%；具有律师资质的人才占比在4%，具有注册会计师（CPA）资质的人才占比超过了6%，具有特许金融分析师（CFA）资质、金融风险管理师（FRM）资质的人才占比均在1%左右；具有本科以上学历的人才占比超过了90%；具有两年以上境外工作经历的人才占比稳步提升至2.4%，具有境外留学背景的人才占比超过20%。其中，保荐代表人7299名，硕士研究生以上学历占比80%；证券分析师3582名，硕士研究生以上学历占比90%；证券经纪人58667名，证券投资顾问69620名。行业人才队伍呈现出年轻化、专业化、高学历、国际化等特征，人才队伍的素质、结构及稳定性不断优化和提升。行业人才队伍建设呈现三个方面特征。

一是人才引进机制逐步市场化。市场化选拔任用是打造高质量人才队伍，激发人才创新动力和活力的有效途径。行业机构积极探索人才的市场化引进方式，创新完善"市场化选聘、契约化管理"的体制机制，坚持德才兼备选人用人导向，充分挖掘人才潜力，注重创造成就人才的环境和机制，释放人才红利，促进行业健康可持续发展。同时，行业建立了执业声誉自律管理机

制,发挥公众监督作用,营造风清气正的执业环境,切实保障人才队伍质量。

二是人才培养机制逐步体系化。行业机构以战略和业务发展为导向,分层分类完善人才培养体系,开展全成长链、全生命周期的人才培养。构建多元化人才培训体系,搭建系统化人才培养项目,设计个性化人才培养方案,拓宽人才职业发展通道。通过建立内部人才储备库,开展跨组织、跨条线、跨专业人才交流,合理优化人才资源配置,促进人才在内部的良性流动。

三是人才管理机制逐步精细化。随着资本市场持续推动全面深化改革,市场结构、投融资生态、投资者行为方式等正在产生一系列变化:一级市场逐步形成多层次投融资体系,注册制下价格形成机制更加市场化;二级市场估值回归基本面,投资者结构和行为机构化趋势明显,零售客户开始从交易属性向资产配置属性转变。为适应这些变化,行业人才管理不断向精细化方向发展,首先是在各细分专业领域中按照业务的本质要求夯实人才基础,使人才管理与做深、做细、做大、做强业务的目标相匹配。其次是持续在特色领域深挖和培养人才,夯实特色发展根基,做精做细,并借助数字化力量赋能人才团队,双管齐下打造标准化的前线团队管理和人才赋能机制,实现高质量运营。第三是探索建设为客户提供系统化、个性化、差异化服务的团队,这些团队由懂产品、懂业务、懂客户、懂服务、懂科技的专业人才组成。

## 二、适应高质量发展的人才队伍建设亟待加强

证券公司是促进资本、科技与实体经济高水平循环的核心中介,在服务国家战略实施上发挥积极的传导作用。在证券业迈向高质量发展的重要节点,建设适应高质量发展的人才队伍是关键步骤。2021年5月,易会满主席在中国证券业协会第七次会员大会上,提出推动行业高质量发展,必须坚定贯彻落实新发展理念、必须聚焦实体经济提升服务能力、必须坚持走专业化发展之路、必须持续强化风控和合规意识、必须切实提升公司治理的有效性、必须守正笃实推进证券业文化建设。这"六个必须",既是行业未来发展的重要

指引，也是建设适应高质量发展人才队伍的基本遵循。按照"六个必须"的要求和标准，证券行业人才队伍建设，需要在以下方面进一步加强。

一是服务实体经济高质量发展的能力亟待加强。服务实体经济是证券业发展的宗旨和天职，也是中国资本市场发展最重要的特征。在现有的证券人才队伍中，知识结构偏重会计、法律、金融专业，了解、熟悉实体经济的经验和知识积累不够，支持、促进实体经济发展的技术和能力尚有欠缺。围绕构建绿色低碳循环发展经济体系，借鉴ESG国际最佳实践，对标对表新的发展理念，赋予ESG中国内涵和中国特色，推动以新发展理念为引领的ESG在中国的实践，需要从实际出发把握中国特色资本市场发展规律；围绕怎样为实体经济管理风险、增加有效投资；怎样为新兴产业合理定价、促进资本形成；怎样为绿色发展提供中长期资金供给；怎样在实现碳达峰、碳中和目标中促进产业结构调整和清洁能源革命等方面，应当加大从业人员相关知识的补充和能力的培养。

二是打造忠、专、实的人才队伍亟需加强国情教育。健全具有高度适应性竞争力普惠性的现代金融体系，是加强资本市场基础制度建设的目标任务和核心内容。发展不平衡不充分是我国最大的国情和实际，证券人才队伍在不断提升服务科技自立自强本领的同时，掌握克服金融"嫌贫爱富"局限性的本领，增强服务区域经济协调发展的能力，增强为中小微企业、民营企业解决"融资难、融资贵"问题的本领；掌握克制资本与生俱来的贪婪自私、急功近利负面属性的本领，弘扬社会主义核心价值观，加强合规、诚信、专业、稳健的行业文化建设，厚植培养忠专实人才的底蕴；掌握遏制"脱实向虚"搞创新的本领，树立正确的风险观，坚持守正创新，增强风险意识和合规管理，提升全面风险管理水平，更好地满足人民日益增长的美好生活需要。

三是服务双循环发展新格局的本领亟待加强。构建双循环的新发展格局，需要进一步发挥好资本市场枢纽功能。以注册制为"龙头"的资本市场全面深化改革，是一场重塑市场理念、重建责任体系、重构定价基础、重制信息披露的深刻变革，行业的发展环境发生重大变化，行业人才的专业素质也将面临结构性再造，当前行业人才队伍在组织、能力和责任上亟待补齐"短板"。从业务领域看，随着跨境业务、机构业务的快速发展，具有国际化视野、熟悉境内外规则、精通跨境业务模式将成为从业人员的必备素质；从能力结构看，随着各类创新业务不断发展、金融科技与业务发展深度融合、合规风控要求持续提升，对行业人才的综合素质能力也提出了更高要求，特别是具有科技思维、科技视野和科技能力将成为从业人员的必修课。

## 三、打造适应高质量发展的证券人才队伍

《证券法》要求，从事证券业务的人员应当品行良好，具备从事证券业务所需的专业能力。证券从业人员提供的金融服务涉及广大投资者的切身利益，关系经济发展、金融安全，具有较强的公共属性，必然有较高的道德水准和社会责任要求。随着资本市场全面深化改革的推进，行业的经营发展环境面临深刻变化，只有突出专业能力、专业特色、专业优势，注重培养具备专业主义精神的人才队伍，加强执业声誉资本建设，才能在高质量发展的道路上行稳致远。培养适应高质量发展的人才队伍，可以从以下三个方面着手。

一是建立适应高质量发展需要的人才培养机制。加快各类专业化人才布局进程，加强专业化的中高端、核心人才队伍配置。培养、挖掘能够整合多类金融服务资源、推动客户需求落地的核心型人才。把国际化人才的储备与培养纳入发展战略，实现国际化高端人才培养工作的常态化。建立适应国际化高端人才成长发展的制度。加强业务和流程中信息技术的应用，推动数字化转型，把握技术发展趋势，结合技术需求吸纳目标信息技术人才，提升科技对业务的支撑能力。进一步完善人才流动机制，增加信息技术人才在行业内的横向发展机会，形成利于金融科技人才引进与发展的环境。

二是健全证券人才执业声誉激励与约束机制。进一步完善从业人员自律管理体系，根据执业诚信、执业经历、专业测试、执业道德等情况，建立从业人员分类分层管理名单，引导从业人员树立和坚持正确的价值观，自发形

成诚实守信、勤勉尽责的内生动力和自我约束力,不断提高道德水平和专业能力;建设从业人员执业信息库,实现从业人员执业信息多维度的集中、查询、统计、分析,实现从业人员执业声誉市场化的积累、监测、评价、评估,推动形成对从业人员的诚信约束、道德约束、声誉约束、市场约束;将证券经营机构及其从业人员违反廉洁自律规定、职业道德、业务规范、行规公序等相关行为形成的声誉风险纳入管理范畴,持续完善证券从业人员的声誉资本积累与评价机制,加强声誉资本建设和声誉风险管理,健全证券人才执业声誉激励与约束机制。

三是加强文化建设凝聚证券人才队伍建设的正能量。首先,以制度建设强基,将合规、诚信、专业、稳健的行业文化作为基本要求嵌入业务流程、内部控制、合规管理之中,成为人才执业管理的基石,以制度承载道德理念、固化良好品行、强化文化认同。健全诚信体系、声誉管理体系、社会责任评价体系,完善声誉激励与约束机制,督促人才珍惜执业声誉。其次,以生态培养固本,通过推广文化建设十要素,从组织、制度、执行层面增进文化认同,使人才专业能力建设与行业发展、文化建设相融相通。让文化建设为证券人才发展提供价值引领和精神支撑,培育人才的工匠精神、专业精神、投资者服务意识及良好职业操守,增强人才敬畏市场、敬畏法治、敬畏专业、敬畏风险的意识。最后,以文化形成致远,使人才的价值追求、行为规范成为一种习惯,成为内心觉醒和行动自觉,成为行业人才队伍的鲜明标识和共同气质,锻造行业人才胸怀祖国、服务人民,心怀"国之大者"、为国尽责。

(本文取材于2021年金融街论坛演讲稿。)

# 履行社会责任
# 促进协调发展、共享发展

习近平总书记指出:"共同富裕是社会主义的本质要求,是中国式现代化的重要特征,要坚持以人民为中心的发展思想,在高质量发展中促进共同富裕。"这为新时期统筹推进高质量发展与履行社会责任、促进共同富裕指明了方向。当前,我国正处于全面建设社会主义现代化国家、向第二个百年奋斗目标进军的新发展阶段,金融作为现代经济的核心,在服务经济社会高质量发展、促进共同富裕等方面应积极发挥应有作用。证券行业是现代金融体系的重要组成部分,面临新形势、新机遇与新要求,必须完整、准确、全面贯彻新发展理念,积极履行社会责任,以证券行业的高质量发展不断促进提升发展的平衡性、协调性、包容性。

## 一、履行社会责任是证券行业高质量发展的重要内容

### (一)履行社会责任是证券行业义不容辞的使命担当

党的十九大报告提出,中国特色社会主义进入新时代,我国社会主要矛盾已经转化为人民日益增长的美好生活需要和不平衡不充分的发展之间的矛盾。当前我国社会生产力在很多方面进入世界前列,但是发展不平衡不充分问题十分突出,已经成为满足人民日益增长的美好生活需要的重要制约因素。2021年8月,习近平总书记在中央财经委员会第十次会议上强调,促进共同富裕,要提高发展的平衡性、协调性、包容性,加快完善社会主义市场经济

体制，增强区域发展的协调性。2021年12月召开的中央经济工作会议提出，要正确认识和把握实现共同富裕的战略目标和实践途径。实现共同富裕目标，首先要通过全国人民共同奋斗把"蛋糕"做大做好，然后通过合理的制度安排把"蛋糕"切好分好。《中华人民共和国国民经济和社会发展第十四个五年规划和2035年远景目标纲要》提出，到2035年，人民生活更加美好，人的全面发展、全体人民共同富裕取得更为明显的实质性进展。这是我国进入新发展阶段的发展蓝图，也为全面建设社会主义现代化国家指明了前进方向。同时也对新时代企业履行社会责任提出了新要求、创造了新机遇。作为社会主义市场经济体系的重要参与者、推动者和受益者，证券公司是连接实体经济和资本市场的桥梁，在优化要素市场资源配置、促进创新资本形成、推动经济社会高质量发展等方面具有关键作用。长期以来，积极履行社会责任、服务国家发展战略、促进共同富裕是证券行业肩负的责任担当。从助力打赢脱贫攻坚战到接续服务乡村振兴战略，证券行业始终坚持以强烈的政治责任感和历史使命感投入其中，为促进提升发展的平衡性、协调性、包容性持续贡献金融力量，在广大证券公司中履行社会责任已经成为的一致共识和自觉行动。

### （二）履行社会责任是证券行业高质量发展的重要体现

当前，我国经济已由高速增长阶段转向高质量发展阶段。高质量发展是"十四五"乃至更长时期我国经济社会发展的主题，关系我国社会主义现代化建设全局。高质量发展是保持经济持续健康发展的必然要求，是适应我国社会主要矛盾变化和全面建成小康社会、全面建设社会主义现代化国家的必然要求，更是遵循经济规律发展的必然要求。高质量发展是一场关系发展全局的深刻变革，要重视量的发展，更要解决质的问题，在质的大幅提升中实现量的有效增长，给人民群众带来更多的获得感、幸福感、安全感。习近平总书记强调："高质量发展不只是一个经济要求，而是对经济社会发展方方面面的总要求；不是只对经济发达地区的要求，而是所有地区发展都必须贯彻的要求；不是一时一事的要求，而是必须长期坚持的要求。"证券行业是经济社会发展中的重要一环，推动证券行业高质量发展是经济社会高质量发展的题中之意，也是面临我国步入新发展阶段的必然选择。证券行业高质量发展，意味着证券行业在提升经济效益和核心竞争力的同时，要承担起对国家、社会、行业、投资者、股东、员工、公司治理等各类利益相关方的责任，实现经济责任、社会责任、环境责任的动态平衡。证券公司是资本市场最重要的中介机构，服务实体经济是证券公司的本质宗旨，也是证券行业高质量发展的第一要义。证券行业实现高质量发展需要同步强化能力体系建设和责任体系建设。不断强化证券行业能力体系建设为证券行业履行社会责任奠定坚实基础，提升证券行业责任体系建设是证券行业金融服务能力不断增强的集中体现。只有证券行业责任体系建设与能力体系建设有机结合，相得益彰，才能发挥好资本市场"看门人"、直接融资"服务商"、社会财富"管理者"、资本市场"稳定器"和市场创新"领头羊"的作用，为实体经济与居民财富管理提供更高质量、更有效率的证券金融服务。

### （三）新发展理念是证券行业履行社会责任的根本遵循

党的十八大以来，以习近平同志为核心的党中央科学判断经济形势，着眼于破解经济社会发展难题、厚植发展优势，提出"创新、协调、绿色、开放、共享"的新发展理念。党的十九大将新发展理念纳入新时代坚持和发展中国特色社会主义的基本方略，并强调"发展是解决我国一切问题的基础和关键，发展必须是科学发展，必须坚定不移贯彻创新、协调、绿色、开放、共享的发展理念"，这为中国今后经济的发展指明了方向。新发展理念是一个系统的理论体系，回答了关于发展的目的、动力、方式、路径等一系列理论和实践问题，阐明了我们党关于发展的政治立场、价值导向、发展模式、发展道路等重大政治问题。就新发展理念的科学内涵来讲，创新、协调、绿色、开放、共享是有机统一的整体，五个理念相互联系、相互贯通、相互促进、缺一不可。创新发展注重的是解决发展动力的问题，协调发展注重的是解决发展不平衡的问题，绿色发展注重的是解决人与自然和谐的问题，开放发展注重的是解决发展不平衡的问题，共享发展注重的是解决社会公平正义的问题。新发展理念集中反映了我们党对客观规律认识的不断深化，是新时达中国特色社会主义思想的重大理论创新和实践创新结果。理念是行动的先导。步入新发展阶段，我国证券行业面临的形势发生新的变化，社会责任的内涵和外延不断扩展。新发展理念既是证券行业高质量发展的行动纲领，也是证券行业履行社会责任的根本遵循。站在新的历史起点上，证券行业必须完整准确全面贯彻新发展理念，积极融入构建新发展格局，推动公司高质量发展与服务脱贫攻坚、乡村振兴、碳达峰、碳中和、创新驱动发展等国家重大战略深度融合，助力证券行业履行社会责任谱写新的篇章。

## 二、深入贯彻新发展理念，探索证券行业履行社会责任的生动实践

近年来，证券行业坚持稳中求进，砥砺前行，资本实力和盈利能力不断增强，服务意识和规范水平不断强化，市场竞争力和系统重要性不断提升，在贯彻落实新发展理念、履行社会责任、促进共同富裕等方面的基础不断夯实。截至2021年年底，证券行业共计140家证券公司，行业总资产10.59万亿元，净资产2.57万亿元，分别较2012年年底增长5.2倍、2.7倍。2021年度全行业实现营业收入5024.10亿元，实现净利润1911.19亿元，分别较2012年度增长2.9倍、4.8倍。随着我国已转入高质量发展的新阶段，证券行业持续提升履行社会责任的意识和本领，在履行社会责任中全面贯彻践行新发展理念，将创新、协调、开放、绿色、共享理念融入公司发展实际，行业履行社会责任取得新进展。

### （一）积极融入创新驱动发展战略，服务科技、资本与实体经济高水平循环

科技创新是提高社会生产力和综合国力的战略支撑，必须摆在国家发展

全局的核心位置。资本市场在支持创新驱动发展方面具有筛选培育优质创新企业、分散技术创新风险、优化创新资源配置等功能。证券公司通过价值发现、改制辅导、保荐承销、财务顾问等投资银行服务，借助资本市场促进创新资本形成和科创企业自立自强。自2019年注册制改革以来，证券公司服务410家"硬科技"企业登陆科创板，实现IPO融资超5500亿元；服务304家成长型创新创业企业通过注册制登陆创业板，实现IPO融资超2700亿元，培育了一批拥有核心技术创新能力的优质企业，产业集群效应显著。截至2022年7月，科技创新型企业集聚的科创板、创业板及北交所上市公司共计1630家，市值逾15万亿元，占我国股票市场总市值的20%。证券行业积极服务注册制改革，在助力释放创新动力、激发创新动能等方面作出了应有贡献。同时，证券公司充分运用创新创业债等创新融资工具，为科技创新企业拓宽融资渠道，注入"源头活水"。2017年以来，证券公司承销发行103只创新创业公司债，服务企业融资近600亿元。

（二）围绕金融供给侧结构性改革，服务区域经济、中小微企业、民营经济协调发展

金融供给侧结构性改革的本质是通过改革实现金融基础制度的优化，引导金融资源合理配置、增强金融资源的有效供给，从而不断提升金融服务的质效和经济发展的整体性。证券行业聚焦解决中西部地区、中小微企业、民营企业"融资难、融资贵"问题，发挥资本市场配置资源的枢纽作用，引导金融资源更多投向重点领域和薄弱环节。截至2022年7月，证券公司服务近7000家中小企业在新三板挂牌；2017年以来，服务新三板企业通过股票发行融资超2800亿元。截至2022年7月，我国资本市场共有民营上市公司2930家，占比62.6%，证券公司为壮大民营经济实力发挥了重要的金融中介作用。同时，证券公司创新金融工具，助力民营企业纾困，截至2021年6月底，证券公司管理的支民资管计划及其子计划累计投出超1000亿元，切实纾解了民营企业及其股东的流动性困难。2021年以来，证券公司承销发行乡村振兴债

（含 ABS）超 150 亿元；服务涉农企业通过资本市场融资超 600 亿元，助力乡村振兴国家战略，更好服务区域经济协调发展全局。

### （三）打造可持续发展新动能，服务构建绿色低碳循环发展经济体系

坚持绿色发展，必须坚持节约资源和保护环境的基本国策，坚持可持续发展，坚定走生产发展、生活富裕、生态良好的文明发展道路。证券公司充分发挥中介机构优势，运用股权融资、债权融资等形式为绿色企业及绿色项目提供融资支持。截至 2021 年年底，证券公司服务 457 家环保类公用事业及新能源类电气设备公司在 A 股完成 IPO 上市，实现融资 3727 亿元。2017 年以来，作为绿色债券主承销商或绿色资产证券化产品管理人，证券公司承销发行 235 只产品，服务企业融资超 3000 亿元。2021 年度，50 家证券公司作为绿色公司债券主承销商或绿色资产证券化产品管理人（沪深交易所市场）共承销发行（或管理）102 只债券（或产品），融资 1376.46 亿元。碳达峰、碳中和是构建人类命运共同体重要思想的伟大实践，是一场深刻的清洁能源革命、生产技术革命、社会治理革命，实现"3060 目标"是新发展阶段贯彻绿色发展理念和推动生态文明建设的量化目标。证券行业发挥贴近市场、面向未来、发现价格、注重实践的研究特色，结合碳中和经济的规律属性，深入分析电力、钢铁、建材、交运、化工、石化、有色等高排放行业面临的现状，探索行业碳中和的实现路径，围绕控排行业的转型提供创新的绿色金融产品和服务方案，为打造绿色经济产业链、价值链、供应链提供价值引导。

### （四）发挥内外联动的枢纽作用，促进形成对外开放新体制和双循环发展新格局

"对外开放"是我国的一项基本国策，通过推进高水平对外开放，牢牢把握世界科技革命和产业变革带来的机遇，更加充分地利用国际国内两个市场和两种资源，进一步巩固和提升中国在全球产业链供应链的主导地位。证券行业在深化资本市场对外开放中，不断提升综合金融服务能力和国际竞争

力，在引导要素资源跨境流动、服务企业跨境并购重组、服务居民实现全球化资产配置等方面更好发挥作用。截至 2021 年年底，证券公司跨境资本业务规模超 5000 亿元；2021 年度部分证券公司境外业务收入占比业已超过 20%。在"走出去"方面，目前已有 34 家证券公司获准在境外设立子公司，15 家证券公司实现 H 股上市，10 家证券公司取得跨境业务试点资格。2017 年以来，证券公司服务"一带一路"沿线企业等境外机构，在交易所市场成功发行熊猫债券超 600 亿元。在"引进来"方面，外资证券公司展业提速。目前我国共有外资参、控股证券公司 17 家，其中，外资控股证券公司 9 家，在建设更高水平开放型经济新体制进程中发挥了重要桥梁作用。

（五）促进社会公平正义，增强服务人民共享发展成果的社会责任

共享发展是马克思主义的本质要求，核心是要坚持发展为了人民，发展依靠人民，发展成果由人民共享。证券公司持续提升居民财富管理能力，通过多元化的资产配置有效满足居民资产保值增值需求，服务全体人民共享经济发展成果。截至 2021 年年底，证券公司受托管理资产规模超 10 万亿元，代理销售金融产品存量规模近 3 万亿元。2017 年以来，证券公司积极投身脱贫攻坚战，截至 2020 年年底，证券公司结对帮扶 307 个国家级贫困县，积极开展基础扶贫、产业扶贫、新村扶贫、能力扶贫、生态扶贫，助力结对帮扶贫困县全部实现脱贫摘帽。自发布"一司一县"结对帮扶倡议以来，证券公司累计公益性支出达 27.6 亿元，有效发挥公益慈善作为第三次分配的积极作用，促进社会普惠公平和共同富裕。2021 年，证券行业传承伟大脱贫攻坚精神，积极响应协会发出的"巩固拓展结对帮扶成果，担当推进乡村振兴使命"倡议，以传承行业"一司一县"脱贫攻坚精神为宗旨，按照"统一组织、独立运作、协同行动、提升形象"原则，发起促进乡村振兴公益行动，自发承诺首期公益投入 3.3 亿元，致力于践行创新、协调、绿色、开放、共享发展理念，开展助学、助老、助残、助医、助困等公益行动，助力乡村产业振兴、人才振兴、文化振兴、生态振兴、组织振兴，促进共同富裕和共享发展成果。

## 三、积极践行社会责任，以高质量发展提升服务国家战略能力

在高质量发展中服务国家战略，是行业机构成长进步的必由之路，也是行业机构理应担当的社会责任。"十四五"时期是推动行业高质量发展的关键时期。证券行业要更加主动作为，积极有为，更好地服务和融入国家发展战略，为经济社会高质量发展注入新的强大动力。推动证券行业高质量发展，不仅仅是做大规模而是做优做强，在推动创新驱动发展上有更高的适应性、在促进双循环发展上有更强的竞争力、在提高金融供给体系质量和效率上有更好的普惠性。

### （一）提高政治站位，坚决贯彻落实新发展理念

党的十九届五中全会指出："把新发展理念贯穿发展全过程和各领域，构建新发展格局，切实转变发展方式，推动质量变革、效率变革、动力变革，实现更高质量、更有效率、更加公平、更可持续、更为安全的发展。"作为现代化经济体系的重要参与者和推动者，证券公司要准确把握新发展阶段，积极践行新发展理念，在构建新发展格局中找准定位、主动站位，建立政府、市场对行业的信任度。证券公司要充分发挥资本市场与实体经济的核心中介作用，增强服务实体经济能力，助力产业结构转型升级，在优化融资结构、激发经济活力、培育创新动能中发挥积极作用。在实现"碳达峰、碳中和"目标中，积极发挥好投资银行的市场和价格导向作用，服务构建低碳绿色循环发展经济体系。在深化资本市场对外开放中，不断提升行业综合金融服务能力与国际市场竞争力，在高水平对外开放中建立竞争优势。

### （二）聚焦主责主业，努力提升服务实体经济能力

金融是实体经济的血脉，为实体经济服务是金融的宗旨，是一切金融活

动的出发点和落脚点。服务实体经济是证券行业高质量发展的本质要求,也是发展资本市场的初心使命。证券行业要围绕增强服务实体经济能力中心任务,坚持市场化、法治化发展方向,遵循"回归本源、优化结构、强化监管、市场导向"四项做好金融工作的重要原则,充分发挥投资银行资本中介功能和投融资枢纽作用,突出为经济创新驱动发展和科技自立自强,提供更加多样化的金融工具,助力畅通科技、资本和实体经济的高水平循环。同时,聚焦实体经济优化资源配置和居民财富管理需求,提供更高质量、更加精准、更有效率的证券金融服务。

### (三)突出专业能力,协同推进业务风控平衡发展

专业是行业机构安身立命之本。随着资本市场改革的持续推进,证券公司只有不断强化专业能力建设,探索差异化发展、特色化经营之路,才能为自身高质量发展拓展更广阔的空间。全面实行股票发行注册制改革,是2022年中央经济工作会议和政府工作报告确定的资本市场改革发展的目标和任务。证券公司必须切实树立以客户为中心的理念,全面提升全业务链投资银行服务能力,注重各业务条线在客户、业务、牌照、资金、风控等方面的整合与协同,构建起全面综合、高效协同的业务体系和支持体系,满足全方位、全生命周期的投融资需求,加快向综合性的现代投资银行迈进。同时,必须提升全面风险管理水平,健全与其自身发展战略相适应的全面风险管理架构,完善事前、事中与事后的风险防范、监控与评价工作,不断完善与注册制相适应的责任体系,重塑和强化证券公司在培育发行主体、询价定价、保障交易、风险管理、投资者适当性管理等环节的责任,形成发行人质量、发行价格等方面的市场化约束机制,全面加强自身的声誉风险管理和声誉资本建设。

### (四)注重价值引领,久久为功推进行业文化建设

证券行业是提供智力服务、专业服务的金融中介,专业化程度要求高,人才是关键因素。必须加强文化建设凝聚证券人才队伍建设的正能量。行业

文化建设需要遵循文化形成的一般规律和内在逻辑，有序推进。首先是以制度建设强基。行业机构应当将合规、诚信、专业、稳健的文化要素，作为基本要求嵌入证券机构业务流程、内部控制、合规管理之中制度化、规范化，以制度承载道德理念、固化良好品行、强化文化认同。其次是以生态培养固本。通过制度执行，增进认知认同，使文化建设与公司经营、个人执业行为相融相通，为文化建设创造良好的内外部环境和市场生态。最后以文化形成致远。使行业的价值追求、经营理念、行为规范变为一种习惯，成为从业人员的内心觉醒和自觉行动，成为行业的鲜明标识和共同气质，最终形成普遍的、自发价值认同和文化积淀。文化建设是资本市场健康发展的支柱，也是证券公司行稳致远的立身之本。证券公司必须坚持正确的方向，切实肩负起行业文化建设的主体责任，以践行新发展理念作为行业文化建设的主题内容、以防范金融风险成为行业文化建设的重要使命、以防止资本消极作用打造行业文化建设的中国特色、以促进人的全面发展作为行业文化建设的实践方向，稳步推动中国特色证券行业文化建设，不断增强证券公司的文化"软实力"和核心竞争力。

### （五）强化责任担当，守正笃实推进社会责任实践

共同富裕是社会主义的本质要求。积极履行社会责任、服务国家战略、促进共同富裕是行业高质量发展的重要内容，也是行业应有的责任义务。面对乡村振兴新任务、绿色发展新理念、社会责任新使命，证券行业要持续巩固拓展脱贫攻坚成果，接续投身到乡村振兴、生态文明建设和低碳绿色循环经济发展等国家重大发展战略中去，要继续发挥公益慈善作为第三次分配的积极作用，努力回报社会，促进共同富裕。行业机构要充分发挥专业优势，发挥行业智库作用，加强对宏观经济、资本市场、行业发展的研究和对政策的宣传解读，积极建言献策，正面引导市场预期，在经济社会发展中传递证券行业正能量。

踔厉奋发敢担当，勇毅前行创未来。促进共同富裕是新时代赋予的光荣

使命，履行社会责任是证券行业高质量发展的必然选择。在新的发展阶段，证券行业应准确把握新任务新要求，完整、准确、全面理解新发展理念，自觉主动地把行业发展、公司发展放在党和国家工作大局中进行谋划，统筹推进证券行业高质量发展与履行社会责任、促进共同富裕伟大实践，在服务国家重大战略中主动担当作为，促进提升发展的平衡性、协调性、包容性，以优异成绩迎接党的二十大胜利召开！

（本文刊于《金融支持共同富裕》人民日报出版社2022年7月第一版。）

# 发挥第三方自律作用的国际实践与借鉴

实行股票发行注册制，是证券市场治理体系的全新构建，需要进一步优化监管资源、职能、责任的适配性，避免产生监管协调不畅、监管冗余与监管真空并存、出现监管套利空间等问题。其中，借鉴国际经验发挥第三方自律作用，缓冲交易所监管压力及作为市场组织者在"做大规模"与"把关质量"之间的矛盾，可为健全注册制下证券市场治理体系提供一种现实选择。

## 一、自律监管的基本概念

### （一）监管的不同概念

在金融监管中，与监管相关的几个词语的内涵需要加以区分，包括审慎监管（Supervision）、监督（Surveillance）和监查（Oversight）等。其中，"审慎监管"是指权威监管机构针对具有法律效力的规则的正式监管，如果违反会引起监管者采取相应具有法律效力的行动，例如对银行资本、流动性、杠杆率等标准的监管，审慎监管多用于银行业监管中。"监督"是指权威监管机构针对未达到审慎监管标准的其他监管规则和行为规范等的监管，尤其是对市场行为的监督，如果违反可能引起监管机构采取相应的措施，多用于证券市场中。而"监查"则通常适用于非官方机构，如行业自律组织针对行业自律规则的督促执行，如果违反通常导致协议约定和道德操守等方面的后果。在现实中，审慎监管、监督与监查的应用取决于具体场景，有时相互重叠或相互替代，但三者所表达的含义是有区别的。另外，"规制"（Regulate）也是在监管中常用的词汇,侧重于制定和实施法律、条例、规则的监管,可以用在上述三种情景各自对应的规则层面。此时,"监管"的含义需要结合前三种情景甄别。

与银行主要依靠正式的审慎监管不同,证券市场并非建立在诸多最低监管标准基础之上,其核心是打造一个公开、公平、透明的市场,投资者在其中买者自负。鉴于此,自律(而不是外部监管)在证券市场发挥着最主要的作用。

(二)自律的原意及演进

行业自律的原意是指行业自身既是规则的制定者,同时又是规则的适用者。行业自律是行业共同意志的体现,其基础是契约和共识,自律规则由行业共同制定、共同遵守,代表行业的公共利益、整体利益和长远利益。如前所述,自律是证券业的基石,监管者在很大程度上通过自律组织实现对证券业的有效监管。

从"梧桐树下的协议"到纽约证券交易所的成立,是行业自律形成的典型路径。在源头上,交易所行使一线监管权力即是基于会员自治、行业自律。在早期会员制下,交易所由会员发起设立,会员制定和执行交易所的规则,会员之间的纠纷由交易所解决,这是传统的行业自律的原意。但是随着时间的推移,交易所监管的范围超出了会员本身,除了会员资格监管、会员持续监管及会员交易监管外,大部分交易所也承担上市监管职责,即规定上市条件并对上市公司进行持续监管。此时"自律"已经超出了"自己监管自己"的范围。之后,交易所由会员制演变为公司制,交易所的所有者不再完全局限于传统的会员券商,交易所不再完全由会员所有和控制,交易所的规则也不再完全由交易所的会员制定,而是由交易所的股东或者董事会决定。会员成为交易所设施的使用者,并不一定有权力制定规则。严格来说,此时的交易所已经不再是自律组织了,因此有人建议将交易所改称为"一线监管组织(front – line regulators)"或者"市场监管组织(market regulation)"。但从实质上看，交易所还是自己制定并实施规则，这种规则建立在市场和合同约定的基础上，而不是基于外部权威，因此仍然属于"自律"的范畴。

### （三）美国证券市场的监管者

美国监管金融机构的法律和条例由国会制定，证券市场的主要监管者为美国证监会（SEC）、各交易所和美国金融业监管局（FINRA）。SEC 是政府机构，主要负责保护投资者的权益和维护市场的公平、有序和有效。SEC 负责制定和发布证券市场的监管规则，但并不负责对市场所有主体和所有活动的直接监管。交易所和 FINRA 是行业自律的主要实施机构——也被称作证券市场的一线监管者，通过制定和执行自律规则，对上市公司和券商进行自律监管。此外，州一级的监管机构负责管理其州内的证券相关活动，美国司法部也有权力对违反证券法的行为采取刑事措施。

## 二、交易所的自律监管和利益冲突的产生

### （一）交易所的自律监管

交易所通过制定和执行自律规则，对上市公司、会员（市场参与者）以及交易过程进行自律约束，履行交易所的监管职能，即自律主要体现于对上市公司、会员公司以及交易过程的监管。其中，对上市公司的监管包括制定上市条件、批准上市申请、监督上市公司持续符合上市要求并向市场持续披露重大信息等；对会员的监管主要包括监督会员的财务状况和业务行为等；对交易过程的监管主要包括接受新的交易设施使用者、制定和执行交易规则，以及公平公正对待客户等。

### （二）交易所的市场化发展

随着国际资本市场的发展壮大，交易所的运营环境发生了巨大变化，交

易所之间的竞争日趋激烈。为了提高运营效率，增强竞争力，交易所逐渐从会员制转变为公司制，并且其中相当一部分成为上市公司。公司制交易所的所有权归属于股东而不是会员；治理方式和结构不再是会员制的互助性质，一人一票，而是一股一票；不再是非营利性质，而是以营利为经营目标。交易所公司制发展及市场化竞争，引发了交易所行业自律是否还有效，以及利益冲突如何解决的问题。

行业自律的基础是契约和法律关系。在会员制交易所中，交易所对会员的监管是基于会员共同制定的章程，章程本质上是会员之间的协议。券商加入交易所成为会员，意味着对章程的认可。如果券商不接受交易所的章程，可以不进入该市场而选择其他市场，券商拥有自主选择权。交易所对上市公司的监管是基于交易所和上市公司之间的上市协议，双方的权利义务建立在彼此的合意之上。上市公司一旦签订上市协议，就表明接受了交易所的上市规则，必须遵守交易所的上市条件以及持续要求。交易所依据上市规则对上市公司进行监管，要求其履行公司治理和信息披露等义务，对违反上市规则的行为亦可采取相应的处罚措施。上市公司同样有选择市场的权利，拟上市公司可以选择在不同的交易所上市。

在公司制交易所中，券商与上市公司一样，参与交易或者上市的资格都建立在与交易所之间的协议之上，交易所对其监管也基于双方的协议。券商和上市公司一样有完全的自由，可以选择在不同的交易所从事证券交易或者上市。因此相比会员制交易所，公司制交易所对券商及上市公司的监管，尤其是对券商的监管，其契约性关系更为突出。

### （三）交易所利益冲突的产生

交易所同时作为市场的经营者和自律的监管者，其双重角色不可避免地导致在面对自身利益问题时会产生利益冲突。同时，竞争压力的增加会加剧这些利益冲突，因为管理层面临更大的压力降低监管成本，或者为了取得竞争优势而滥用监管权力。具体的利益冲突包括以下四个方面。第一，减少监管资源投入。实施监管需要投入大量资金，用于完善监控技术和设施、聘请大量专业人员等，需要交易所支付巨大的成本。而交易所基于成本和收益的考虑，可能减少监管费用的支出。第二，放松监管。交易所可能放松对上市公司的监管，降低或者放宽上市的标准及持续性要求，减轻违规处罚力度，这样不仅可以增加上市的收入，还可以增加股票的交易量。第三，差别性对待监管对象。交易所很可能同自己的监管对象包括上市公司或者券商成为合作伙伴或者竞争对手，由此可能滥用监管权力，差别性对待监管对象。第四，提高收费或者不合理收费。收费的提高会增加上市公司或者券商的成本，最终加重投资者的负担，此外交易所还有可能出售原本免费的数据和交易信息。

综上所述，随着市场化发展和参与国内国际竞争，交易所的自律监管职能发生了四个方面变化。一是监管重心改变。交易所监管的范围超出了会员本身，同时承担了上市监管职责，即依据与发行人订立的上市协议对上市公司进行持续监管，其自律监管的重心、监管资源的分配从对会员更多转向对发行人，部分交易所（中国内地、中国香港、新加坡等）根据行政授权承担IPO审核职责，交易所的行业自律属性逐步减弱。二是利益冲突出现。交易所在国内国际竞争中产生压力，进而产生"做大规模"的利益驱动，在"上市推广"与"审核把关"之间产生利益冲突，导致降低或放宽上市标准、放松对已上市公司的持续性监管、不愿暂停或终止股票上市交易等行为产生。三是会员功能弱化。交易所在国际化竞争趋势中逐渐向公司制转变，交易所的所有者不再局限于传统的会员券商，会员成为交易所设施的使用者，而不是自律规则的制定者，交易所更加突出市场组织者、经营者角色。四是监管成本增加。所有大券商及许多小券商都是多个交易所的会员，而各交易所各自为政，对会员均有各自一整套监管要求，交易所间重复和不协调的监管既损害会员和投资者利益，也造成监管套利风险，增加监管成本。

## 三、第三方自律的国际探索与实践

### (一) 国际证券市场重塑自律体系的探索

交易所自律监管职能的变化,尤其是利益冲突的出现,直接影响了市场效率和市场秩序,国际证券市场开始探索重塑自律体系的实践,并大致形成了以下三种自律监管模式。

1. **自行自律监管模式**

交易所通过完善内部治理结构和监督机制,建立能够有效克服利益冲突的自律监管机制。如澳大利亚证券交易所(ASX)保持全部自律监管职能,包括对上市公司的持续监管、对市场交易活动的持续监督以及对市场参与者的监管。同时,设立独资子公司——"ASX 监管审查有限公司(ASX – SR)",对交易所的自律行为进行监督。ASX – SR 作为内部审计人,主要职责是解决交易所的利益冲突问题,确保交易所全面适当地履行监管职责,尤其是公平地对待监管对象以及保证投入足够的监管资源等。

2. **集团内自律监管模式**

通过设立同一母公司控制下的两个独立法律实体,将交易所市场职能和监管职能分开,减少利益冲突。如全美券商协会(NASD)一度采用此模式,母公司(NASD)与纳斯达克股票市场子公司(Nasdaq)、监管子公司(NASDR)分工明确,各司其职。NASD 作为母公司,主要负责制定规则,对子公司授权并协调子公司的行动;NASDR 作为监管子公司,主要负责对 NASD 会员的监管,包括对在 Nasdaq 市场从事交易的会员的行为和交易活动进行监管;Nasdaq 作为交易市场,主要负责市场经营,向参与者提供信息服务,同时保留了制定上市标准及证券交易规则的权力。2006 年 3 月纽约证券交易所改制时也采用了此模式。

### 3. 第三方自律监管模式

在此模式下，交易所将其自律监管职责的一部分或者全部交由外部的第三方来履行，而履行自律监管职责的第三方因为完全置身于各交易所之外，可以更中立、公正、全面地履行职责。在国际实践中，交易所通常继续保留全部上市相关的监管职责、全部或部分交易相关的监管职责，而券商行为的监管则全部交由第三方自律组织负责。以美国为例，2000年美国证券业协会（SIA）发表《重塑自律的白皮书》，2004年SEC发布《关于自律的声明》，分别分析了美国自律监管的现状以及面临的挑战，一致提出发挥第三方自律作用改善现有自律架构的建议。2007年7月，在SEC的主导下，美国NASD、NASDAQ、纽交所等将会员监管、检查处罚和仲裁业务剥离合并，成立了独立的金融业自律监管机构——美国金融业监管局（FINRA）。从监管职责上看，FINRA承接的主要是各交易所的会员监管职责和部分交易监管职责，交易所则保留了上市有关的监管职责和交易监管职责。

以上三种模式相比较，第三方自律监管模式在国际实践中显现出明显优势，成为国际证券市场自律监管体系构建的最优选择，其优势主要体现在三个方面。一是此模式自律监管体系构建较易实现，在原有体制下重塑成本较低。其将自律监管范畴划分为两大领域：交易所自身范围内与具体证券上市、交易直接相关的领域；券商执业行为及投资者保护、证券执业资格管理、投资者教育等与交易所具体证券上市、交易不直接相关的领域。前者由各交易所各自负责监管，后者由第三方自律组织负责统筹监管，路径清晰，易于实现。二是能够有效解决利益冲突问题。第三方自律组织本身不直接参与具体市场活动，不存在利益冲突，相对交易所的立场更加中立，而交易所不再负责与市场和交易不直接相关的会员监管，其内在的利益冲突得到有效缓解，市场更加公平、公正。三是合理优化了监管资源配置，降低了监管成本，提高了监管效率。第三方自律组织在各交易所自我监管的基础上，统筹规范行业自律要求，统一自律规则标准，弥补监管真空，消除监管套利空间，各交易所之间监管重复和不一致的可能性得以降到最低限度，市场监管效率和监管质量均得到显著提升。

(二) 美国金融业监管局（FINRA）第三方自律监管实践

FINRA 作为第三方自律组织，其成立的目的是通过有效且有效率的第三方自律，维护市场秩序，保护投资者利益。FINRA 实行会员制，部分规则由会员共同制定、自愿遵守，体现行业自律和会员自治；部分规则根据联邦法律授权制定，并监督会员执行。

1. FINRA 的主要职能

FINRA 根据 SEC 授权，主要履行十个方面职责。一是制定行业自律规则、业务规范。二是监督、检查会员是否遵守行政法规和自律规则，发现、处理可能的欺诈或其他不当行为。三是调查可能的不当行为，并对违反行政法规、自律规则的行为采取自律措施。四是提供技术驱动的从业人员注册、测试、继续教育、执业状况公示和其他监管服务。五是对股票、期权和固定收益市场的交易活动进行监测监控，开展检查和调查。六是为股票、固定收益产品的场外交易提供实时和历史市场信息，并维护用于监督场外证券交易的数据库。七是为投资者、券商和从业人员提供解决纠纷的平台，并负责仲裁和调解。八是监督会员宣传，确保会员向公众传达的信息真实、准确。九是防止会员公司进行欺诈性的定向配售，确保承销报酬合理。十是开展投资者教育，为投资者提供金融工具和资源，帮助投资者核查证券从业人员的执业记录；通过 FINRA 投资者教育基金会，支持重要的研究和金融教育项目等。

2. FINRA 的自律监管实践

FINRA 对会员及其从业人员实行全周期监管，贯穿于行业准入、日常执业及退出行业的全过程；实行全方位监管，包括制定规则、监督检查、自律处罚等全流程；实行全覆盖监管，监管范围涵盖全部券商，以及任何未受到其他自律机构监管的证券机构。截至 2019 年，FINRA 监管的会员包括 3500 家券商、15.4 万家分支机构，以及 62.5 万名证券从业人员。

FINRA 对会员的监管遵循风险导向的基本理念，监管资源被集中用于存在较大风险的公司。FINRA 认为，著名的 80/20 法则在监管领域同样适用，即小部分高风险公司引发了绝大部分监管问题，高风险公司被监督检查的频率应高于低风险公司。经评估，高风险公司占注册公司总数的 10%，而管理资产占注册公司管理资产总额的 50%，至少 75% 的监管资源用于监管高风险公司。实践中，FINRA 大量、广泛收集数据，使用先进的量化技术对每个会员公司的数据进行定量和定性的分析，基于大量参考标准，为每个会员公司确定一个风险级别，根据风险级别分配监管资源，实施针对性监管。

FINRA 成立之后，陆续与美国几乎所有的股票期货交易所签约，为签约的交易所提供市场监管及内幕交易监控服务。FINRA 通过电子监控设施进行市场自动监控，覆盖了全美大约 99% 的权益类证券交易和大约 50% 的期权交易。此外，FINRA 建立场外市场透明度机制，加强场外市场的监测监控和互联互通，为公众和专业投资者提供股票和债券交易的实时信息，帮助他们有效地评估证券价格和估值。

如果发现会员或从业人员有违反自律规则的情况，FINRA 可视严重程度，采取暂停或吊销执业资格、罚款等措施。如果有关情况违反 SEC 法规，则将有关案情移交 SEC 处理。2018 年全年，FINRA 累计对 386 位注册证券代表实施市场禁入，暂停 472 位注册证券代表的执业资格；吊销 16 家会员公司牌照，暂停 23 家会员公司执业资格。2019 年，FINRA 发起自律检查 854 起，罚款金额达 3950 万美元。

FINRA 现有员工 3000 余人，拥有 19 家分支机构。FINRA 经费保障充足，2018 年收入合计为 8.57 亿美元，包括会费收入 4.66 亿美元、会员服务收入 2.96 亿美元、交易所服务协议收入 0.95 亿美元。FINRA 作为美国证券监管体系的中间层次，要受到两个方面的约束。一方面，要接受政府的事前监管和事后评估，其活动必须在法律规定的框架之内进行，其制定的规则和标准要经过政府的审查才可实施，自律监管的效果也要接受政府的事后评估，如果监管不力或违反法律规定，则要接受政府制裁和处罚。另一方面，其自律行为不当造成的任何损失都有可能引发受害者相应的赔偿诉讼。FINRA 自身不直接参与市场活动，与市场各方均不存在利益冲突，同时要受到政府的监管及市场各方的监督，由此切实保证了其审慎、公正地履行第三方自律监管职责。

## 四、第三方自律在注册制改革中的借鉴与建议

### （一）国际实践经验的借鉴意义

注册制是以市场为基础，适应证券市场运行特征和规律的股票发行制度，其实施需要有效的市场制度相配合。注册制的核心不仅在于"注册"本身，更多的要义在于形成一整套注册后的事中和事后监管机制安排。从国际经验看，各国在注册制监管模式探索中，均注重发挥第三方自律的特殊作用，形成由政府机构、交易所、第三方自律组织三位一体、各司其职的监管体系，既利于落实"买者自负"原则，保持市场的活力与韧性；又能够避免利益冲突与监管套利风险，保证市场平稳运行。

在注册制实践过程中，美国摸索形成了SEC、FINRA、交易所三位一体的新型注册制治理体系。其中，FINRA作为第三方自律组织，主要职责是对保荐机构、承销商及投资者等的行为进行自律监管。注册制对中介机构定价、服务能力均提出更高要求，FINRA严格的第三方监管倒逼中介机构提升执业质量，体现在以下方面。一是规范承销商、交易商和经纪人行为，及时发现、处理可能的欺诈或其他不当行为。二是持续为投资者提供教育培训服务，助力增强市场参与者的定价能力。三是对违反行政法规、自律规则、业务规范的行为严格采取措施，维护市场秩序，避免劣币驱逐良币。四是建立覆盖场内、场外市场的交易数据报告库，增强市场数据信息的透明度，提高市场资源配置效率。五是建立交易信息监测和分析的智能化系统，增强监管的科技化水平，助力提升监管能力和效率。

## （二）进一步发挥协会第三方自律作用的建议

随着我国证券市场注册制改革的稳步推进，构建符合中国特色的注册制治理体系势在必行。借鉴国际实践，结合我国实际，第三方自律可以在我国注册制治理体系中发挥补位、协同作用，主要体现在以下方面。一是在中介机构执业标准、业务规范、执业检查等方面，统一制定自律规则，防止跨市场监管套利。二是加强发行承销、网下询价配售等业务的统一规范，防止一级市场价格操纵，推动建立优质投资人制度、长期投资人制度。三是建立统一的中介机构执业信息数据库，开展集中的执业质量评价、公示机制，形成全市场的声誉约束机制，防止机构和人员跨市场套利。四是建立标准化的场外市场交易报告库，加强场外市场交易监测监控，开展场外、场内交易信息关联分析，防止杠杆与价格的跨市场扰动。五是建立涵盖全市场的从业人员职业道德、诚信记录、执业信息等全口径数据库，实行分类分层的名单管理制度，为交易所开展审核工作提供参考。

新《证券法》吸收国际证券市场重塑自律体系的实践经验，赋予证券业协会"制定和实施证券行业自律规则和业务规范"，"监督、检查会员及其从业人员行为，对违反法律、行政法规、自律规则或者协会章程的，按照规定给予纪律处分或者实施其他自律管理措施"等职责。2020年8月证监会发布《关于进一步加强中国证券业协会自律管理职责的意见》（证监发〔2020〕77号），对协会履行法定职责提出了细化要求和指导性意见。相关赋权与SEC对FINRA的授权基本一致，协会初步具备在注册制治理体系中，发挥第三方自律作用的职能基础。

（本文刊于《传导》2021年第20期。）

# 推动证券行业高质量发展新实践

近年来,证券业协会在证监会党委的领导下,坚持以习近平新时代中国特色社会主义思想为指导,按照新《证券法》《关于进一步加强中国证券业协会自律管理职责的意见》以及证监会主席易会满在协会第七次会员大会上的讲话精神,履行自律、传导、服务职责,以党建引领加强行业文化建设、责任建设、声誉建设、专业建设,通过凝聚共识、增进共信、协同行动,促进行业形成自我约束、守正创新、诚信经营、勤勉尽责的内生机制,推动行业高质量发展的新实践。

## 一、加强行业文化建设,推动形成合规、诚信、专业、稳健的价值理念

文化建设是资本市场健康发展的重要支柱,也是证券行业高质量发展的内涵要求。2019 年 11 月证券基金行业文化建设动员大会以来,协会持续推动行业文化建设实践,健全完善文化建设自律规则,组织开展研究交流,加强宣传引导,凝聚行业文化建设共识,推动形成合规、诚信、专业、稳健的行业文化,促进提升证券公司文化"软实力"和核心竞争力。

一是健全完善行业文化建设自律规则体系。2021 年 2 月,协会发布《证券行业文化建设十要素》,从观念、组织、行为三个层次,提炼推广证券公司文化建设的关键要素,引导证券公司文化建设与公司治理、发展战略、发展方式和行为规范深度融合,与人的全面发展、历史文化传承、党建工作要求和专业能力建设有机结合。2022 年 4 月,发布《证券公司文化建设实践评估办法(试行)》,从公司的文化理念、制度建设、组织保障等多个维度全面评

估证券公司文化建设情况，充分发挥自律管理的激励约束作用。

二是党建引领行业文化建设和高质量发展。协会重视发挥党建引领证券行业文化建设的作用，将党建作为推动行业文化建设的基本原则和重要手段。《证券行业文化建设十要素》提出公司文化建设应当坚持与党建工作有机结合的基本原则。在证券公司文化建设实践评估中，将党建引领文化建设情况作为专门指标对证券公司进行考察。2022年，协会进一步加强行业党建和政治引领，组织开展党建引领行业高质量发展、党建引领行业文化建设大讨论和专题研讨交流，行业机构积极参与，截至2022年5月26日，26家证券公司党委书记发表党建引领证券业高质量发展与文化建设的探索与思考文章；加强行业党建交流，在从业人员年度培训计划中增加党建经验交流课程，举办"廉洁从业与文化建设"培训课程，开设"证券公司党建引领文化建设"培训班，累计培训3700余人次；完善专业委员会、首席经济学家例会等联系交流机制，推动党建与业务工作深度融合。

三是推动证券公司文化建设落实落地。组织各证券公司结合自身特点，研究提出公司文化理念，制定文化建设配套制度和改进计划，并报送文化建设工作推进落实情况，在协会网站公示接受社会监督。发布《证券公司文化建设实践年度报告编制指引》，同时协会每年编制《证券行业文化建设年报》，形成公司年报与行业年报的常态化机制。

四是宣传行业文化建设成果。通过中证报、上证报等主流财经媒体等平台进行广泛宣传，充分展示行业文化建设情况、理论研究成果和优秀实践案例，营造良好的行业文化建设氛围。截至2022年5月，中国证券报、上海证券报、证券时报、证券日报等主流媒体宣传报道证券公司文化建设实践成果163篇。编制《证券行业文化建设年报（2020）》，展示行业文化建设总体情况和特色案例，18家公司案例入选。3年来，行业文化建设百花齐放、气象万千。116家证券公司公布展示文化建设配套制度建设与提升计划；50多家证券公司将文化建设纳入公司章程；53家证券公司明确在绩效考核中增加文化建设相关指标，79家证券公司设立了文化建设专项经费；71家证券公司董事长、总经理接受媒体访谈,发表文化建设研究文章近200篇。34家证券公司被评为2020年度行业文化建设A类、B类公司,获得证券公司分类评价加分。

## 二、加强责任体系建设,督促证券公司发挥好资本市场"看门人"作用

注册制改革是资本市场基础性制度改革,是对证券行业机构能力和责任体系的重塑。在注册制改革背景下,协会进一步推动中介机构归位尽责,督促引导证券公司发挥好"看门人"作用,从中介机构专业责任、行业责任、社会责任等方面完善行业责任体系建设。

一是压实中介机构责任,督促中介机构归位尽责。发布《证券公司保荐业务规则》《注册制下首次公开发行股票承销规范》《注册制下首次公开发行股票网下投资者管理规则》《证券公司投资银行类业务工作底稿电子化管理系统建设指引》《公司债券承销业务规范》《公司债券承销报价内部约束指引》等多项配套自律规则,创新运用管理性规则、指导性规则以及示范实践等多种规则形式,发挥自律管理的补位、引导作用,进一步厘清中介机构职责边界,督促引导证券公司发挥好"看门人"作用。协会突出专业责任,在证券行业各个业务条线均已初步建立起体系化、模块化的自律规则体系,组织开展保荐机构、承销机构、评级机构、财务顾问等执业能力评价,推广示范实践,引导形成市场化的优胜劣汰机制,推动证券行业机构以专业责任作为保证,成为发行人质量把关、发行定价和节奏把控的中枢,业务工作重心从服务"可批性"向服务"可投性"转变,行业发展生态从"数量竞争"向"质量竞争"转变。

二是发挥自律规则"指挥棒"作用,督促行业积极履行社会责任。2017年,在证监会的授权和指导下,协会研究制定《证券公司脱贫攻坚等社会责任履行情况专项评价指标》,连续五年开展专项评价,形成了显著的正向激励

作用。脱贫攻坚全面收官后，党中央对新时期巩固脱贫攻坚成果、推进乡村振兴、促进共同富裕提出新的部署要求。为督促行业持续履行社会责任、积极服务国家战略，2021年，协会研究发布了《证券公司履行社会责任专项评价办法》，重新修订了《证券公司履行社会责任专项评价指标》，从服务乡村振兴、践行新发展理念、参与社会公益等方面，明确导向、细化要求，推动形成以体现证券行业社会责任内涵为核心、客观评估履行社会责任投入度和贡献度为标准、督促行业持续加大社会责任投入为导向的激励约束机制，进一步增强证券行业机构服务人民共享发展成果的社会责任。

自2016年以来，协会先后发起"一司一县"结对帮扶和"一县一企"产业帮扶行动倡议，引导证券公司立足行业优势、开展合力帮扶，2020年102家证券公司结对帮扶的307个国家级贫困县全部实现脱贫摘帽，协会代表行业荣获党中央、国务院授予的"全国脱贫攻坚先进集体"称号。2021年以来，证券行业接续服务乡村振兴国家战略，对结对帮扶的脱贫县持续进行帮扶巩固工作，通过综合开展产业帮扶、金融帮扶、智力帮扶、公益帮扶、消费帮扶等活动，不断提升脱贫地区人民群众的获得感与满意度。截至2022年7月底，已有61家证券公司参与"证券行业促进乡村振兴公益行动"，首期承诺公益投入达3.4亿元。协会通过搭建志愿者服务、课题研究、培训交流和项目展示等四个平台，凝聚行业公益力量，促进形成行业公益生态。

## 三、加强行业声誉建设，引导行业形成诚实守信、勤勉尽责的发展生态

声誉作为证券公司长期培育积累的无形资产，不仅是证券公司核心竞争力的构成要素，也是确保可持续发展能力的重要战略资源。加强证券公司声誉风险管理和声誉资本建设，对于推动建立行业声誉约束机制，营造行业发展良好生态，实现行业高质量发展具有重要意义。协会组织行业积极探索有效的声誉风险管控机制，于2021年10月发布《证券公司声誉风险管理指

引》，推动证券公司加强声誉风险管理：一是将证券经营机构行为，及其工作人员违反廉洁自律规定、职业道德、业务规范等相关行为形成的声誉风险纳入管理范畴；二是指导证券公司建立完善声誉风险治理架构；三是建立证券公司新闻发言人制度，规范公司新闻发布工作，要求证券公司及时对外发布和沟通公司观点和立场，确保媒体和公众更为客观地了解相关情况；四是推动证券公司建立并持续完善声誉风险识别、评估、控制、监测、应对、报告等环节的全流程管控机制；五是引导行业建立从业人员声誉约束机制；六是通过协会对证券公司声誉风险管理情况进行评估、监督和检查，促进行业自律。

协会还不断健全从业人员执业声誉激励与约束机制。一是根据执业声誉、从业经历、专业测试、职业道德等情况，建立分类分层管理名单，引导从业人员树立和坚持正确的价值观，形成诚实守信、勤勉尽责的内生动力和自我约束力，不断提高道德水平和专业能力。协会官网已公布3项保荐代表人分类名单。二是建设从业人员执业信息库，实现从业人员执业信息多维度的集中、查询、统计、分析，实现从业人员执业声誉市场化的积累、监测、评价、评估，推动形成对从业人员的诚信约束、道德约束、声誉约束、市场约束。截至2022年7月底，记录从业人员诚信信息6000余条。三是将行业机构及其从业人员违规等相关行为形成的声誉风险纳入自律管理范畴，持续完善执业声誉积累与评价机制，体现以执业声誉为核心的激励约束管理方式新探索。

2022年5月20日，协会发布《证券行业诚信准则》《证券行业执业声誉信息管理办法》，着力搭建以诚信准则、声誉风险防控、声誉信息管理等基本规则为基础，以各类业务具体执业标准、操作指南为支撑的分类分层执业声誉管理规则体系，丰富和细化正负面执业声誉信息类型和内容，依托协会会员和从业人员管理系统建设，完善行业执业声誉信息库，搭建具有公信力的执业声誉信息归集展示平台，提供执业声誉信息多维度查询，引导形成珍视执业声誉的行业生态。

## 四、加强专业能力建设，推动行业打造"忠专实"的专业人才队伍

2020年3月修订的《证券法》要求，从事证券业务的人员应当品行良好，具备从事证券业务所需的专业能力。随着资本市场全面深化改革的推进，行业的经营发展环境面临深刻变化，只有突出专业能力、专业特色、专业优势，注重培养具备专业主义精神的人才队伍，加强执业声誉资本建设，才能在高质量发展的道路上行稳致远。协会根据证券行业服务双循环新发展格局新形势，贯彻落实新《证券法》及国务院"放管服"改革新要求，充分发挥协会从业人员自律管理的法定职责，全面推进证券从业人员自律管理制度体系改革，积极发挥自律管理的协同作用，构建区别于行政监管的差异化、市场化从业人员自律管理新机制，进一步强化从业人员专业能力建设，促进提升证券从业人员执业质量，助力资本市场注册制改革。

一是健全业务规范促进提升专业能力。落实新《证券法》授权协会"制定证券行业业务规范"的要求，统筹搭建自律规则和业务规范的"四梁八柱"，初步形成层次分明、原则性规定和操作性细则兼具的自律规则和业务规范体系，突出前瞻性、包容性、预防性规范作用，加强专业能力培养、促进执业规范形成、推动专业责任生成。配合证监会发布《保荐人尽职调查工作准则》《证券发行上市保荐业务工作底稿指引》，协会计划于近期修订或制定发布证券公司保荐业务规则、保荐人尽职调查示范实践、首发股票工作底稿目录细则、保荐协议示范文本等，进一步规范执业标准和执业行为，引导行业机构提升保荐、定价、承销三大能力；健全三道防线的明责、定责、问责机制，以投行项目执行和专业责任履行为评价基础，构建从业人员专业声誉激励约束机制，形成有效的发行人质量市场化约束机制，真正做实把好"入门关"的第一道防线。

二是推动形成以专业能力为导向的执业生态。适应从业人员由事前资格

准入管理向事后执业登记管理的变化,建立从业人员初始水平登记与持续执业记录自律管理新机制,形成多维度、全执业周期信息记录,体现由事前管理向事中行为管理、事后自律约束为工作着力点的工作框架转变。与资格管理体系相比较,登记管理体系更加突出专业水平与执业行为并重的要求,强化公司主体责任与内生性有效管理机制,要求公司从制度建设、道德建设、执业行为约束等多方面强化人员内部管理。截至2022年7月,登记从业人员总数36.6万人。

三是进一步加强从业人员专业能力培养。2022年5月,协会发布《证券公司董事、监事、高级管理人员及从业人员管理规则》,就从业人员执业要求、水平评价测试、培训、登记管理、信息管理、执业行为规范等方面作出具体规定,并计划于近期发布《证券行业专业人员水平评价测试实施细则》《证券公司从业人员业务培训细则》等配套细化规则,全面适应从业人员管理新模式,加强从业人员初始登记与持续记录的全执业周期动态管理,运用人员名单分类管理、示范案例警示、执业声誉信息管理等形式,形成分类分层差异化自律管理安排,强化执业声誉约束,加强廉洁从业管理,加大党建引领、行业文化、职业道德等在培训学时中的比重,全面压实证券公司主体责任,把好从业人员道德品行、专业能力入口关,推动打造一支政治觉悟高、业务素质强的行业专业人才队伍。

(本文刊于《中国金融思想政治工作研究》2022年第3期,中宣部"学习强国"平台、新华网、新华社、中证网等网站转发。)

# 打造高水平风险监测基础设施
# 健全债券市场风险预防预警机制

我国债券市场经过规模快速增长期已进入高质量发展新阶段,债券市场服务实体经济高质量发展、促进提高直接融资比重的功能作用日益突出。与此同时,随着 2017 年以来债市违约风险逐步暴露,深化债券发行制度改革、优化债券产品结构、健全风险预防预警机制成为债券市场高质量发展的重中之重,打造高水平风险监测基础设施是健全债券市场风险预防预警机制的重要一环。

## 一、我国债券市场发展概况与特征

### (一)我国债券市场发展的整体情况

我国债券市场主要由交易所市场与银行间市场构成,经过 30 多年发展,我国债券市场已经形成门类基本齐全、品种结构较为合理、信用层次不断拓展的全球第二大债券市场。一是债券市场规模持续增长,债市服务实体经济融资能力不断提升。2021 年,国内债券发行总额为 61.6 万亿元,同比增长 8.3%,较 2014 年年末增长 5.1 倍;债券托管面值 130.4 万亿元,同比增长 14.1%,较 2014 年年末增长 3.6 倍。同期全市场非金融债券及资产支持证券(ABS)发行 15.7 万亿元,托管面值 30 万亿元,较 2014 年年末增长 2.7 倍,托管量占比 23%;截至目前,我国债券市场中非金融公司信用类债券托管量为 24.9 万亿元,占比 19.1%;资产证券化产品 5.1 万亿元,占比 3.9%;金融券44.4万亿元，占比34.1%；政府债券55.2万亿元，占比42.3%。二是债券业务分市场、分券种形成"多头"监管。债券发行市场"准入"政出多门，既有不同债券品种的分部门审批，又有同种类债券的多主体监管，其中，国债由财政部负责，金融债（含央行债）由人民银行负责（银保监会协助），企业债由国家发改委负责，公司债券由证监会负责，中期票据、短期融资券、定向工具等由央行主管下的银行间交易商协会负责。交易所债券市场和银行间债券市场呈现二分格局，两个市场在交易主体范围、债券品种、交易方式、登记托管结算上均存在一定差异，其中，公司信用类债券含企业债、公司债和中期票据、短期融资券、定向工具，发行人高度重叠，但由于监管部门不同，因此在市场准入条件、信息披露规则、投资者保护机制、信用评级规则等方面存在差异。

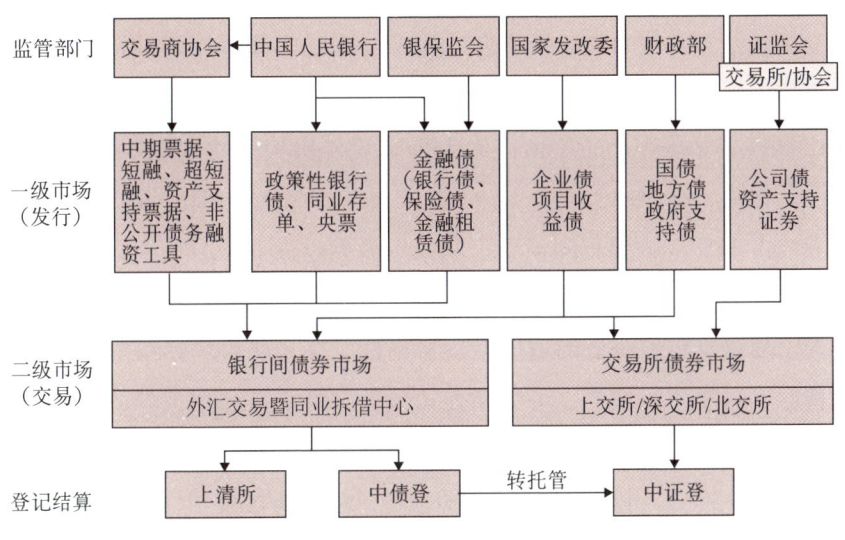

图1 我国债券业务"多头"监管情况

### （二）交易所债券市场发展状况与特征

交易所债券市场在不断深化改革中形成独特的发展特征。一是公司债券规模稳步增长。2022年上半年交易所债券市场共发行公司债券、资产支持证券、地方政府债券和政策性银行债券等各类债券 2.65 万亿元，累计净融资额 6440 亿元。截至 2022 年 6 月末，交易所债券市场公司债券托管面值 19.14 万亿元，其中非金融公司债券托管面值 11.72 万亿元，同比增长 17.67%，较 2014 年年末非金融公司债托管量增长 1 倍。此外，北京证券交易所在 2022 年先后成功完成地方政府债券和国债发行，交易所债券市场建设取得了新进展。二是公司债券是以信用债为主的中长期债券。截至 2021 年，交易所债券市场中利率债余额占比为 10%，银行间债券市场利率债余额占比为 64%；交易所市场非金融企业发行的债券和 ABS 占比 69%，银行间市场相应比例则为 16%。2015—2020 年，交易所市场非金融公司债发行 12.7 万亿元，占 1 年期以上信用债发行额的 46%；非金融公司债净融资 8.4 万亿元，占社会融资增量的 6%，贡献度超股票和其他信用债券。三是交易所债券市场投资者结构趋于多元，符合要求的个人投资者和机构投资者均可参与交易所债券市场投资，只有为具备结算条件的机构投资者才能参与银行间债券市场投资。从交易所债券市场投资者结构来看，机构投资者占比超过 99%，其中，公募类产品持债占比 36%，私募类产品持债占比 33%，境外机构持债占比 0.5%，银行自有资金、保险、券商持债均在 10% 左右。交易所市场中商业银行自有资金持有债券约占 11%。而银行间债券市场投资者则以商业银行为主，持有债券占比达 57%。四是公司债券品种的适应性、普惠性不断提升，为增强公司债券服务国家战略及实体经济的适应性、普惠性，交易所市场持续推出科技创新公司债券、短期公司债券、可续期公司债券、可交换公司债券、绿色公司债券（含碳中和债）、低碳转型公司债券、创新创业公司债券、乡村振兴公司债券、"一带一路"公司债券、纾困公司债券、疫情防控公司债券等。2022 年以来，交易所科技创新公司债券发行 512 亿元，绿色债券发行 956 亿元，乡村振兴债券发行 139 亿元，深化对新冠肺炎疫情防控、低碳转型领域融资支持。

## 二、健全债券市场风险预防预警机制的必要性

随着我国债券市场持续发展，在现代金融体系中的地位和作用不断提升，

在促进高质量发展中发挥着重要的枢纽功能，特别是在稳金融、稳投资、稳预期方面具有独特的功效。债券市场是经济增长的发动机，同时也是金融风险的加速器，因此，健全债券市场风险预防预警机制是债券市场功能发挥的核心基础设施。当前我国债券市场风险预防预警机制面临的挑战和存在的问题，主要表现在以下方面。

（一）内外部形势叠加债券市场风险日趋复杂、易发

宏观形势层面，各国经济复苏、新冠肺炎疫情防控仍不稳定、不平衡，全球经济金融动荡加剧，国际资金流向不稳，美国对我国的遏制打压仍在继续，可能对我国金融市场形成冲击。美债收益率走高，部分中资企业在境外市场债务违约，可能对境内债券市场造成风险"倒灌"；从国内看，经济下行压力仍然较大，需求收缩、供给冲击、预期转弱三重压力持续显现，叠加房地产行业、教培产业、平台经济等政策调整、预期改变，债券市场行业性、区域性信用分化明显，一些发债主体滚动融资困难，部分领域信用风险抬头，存量、增量风险都有可能加速暴露。市场风险层面，虽然交易所债券市场"面"上的风险虽总体可控，违约率保持在较低水平，但是在"点"上，个体、局部风险仍处于高发多发态势，交易所市场2022年到期回售规模达4万亿元，系统性风险的防控压力增大。一是房地产风险仍在持续暴露，部分民营房企已陷入融资中断、销售回款难、出售资产慢的多重困境，融资环境改善有限，并对产业链上下游造成负面冲击；二是城投债风险隐患加大，一些债务率较高的区域面临财政、金融双重压力，市场认可度低、融资渠道受阻，一些弱资质、区县级城投债券滚动续发困难，发生违约的可能性增大；三是部分大型企业集团，特别是一些扩张激进的大型企业现金流极为紧张，违约可能性大，且容易造成风险外溢。2022年上半年，我国债券市场新增7家违约发行人，共涉及期违约债券32期，到期违约金额合计约192.78亿元；此外，10家发行人首次发生展期，涉及展期债券22期，展期规模204.68亿元，较上年同期均大幅提升。截至6月底，交易所债券市场的违约未偿还金额为

1199亿元，存量违约率为1.13%，12个月滚动违约率为0.31%。

### （二）传统技术手段无法满足风险预防预警的需要

近年来，债券发行交易中各类风险表现形式日益复杂化、隐蔽化，市场间、品种间信息联动效应不断增强，行业对于政策、舆情的传导、反应更加迅速。随着市场机构技术系统不断迭代升级，部分违规违法情况也呈现科技化、程序化特点，监管与市场间的"技术不对称"为日常监管、检查带来一定困难。此外，日常工作中各方普遍较依赖市场少数金融信息服务机构，对底层数据质量、信息处理技术的自主掌控能力较弱。总体来看，传统的监管信息技术需要进一步升级以满足债券市场风险预防预警的客观要求。

### （三）数据采集模式影响风险预防预警效率提升

债券监管所需的数据信息主要来自于市场机构上报，并分别由证券交易所、中国证券业协会、中国结算、中证数据、中证报价等单位负责生产、采集、管理。一方面，各信息采集管理主体在数据维度、质量定义等存在一定差异，全条线监管数据整合不足，不同市场、不同环节的数据互联互通性较弱，存在"数据孤岛"等情况；另一方面，各信息采集管理主体数据治理基础存在差异，导致在数据层面协同性相对较弱，因而现有债券市场监管底层数据无法满足日常监管对于数据及时性、全面性、穿透性、一致性等方面要求。

### （四）信用风险预防预警的及时性有待进一步提升

由于信用风险存在较强的关联性，债券违约风险与企业的经营、合规、投融资等行为密切相关。实践经验表明，信息掌握越及时，越能在风险扩散之前进行精准拆弹防患于未然。依赖"人海战术"的信用风险监测预警已不能适应当前风险发生速度大幅提升、危机处置窗口缩短的客观要求，特别是在应对市场突发事件等问题中，及时捕捉信用风险信号、精准抓取风险事件，以实现更早、更准、更全面地对企业信用风险进行及时有效预警,就需要解决现有风险度量手段中的局限性、主观性、滞后性。

### (五)针对不同监管环节统计分析的适配性有待加强

现有债券审核、发行、交易、存续期管理等不同监管环节对于市场的关注角度各有侧重,对于债券日常统计分析的需求也各不相同。现有债券业务统计分析注重全面性,适应不同监管环节、不同职能单位的针对性、适配性较弱,存在信息无法精准直观推送等情况。此外,现有统计分析依赖定期报送数据和书面报告文件等,展现形式较为单一,已经不能满足日益繁重的监管工作和不断提升的市场融资需求,需要借助科技手段实现数据自动归集统计、监管报告自动生成、非现场实时监管等模式创新。

## 三、打造高水平债券市场风险监测基础设施

打造高水平风险监测基础设施是健全债券市场风险预防预警机制的关键环节。近年来随着云计算、人工智能、机器学习、区块链等科技的广泛运用,为打造高水平债券市场风险监测基础设施提供了现实可行性和强有力支撑(见图2)。打造高水平债券市场风险监测系统,包括技术实现和组织实施两个层面。在技术实现层面,推动债券风险监测与金融科技运用深度融合,着力从以下方面形成债券市场风险监测监控的基本功能:

智能化报告审查。通过大数据、人工智能、云计算、区块链等技术,支持在海量报告中快速筛选企业信息,明确行业情况、主营业务模式及变化、企业合规情况等;支持会计指标自动计算,勾稽会计科目间关系,识别跨周期的异常变化,提示违规线索;机器多维度深度学习被监管问询的可疑企业,通过捕捉共性案例违规迹象,精准定位违规企业;四是提炼附注信息、外部舆情、工商信息等多维度信息,交叉比对行业公司情况,识别异常信号。

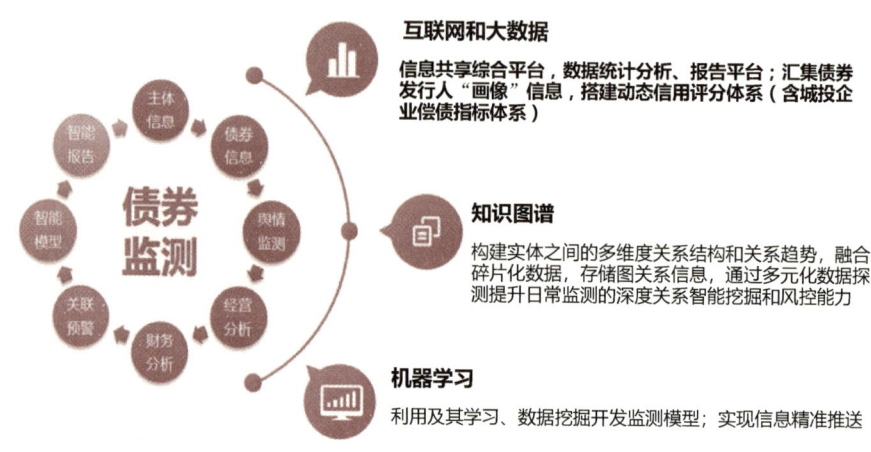

图 2　债券市场风险监测系统科技应用场景

网络信息舆情分析。以人工智能技术进行全媒体资讯自动化分析与大数据情报挖掘，实现舆情监测从"检索"到"算法"的转变，以及数据计算从"简单计算"到"深度学习"的转变。一是精确地对文本类信息进行实体识别、语义消歧、知识图谱构建、话题分类、自动摘要、情感分析、图片识别等；二是基于自然语言处理技术提升数据精准度，通过情感分析技术获取敏感信息，实时表现舆论状态，评估舆论走向；三是通过事理图谱、热点聚类、文本分类等学习方法，对舆情事件的发展脉络、特征分布、风险等级进行自动阶段性总结，并给出趋势预测；四是知识图谱功能将已有风险归纳为经验知识，以推理计算的能力实现对未来风险的精准预测。

智能风险监测预警。一是集成交易、资金、舆情、监管等数据，利用数据挖掘等技术可以梳理清、分析透海量金融数据资源的逻辑关系和层次结构，从非结构化的数据中精准识别有效信息，并通过可视化界面实时展示分析结果，提升风险分析效能。二是通过构建监测指标体系，实现风险动态监测跟踪预警。根据不同业务定制风险监测指标体系，通过大数据、人工智能等技术建立智能预警模型，不仅可以实现风险自动化预警、提升预判能力，还可以进行风险模拟、提前制定预案防范风险，强化风险动态监测跟踪。三是实现跨账户、跨市场、跨境债券交易的实时监控，利用数据挖掘有效识别新型交易行为，提示违法违规情形，通过刻画机构间的网络拓扑结构，掌握风险传导路径，自主实施压力测试。

企业全景画像及信用评价。利用网络技术和现代信息，建立各市场、各监管业务条线间的信息关联，构建机构客户全景画像与关联图谱。依托算法从系统、数据、模型三个层面建立信用风险评价工具，通过大数据、机器学习的系统框架，完善财务、融资、偿债、资信等多方面的基础数据，在企业经营的复杂系统中将信用评级与企业投资、新闻舆情等多层面、多角度的信息相关联，准确而完善地展现企业的真实面目，最大程度地减少人的非理性因素，实现实时、主动、理性的风险预警与风险控制，实现与人工审查评价信用结果的相互校准。

运用区块链技术构建安全共享体系。区块链是数字化转型的关键技术和重要基础设施之一，是集智能合约、共识机制、分布式账本和各种信息技术融合的成果。通过区块链建立数据安全共享体系，保障链与链相互之间有效数据信息资源共享与服务协作。目前行业暂未形成基于区块链的数据共享总体框架模型，但类似探索能够为解决多方信息报送难题，服务交易所、结算机构等信息传递及向证监会同步报送监管信息提供思路。

在组织实施层面，以完善债券市场风险预防预警处置机制为方向，着力打造集中统一的公司债券市场风险监测核心基础设施。建设集中统一的债券市场风险监测系统，首先要基于债券业务流程和监管目标需求，构建覆盖债券市场全业务链、全监管链的数据生态，形成审核注册、存续期管理、日常监管、企业画像、市场监测、统计分析等六个功能模块（见图3）。

其次要发挥中国证券业协会和银行间市场协会等自律组织作用，健全完善债券市场数据治理体系，打破"数据孤岛"和"市场分割"，整合沪、深、北证券交易所和银行间市场数据，建设覆盖交易所市场、银行间市场及中美美元债市场的监测模块，形成发行人及资产支持证券/公募REITs原始权益人综合画像、分市场交易数据实时交互、跨市场风险预研预判、中介机构执业能力贯通评价等数据治理体系，实现对各类债券品种的整体兑付安排、异常

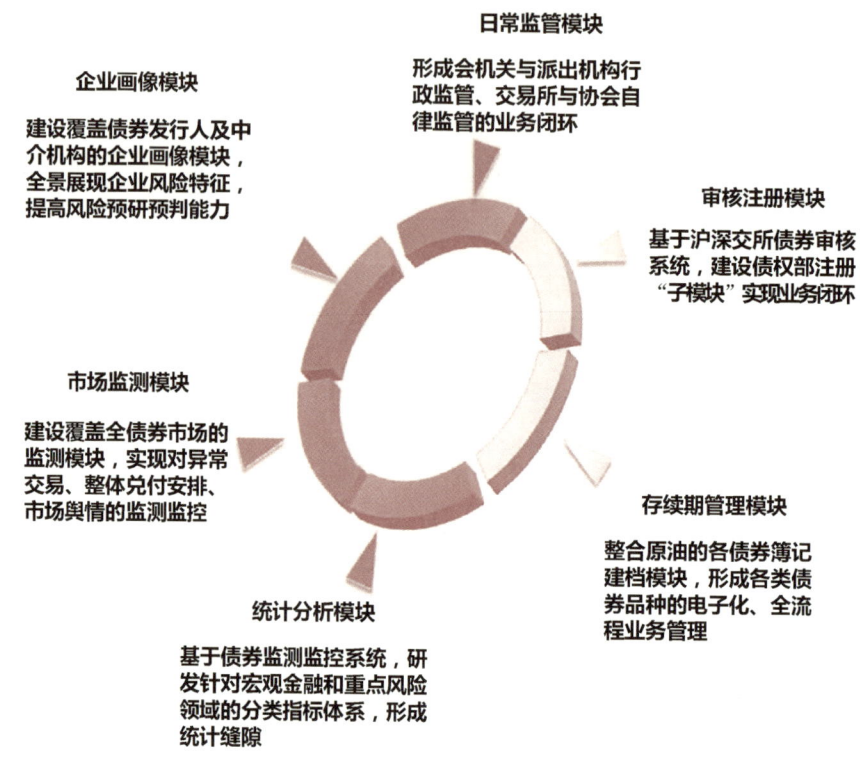

图 3　债务业务数据生态

交易行为、市场舆情信息、跨市场风险传染的监测监控。其三是借鉴经金融稳定理事会（FSB）认定、由中证报价建设运营的交易报告库技术系统和专业规范，以债券业务数据生态和数据治理体系为依托，形成集市场数据归集、统计分析、风险预警、异常交易提醒、新闻舆情报送等功能于一体的自动化、可视化综合数据应用工作平台；借鉴沪深证券交易所上市公司画像系统，加强数据信息的整合重构，引入机器学习等人工智能算法，建立覆盖发行人、资产支持证券/公募 REITs 原始权益人及中介机构的企业画像模块，实时全景展示企业风险、市场风险动态，打造高水平债券市场风险监测基础设施，提高债券市场风险预研预判能力，健全债券市场风险预防预警处置机制。

（发表于《清华金融评论》2022 年 11 月刊。）

# 参考文献

[1] 中国证券监督管理委员会组织. 股票发行注册制漫谈. 中国证监会, 2014.

[2] 中国证券监督管理委员会组织. 美国《1933年证券法》及相关证券交易委员规则与规章[M]. 北京：法律出版社, 2015.

[3] 中国证券监督管理委员会组织. 美国《2002年萨班斯—奥克斯利法》[M]. 北京：法律出版社, 2015.

[4] 中国证券监督管理委员会组织. 中国资本市场三十年[M]. 北京：中国金融出版社, 2021.

[5] 安青松. 公司转型：中国公司制度改革的新视角[M]. 北京：经济管理出版社, 2012.

[6] 安青松. 辨机：中国经济转型的微观思考[M]. 北京：经济管理出版社, 2014.

[7] 安青松. 创新推动科创板和注册制试点[J]. 中国金融, 2018(24)：74-75.

[8] 安青松. 加快完善资本市场基础制度[J]. 中国金融, 2019(14)：59-61.

[9] 安青松. 上市公司质量与资本市场发展[J]. 中国金融, 2019(3)：45-47.

[10] 安青松. 守正笃实推进证券行业文化建设[J]. 中国金融, 2020(5)：59-62.

[11] 安青松. 致知录：中国资本资本市场实践与思考[M]. 北京：中国财政经济出版社, 2020.

［12］安青松. 中国证券业发展新机遇［J］. 清华金融评论，2020（1）：21-23.

［13］安青松. 资本市场制度建设的经验探讨［J］. 中国金融，2021（1）：63-65.

［14］安青松. 注册制促进形成高质量发展新动能［J］. 中国金融，2022（10）：3.

［15］安青松. 以注册制改革为牵引推动中国特色投资者保护新实践［J］. 清华金融评论，2022.

［16］安青松. 注册制是探索完善有效市场和有为政府的重要实践［J］. 中国证券，2022（5）.

［17］安青松. 建设中国特色证券行业文化. 中国证监会，2022.

［18］巴曙松. 金融前沿与实践探索［M］. 北京：中国金融出版社，2021.

［19］曹凤岐. 推进我国股票发行注册制改革［J］. 南开学报，哲学社会科学版，2014（2）：118-126.

［20］戈登. 伟大的博弈：华尔街金融帝国的崛起［M］. 北京：中信出版社，2019.

［21］胡继之. 海外主要证券市场发行制度［M］. 北京：中国金融出版社，2001.

［22］李燕，杨淦. 美国法上的IPO"注册制"：起源、构造与论争——兼论我国注册制改革的移植与创生［J］. 比较法研究，2014（6）：31-42.

［23］刘鸿儒. 刘鸿儒论中国金融体制改革［M］. 北京：中国金融出版社，2000.

［24］刘纪鹏. 中国金融改革与创新［M］. 北京：东方出版社，2020.

［25］刘俊海. 落实十八届三中全会精神，扎实推进我国IPO注册制改革［J］. 法律适用，2014（1）：66-69.

［26］聂庆平，李广川，董辰科. 新时代中国资本市场创新发展、治理与

开放［M］．北京：中信出版集团，2021．

［27］彭冰．信息披露是注册制的核心［J］．证券法苑，2014（3）：270－273．

［28］乔尔·塞里格曼，塞里格曼，徐雅萍．华尔街的变迁：证券交易委员会及现代公司融资制度演进［M］．北京：中国财政经济出版社，2009．

［29］上村达男，刘兴强，陈景善．公司法改革公开股份公司法的构想［M］．北京：法律出版社，2015．

［30］王保树．一项对证券法律制度具有全局意义的改革［J］．证券法苑，2014，12（3）：242－243．

［31］吴晓求．《中国资产管理业务监管研究》报告发布会．新华财经，2020－07－07．

［32］吴晓求等．中国资本市场三十年探索与变革［M］．北京：中国人民大学出版社，2021．

［33］马宾．全民所有制企业的动力不能是化公为私的股份制［J］．经济学动态，1986（10）．

［34］关梦觉．股份制是对国营企业全民所有制的否定［J］．经济社会体制比较，1987（3）．

［35］谢太峰．国际金融中心论［M］．北京：经济科学出版社，2006．

［36］潘英丽．上海：崛起中的国际金融中心［J］．西部论丛，2006（11）．

［37］刘君．美国证券公开发行如何做到"注册制"［N］．中国证券报，2013－11－08．

［38］肖钢．大力推进监管转型［J］．中国金融家，2014（2）：22－24．

［39］马克思．资本论（第三卷）［M］．北京：人民出版社，1975：498．

［40］Allen, F. and Gale, D.. A Welfare Comparison of the German and U. S. Financial System［J］. European Economic Review, 1995（39）：179－209.

［41］Allen, F. and Gale, D.. Financial Markets, Intermediaries, Intertemporal Smoothing[J]. Journal of Political Economy，1997：523-546.

[42] 韩毓海. 五百年来谁著史[M]. 北京：九州出版社，2009.

[43] 厉以宁. 我国所有制改革的设想[J]. 人民日报，1986（9）.

[44] 刘诗白. 试论社会主义股份制[J]. 经济研究，1986（12）：11.

[45] 彭森和陈立. 中国经济体制改革重大事件（上、下）[M]. 北京：中国人民大学出版社，2008.

[46] 龚浩成. 决策创建上海证券交易所前后[J]. 档案春秋，2019（7）：7.

[47] 厉以宁. 股份制是过去三十年中最成功的改革之一（下）——厉以宁谈股份制[J]. 读书，2008（6）：3.

[48] Merton. Do we really need more regulation of financial derivatives? Pacific Basin Finance Journal[J]. 1995（3）：147-158.

[49] 刘鸿儒. 关于中国证券市场的几个认识问题[J]. 当代经济科学，2002（3）.

[50] 刘鸿儒. 从《诚信的背后》看金融监管[J]. 卓越理财，2008（12）：1.

[51] 吴晓求. 金融的变革与资本市场发展[J]. 中国人民大学学报，2001（3）.

[52] 周小川. 信息科技与金融政策的相互作用[J]. 中国金融，2019（15）：7.

[53] 易纲. 中国的货币化进程[M]. 北京：商务出版社，2003.

[54] 亨利·马丁·罗伯特. 罗伯特议事规则[M]. 上海：上海人民出版社，2008.

[55] 米建国，李建伟. 我国金融发展与经济增长关系的理论思考和实证分析[J]. 管理世界，2002（4）.

[56] 刘鹤. 21世纪金融监管[M]. 北京：中信出版社，2015.

[57] 迈克尔·雅各布斯，玛丽安娜·马祖卡托. 重思资本主义[M]. 北

京：中信出版集团，2017.

［58］刘纪鹏．建设中国特色独立董事制度在中国上市公司协会下组建独立董事公会．中国政法大学资本金融研究院，2022.

［59］杨涛．金融科技15讲［M］．北京：人民日报出版社，2021.

# 后 记

　　大道行思，取则行远。值此在资本市场从业期满 30 周年之际，蓦然回首梦开始的地方，在那份独上西楼望尽天涯路的眼光中，不变的是真诚和执着，多了的是沧桑与平和。本书取思于行、行成于思，虽是资本市场一域的实践与思考，却向往能以一心观万心、一物观万物，从中体察出中国改革开放 40 多年来实践突破的逻辑和中国特色社会主义市场经济理论探索的本源，并以此向世界各国 400 多年来发展市场经济的文明成果、先进经验寻根问道、追本溯源。诺贝尔经济学奖得主让·梯若尔教授在其新著《共同利益经济学》自序中表示，自 20 世纪 70 年代末邓小平推动的市场化改革以及 80 年代的一系列改革以来，中国经济的增长是历史上前所未有的，根据世界银行的统计，中国及其年轻、勤劳、富有创造精神的劳动者，已经使超过 8.5 亿人摆脱了极端贫困。从 20 世纪 70 年代末小岗村 18 个农民自发的"大包干"到 20 世纪 80 年代农村富裕劳动力创办乡镇企业的"异军突起"，从城市经济体制改革出现的国营企业"承包制"到 20 世纪 90 年代国有企业"下岗分流、减员增效"，随着社会主义市场经济体制的确立，民营企业雨后春笋般成长起来。往事并不如烟，正是以不断推进的市场化改革解放和激发了普罗大众创造幸福生活的活力，亿万民众的个人奋斗才汇成了浩浩荡荡的历史洪流，创造了中国经济增长和社会进步的世界奇迹。中国共产党百年奋斗史表明"只有人民才是创造世界历史的动力"，40 年来改革开放的实践证明，中国特色社会主义市场经济道路是通往"人的自由而全面发展"的有效途径。

　　资本市场是市场经济的高级形态，是基于一种系统的社会协作方式而构建的一套开放型秩序，为个人奋斗创造了公平的机会、公平的规则和公平的权利。中国资本市场已有 2 亿多中外投资者、90 多万亿市值，形成了多层次、多结构、大众化的投资体系;随着注册制改革的不断深入,发行人结构亦将日趋多元化、体系化、完整化。从投资端和融资端改革来看,开放型格局已初步形成,相较而言监管端的改革开放却明显滞后于实践。资本市场32年来从审核制、核准制,从管额度、管家数、管总量,到管价格、管节奏、管规模,囿于旧体制的惯性和对资本市场认知的局限性,并没有完全走出计划经济的管理模式,相较于市场经济的特征可谓差之毫厘、谬之千里。监管端开放是以注册制改革为龙头的系统性放管服改革,是建立有效的市场和有为的政府的探索创新,既要充分体现有效竞争、有限责任、分散决策、自由交换等市场经济的基本原则,又要充分体现跨期交换价值、横向分担风险的资本市场属性,以及现代金融信用和资本运行的基本规律。本书所探究的正是资本市场应有的模样。

"天下之物,莫不有理焉,莫不有性焉,莫不有命焉,此三者天下之真知也"(邵雍)。真知出自实践,绝知来自躬行。股权分置改革实践是在上市公司国有股减持实施遇阻的困境中逼出来,因此放弃了"价格管制""账面价值"等传统的理念和方法,采取了分散决策、自由交换、预期收益等市场化的理念和方式,将个人利益诉求与社会目标通过市场机制设计有机统一起来,最终完成了资本市场的基础制度变革。此中的真意就是客观上体现了现代金融理念和属性。最近三年来资本市场影响深远的两件事,一是股票注册制改革持续推进,二是证券行业文化建设蔚然成风。前者是铸造市场化、法治化的现代金融理念和属性,后者是塑造市场和行业的国家使命和社会责任。注册制改革是通过构建由发行审核机制、价格形成机制、市场约束机制"三位一体"形成的有机系统,构建由发行人、投资者、中介机构、监管部门分工负责、分权制衡形成的结构生态,促进资本市场基础制度和发展生态的全新塑造和转型升级。证券行业文化建设以践行新发展理念为主题内容、以防范重大金融风险为使命担当、以防止资本消极作用为中国特色、以促进人的全面发展为实践方向,落实行业机构和从业人员的国家使命和社会责任,打造一支与高质量发展要求相适应的机构和人员队伍,成为实践服务实体经济宗旨、担当实施国家发展战略的主力军。二者均关系到中国特色资本市场的功能发挥和作用贡献，成为本书研究关注内容的重要方面。

本书主体内容之一是清华大学五道口金融学院 2021 年度金融学研究课题报告，课题组成员和单位同事陈闯、何玲、李雪、徐仕达、潘燕、金红峰、黄钰薇等积极参与了资料整理和研究分析工作，五道口金融学院廖理教授和课题联系人刘碧波老师给予了真诚的专业意见，马陶然、曲艺老师等给予了细致的工作支持；本书主体内容之二是根据在清华大学五道口金融学院讲授《资本市场制度理论与实践》课程讲义整理而成，崔兆秋、穆映州和易璟晴同学对讲义的初步整理是完成此项工作的基础。全书 40 余万字，篇轶繁富，潘燕组织师门同学易璟晴、洪干城、蔡恒和周艺林进行了认真细致的校对，并帮助完成了繁琐的篇章结构整理、联系出版发行等工作。在此对他（她）们的贡献和帮助致以诚挚的感谢！此书也将见证我们的友谊历久弥新！

笔耕是一件苦中作乐之事，其中一乐是与小儿安宣梓的约定。三年来安宣梓在美国经历了突如其来的新冠肺炎疫情，以及家人隔海相望的煎熬，特别想让我和妈妈一起参加他在 UIUC 的开学典礼，种种原因我不能成行，只有约定以此书完成作为他的大学生纪念礼。此刻我们都如所愿了！附上当日贺词一首，分享天伦之乐。

《踏莎行·贺儿子如愿 UIUC》
冠礼初成，风华正茂，翠城已是花枝俏。
当年辗转惧一杆，而今从容飞身跳。
牵挂悠悠，偏舟问道，江湖远路忧喜报。
碧波荡漾旧心情，风云再起看伊校。